Mihailo St. Popović
HISTORISCHE GEOGRAPHIE
UND DIGITAL HUMANITIES

Peleus

Studien zur Archäologie und Geschichte Griechenlands und Zyperns

Band 61

In Kommission bei
Harrassowitz Verlag
Wiesbaden

Mihailo St. Popović

Historische Geographie und Digital Humanities

Eine Fallstudie zum spätbyzantinischen und osmanischen Makedonien

Verlag Franz Philipp Rutzen
Mainz und Ruhpolding

PELEUS

Studien zur Archäologie und Geschichte Griechenlands und Zyperns

Herausgegeben von Reinhard Stupperich und Heinz A. Richter

Band 61

Bibliografische Information der Deutschen Nationalbibliothek
Die Deutsche Nationalbibliothek verzeichnet diese Publikation in der Deutschen
Nationalbibliografie; detaillierte bibliografische Daten sind im Internet
über http://dnb.d-nb.de abrufbar.

Bibliographic information published by the Deutsche Nationalbibliothek
The Deutsche Nationalbibliothek lists this publication in the Deutsche
Nationalbibliografie; detailed bibliographic data are available in the internet
at http://dnb.d-nb.de

Umschlagvignetten:
Umschlagbild: Das Siedlungsnetz des Flußtales der Strumica (*GeoCommons*; KML Layer von
Mihailo St. Popović)
Gegenüber Titelblatt: Innenbild einer Schale des Peithinosmalers, Berlin, Pergamonmuseum
(CVA Berlin 2, Taf. 61).

VERLAG FRANZ PHILIPP RUTZEN
D - 83324 Ruhpolding, Am Zellerberg 21
Tel. 08663/883386, Fax 08663/883389, e-mail: franz-rutzen@t-online.de
In Kommission bei Harrassowitz Verlag • Wiesbaden, www.harrassowitz-verlag.de

ISBN 978-3-447-06950-2

INHALT

6

FÜR LAZAR UND TEODOR, DIE NEUES LICHT
IN UNSER ALLER LEBEN BRINGEN.

VORWORT

Diese Monographie, welche ich im Kern als Habilitationsschrift am 15. Dezember 2011 an der Universität Wien erfolgreich verteidigt habe, verdankt ihre Entstehung in erster Linie der Unterstützung, den Hinweisen und der sachdienlichen Kritik von Herrn Univ.-Prof. Dr. Oliver Jens Schmitt (Wien) und Herrn emer. o. Univ.-Prof. Dr. DDr. h.c. Johannes Koder (Wien). Beiden gilt aus diesem Grunde mein aufrichtiger Dank.

Sie ist weiters das synoptische, maßgeblich überarbeitete und vertiefte Resultat zweier FWF-Einzelprojekte mit den Titeln "Makedonien, nördlicher Teil / Macedonia, Northern Part" (FWF-Projekt P 18866-G02) sowie "Economy and Regional Trade Routes in Northern Macedonia (12th-16th Century)" (FWF-Projekt P 21137-G19), welche ich als wissenschaftlicher Mitarbeiter unter der Leitung von Professor Johannes Koder im Zeitraum März 2006 bis September 2011 am Institut für Byzanzforschung (nunmehr Institut für Mittelalterforschung / Abteilung Byzanzforschung) der Österreichischen Akademie der Wissenschaften realisieren durfte. Dem FWF – Der Wissenschaftsfonds sei an dieser Stelle herzlich für die großzügige finanzielle Unterstützung gedankt, die ein konzentriertes wissenschaftliches Arbeiten und fünf unabdingbare Forschungsreisen in das Bearbeitungsgebiet ermöglicht hat (Juni 2007, Südwest-Bulgarien; September 2007, Osten von FYROM; September 2008, Westen von FYROM; Juni 2010, Südwest-Bulgarien, alle gem. mit Peter Soustal; August / September 2010, Osten von FYROM, Flußtal des Vardar, gem. mit Johannes Koder und Alice Koder).

Die Einbettung beider Projekte in das wissenschaftliche Großprojekt der *Tabula Imperii Byzantini* (*TIB*) am Institut für Byzanzforschung der Österreichischen Akademie der Wissenschaften versetzte mich in die glückliche Lage, im Rahmen einer Institution mit ausgewiesener wissenschaftlicher Exzellenz arbeiten zu dürfen. Die direkte Interaktion mit dem damaligen Direktor des Instituts, Herrn Mag. Dr. Peter Soustal (Wien), der ein anerkannter Fachmann der historischen Landschaft Makedonien in byzantinischer Zeit ist, bereicherte die vorliegende Monographie zusätzlich. Aus den genannten Gründen möchte ich zum einen der Österreichischen Akademie der Wissenschaften als meinem Arbeitgeber, zum anderen meinem Reisegefährten Peter Soustal meinen großen Dank aussprechen. Weiters danke ich folgenden Kolleginnen und Kollegen (in alphabetischer Reihenfolge), die mir (Literatur)Hinweise gegeben und Kopien schwer aufzufindender wissenschaftlicher Publikationen uneigennützig zugesandt haben: Frau Prof. Dr. Angeliki Delikari (Thessalonikē), Herrn Prof. Dr. Toni Filiposki, MA (Skopje), Herrn Dr. Thierry Ganchou (Paris), Herrn Dr. Friedrich Hild (Wien), Herrn Prof. Dr. Viktor Lilčikj (Skopje), Herrn Asen und Frau Vanja Miluševi (Melnik), Herrn Dr. Angel Nikolov (Sofija), Herrn Prof. Dr. Boban Petrovski (Skopje), Herrn Prof. Dr. Konstantinos Smyrlis (New York) und Herrn Dr. Darko Stojanov (Skopje).

Mein großer Dank gilt allen Mitarbeiterinnen und Mitarbeitern des Österreichischen Staatsarchivs zu Wien – hier im speziellen Herrn OR Mag. Dr. Gerhard Gonsa, MAS und Herrn Dr. Joachim Tepperberg, die mir bei meinen Recherchen stets mit Rat und Tat zur Seite gestanden sind, sowie Herrn Amtsrat Thomas Knoll vom Bundesamt für Eich- und Vermessungswesen (Wien) für seine wertvollen Hinweise. Für die Aufnahme meiner Monographie in die Reihe *Peleus* danke ich im besonderen Herrn Prof. Dr. Heinz A. Richter (Schriesheim). Schließlich gilt mein innigster Dank der Liebe meiner Familie, die mir in jeder Lage meines Lebens eine unbeschreibliche Hilfe ist.

Mihailo St. Popović
Wien, im Sommer 2014

I. EINLEITUNG

Das Großprojekt *Tabula Imperii Byzantini* (*TIB*) als Grundlage weiterführender Forschungen

Die Methode und Arbeitsweise des wissenschaftlichen Großprojektes der *Tabula Imperii Byzantini* (im folgenden: *TIB*) der Österreichischen Akademie der Wissenschaften bilden das Fundament – gleichsam den Ausgangspunkt – der vorliegenden Untersuchung. Deshalb seien zunächst die wichtigsten Entwicklungsstufen des besagten Projektes seit seiner Gründung in den sechziger Jahren des 20. Jahrhunderts und dessen Ist-Stand geschildert.

Als Professor Dr. Herbert Hunger (1914-2000) den Beginn des Projektes der *TIB* der Österreichischen Akademie der Wissenschaften auf dem 13. Internationalen Kongreß für Byzantinistik in Oxford im Jahre 1966 ankündigte[1], wies er gleichzeitig auf Vorarbeiten hin, die als Vorbild für das neue Projekt gedient hatten:

"In Analogie zu der von der Union Académique Internationale herausgegebenen *Tabula Imperii Romani* bereitet das Institut die Publikation eines Atlas des byzantinischen Reiches vor, der in rund 35 Kartenblättern (1 : 1,000,000) und ebenso vielen zugehörigen Faszikeln alle Städte und grösseren Orte des Ostimperiums enthalten soll. Einige Spezialkarten in grösserem Massstab werden für besondere Gebiete notwendig sein."[2]

Anfangs diente das Projekt der *Tabula Imperii Romani* (*TIR*) als Modell für die *TIB*. Laut Internetseite der International Union of Academies[3] wurde die *Tabula Imperii Romani* im Jahre 1928 begründet. Nach dem Zweiten Weltkrieg wurde sie der Leitung der International Union of Academies unterstellt. Ihr Ziel besteht darin, einen Atlas des Römischen Reiches im Maßstab 1 : 1.000.000 mit Begleitbänden zu erstellen, die historische und bibliographische Angaben zu jeder Signatur auf den Karten enthalten. Fünfzehn Kartenblätter wurden zwischen 1932 und dem Ausbruch des Zweiten Weltkrieges publiziert. Zahlreiche weitere folgten und folgen nach 1945.

Obwohl einige Ähnlichkeiten existieren, muß betont werden, daß es nichtsdestoweniger grundlegende Unterschiede zwischen beiden Projekten gibt.[4] Während die *Tabula Imperii Romani* ihren Schwerpunkt auf archäologische Informationen legt und spärliche Angaben zur Geschichte von Orten sowie Zitate ausschließlich aus der wichtigsten Sekundärliteratur enthält, verbindet die *TIB* Aspekte der Quellenforschung, Geschichte, Archäologie, Bibliographie und der Feldforschung / Surveys gleichermaßen.

Im Zeitraum von der Ankündigung des Projektes der *TIB* durch Herbert Hunger im Jahre 1966 und dem Erscheinen des ersten Bandes im Jahre 1976 hat sich die *TIB* auf bedeutende Weise entwickelt. Fortschrittsberichte wurden 1966[5] und 1972/73[6] durch Herbert Hunger sowie 1975/76[7] durch Johannes Koder präsentiert. Der erste Band der *TIB* (*TIB* 1) mit dem Titel

---

1   Herbert HUNGER, Das Institut für Byzantinistik der Universität Wien, in: Joan Mervyn HUSSEY / Dmitri OBOLENSKY / Steven RUNCIMAN (Hgg.), *Proceedings of the XIIIth International Congress of Byzantine Studies, Oxford, 5-10 September 1966*. London, New York, Toronto 1967, 479-481, 481.

2   Ebd. 481.

3   Vgl. dazu: Union Académique Internationale, Projects / *Tabula Imperii Romani (TIR)*, unter <http://www.uai-iua.org/cgi?usr=w7qyasztm8&lg=en&pag=1145&tab=195&rec=6&frm=0&par=secorig1114&id=5328&flux =54768438>, 4.6.2014.

4   Johannes KODER, Überlegungen zu Konzept und Methode der "Tabula Imperii Byzantini", *Österreichische Osthefte* 20 (1978), 254-262, 257.

5   Herbert HUNGER, Association Internationale des Études Byzantines, *Bulletin d'information et de coordination* 3 (1966), 51-53.

6   DERS., Bericht über die Arbeit an der Tabula Imperii Byzantini (TIB) von 1966 bis 1971, Association Internationale des Études Byzantines, *Bulletin d'information et de coordination* 6 (1973), 82-86.

7   Johannes KODER, Association Internationale des Études Byzantines, *Bulletin d'information et de coordination*

"Hellas und Thessalia" wurde von Johannes Koder und Friedrich Hild im Jahre 1976 abgeschlossen[1] und im Rahmen des 15. Internationalen Kongresses für Byzantinistik in Athen in demselben Jahre vorgestellt.[2]

Seit 1976 diente der erwähnte Band als Vorbild für alle in Entstehung begriffenen Bände der *TIB*. Weiters half er, die Arbeitsweise im Rahmen des gesamten Projektes zu definieren. Nach der Publikation des ersten Bandes und auf der Basis der Erfahrung, die im Zuge seines Verfassens gesammelt wurde, hat Johannes Koder das Ziel des Projektes wie folgt beschrieben: "Das Ziel der TIB ist nicht, in jedem Detail und für jeden Aspekt neue Forschung zu treiben bzw. neue Ergebnisse anzubieten, sondern in erster Linie ein möglichst vollständiges, homogenes und 'objektives' Bild des neuesten Forschungsstandes zu produzieren, wobei der historisch-quellenkundliche, der denkmalkundliche, der archäologische, der kunsthistorische und der topographische Faktor in gleicher Weise zu berücksichtigen sind und auch die kartographische Präsentation qualitativ entsprechen soll."[3]

Folglich wird im Rahmen der *TIB* systematisch die historische Geographie des Byzantinischen Reiches erforscht, das vom Beginn des 4. Jahrhunderts n. Chr. bis zur Mitte des 15. Jahrhunderts Bestand hatte – d. h. von der Spätantike bis zur osmanischen Eroberung, um einen Atlas des besagten Reiches zu erstellen.

Der Hauptteil jedes Bandes der *TIB* umfaßt einen Katalog der byzantinischen Namen von Städten, Siedlungen, Festungen, Kirchen, Klöstern, Feldern, Gebirgen, Flüssen und Seen in alphabetischer Reihenfolge, die für jede Region / Provinz des Byzantinischen Reiches aus vier Kategorien von Quellen extrahiert werden. Diese Kategorien sind (1) die schriftlichen Quellen aus dem obenerwähnten Zeitraum (z. B. die Geschichtsschreibung, Inschriften usw.), (2) archäologische Erkenntnisse (Denkmäler und deren Überreste), (3) die Toponyme und (4) die naturräumlichen Gegebenheiten von Landschaften.

Die gesammelten und geordneten Informationen werden in Form von Lemmata präsentiert. Jedes Lemma enthält nach Möglichkeit die Lokalisierung eines Ortes, der in den Quellen zu finden ist, und Daten zu seiner Geschichte sowie zu seinen Denkmälern. Die benutzten Quellen und die wichtigste Sekundärliteratur werden am Schluß des Lemmas zitiert. Außerdem findet der Leser Hinweise darauf, ob und wann Forschungsreisen bzw. Surveys vor Ort von den wissenschaftlichen Mitarbeitern der *TIB* durchgeführt wurden. An dieser Stelle ist zu betonen, daß das Projekt niemals darauf ausgelegt war, archäologische Grabungen von Denkmälern in den jeweiligen Bearbeitungsgebieten durchzuführen.[4] Die jeweiligen Bereisungen hatten stets das Ziel, sichtbare Denkmäler zu lokalisieren und deren aktuellen Erhaltungszustand mit den Mitteln der Photographie sowie Beschreibung zu dokumentieren. Aus diesem Grunde beruht die Arbeit der wissenschaftlichen Mitarbeiter in bedeutendem Maße auf der Kooperation mit den jeweiligen Archäologen in den zu bereisenden Ländern und auf deren Publikationen über die relevanten Denkmäler.

Darüber hinaus beinhaltet jeder Band der *TIB* Einleitungskapitel über die Geographie, das Klima, die Geschichte, die Verwaltung, die Kirchengeschichte, die Bevölkerung, die Verkehrsverbindungen und die Wirtschaft der betreffenden Region / Provinz des Byzantinischen

---

8 (1976), 80f.

1   Johannes KODER / Friedrich HILD (Register von Peter SOUSTAL), *Hellas und Thessalia*. Wien 1976 (Nachdruck Wien 2004) (Tabula Imperii Byzantini, 1).

2   Herbert HUNGER, Neue Forschungsprojekte, in: *Actes du XVe Congrès International d'Études Byzantines, Athènes, Septembre 1976*. Athènes 1979, 111-115, 111; KODER / HILD, Hellas und Thessalia, 10.

3   KODER, Überlegungen, 261.

4   Herbert HUNGER, Bericht über die Tabula Imperii Byzantini. Entstehung – Aufbau – Fortschritte, in: *XVIIIth International Congress of Byzantine Studies. Major Papers*. Moscow 1991, 275-281, 276.

Reiches sowie ein Register. Die Resultate jedes einzelnen Bandes werden dem Leser auf einer Landkarte im Maßstab 1 : 800.000 mit Einträgen der Namen der Lemmata präsentiert. Spezielle Symbole und Farbkombinationen veranschaulichen die Art des Denkmals und dessen Datierung. Die Landkarten beinhalten auch Einträge zu historischen Stätten, deren Existenz ausschließlich durch archäologischen Befund ohne die Kenntnis ihrer alten (byzantinischen) Namen bezeugt ist.

Der ursprüngliche Plan im Rahmen des Großprojektes bestand darin, Landkarten im Maßstab 1 : 1.000.000 im Stile der *Tabula Imperii Romani* (s. o.) herzustellen, was allerdings bald verworfen wurde, und das damalige Institut für Kartographie der Österreichischen Akademie der Wissenschaften konzipierte eine Karte für den gesamten Mittelmerraum im erwähnten Maßstab (1 : 800.000).[1] Dies ermöglichte eine gründlichere topographische Herangehensweise und erleichterte den Eintrag von Lemmata. Wenn es notwendig ist, werden für manche Regionen noch detailliertere Karten herangezogen (z. B. im Maßstab 1 : 400.000).

Die grundlegende Arbeitsweise und das äußere Erscheinungsbild der *TIB* sind seit den siebziger Jahren des 20. Jahrhunderts beinahe unverändert mit Ausnahme der Anwendung ausgesuchter neuer Forschungsmethoden und technischer Neuerungen, die in den neunziger Jahren des 20. Jahrhunderts eingeführt wurden (s. u.). Wie bereits erwähnt, konzentriert sich die wissenschaftliche Arbeit der *TIB* auf Regionen / Provinzen des Byzantinischen Reiches. Aus diesem Grunde mußten zu Beginn des Projektes für jeden einzelnen Band Grenzen des Bearbeitungsgebietes in Einklang mit den Quellen zur byzantinischen Verwaltung und den naturräumlichen Gegebenheiten gezogen werden. Diese Klassifizierung hat Johannes Koder durchgeführt.[2]

Von Anfang an wurden die Forschungsschwerpunkte auf die Balkanhalbinsel (Hellas, Thessalien) und Kleinasien (Kappadokien) gelegt. Der erste Band der *TIB* (*TIB* 1) ist im Jahre 1976 erschienen und trägt die Überschrift "Hellas und Thessalia" (s. o.), der zweite Band (*TIB* 2) über "Kappadokien" wurde von Friedrich Hild und Marcell Restle im Jahre 1981 fertiggestellt.[3] Der dritte Band der Reihe (*TIB* 3) mit dem Titel "Nikopolis und Kephallēnia" wurde ebenfalls 1981 publiziert.[4] Die beiden letztgenannten Bände wurden einem größeren Publikum im Zuge des 16. Internationalen Kongresses für Byzantinistik in Wien im Oktober 1981 vorgestellt.[5]

Ursprünglich wählte man jene Regionen, die im Rahmen des Großprojektes erforscht werden sollten, nach folgenden Gesichtspunkten aus:
"Den Kernländern, Kleinasien und der Balkanhalbinsel, wurde der Vorzug eingeräumt. [...] Den Kontrapost Hellas ~ Anatolien hielten wir dabei für zielführend und arbeitstechnisch sinnvoll. [...] Ferner werden – in Beibehaltung des Kontraposts Hellas ~ Anatolien – die Bände *Epirus* und *Lykaonien* vorbereitet. Mit den Arbeiten an *Aigaion Pelagos* wurde begonnen."[6]

---

1   Fritz KELNHOFER, *Die topographische Bezugsgrundlage der Tabula Imperii Byzantini. Mit 12 Tabellen und 16 Abbildungen im Text*. Wien 1976 (Tabula Imperii Byzantini, Beiheft zu Band 1), passim; KODER, Überlegungen, 254-256; KODER / HILD, Hellas und Thessalia, 8.

2   HUNGER, Bericht über die Arbeit, 83.

3   Friedrich HILD / Marcell RESTLE, *Kappadokien (Kappadokia, Charsianon, Sebasteia und Lykandos)*. Wien 1981 (Nachdruck Wien 2004) (Tabula Imperii Byzantini, 2).

4   Peter SOUSTAL (unter Mitwirkung von Johannes KODER), *Nikopolis und Kephallēnia*. Wien 1981 (Nachdruck Wien 2004) (Tabula Imperii Byzantini, 3).

5   Friedrich HILD, Tabula Imperii Byzantini (TIB), in: *XVI. Internationaler Byzantinistenkongress, Wien, 4.-9. Oktober 1981, Akten I / Beiheft*. Wien 1981 (*Jahrbuch der Österreichischen Byzantinistik*, 31), 2.2.

6   KODER / HILD, Hellas und Thessalia, 8-10.

Band 4 der *TIB* (*TIB* 4) mit dem Titel "Galatien und Lykaonien" wurde im Jahre 1984 gedruckt und enthielt zum ersten Mal Schwarzweiß-Photographien der Denkmäler.[1] In demselben Jahre erschien ein Buch von Johannes Koder über die historische Geographie des östlichen Mittelmeerraumes[2], welches den Beginn einer neuen Betrachtungsweise der geographischen Charakteristiken und Besonderheiten des Byzantinischen Reiches markiert. Aufgrund der Wirkung dieser Monographie sowohl auf die Wissenschaft im allgemeinen als auch auf die *TIB* im speziellen ist sie mit einer erweiterten Bibliographie im Jahre 2001 nachgedruckt[3] sowie 2005 in die neugriechische und 2010 in die serbische Sprache übersetzt worden[4].

Darin hat Johannes Koder drei zentrale Gebiete des Byzantinischen Reiches – sogenannte "Kerngebiete" – definiert, die wie folgt lauten: 1. die östliche Hälfte des Mittelmeeres, 2. Kleinasien und 3. die Balkanhalbinsel.[5] Lebensnotwendig für die Existenz des Byzantinischen Reiches und aus diesem Grunde von herausragender Bedeutung waren: (1) die Ägäis, das Marmarameer samt den Meerengen und dem Eingang zum Schwarzen Meer, (2) das westliche Kleinasien sowie die nördlichen und südlichen Küstenzonen dieser Halbinsel und (3) Thrakien, die Küstenzonen der Ägäis und die Peloponnes.[6]

Basierend auf dieser Definition konzentrierte sich die wissenschaftliche Forschung der *TIB* in den neunziger Jahren des 20. Jahrhunderts auf die besagten "Kerngebiete". In der Folge wurde der fünfte Band über "Kilikien und Isaurien" (*TIB* 5) im Jahre 1990 gedruckt.[7] Band 7 mit dem Titel "Phrygien und Pisidien" (*TIB* 7) erschien in demselben Jahre.[8] Ein Jahr später schloß Peter Soustal die Arbeiten am sechsten Band der *TIB* (*TIB* 6) über "Thrakien (Thrakē, Rodopē und Haimimontos)" ab.[9] Alle drei Bände wurden im Rahmen des 18. Internationalen Kongresses für Byzantinistik in Moskau im August 1991 vorgestellt.[10]

Im Jahre 1995 übernahm Johannes Koder die Leitung des Gesamtprojektes der *TIB*, welches dem neu eingesetzten Institut für Byzanzforschung der Österreichischen Akademie der Wissenschaften im Jänner 2006 einverleibt wurde, das wiederum im Juli 2012 als Abteilung im Institut für Mittelalterforschung der Österreichischen Akademie der Wissenschaften aufgegangen ist.[11]

---

1   Klaus BELKE (Mit Beiträgen von Marcell RESTLE), *Galatien und Lykaonien*. Wien 1984 (Nachdruck Wien 2004) (Tabula Imperii Byzantini, 4).

2   Johannes KODER, *Der Lebensraum der Byzantiner. Historisch-geographischer Abriß ihres mittelalterlichen Staates im östlichen Mittelmeerraum*. Graz, Wien, Köln 1984 (Byzantinische Geschichtsschreiber, Ergänzungsband 1).

3   DERS., *Der Lebensraum der Byzantiner. Historisch-geographischer Abriß ihres mittelalterlichen Staates im östlichen Mittelmeerraum. Nachdruck mit bibliographischen Nachträgen*. Wien 2001 (Byzantinische Geschichtsschreiber, Ergänzungsband 1).

4   DERS., *Το Βυζάντιο ως χώρος. Εισαγωγή στην Ιστορική Γεωγραφία της Ανατολικής Μεσογείου στη Βυζαντινή Εποχή*. Thessalonikē 2005; DERS., *Vizantijski svet. Uvod u istorijsku geografiju istočnog Mediterana tokom vizantijske epohe*. Beograd 2011.

5   DERS., Der Lebensraum (1984), 16.

6   DERS., Perspektiven der Tabula Imperii Byzantini. Zu Planung, Inhalt und Methode, *Geographia antiqua* 5 (1996), 75-86, 76.

7   Friedrich HILD / Hansgerd HELLENKEMPER, *Kilikien und Isaurien*. Wien 1990 (Nachdruck Wien 2004) (Tabula Imperii Byzantini, 5).

8   Klaus BELKE / Norbert MERSICH, *Phrygien und Pisidien*. Wien 1990 (Nachdruck Wien 2004) (Tabula Imperii Byzantini, 7).

9   Peter SOUSTAL, *Thrakien (Thrakē, Rodopē und Haimimontos)*. Wien 1991 (Nachdruck Wien 2004) (Tabula Imperii Byzantini, 6).

10 HUNGER, Bericht über die Tabula Imperii Byzantini, 278.

11 Siehe für den Zeitraum 1996 bis 2012 folgende Fortschrittsberichte zur *TIB*: Johannes KODER, Die Tabula Imperii Byzantini und verwandte Projekte, in: Karsten FLEDELIUS / Peter SCHREINER (Hgg.), *Byzantium. Identity*,

Seit 1995 wurden der neunte Band (*TIB* 9) über "Paphlagonien und Honorias"[1], der zehnte (*TIB* 10) über "Aigaion Pelagos (Die nördliche Ägäis)"[2], der achte (*TIB* 8) über "Lykien und Pamphylien"[3] und der zwölfte (*TIB* 12) über "Ostthrakien (Eurōpē)"[4] vorgelegt. Derzeit sind sechs weitere Bände in Vorbereitung. Peter Soustal schreibt über "Makedonien, südlicher Teil" (*TIB* 11), Klaus Belke über "Bithynien und Hellespont" (*TIB* 13), Andreas Külzer über "Lydien" (*TIB* 14) sowie "Asia" (*TIB* 17), Mihailo Popović über "Makedonien, nördlicher Teil" (*TIB* 16) und Friedrich Hild über "Karien" (*TIB* 18). Der Band "Syria" (*TIB* 15) von Klaus-Peter Todt und Bernd Andreas Vest befindet sich in Druck (siehe dazu *Abb. 1*).

In den vergangenen fünfzehn Jahren wurden neue Forschungsmethoden für die *TIB* erarbeitet und technische Neuerungen forciert. So wurden die Erkenntnisse der Paläoklimaforschung zum Mittelmerraum rezipiert[5] und die modifizierte "Central Place Theory" ("Theorie der zentralen Orte") systematisch auf verschiedene Landschaften des Byzantinischen Reiches angewandt.[6]

Image, Influence. XIX International Congress of Byzantine Studies. Major Papers. Copenhagen 1996, 423-426; DERS., Historical Geography, in: Le Comité d'organisation du XXᵉ Congrès international des Études byzantines (Hg.), *XXᵉ Congrès international des Études byzantines, Collège de France - Sorbonne, 19-25 août 2001. Préactes. I. Séances plénières*. Paris 2001, 345-350; Mihailo POPOVIĆ / Peter SOUSTAL, Historical Geography, in: *Byzantium without Borders. 22nd International Congress of Byzantine Studies – Sofia, 22-27 August 2011*, unter <http://www.propylaeum.de/fileadmin/upload/Soustal-Popovic.pdf>, 4.6.2014. Vgl. zur institutionellen Entwicklung: Abteilung für Byzanzforschung der ÖAW, unter <http://www.oeaw.ac.at/byzanz/>, 4.6.2014; Institut für Mittelalterforschung der ÖAW, unter <http://www.oeaw.ac.at/imafo/>, 4.6.2014.

1 Klaus BELKE, *Paphlagonien und Honorias*. Wien 1996 (Tabula Imperii Byzantini, 9).

2 Johannes KODER (unter Mitarbeit von Peter SOUSTAL und Alice KODER), *Aigaion Pelagos (Die nördliche Ägäis)*. Wien 1998 (Tabula Imperii Byzantini, 10).

3 Friedrich HILD / Hansgerd HELLENKEMPER, *Lykien und Pamphylien*. Wien 2004 (Tabula Imperii Byzantini, 8).

4 Andreas KÜLZER, *Ostthrakien (Eurōpē)*. Wien 2008 (Tabula Imperii Byzantini, 12).

5 Johannes KODER, Historical Aspects of a Recession of Cultivated Land at the End of the Late Antiquity in the East Mediterranean, in: Burkhard FRENZEL (Hg.), *Evaluation of Land Surfaces Cleared from Forests in the Mediterranean Region during the Time of the Roman Empire*. Stuttgart, Jena, New York 1994 (Paläoklimaforschung / Palaeoclimate Research, 10), 157-167; DERS., Perspektiven der Tabula Imperii Byzantini, 84f.

6 DERS., The Urban Character of the Early Byzantine Empire: Some Reflections on a Settlement Geographical Approach to the Topic, in: *The 17th International Byzantine Congress. Major Papers, Dumbarton Oaks/Georgetown University, Washington, D.C., August 3-8, 1986*. New Rochelle/NY. 1986, 155-187; DERS., Για μια εκ νέου τοποθέτηση της εφαρμογής της "θεωρίας των κεντρικών τόπων": Το παράδειγμα της μεσοβυζαντινής Μακεδονίας, in: E. P. DIMITRIADIS / A. Ph. LAGOPOULOS / G. TSOTSOS (Hgg.), *Historical Geography. Roads and Crossroads of the Balkans from Antiquity to the European Union*. Thessaloniki 1998, 33-49; DERS., Παρατηρήσεις στην οικιστική διάρθρωση της κεντρικής Μικράς Ασίας μετά τον 6ο αιώνα. Μια προσέγγιση από την οπτική γωνία της «θεωρίας των κεντρικών τόπων», in: Stelios LAMPAKES (Hg.), *Η Βυζαντινή Μικρά Ασία – Byzantine Asia Minor*. Athēna 1998, 245-265; DERS., Land Use and Settlement: Theoretical Approaches, in: John F. HALDON (Hg.), *General Issues in the Study of Medieval Logistics: Sources, Problems and Methodologies*. Leiden, Boston 2006 (History of Warfare, 36), 159-183.

Auf den Erkenntnissen von Johannes Koder aufbauend: Ekaterini MITSIOU, Versorgungsmodelle im Nikäischen Kaiserreich, in: Ewald KISLINGER / Johannes KODER / Andreas KÜLZER (Hgg.), *Handelsgüter und Verkehrswege. Aspekte der Warenversorgung im östlichen Mittelmeerraum (4. bis 15. Jahrhundert)*. Wien 2010 (Veröffentlichungen zur Byzanzforschung, 18), 223-240; Jelena MRGIĆ, Transition from Late Medieval to Early Ottoman Settlement Pattern. A Case Study on Northern Bosnia, *Südost-Forschungen* 65/66 (2006/2007), 50-86; DIES., *Severna Bosna (13-16. vek)*. Beograd 2008; DIES., Proučavanje "centralnih naselja" u istorijskoj geografiji vizantijskog carstva na Balkanu i mogućnosti primene nove metodologije, in: Bojana KRSMANOVIĆ / Ljubomir MAKSIMOVIĆ / Radivoj RADIĆ (Hgg.), *Vizantijski svet na Balkanu II*. Beograd 2012 (Srpska Akademija Nauka i Umetnosti, Posebna izdanja, Knjiga 42/2), 285-297; Mihailo St. POPOVIĆ, Siedlungsstrukturen im Wandel: Das Tal der Strumica bzw. Strumešnica in spätbyzantinischer und osmanischer Zeit (1259-1600), *Südost-Forschungen* 68 (2009), 1-62; DERS., Die Siedlungsstruktur der Region Melnik in spätbyzantinischer und osmanischer Zeit, *Zbornik radova Vizantološkog instituta* 47 (2010), 247-276; DERS., Das Flußtal der Kriva Lakavica in spätbyzantinischer und osmanischer Zeit (1259-1600): Das Verhältnis des Ortes Konče zum Siedlungsnetz der Städte Štip und Strumica, *Revue des Études Byzantines* 69 (2011), 159-184. Siehe auch

Heutzutage wird das *Global Positioning System* (*GPS*) auf Bereisungen und Surveys der *TIB* regelmäßig eingesetzt. In der Zwischenzeit wurde auch der Wechsel von der Dia- zur Digitalphotographie vollzogen, wobei sowohl die gescannten alten als auch die aktuellen Aufnahmen von Denkmälern in Hinkunft in einer Datenbank aufgehen könnten.[1]

Aus dem Gedanken der Innovation heraus hat Johannes Koder das im Vorwort erwähnte FWF-Projekt "Economy and Regional Trade Routes in Northern Macedonia (12th-16th Century)" (P 21137-G19) eingereicht und es dem Verfasser als wissenschaftlichem Mitarbeiter dadurch ermöglicht, seine Gedankengänge sowie Überlegungen hinsichtlich der Nützlichkeit bewährter und rezenter Forschungsansätze mittels des besagten Einzelprojektes für das Gesamtprojekt der *TIB* zu erproben.[2]

Zu den bewährten Forschungsansätzen zählt die "Central Place Theory", d. h. die "Theorie der zentralen Orte", nach Walter Christaller[3], über die Johannes Koder schon im Jahre 1978 folgendes vermerkt hat:

"Zweifellos wäre die Anwendung moderner Raumtheorien, etwa der *Theorie der zentralen Orte von Christaller*, auch für die historische Geographie von Byzanz reizvoll und weiterführend."[4]

Gleichzeitig stellte Koder fest, daß diese Theorie aufgrund der Quellenlage auf ihre Grenzen stoßen könnte:

---

folgende, vergleichbare Untersuchungen: Radovan BAKIĆ / Miroslav DODEROVIĆ / Dragica MIJANOVIĆ, *Naselja u prostoru*. Nikšić 2009; Francis W. CARTER, Urban Development in the Western Balkans 1200-1800, in: Francis W. CARTER (Hg.), *An Historical Geography of the Balkans*. London, New York, San Francisco 1977, 147-195; András KUBINYI, Einige Fragen zur Entwicklung des Städtenetzes Ungarns im 14.-15. Jahrhundert, in: Heinz STOOB (Hg.), *Die mittelalterliche Städtebildung im südöstlichen Europa*. Köln, Wien 1977 (Städteforschung, Veröffentlichungen des Instituts für vergleichende Städtegeschichte in Münster, Reihe A: Darstellungen, 4), 164-183; Friedrich SAUERWEIN, Das Siedlungsbild der Peloponnes um das Jahr 1700. Mit einer Karte und einem Ortsverzeichnis, *Erdkunde. Archiv für wissenschaftliche Geographie* 23 (1969), 237-244; Myrto VEIKOU, "Rural Towns" and "In-Between" or "Third" Spaces Settlement Patterns in Byzantine Epirus (7th-11th Centuries) from an Interdisciplinary Approach, *Archeologia Medievale* 36 (2009), 43-54; DIES., Urban or Rural? Theoretical Remarks on the Settlement Patterns in Byzantine Epirus (7th-11th Centuries), *Byzantinische Zeitschrift* 103 (2010), 171-193; DIES., *Byzantine Epirus: a Topography of Transformation. Settlements of the Seventh-Twelfth Centuries in Southern Epirus and Aetoloacarnania, Greece*. Leiden 2012 (The Medieval Mediterranean, 95).

1   Siehe zur Geschichte und zum derzeitigen Stand des Großprojektes *TIB*: Klaus BELKE, *Tabula Imperii Byzantini*. Un progetto di topografia storica e le sue prospettive per la Sicilia, *Byzantino-Sicula* IV (2002), 73-87; Johannes KODER, Der byzantinische Siedlungsraum. Die Tabula Imperii Byzantini – Rekonstruktion der spätantiken und mittelalterlichen Siedlungsrealität in Südosteuropa und im östlichen Mittelmeerraum, in: Präsidium der Österreichischen Akademie der Wissenschaften (Hg.), *wissen:schafft. Lese-Buch*. Wien 1997, 107-110; Mihailo St. POPOVIĆ, The Project *Tabula Imperii Byzantini* (*TIB*) of the Austrian Academy of Sciences, *Ostkirchliche Studien* 58 (2009), H. 2, 267-272; DERS., Mapping Byzantium – The Project "Macedonia, Northern Part" in the Series Tabula Imperii Byzantini (TIB) of the Austrian Academy of Sciences, in: Karel KRIZ / William CARTWRIGHT / Lorenz HURNI (Hgg.), *Mapping Different Geographies*. Berlin, Heidelberg 2010 (Lecture Notes in Geoinformation and Cartography), 219-234. Vgl. die Überlegungen zu einer Datenbank der *TIB* in: Mihailo St. POPOVIĆ / Bogdan ŞANDRIC, Transfer of (Historical) Geographic Knowledge Then and Now. From Static Data to User Oriented Visualization, *e-Perimetron, International web journal on sciences and technologies affined to history of cartography and maps* 7 (2012), H. 2, 50-61, unter <http://www.e-perimetron.org/Vol_7_2/Popovic_Sandric.pdf>, 4.6.2014.

2   POPOVIĆ, The Project "Macedonia, Northern Part", 230f.

3   Walter CHRISTALLER, *Die zentralen Orte in Süddeutschland. Eine ökonomisch-geographische Untersuchung über die Gesetzmäßigkeit der Verbreitung und Entwicklung der Siedlungen mit städtischen Funktionen*. Jena 1933 (Nachdruck Darmstadt 1968), 11-136; DERS., *Das Grundgerüst der räumlichen Ordnung in Europa. Die Systeme der europäischen zentralen Orte*. Frankfurt/M. 1950 (Frankfurter Geographische Hefte, 24/1), hier 5-18 und 51-67; DERS., How I Discovered the Theory of Central Places: A Report About the Origin of Central Places, in: Paul Ward ENGLISH / Robert C. MAYFIELD (Hgg.), *Man, Space and Environment*. New York 1972, 601-610.

4   KODER, Überlegungen, 260.

"Doch fehlen für solche Modelle im byzantinischen Quellenbereich größtenteils einfach die Voraussetzungen für quantifizierbare Parameter. Ob man sie überhaupt jemals für einen großflächigen byzantinischen Teilraum erfüllen können wird, erscheint mir fraglich."[1]

Die Kritik von Mélétis Michalakis und Georges Nicolas an Christallers Berechnungen[2] betrifft die regressive Verwendung der "Central Place Theory" in der Altertums- sowie Mittelalterforschung meines Erachtens nicht, weil in beiden Wissenschaftszweigen Modifikationen der bestehenden Theorie aufgrund unterschiedlicher Parameter (z. B. der Bevölkerungsdichte) vorgenommen wurden.[3]

Ursprünglich ist die Theorie Christallers von drei Siedlungsebenen ausgegangen, die er in ein hexagonales Raster eingebettet hat. Als höchste Stufe fungierte das sogenannte "Central Market Town (CMT)", gefolgt von dem sogenannten "Intermediate Market Town (IMT)" und auf der untersten Stufe von dem sogenannten "Standard Market Town (SMT)". Johannes Koder konnte anhand einiger Beispiele zeigen[4], daß für das Byzantinische Reich ein Zweistufensystem anzunehmen ist.[5]

Basierend auf Berechnungen bzw. einer daraus resultierenden Graphik (siehe dazu *Abb. 2*) geht hervor, daß in dem mittelalterlichen Byzantinischen Reich – d. h. auch in spätbyzantinischer Zeit – Provinzhauptstädte bzw. administrative Zentren (CMT+IMT) zwischen 39 und 46 km voneinander entfernt sein konnten, während die Distanz eines "Standard Market Town (SMT)" zur Provinzhauptstadt bzw. zu einem administrativen Zentrum (CMT+IMT) zwischen 13 und 15 km betragen konnte.[6]

---

1   Ebd. 260.
2   Vgl. dazu folgende Beiträge: Mélétis MICHALAKIS / Georges NICOLAS, Le cadavre exquis de la centralité: l'adieu à l'hexagone régulier, *Eratosthène-Sphragide* 1 (1986), 15-87; Georges NICOLAS, Walter Christaller from "exquisite corpse" to "corpse resuscitated", *SAPIENS* 2 (2009), H. 2, unter <http://sapiens.revues.org/index843.html>, 4.6.2014; DERS., The So-Called "Christallerian Model", unter <http://cyberato.pu-pm.univ-fcomte.fr/sites/default/files/cyberato/nicolas-georges/node-comment-parent-path/nicolas-georges_so-called-christallerian-model_234.pdf >, 4.6.2014.
3   Siehe zu der regressiven Anwendung der Theorie in der Altertumsforschung folgende grundlegende Beiträge: John BINTLIFF, Going to Market in Antiquity, in: Eckart OLSHAUSEN / Holger SONNABEND (Hgg.), *Zu Wasser und zu Land. Verkehrswege in der antiken Welt*. Stuttgart 2002 (Stuttgarter Kolloquium zur historischen Geographie des Altertums, 7,1999), 209-250; André DEL / Cinzia TAVERNARI, Les réseaux de polygones de Thiessen. Application à la géolocalisation robuste de caravansérails décrits dans les récits anciens de voyageurs, *Géomatique Expert* 70 (Août-Septembre 2009), 97-101; Michael MITTERAUER, Jahrmärkte in Nachfolge antiker Zentralorte, *Mitteilungen des Instituts für Österreichische Geschichtsforschung* 75 (1967), 237-321; Pieter W. DE NEEVE, *Peasants in Peril. Location and Economy in Italy in the Second Century B.C.* Amsterdam 1984. Eine nützliche Zusammenfassung der wichtigsten Aspekte der "Central Place Theory" in: James CONOLLY / Mark LAKE, *Geographic Information Systems in Archaeology*. Cambridge u. a. 2006 (Cambridge Manuals in Archaeology), 208-233; Ludwig SCHÄTZL, *Wirtschaftsgeographie 1. Theorie. Mit 44 Abbildungen*. Paderborn u. a. [9]2003, 72-84; zahlreiche weitere Literaturhinweise in: KODER, The Urban Character, 176-179; DERS., Για μια εκ νέου τοποθέτηση, 47-49; DERS., Land Use, 182f.; SCHÄTZL, Wirtschaftsgeographie, 245-269; Celine WAWRUSCHKA, *Frühmittelalterliche Siedlungsstrukturen in Niederösterreich*. Wien 2009 (Mitteilungen der Prähistorischen Kommission, 68), 157-165. Besagte Theorie ist auch in die Literaturgeschichte eingegangen: Franco MORETTI, *Kurven, Karten, Stammbäume. Abstrakte Modelle für die Literaturgeschichte*. Frankfurt/M. 2009, 47-81. Vgl. zur Bevölkerungsdichte im Byzantinischen Reich in spätbyzantinischer Zeit: Johannes KODER, Überlegungen zur Bevölkerungsdichte des byzantinischen Raumes in Spätmittelalter und Frühneuzeit, *Byzantinische Forschungen* 12 (1987), 291-305; Jacques LEFORT, Population et peuplement en Macédoine orientale, IXe-XVe siècle, in: Vassiliki KRAVARI / Jacques LEFORT / Cécile MORRISSON (Hgg.), *Hommes et richesses dans l'Empire byzantin, Tome II, VIIIe-XVe siècle*. Paris 1991, 63-89; Josiah C. RUSSELL, Late Medieval Balkan and Asia Minor Population, *Journal of Economic and Social History of the Orient* 3 (1960), 265-274.
4   KODER, Land Use, 169-181.
5   Ebd. 175f.
6   Ebd. 174, 176.

An Koders Publikationen anknüpfend, möchte der Verfasser dieser Monographie die vorgezeichnete Herangehensweise fortführen und zeigen, daß die Anwendung der modifizierten "Central Place Theory" auf der Mikroebene der historischen Geographie – d. h. auf ein Flußtal der historischen Landschaft Makedonien bezogen – unter Einsatz von einer begrenzten Zahl spätbyzantinischer bzw. osmanischer Quellen möglich und zielführend ist.

Die obenerwähnten rezenten Forschungsansätze umfassen drei Aspekte, die an dieser Stelle schlagwortartig angeführt und weiter unten [siehe den Abschnitt *Zu den rezenten (historisch-)geographischen Forschungsansätzen*] bzw. in den folgenden Kapiteln näher erläutert werden. Es sind dies die Begriffe *Neogeography* bzw. *Volunteered Geographic Information* (*VGI*), *Geographic Information Systems* (*GIS*) unter Erstellung eines "Least-Cost Path"-Modells und *Historic Landscape Characterisation* (*HLC*).

Räumliche Eingrenzung des Bearbeitungsgebietes

"Die Brücke zwischen zwei Kontinenten, Asien und Europa, und der kürzeste Weg, der diese Kontinente verbindet, ist zweifellos die zentrale Furche Mazedoniens, das Vardartal. Fast alle Völkerwanderungen zwischen Asien und Europa und Feldzüge in der Weltgeschichte haben hier die Spuren ihrer Kultur mehr oder weniger hinterlassen."[1]

Mit diesen Worten hat Mihailo Bocević in den vierziger Jahren des 20. Jahrhunderts die historische und strategische Bedeutung der historischen Landschaft Makedonien hervorgehoben. Die vorliegende Monographie ist aus der bisherigen Forschung des Verfassers zum Bearbeitungsgebiet "Makedonien, nördlicher Teil" (*TIB* 16; siehe dazu *Abb. 1*) – d. h. zum gesamten Staatsgebiet der (ehemaligen jugoslawischen) Republik Makedonien[2] und zum Südwesten Bulgariens (Bezirke Kjustendil und Blagoevgrad) – sowie aus älteren synoptischen Vorarbeiten hervorgegangen, die an dieser Stelle kursorisch erwähnt seien.

Der Band *Tabula Imperii Romani K 34* (Naissus, Dyrrhachion, Scupi, Serdica, Thessalonike), der 1976 in Ljubljana erschienen ist, erfaßt das soeben beschriebene Gebiet, bietet allerdings sehr knappe Ausführungen und fast keine Informationen zur Geschichte der jeweiligen Orte.[3] Etwa ein Jahrzehnt später erschien die Monographie von Fanoula Papazoglou.[4] Die Verfasserin legt ausgehend von den literarischen und epigraphischen Quellen ihren Schwerpunkt auf die Geschichte der einzelnen Teilregionen des antiken und spätantiken Makedonien und die Identifikation des reichhaltigen Toponymbestandes. Historisch-geographische Sachverhalte werden kaum betrachtet. Regional befaßt sie sich vorzugsweise mit dem südlichen Teil der historischen Landschaft Makedonien (also *TIB* 11) und greift nur fallweise auf die angrenzenden Zonen des nördlichen Teiles über.

---

1   Mihailo BOCEVIĆ, *Mazedonien. Ein wirtschaftsgeographischer Beitrag. Dissertation zur Erlangung des Grades eines Doktors der Handelswissenschaften an der Hochschule für Welthandel in Wien.* Wien 1942, 47.

2   Die Bezeichnung "(ehemalige jugoslawische) Republik Makedonien", die durchgehend in der vorliegenden Monographie verwendet wird, basiert auf der Resolution A/RES/47/225 der UNO-Generalversammlung vom 8. April 1993, die folgendes besagt: "Decides to admit the State whose application is contained in document A/47/876-S/25147 to membership in the United Nations, this State being provisionally referred to for all purposes within the United Nations as 'the former Yugoslav Republic of Macedonia' pending settlement of the difference that has arisen over the name of the State." Diese Resolution ist zu finden unter, <http://www.un.org/documents/ga/res/47/a47r225.htm>, 4.6.2014.

3   Jaroslav ŠAŠEL u. a. (Hgg.), *Union Académique Internationale. Tabula Imperii Romani, Naissus Dyrrhachion-Scupi-Serdica-Thessalonike. D'après la carte internationale du monde au 1 : 1.000.000, K 34 Sofia.* Ljubljana 1976.

4   Fanoula PAPAZOGLOU, *Les villes de Macédoine à l'époque romaine.* Athènes 1988 (Bulletin de Correspondance Hellénique, Supplément 16).

Einen bedeutenden Fortschritt in der historisch-geographischen Erforschung der historischen Landschaft Makedonien erzielte Vassiliki Kravari mit ihrer Untersuchung "Villes et villages de Macédoine occidentale".[1] Sie untersuchte den gesamten Westen sowohl des nördlichen als auch des südlichen Makedonien bis zum Vardar (Axios). Kravari erfaßte die Zeitspanne von der Einwanderung der Slawen im 6. Jahrhundert bis zu der osmanischen Eroberung im 14. Jahrhundert und schenkte auch den osmanischen Steuerregistern (*Defter*) des 15. Jahrhunderts Beachtung. Ihre Ausführungen basieren allerdings ausschließlich auf schriftlichem Quellenmaterial und berücksichtigen den dazugehörigen Denkmalsbefund nur in äußerst geringem Maße.

Das Ergebnis der Zusammenarbeit führender Archäologen der (ehemaligen jugoslawischen) Republik Makedonien ist die "Arheološka karta na Republika Makedonija", deren drei Bände in den Jahren 1994, 1996 und 2002 herausgegeben wurden.[2] Aufgenommen sind Denkmäler und archäologische Funde und Fundstätten, die chronologisch von der Steinzeit bis in das Mittelalter reichen. Der Schwerpunkt des umfassenden Kompendiums liegt auf der Antike, Spätantike und der frühchristlichen Epoche. Auf schriftliche Quellen zum Mittelalter wird keinerlei Bezug genommen.

Der Denkmalbestand von "Makedonien, nördlicher Teil" aus spätantiker und frühbyzantinischer Zeit wurde von Ivan Mikulčić erforscht und in einem umfangreichen Band mit Bildmaterial, Plänen und sieben thematischen Karten dokumentiert.[3] Der Schwerpunkt dieser Untersuchung liegt auf den mehr als 500 befestigten Siedlungen des antiken und frühbyzantinischen Makedonien (3. bis 6. Jahrhundert n. Chr.), soweit sie sich auf dem Gebiet der (ehemaligen jugoslawischen) Republik Makedonien befinden. Dabei ging es dem Autor auch darum, das archäologische Material in seinem topographischen und historischen Kontext unter Berücksichtigung geographischer, wirtschaftlicher und politischer Verhältnisse darzustellen.

Ausgehend von der Definition des Bearbeitungsgebietes von "Makedonien, nördlicher Teil" (*TIB* 16) und den bisher für dieses gesamte Gebiet erarbeiteten Lemmata, hat sich der Verfasser dazu entschlossen, seine Forschungen im Rahmen dieser Monographie auf eine Mesoregion[4] der historischen Landschaft Makedonien zu fokussieren. Diese Mesoregion umfaßt im konkreten sowohl das Flußtal der Strumica (Strumešnica) in seiner gesamten Länge, das sich jetzt auf dem Territorium der (ehemaligen jugoslawischen) Republik Makedonien sowie auf demjenigen der Republik Bulgarien befindet, als auch das Flußtal der Kriva Lakavica.

Diese Fokussierung ist einerseits mit dem Bestreben zu erklären, den Blick von der Makroebene der gesamten historischen Landschaft Makedonien auf die Mikroebene einer scharf umrissenen Mesoregion zu lenken, weil diese weder in den bisherigen obenerwähnten Vorarbeiten systematisch untersucht wurde noch die diesbezüglichen spätbyzantinischen und osmanischen Quellen mittels der modifizierten "Central Place Theory" ausgewertet wurden. Des weiteren eignet sich die beschriebene Mesoregion als Fallstudie, an welcher die Nützlichkeit rezenter historisch-geographischer Forschungsansätze zielführend überprüft werden

---

1   Vassiliki KRAVARI, *Villes et villages de Macédoine occidentale*. Paris 1989.
2   Dimče KOCO u. a. (Hgg.), *Arheološka karta na Republika Makedonija*. *Tom I-III*. Skopje 1994-2002.
3   Ivan MIKULČIĆ, *Spätantike und frühbyzantinische Befestigungen in Nordmakedonien. Städte – Vici – Refugien – Kastelle*. München 2002 (Münchner Beiträge zur Vor- und Frühgeschichte, 54).
4   Zur Definition der "Mesoregion": "Bezogen auf Europa, handelt es sich um Räume oder Regionen, die kleiner sind als der Kontinent, aber die Grenzen heutiger Staaten in der Regel überschreiten, d. h. um Räume mittlerer Dimension, um Mesoregionen." Zitiert nach: Holm SUNDHAUSSEN, Die Wiederentdeckung des Raums: Über Nutzen und Nachteil von Geschichtsregionen, in: Konrad CLEWING / Oliver Jens SCHMITT (Hgg.), *Südosteuropa. Von vormoderner Vielfalt und nationalstaatlicher Vereinheitlichung. Festschrift für Edgar Hösch*. München 2005 (Südosteuropäische Arbeiten, 127), 13-33, 16f.

kann.

Andererseits greift der Verfasser in seiner räumlichen Eingrenzung auf Ergebnisse einer wissenschaftlichen Arbeit von Johannes Koder zurück.[1] Der von Mihailo Bocević anschaulich hervorgehobenen Bedeutung der historischen Landschaft Makedonien (s. o.) waren sich bereits sowohl die Byzantiner als auch die Venezianer bewußt.[2] Besagtes – in diesem Falle wirtschaftliches – Bewußtsein läßt sich beispielsweise mit Hilfe einer Quelle des ausgehenden 12. Jahrhunderts erfassen.

Als der byzantinische Kaiser Alexios III. Angelos der Serenissima im Jahre 1198 Handelskonzessionen für bestimmte Gebiete des Byzantinischen Reiches gewährte, waren weite Teile der Landschaft Makedonien, darunter auch die *Prouincia Strumice* (*Provincia Strumitzæ*, *Eparchia Strumitzēs*) und die *Prouincia Sagorion* (*Provincia Zagoriorum, Eparchia Zagoriōn*), inbegriffen.[3] Diese und weitere dergestalte Quellen[4] hat Johannes Koder herangezogen, um einen Rekonstruktionsversuch der Siedlungsstruktur der Landschaft Makedonien in mittelbyzantinischer Zeit anhand der modifizierten "Central Place Theory" vorzunehmen. Dadurch wurden die zentralen Orte Makedoniens und deren Einzugsgebiete im genannten Zeitraum faßbar (siehe dazu *Abb. 3*).[5]

Die geographisch definierte Mesoregion der Flußtäler der Strumica (Strumešnica) und der Kriva Lakavica ist somit deckungsgleich mit den historischen Provinzen *Strumice* und *Sagorion*[6], wobei auf der Basis der schriftlichen Quellen zu überprüfen sein wird, welche

---

1 KODER, Για μια εκ νέου τοποθέτηση, 33-49.

2 Vgl. zum Bild der Landschaft Makedonien im räumlichen Verständnis der Byzantiner: DERS., Macedonians and Macedonia in Byzantine Spatial Thinking, in: John BURKE / Roger SCOTT (Hgg.), *Byzantine Macedonia. Identity, Image and History. Papers from the Melbourne Conference July 1995.* Melbourne 2000 (Byzantina Australiensia, 13), 12-28.

3 Ediert in: Gottlieb Lucas Friedrich TAFEL / Georg Martin THOMAS (Hgg.), *Urkunden zur älteren Handels- und Staatsgeschichte der Republik Venedig mit besonderer Beziehung auf Byzanz und die Levante. Vom neunten bis zum Ausgang des fünfzehnten Jahrhunderts. I. Theil. (814-1205.).* Wien 1856 (Nachdruck Amsterdam 1964), 262, 278 (Nr. 85).

4 Zum Beispiel die "Partitio Terrarum Imperii Romanie": Antonio CARILE, Partitio Terrarum Imperii Romanie, *Studi Veneziani* 7 (1965), 125-289.

5 KODER, Για μια εκ νέου τοποθέτηση, 41-46; DERS., Land Use, 179-181. In der Zwischenzeit hat sich Johannes Koder verstärkt der Erforschung der Siedlungsstruktur Kleinasiens in mittelbyzantinischer Zeit zugewandt: DERS., Regional Networks in Asia Minor during the Middle Byzantine Period, Seventh-Eleventh Centuries. An Approach, in: Cécile MORRISSON (Hg.), *Trade and Markets in Byzantium.* Washington/DC. 2012 (Dumbarton Oaks Byzantine Symposia and Colloquia), 147-175.

6 Auf dem Gebiet der *Prouincia Sagorion* hatte die Stadt Melnik zentrale Bedeutung inne. Der erste Beleg zur Stadt Melnik in den byzantinischen Quellen bezieht sich auf das Jahr 1014. Nach dem Sieg über das Heer Samuels bei Kleidion (jetzt Ključ, 17 km wsw. von Petrič) kam der byzantinische Kaiser Basileios II. zwischen Juli und Oktober 1014 *eis ta Zagoria, entha to lian ochyrōtaton hidrytai phrurion ho Melenikos*, auf einem Felsen gelegen und an allen Seiten von tiefsten Abgründen umgeben. Die Besatzung wurde von einem Unterhändler des Kaisers, dem Eunuchen Sergios, zur Aufgabe überredet, und Melnik mit einer byzantinischen Garnison versehen. Siehe dazu: Immanuel BEKKER (Hg.), *Georgius Cedrenus, Ioannis Scylitzae ope.* Bonn 1838-1839 (Corpus Scriptorum Historiae Byzantinae, 13-14), II 460; Hans THURN (Hg.), *Ioannis Scylitzae Synopsis Historiarum.* Berlin, New York 1973 (Corpus Fontium Historiae Byzantinae, 5), 351. Im kritischen Apparat beider Editionen ist die Namensvariante *Melnikos* belegt. Vgl. dazu: Günter PRINZING, Rezension der Monographie von Theodoros N. VLACHOS, *Die Geschichte der byzantinischen Stadt Melenikon.* Thessaloniki 1969 (Hetaireia Makedonikōn Spudōn, Hidryma Meletōn Chersonēsu tu Haimu, 112) in: *Byzantinische Zeitschrift* 64 (1971), 120, Anmerkung 2; Georgije OSTROGORSKI / Franjo BARIŠIĆ (Hgg.), *Vizantijski izvori za istoriju naroda Jugoslavije III.* Beograd 1966 (Photomechanischer Nachdruck 2007) (Vizantološki institut, Posebna izdanja, 10), 111, Anmerkung 108.

Bei dem arabischen Geographen Al-Idrīsī begegnet im 12. Jahrhundert das Toponym *Zāġūrīya*, womit das Gebiet von *Zagoria*, eine dortige Stadt und ein dortiges Gebirge gemeint sind. Die Stadt wird als groß und bekannt, als eine der zentralen und ältesten Städte des Byzantinischen Reiches am Fuße eines gleichnamigen Gebirges

zentralen Orte (CMT+IMT) ebendort in spätbyzantinischer bzw. osmanischer Zeit identifiziert
werden können.

Zeitliche Eingrenzung der vorliegenden Untersuchung

Der Zeitraum, welcher der durchgeführten Forschung zugrunde liegt, reicht von 1259 bis 1600.
Diese Eingrenzung orientiert sich zum einen an der Schlacht von Pelagonia des Jahres 1259,
in welcher die Truppen des Reiches von Nikaia unter dem Sebastokrator Johannes Palaiologos
ein Koalitionsheer des Fürsten Michael II. von Epiros besiegt haben, womit die Vorherrschaft
der Dynastie der Palaiologen im innerbyzantinischen Machtkampf gesichert wurde.[1]

Zum anderen nimmt sie Bezug auf den osmanischen Defter für den Sandžak *Köstendil* (jetzt
Kjustendil), der zwischen 1570 und 1573 entstanden ist und Informationen über die
Siedlungsstruktur des definierten Bearbeitungsgebietes enthält.[2]

Die Wahl dieses Zeitraumes als Horizont der Untersuchung erfolgte deswegen, weil "[…]
the late Byzantine period reveals (at least in predisposition) new and differentiated religious,
ideological, cultural and political positions in southeastern Europe, which indicate in advance
or anticipate already the developments of the nineteenth and twentieth centuries."[3]

---

beschrieben. Sie sei zur Gänze von bearbeiteten Feldern, Dörfern und Äckern umgeben. Siehe dazu: Boris
NEDKOV, *Bălgarija i săsednite i zemi prez XII vek spored "Geografijata" na Idrisi.* Sofija 1960, 39, 47, 113,
Anmerkung 48, 114f., Anmerkung 64, 119, Anmerkung 107.
Vgl. zur Identifizierung der *Prouincia Sagorion* mit dem Gebiet um Melnik: Violeta NEŠEVA, *Melnik.
Bogozidanijat grad.* Sofija 2008, 20; Boban PETROVSKI, Vistinskata percepcija za Makedonija kaj Al-Idrizi
(slučajot so Bulugu, Malasuva, Zagurija), in: Metodija MANOJLOVSKI u. a. (Hgg.), *60 godini Institut za istorija.
Zbornik na trudovi od Megjunarodna naučna konferencija "Makedonija i sosedite", Skopje 08-09.12.2006.*
Skopje 2010, 225-234, 230-233; Zdravko St. PLJAKOV, Die Stadt Sandanski und das Gebiet von Melnik und
Sandanski im Mittelalter, *ByzantinoBulgarica* 4 (1973), 175-201, 185f.; Paul Meinrad STRÄSSLE, *Krieg und
Kriegführung in Byzanz. Die Kriege Kaiser Basileios' II. gegen die Bulgaren (976-1019).* Köln, Weimar, Wien
2006, 187-189; SOUSTAL, Thrakien, 503; Petăr TIVČEV, Sur les cités byzantines aux XIe-XIIe siècles,
ByzantinoBulgarica 1 (1962), 145-182, 155.

1 Zur Schlacht von Pelagonia: Spyros ASŌNITĒS, Πελαγονία 1259: μία νέα θεώρηση, *Byzantiaka* 11 (1991), 131-
165; Deno John GEANAKOPLOS, Greco-Latin Relations on the Eve of the Byzantine Restoration: The Battle of
Pelagonia – 1259, *Dumbarton Oaks Papers* 7 (1953), 101-141; DERS., *Emperor Michael Palaeologus and the
West 1258-1282. A Study in Byzantine-Latin Relations.* Hamden/CT. 1973, 47-74; Ewald KISLINGER, Pelagonia,
Battle of, in: *Encyclopedia of Greece and the Hellenic Tradition 2.* London, Chicago 2000, 1272f.; KRAVARI,
Villes et villages, 311-313; Robert MIHAJLOVSKI, The Battle of Pelagonia, 1259: a New Look through the March
Routes and Topography, in: Fiona K. HAARER / Elizabeth JEFFREYS / Judith GILLILAND (Hgg.), *Proceedings of
the 21st International Congress of Byzantine Studies. London, 21-26 August 2006. Volume III Abstracts of
Communications.* Aldershot 2006, 370f.; DERS., The Battle of Pelagonia, 1259: a New Look at the March Routes
and Topography, *Byzantinoslavica* 64 (2006), 275-284; Donald M. NICOL, The Date of the Battle of Pelagonia,
Byzantinische Zeitschrift 49 (1956), 68-71; Phreiderikos ROCHONTZĒS, Η αναβίωση του Ελληνισμού και η
παρακμή της Φραγκοκρατίας. Μάχη της Καστοριάς (1259 μ.Χ.), *Makedonika* 22 (1982), 340-355; Alice-Mary
TALBOT, Pelagonia, Battle of, in: *The Oxford Dictionary of Byzantium 3.* New York, Oxford 1991, 1619f.; Klaus-
Peter TODT, Pelagonia, Schlacht v. (1259), in: *Lexikon des Mittelalters 6.* München, Zürich 1993, 1861f.; Peter
WIRTH, Von der Schlacht von Pelagonia bis zur Wiedereroberung Konstantinopels, *Byzantinische Zeitschrift* 55
(1962), 30-37.

2 In slawischer Übersetzung herausgegeben von: Metodija SOKOLOSKI (Hg.), *Turski dokumenti za istorijata na
Makedonskiot narod. Opširni popisni defteri od XVI vek za Kjustendilskiot sandžak. Tom V/Kniga 2.* Skopje
1980; Aleksandar STOJANOVSKI (Hg.), *Turski dokumenti za istorijata na Makedonskiot narod. Opširen popisen
defter za Kjustendilskiot sandžak od 1570 godina. Tom V/Kniga 3.* Skopje 1982; DERS. (Hg.), *Turski dokumenti
za istorijata na Makedonskiot narod. Opširen popisen defter za Kjustendilskiot sandžak od 1570 godina. Tom
V/Kniga 4.* Skopje 1985; DERS. (Hg.), *Turski dokumenti za istorijata na Makedonskiot narod. Opširen popisen
defter za Kjustendilskiot sandžak od 1570 godina. Tom V/Kniga 5.* Skopje 1995.

3 KODER, Macedonians and Macedonia, 12.

Zu den rezenten (historisch-)geographischen Forschungsansätzen

Die uneingeschränkten Partizipationsmöglichkeiten von Benützern des Internets im Rahmen geographischer Plattformen und Foren haben dazu geführt, daß der Bereich der Geographie und Kartographie im Internet einem ununterbrochenen dynamischen Prozeß unterliegt, dessen Informationsflut unaufhaltsam wächst.[1] Inzwischen wird dieses Phänomen als *Neogeography* bzw. *Volunteered Geographic Information* (*VGI*) bezeichnet. Der Begriff *Neogeography* wird hierbei wie folgt definiert: "Essentially, Neogeography is about people using and creating their own maps, on their own terms and by combining elements of an existing toolset."[2] Michael F. Goodchild, welcher den Begriff *Volunteered Geographic Information* geprägt hat, beschreibt dieses weltweite Phänomen folgendermaßen: "The world of VGI is chaotic, with little in the way of formal structures. Information is constantly being created and cross-referenced, and flows in all directions, since producers and consumers are no longer distinguishable."[3]

Meines Erachtens ist die traditionelle historisch-geographische Forschung insofern von diesen Entwicklungen betroffen, als einerseits neue Technologien und computergestützte Visualisierungsmöglichkeiten rezipiert werden sollten, um eine weiterführende Analyse der nach bisher gültigen Methoden ausgewerteten Quellen zu gewährleisten, andererseits jedoch nützliche von unnützen Innovationen streng geschieden werden müssen. Ein anschauliches Beispiel bietet in dieser Hinsicht *Google Earth*, das zum einen ungeahnte Visualisierungsmöglichkeiten für wissenschaftliche Erkenntnisse bietet. Zum anderen ist bei der Übernahme von Daten sogenannter *Geotags* (z. B. von deren Gradangaben), die von Benützern von *Google Earth* gesetzt wurden, größte Vorsicht geboten, weil deren Verortung (z. B. in der Region Melnik) oftmals nicht zutreffend ist.[4]

Seit dem 21. Internationalen Kongreß für Byzantinistik in London im Jahre 2006[5] wurde die byzantinistische Gelehrtengesellschaft zum Zeugen einer sehr interessanten, gar faszinierenden, Verquickung der Disziplin der Historischen Geographie mit der Geoinformatik. Verschiedene Anwendungen der *Geographic Information Systems* (*GIS*), projektbasierte Internetpräsentationen sowie Datenbanken fanden Eingang in die Welt der Byzantinistik.[6] Im Zuge

---

1 Von dieser Entwicklung werden immer stärker auch andere akademische Disziplinen – darunter die Byzantinistik – erfaßt, was wiederum die Diskussion über die Zukunft und die Perspektiven besagter Fächer intensiviert. Siehe zu diesem Diskurs zum Beispiel: Mihailo St. POPOVIĆ, Are the Historical Geography of the Byzantine Empire and Digital Humanities a Contradiction *Per Se*? *Bulgaria Mediaevalis* 3 (2012) 255-269; Vlada STANKOVIĆ, Srpska i svetska vizantologija u 21. veku, ili o stalnom preispitivanju ustaljenih mišljenja, in: Bojana KRSMANOVIĆ / Ljubomir MAKSIMOVIĆ / Radivoj RADIĆ (Hgg.), *Vizantijski svet na Balkanu II*. Beograd 2012 (Srpska Akademija Nauka i Umetnosti, Posebna izdanja, Knjiga 42/2), 647-651.

2 Satya PRAKASH, Neogeography: Goodbye to GIS?, *GIS Development* February 2008, 70f. Abrufbar unter, <http://www.douban.com/note/140578423/>, 4.6.2014.

3 Michael F. GOODCHILD, Citizens as Voluntary Sensors: Spatial Data Infrastructure in the World of Web 2.0, *International Journal of Spatial Data Infrastructures Research* 2 (2007), 24-32, 29. Vgl. dazu auch: Jeremy W. CRAMPTON / John KRYGIER, An Introduction to Critical Cartography, *ACME: An International E-Journal for Critical Geographies* 4/1 (2006), 11-33; Daniel SUI / Sarah ELWOOD / Michael GOODCHILD (Hgg.), *Crowdsourcing Geographic Knowledge. Volunteered Geographic Information (VGI) in Theory and Practice*. Dordrecht 2013.

4 Auf die Problematik der Zuverlässigkeit hat bereits Michael F. Goodchild hingewiesen: "But largely missing at this point are the mechanisms needed to ensure quality, to detect and remove errors, and to build the same level of trust and assurance that national mapping agencies have traditionally enjoyed." (GOODCHILD, Citizens as Voluntary Sensors, 31).

5 Die Kongreßakten wurden publiziert von: Fiona K. HAARER / Elizabeth JEFFREYS / Judith GILLILAND (Hgg.), *Proceedings of the 21st International Congress of Byzantine Studies. London, 21-26 August, 2006. Volumes I-III Abstracts of Panel Papers and of Communications*. Aldershot 2006.

6 Besagte Entwicklungen haben sich bereits im allgemeinen in der Geschichtswissenschaft vollzogen. Siehe dazu folgende Überblicksdarstellungen: Ian N. GREGORY, *A Place in History: a Guide to using GIS in Historical*

des 22. Internationalen Kongresses für Byzantinistik in Sofija im Jahre 2011[1] wurden besagte Technologien und Entwicklungen vom Verfasser der vorliegenden Monographie überblicksartig bei der Round Table (RT1) "Instrumenta Studiorum" im Teilabschnitt "Historische Geographie" vorgestellt.[2]

Beinahe täglich tauchen im wahrsten Sinne des Wortes GIS-basierte Präsentationen historisch-geographischen Inhalts im Internet auf. Aus diesem Grunde ist jedweder schriftlicher Überblick über das weite Feld der zur Verfügung stehenden Anwendungen im nächsten Augenblick bereits veraltet. Dennoch sei an dieser Stelle auf einige überaus nützliche Projekte hingewiesen:

Das Projekt "Pleiades" ist in den Vereinigten Staaten von Amerika verankert und bietet Wissenschaftlern, Studierenden und begeisterten Laien weltweit die Möglichkeit, historisch-geographische Datensätze über die griechische und römische Antike in digitaler Form zu nutzen, zusammenzustellen und untereinander auszutauschen.[3]

Zwei weitere, sehr benutzerfreundliche Projekte aus den Vereinigten Staaten von Amerika sind zum einen "The Digital Atlas of Roman and Medieval Civilization (DARMC)", welches im Internet Materialien zur römischen und mittelalterlichen Geschichte kostenlos zur Verfügung stellt, die wiederum mittels GIS für räumliche Analysen und Visualisierungen herangezogen wurden bzw. werden können.[4] Zum anderen bietet "ORBIS: The Stanford Geospatial Network Model of the Roman World" die Möglichkeit, den Zeitaufwand und die Kosten verschiedener Reisemittel in der Antike zu berechnen. Hierbei basiert ORBIS auf einer vereinfachten Version des Netzwerkes von Städten, Straßen, Flüssen und Seerouten im Römischen Reich.[5]

Im Vereinigten Königreich wird derzeit ein für die Klassische und Byzantinische Philologie richtungweisendes Projekt mit dem Titel "HESTIA: the Herodotus Encoded Space-Text-Imaging Archive" betrieben. HESTIA eröffnet eine neue Perspektive zu den Raumkonzepten in der antiken Welt. Hierbei werden unter anderem Toponyme aus dem Geschichtswerk des Herodot von Halikarnassos mit raumbezogenen Daten und Inhalten (z. B. Karten) im Internet verknüpft, um für den Nutzer eine interaktive Lektüre zu ermöglichen.[6] "Pelagios: Enable Linked Ancient Geodata In Open Systems" verbindet eigene historisch-geographische digitale Inhalte zur antiken Welt mit bestehenden Projekten im Internet, um einschlägige Initiativen gezielt zu bündeln und somit einem breiten Publikum mittels einer umfassenden Schnittstelle zugänglich zu machen.[7] Das Projekt "Mapping the Jewish Communities of the Byzantine Empire" an der University of Cambridge verfolgt das Ziel, jüdisches Leben im Byzantinischen Reich mit Hilfe von GIS darzustellen.[8]

Im Bereich der Straßenkunde treten gleich mehrere Projekte in verschiedenen europäischen Staaten hervor. So erforscht das "International Centre for Studies of Ancient and Modern

---

Research. Oxford 2003; Anne Kelly KNOWLES (Hg.), *Past Time, Past Place: GIS for History*. Redlands/CA. 2002; DIES. (Hg.), *Placing History: how Maps, Spatial Data, and GIS are changing Historical Scholarship*. Redlands/CA. 2008.

1   Diese Kongreßakten wurden veröffentlicht von: Vassil GJUZELEV u. a. (Hgg.), *Proceedings of the 22nd International Congress of Byzantine Studies. Sofia, 22-27 August 2011. Volumes I-III*. Sofia 2011.

2   Eine Zusammenfassung dieses Vortrages wurde ohne Fußnoten publiziert in: Mihailo POPOVIĆ / Peter SOUSTAL, Historical Geography, in: *Byzantium without Borders. 22nd International Congress of Byzantine Studies – Sofia, 22-27 August 2011*, unter <http://www.propylaeum.de/fileadmin/upload/Soustal-Popovic.pdf>, 4.6.2014.

3   Unter <http://pleiades.stoa.org/>, 4.6.2014.

4   Unter <http://darmc.harvard.edu/icb/icb.do>, 4.6.2014.

5   Unter <http://orbis.stanford.edu/>, 4.6.2014.

6   Unter <http://www.open.ac.uk/Arts/hestia/>, 4.6.2014.

7   Unter <http://pelagios-project.blogspot.co.uk/>, 4.6.2014.

8   Unter <http://www.mjcb.eu/>, 4.6.2014.

Routes", das weltweit zahlreiche Institutionen sowie Forscherinnen und Forscher vereinigt, Karawanenrouten und Karawansereien zwischen China im Osten und Spanien im Westen. Das zu erstellende Gesamtinventar der Karawansereien wird dazu dienen, eine GIS-basierte Berechnung der sie verbindenden Routen vorzunehmen. Mit Syrien deckt die Wissenschaftlerin Cinzia Tavernari einen Teilbereich des besagten umfassenden Bearbeitungsgebietes ab. Abgesehen von einigen einschlägigen Publikationen[1] hat sie Ende des Jahres 2011 ihre Dissertation mit dem Titel "Caravansérails et réseaux routiers du Bilād al-Šām (fin XIIe siècle-début XVIe siècle)" zu den Transportnetzwerken der Region erfolgreich abgeschlossen.[2]

Einer ähnlichen Themenstellung widmet sich die Internetseite "OmnesViae: Römischer Routenplaner", welche die berühmte *Tabula Peutingeriana* mit GIS-Technologie aufbereitet hat.[3] Dieser Vorgehensweise entsprechen des weiteren die Präsentationen "Itinéraires romains en France"[4] und "Digital Atlas of the Roman Empire"[5].

Aus dem Bereich der Datenbanken sind unter anderem folgende drei relevante Projekte hervorzuheben. Das Institut für Kunstgeschichte der Universität Wien baut unter der Leitung von Professor Lioba Theis seit dem Jahre 2005 das "Digitale Forschungsarchiv Byzanz" (DiFAB) auf, dessen Ziel darin besteht, Bildmaterial, welches das kulturelle Erbe des Byzantinischen Reiches und von dessen Einflußgebiet widerspiegelt, zu sammeln, zu digitalisieren und mittels einer Datenbank weltweit zugänglich zu machen, um zum einen weiterführende Forschung anzuregen und zum anderen einen Beitrag für den internationalen Denkmalschutz zu leisten.[6]

Landkartenbestände aus verschiedenen internationalen Sammlungen werden digital in der französischen Datenbank "CartoMundi – Valorisation en ligne du patrimoine cartographique" erfaßt. Durch Auswahl einer Region auf der Weltkarte erhält der Nutzer einen Überblick, welche Karteneditionenen zum ausgewählten Gebiet existieren und wo bzw. unter welcher Signatur sich diese einschlägigen Bestände in den betreffenden Sammlungen befinden. Auch in diesem Falle wird der Interaktion zwischen Wissenschaft und Öffentlichkeit großer Stellenwert eingeräumt.[7]

Schließlich befindet sich der "Electronic Atlas of Greek Monasticism" im technischen Entwicklungsstadium und ist derzeit nur als Pilotanwendung in interner Verwendung. Hierbei handelt es sich um eine Initiative von Professor Myron Myridis vom Institut für Kartographie der Aristoteles-Universität Thessaloniki. Die Nutzer werden Zugang zu Photographien, zu historischen Daten und Fakten sowie zu den Routen, welche zu den jeweiligen Klöstern führen, erhalten. Des weiteren wird es möglich sein, die Klöster nach Epochen zu filtern und auf Übersichtskarten aufscheinen zu lassen.[8]

---

1 Siehe unter anderem: DEL / TAVERNARI, Les réseaux, 97-101; Cinzia TAVERNARI, Les routes du Bilād al-Šām au bas Moyen Âge, *L'émoi de l'histoire* 32 (2010), 85-114.

2 Cinzia TAVERNARI, *Caravansérails et réseaux routiers du Bilād al-Šām (fin XIIe siècle-début XVIe siècle).* (unpublizierte Dissertation) Paris 2011.

3 Unter <http://omnesviae.org/>, 4.6.2014.

4 Unter <http://itineraires-romains-en-france.pagesperso-orange.fr/default.htm>, 4.6.2014.

5 Unter <http://francia.ahlfeldt.se/imperium.php>, 4.6.2014.

6 Unter <http://difab.univie.ac.at/difab/>, 4.6.2014. Einen sehr guten Überblick über das Projekt bietet folgender Beitrag: Fani GARGOVA / Sarah TEETOR / Daniel TERKL / Ulrike UNTERWEGER, DiFAB – A Databased Visual Archive of Byzantium and the Challenges of Indexing Historical Material Culture, in: Karel KRIZ / William CARTWRIGHT / Lorenz HURNI (Hgg.), *Mapping Different Geographies.* Berlin, Heidelberg 2010 (Lecture Notes in Geoinformation and Cartography), 201-217.

7 Unter <http://www.cartomundi.fr/site/>, 4.6.2014.

8 Myron MYRIDIS u. a., The Electronic Atlas of Greek Monasticism, in: *Proceedings of the 25th International Cartographic Conference, Paris, 3-8 July 2011*, CO-299, unter <http://icaci.org/files/docu-

Der Verfasser der vorliegenden Monographie sucht aus der Perspektive des Byzantinisten, Südosteuropahistorikers und historischen Geographen bewußt die Anknüpfung an diese Entwicklungen, um anhand der Implementierung ausgewählter Innovationen der *Geoinformatik* (*GIS*) sowie der *Neogeography / Volunteered Geographic Information* deren Nutzen für die traditionelle historisch-geographische Erforschung des Byzantinischen Reiches aufzuzeigen. Somit ist diese Publikation auch eine Machbarkeitsstudie, die veranschaulichen soll, daß auf den Daten des Großprojektes *TIB* aufbauend (*1. Schritt*) eine Weiterentwicklung der historischen Geographie des byzantinischen Raumes – im konkreten der historischen Landschaft Makedonien – über diese Monographie (*2. Schritt*) in Richtung *Digital Humanities* (*3. Schritt*) möglich und sinnvoll ist (siehe *Abb. 4*). Gleichzeitig wird der Tatsache Rechnung getragen, den Kostenfaktor der jeweiligen geoinformatischen Anwendungen berücksichtigen zu müssen, sodaß ein wesentlicher Aspekt dieser Monographie darin besteht, die zielgerichtete Nutzung kostengünstiger Innovationen im Rahmen der historischen Geographie unter Einsatz von Free- und Shareware, d. h. unter Verzicht auf kostenintensive Produkte verschiedenster Anbieter, zu erproben.

Zunächst läßt sich der Einsatz des *Global Positioning System* (*GPS*) im Rahmen von Bereisungen bzw. Surveys der *TIB* wesentlich erweitern. Da aufgrund schlechter Wege- oder Witterungsverhältnisse keine flächendeckende Besichtigung und Einmessung aller relevanten Orte in einem Bearbeitungsgebiet möglich ist, können GPS-Wegpunkte von Orten über die Datenbank *GeoNames*[1] nachträglich recherchiert werden. Diese Herangehensweise ist für die Abschnitte II. bis VII. selektiv angewandt worden, um die Liste der GPS-Wegpunkte in den Flußtälern der Strumica (Strumešnica) sowie der Kriva Lakavica zu komplettieren und danach visuell mittels *Google Earth* zu veranschaulichen.

Neben GPS-Wegpunkten können auch GPS-Tracks aufgezeichnet werden, die mittels des Computerprogrammes *GPS TrackMaker Version 13.6* in *Google Earth* eingespielt werden können, was für die Erstellung eines "Least-Cost Path"-Modells unabdingbar ist, wie dies in Abschnitt VIII. gezeigt wird.[2]

Der Zweck und die Funktion eines "Least-Cost Path"-Modells lassen sich am anschaulichsten mit dem folgenden Zitat aus der Sekundärliteratur umreißen: "Archaeologists, however, often do not know the exact route of transportation links because for much of history transport did not involve the construction of specialised infrastructure such as roads and artificial waterways. Even where it did, such infrastructure may not have been preserved. Under these circumstances GIS [scilicet *Geographic Information Systems*] can be used to predict transport routes by deriving least-cost paths from an appropriate accumulated cost-surface. Of course, prediction of 'lost' routes is not the only use for least-cost paths: they can be compared to known routes in order to help understand the location of those routes."[3]

ments/ICC_proceedings/ICC2011/Oral%20Presentations%20PDF/D1-National%20and%20regional%20atlases/CO-299.pdf>, 4.6.2014.

1 Unter <http://www.geonames.org/>, 4.6.2014.

2 Eine wegweisende wissenschaftliche Arbeit in der Rekonstruktion von Verkehrswegen unter maßgeblicher Einbeziehung des archäologischen Befundes im Gelände und von GPS-Daten hat Arnold Esch vorgelegt: Arnold ESCH, *Zwischen Antike und Mittelalter. Der Verfall des römischen Straßensystems in Mittelitalien und die Via Amerina. Mit Hinweisen zur Begehung im Gelände*. München 2011.

3 CONOLLY / LAKE, Geographical Information Systems, 252. Bisher wurde eine große Zahl verschiedenster wissenschaftlicher Arbeiten über die Anwendung von *GIS* und von "Least-Cost Path"-Modellen in der Archäologie, Geschichte und historischen Geographie publiziert. Vgl. zum Beispiel: Daniel ARROYO-BISHOP, GIS and Archaeology in France, *Archeologia e Calcolatori* 9 (1998), 31-45; Juan A. BARCELÓ, Visualizing What Might Be: An Introduction to Virtual Reality Techniques in Archaeology, in: Juan A. BARCELÓ / Maurizio FORTE / Donald H. SANDERS (Hgg.), *Virtual Reality in Archaeology*. Oxford 2000 (BAR International Series

Wie Andreas Külzer in einer rezenten Publikation richtigerweise festgestellt hat, ist dieser Ansatz "für das Gebiet des Byzantinischen Reiches aber unseres Wissens nach bislang noch wenig erprobt" worden.[1] Während Külzer diese Zeilen schrieb, hatte der Verfasser bereits

843), 9-35; Gino BELLAVIA, Predicting Communication Routes, in: John F. HALDON (Hg.), *General Issues in the Study of Medieval Logistics. Sources, Problems and Methodologies.* Leiden, Boston 2006 (History of Warfare, 36), 185-198; Markus BREIER, *GIS in der Numismatik – Analysemethoden in der Interpretation von Fundmünzen.* Wien 2009 (Diplomarbeit, Universität Wien), 143 Seiten (unter <http://othes.univie.ac.at/6480/>, 4.6.2014); DERS., Geographische Informationssysteme im Umfeld der Fundmünzeninterpretation, *Mitteilungen der Österreichischen Numismatischen Gesellschaft* 50 (2010), Nr. 2, 131-155; DERS., Getting Around in the Past: Historical Road Modelling, in: Karel KRIZ / William CARTWRIGHT / Michaela KINBERGER (Hgg.), *Understanding Different Geographies.* Berlin, Heidelberg 2013 (Lecture Notes in Geoinformation and Cartography), 215-226; Henry CHAPMAN, *Landscape Archaeology and GIS.* Stroud 2006, 107-111; J. B. CLAXTON, Future Enhancements to GIS: Implications for Archaeological Theory, in: Gary LOCK / Zoran STANČIČ (Hgg.), *Archaeology and Geographical Information Systems.* London 1995, 335-348; Jim CROW / D. MEKTAV, Survey in Thrace August-September 2008, *Bulletin of British Byzantine Studies* 35 (2009), 51-55; Peter DENLEY / Deian HOPKIN (Hgg.), *History and Computing.* Manchester 1987; François DJINDJIAN, GIS Usage in Worldwide Archaeology, *Archeologia e Calcolatori* 9 (1998), 19-29; Kerstin DROSZ, Zum Einsatz von Geoinformationssystemen in Geschichte und Archäologie, *Historical Social Research* 31 (2006), H. 3, 279-287; Pastor FÁBREGA ÁLVAREZ / César PARCERO OUBIÑA, Proposals for an Archaeological Analysis of Pathways and Movement, *Archeologia e Calcolatori* 18 (2007), 121-140; Maurizio FORTE / Sofia PESCARIN, The Virtual Museum of Landscape, *Archeologia e Calcolatori* (2007), Supplemento 1, 87-99; Vince GAFFNEY / P. Martijn VAN LEUSEN, Postscript—GIS, Environmental Determinism and Archaeology, in: Gary LOCK / Zoran STANČIČ (Hgg.), *Archaeology and Geographical Information Systems.* London 1995, 367-382; Vince GAFFNEY / Helen GAFFNEY, Modelling Routes and Communications, in: Ewald KISLINGER / Johannes KODER / Andreas KÜLZER (Hgg.), *Handelsgüter und Verkehrswege. Aspekte der Warenversorgung im östlichen Mittelmeerraum (4. bis 15. Jahrhundert).* Wien 2010 (Veröffentlichungen zur Byzanzforschung, 18), 79-91; Rupert GIETL / Michael DONEUS / Martin FERA, Cost Distance Analysis in an Alpine Environment: Comparison of Different Cost Surface Modules, in: Axel POSLUSCHNY / Karsten LAMBERS / Irmela HERZOG (Hgg.), *Layers of Perception. Proceedings of the 35th International Conference on Computer Applications and Quantitative Methods in Archaeology (CAA), Berlin, Germany, April 2-6, 2007.* Bonn 2008 (Kolloquien zur Vor- und Frühgeschichte, Volume 10), 342-350; Ian N. GREGORY / Paul S. ELL, *Historical GIS. Technologies, Methodologies and Scholarship.* Cambridge 2007 (Cambridge Studies in Historical Geography, 39); Ross HASSIG, Roads, Routes, and Ties That Bind, in: Charles D. TROMBOLD (Hg.), *Ancient Road Networks and Settlement Hierarchies in the New World.* Cambridge 1991 (Nachdruck Cambridge 2011), 17-27; Dirk HELBING / Péter MOLNÁR / Illés J. FARKAS / Kai BOLAY, Self-Organizing Pedestrian Movement, *Environment and Planning B: Planning and Design* 28 (2001), 361-383; Stephen KAY / Timothy SLY, An Application of Cumulative Viewshed Analysis to a Medieval Archaeological Study: the Beacon System of the Isle of Wight, United Kingdom, *Archeologia e Calcolatori* 12 (2001), 167-179; Martijn VAN LEUSEN, Viewshed and Cost-Surface Analysis using GIS (Cartographic Modelling in a Cell-Based GIS II), in: Juan A. BARCELÓ / Ivan BRIZ / Asunción VILA (Hgg.), *New Techniques for Old Times.* Oxford 1999 (BAR International Series, 757), 215-223; Marcos LLOBERA, Understanding Movement: a Pilot Model towards the Sociology of Movement, in: Gary LOCK (Hg.), *Beyond the Map. Archaeology and Spatial Technologies.* Amsterdam 2000, 65-84; Alexander VON LÜNEN / Charles TRAVIS (Hgg.), *History and GIS. Epistemologies, Considerations and Reflections.* Dordrecht, Heidelberg, New York, London 2013; Barbara PECERE, *Viewshed* e *Cost Surface Analyses* per uno studio dei sistemi insediativi antichi: il caso della Daunia tra X e VI sec. A.C., *Archeologia e Calcolatori* 17 (2006), 177-213; Günter PRINZING, Elissos (Lezha) oder Kroai (Kruja)? Zu Anna Komnenes problematischer Beschreibung der mittelalbanischen Küstenregion zwischen Elissos und Dyrrachion (Durrës) um 1107, in: Klaus BELKE / Ewald KISLINGER / Andreas KÜLZER / Maria A. STASSINOPOULOU (Hgg.), *Byzantina Mediterranea. Festschrift für Johannes Koder zum 65. Geburtstag.* Wien, Köln, Weimar 2007, 503-515; Zoran STANČIČ, GIS in Eastern Europe: Nothing New in the East?, *Archeologia e Calcolatori* 9 (1998), 237-249; Frank VERMEULEN, Understanding Lines in the Roman Landscape: A Study of Ancient Roads and Field Systems Based on GIS Technology, in: Mark W. MEHRER / Konnie L. WESCOTT (Hgg.), *GIS and Archaeological Site Location Modeling.* Boca Raton, London, New York 2006, 291-316; Konnie L. WESCOTT / R. Joe BRANDON, *Practical Applications of GIS for Archaeologists. A Predictive Modeling Toolkit.* London 2000; David WHEATLEY / Mark GILLINGS, *Spatial Technology and Archaeology. The Archaeological Applications of GIS.* London 2002; Konrad WNĘK, Systemy GIS w badaniach historycznych, *Prace Historyczne* 137 (2010), 153-171.

1   Andreas KÜLZER, Möglichkeiten zur Rekonstruktion historischer Landschaften: Die Historische Geographie, in:

zusammen mit einem Kollegen, dem Geoinformatiker Juilson J. Jubanski, die Fallstudie eines "Least-Cost Path"-Modells zwischen den Orten Melnik und Zlatolist in Bulgarien vorgelegt.[1] Diese Studie beinhaltet die Technik der Reproduktion ("replication") – nicht der Vorhersage ("prediction") – einer historisch faßbaren Route zwischen den erwähnten Orten unter Verwendung des Programmes *GRASS GIS*[2], um die Gründe für ihren Verlauf nachzuvollziehen.[3]

Da diese Fallstudie neben den Publikationen von John Haldon und Vince Gaffney[4] eine Pionierarbeit in der historisch-geographischen Erforschung des Byzantinischen Reiches seitens der *TIB* darstellt, indem sie erstmals schriftliche und archäologische Quellen zum Bearbeitungsgebiet – d. h. der oben beschriebenen Mesoregion – mit unpubliziertem Archivmaterial des 19. Jahrhunderts aus dem Österreichischen Staatsarchiv zu Wien, Ergebnissen von Bereisungen vor Ort und Anwendungen aus dem Bereich des *GPS* sowie des *GIS* verbindet, werden die diesbezüglichen Forschungsergebnisse hierorts nochmals zusammengefaßt (siehe dazu Abschnitt VIII.).

Der letzte rezente Forschungsansatz, welcher den Abschluß der vorliegenden Monographie bildet (vgl. dazu Abschnitt IX.), ist jener Bereich der Landschaftsforschung[5], der *Historic*

Christian GASTGEBER / Christine GLASSNER / Kornelia HOLZNER-TOBISCH / Renate SPREITZER (Hgg.), *Fragmente. Der Umgang mit lückenhafter Quellenüberlieferung in der Mittelalterforschung*. Wien 2010, 173-184, 183.

1 Mihailo St. POPOVIĆ / Juilson J. JUBANSKI, On the Function of "Least-Cost Path" Calculations within the Project *Tabula Imperii Byzantini* (*TIB*) of the Austrian Academy of Sciences: a Case Study on the Route Melnik-Zlatolist (Bulgaria), *Anzeiger der philosophisch-historischen Klasse der Österreichischen Akademie der Wissenschaften*, 145. Jahrgang / 2. Halbband (2010), 55-87.

2 Siehe dazu die Internetseite des Programmes unter, <http://grass.fbk.eu/>, 4.6.2014.

3 Vgl. zur Reproduktion und zur Vorhersage von Routen: CONOLLY / LAKE, Geographical Information Systems, 255f. Eine überaus nützliche Evaluierung der gängigen GIS-Programme im Hinblick auf diese Anwendung bei: GIETL / DONEUS / FERA, Cost Distance Analysis, 342-350.

4 Siehe unter anderem: John HALDON, Roads and Communications in the Byzantine Empire: Wagons, Horses, and Supplies, in: John H. PRYOR (Hg.), *Logistics of Warfare in the Age of the Crusades. Proceedings of a Workshop held at the Centre for Medieval Studies, University of Sydney, 30 September to 4 October 2002*. Aldershot 2006, 131-158; DERS., Introduction. Why Model Logistical Systems?, in: John F. HALDON (Hg.), *General Issues in the Study of Medieval Logistics: Sources, Problems and Methodologies*. Leiden, Boston 2006 (History of Warfare, 36), 1-35; Philip MURGATROYD / Bart CRAENEN / Georgios THEODOROPOULOS / Vincent GAFFNEY / John HALDON, Modelling Medieval Military Logistics: an Agent-Based Simulation of a Byzantine Army on the March, *Journal of Computational and Mathematical Organization Theory* (2011), 1-19, unter <http://link.springer.com/article/10.1007%2Fs10588-011-9103-9>, 4.6.2014; Vince GAFFNEY / John HALDON / George THEODOROPOULOS / Phil MURGATROYD, Marching across Anatolia: Medieval Logistics and Modeling the Mantzikert Campaign, *Dumbarton Oaks Papers* 65-66 (2011-2012), 209-235; Vince GAFFNEY / PHILIP MURGATROYD / Bart CRAENEN / Georgios THEODOROPOULOS, 'Only Individuals': Moving the Byzantine Army to Manzikert, in: Stuart DUNN / Simon MAHONY (Hgg.), *The Digital Classicist 2013*. London 2013 (Bulletin of the Institute of Classical Studies, Supplement 122), 25-43.

5 Siehe folgende Überblicksarbeiten zur Landschaftsforschung: Ian H. ADAMS, *Agrarian Landscape Terms: a Glossary for Historical Geography*. London 1977; Marc ANTROP, Why Landscapes of the Past are Important for the Future, *Landscape and Urban Planning* 70 (2005), H. 1-2, 21-34; Gérard CHOUQUER (Hg.), *Les formes des paysages. 3. L'analyse des systèmes spatiaux*. Paris 1997; Timothy DARVILL / Christopher GERRARD / Bill STARTIN, Identifying and Protecting Historic Landscapes, *Antiquity* 67 (1993), H. 256, 563-574; Gerhard ERMISCHER, Mental Landscape: Landscape as Idea and Concept, *Landscape Research* 29 (2004), H. 4, 371-383; Mark GARDINER / Stephen RIPPON (Hgg.), *Medieval Landscapes*. Macclesfield 2007 (Landscape History after Hoskins, Volume 2); Richard JONES / Mark PAGE, *Medieval Villages in an English Landscape. Beginnings and Ends*. Macclesfield 2006; Laure LÉVÊQUE / Maria RUIZ ÁRBOL / Liliana POP (Hgg.), *Patrimoine, Images, Mémoire des paysages européens. Heritage, Images, Memory of European Landscapes*. Paris 2009; Cay LIENAU / Harald UHLIG (Hgg.), *Flur und Flurformen, Types of Field Patterns, Le finage agricole et sa structure parcellaire*. Gießen ²1978 (Materialien zur Terminologie der Agrarlandschaft, 1); Susanne SEYMOUR, Historical Geographies of Landscape, in: Brian GRAHAM / Catherine NASH (Hgg.), *Modern Historical Geographies*. Harlow 2000, 193-217; Sam TURNER, *Making a Christian Landscape: the Countryside in Early Medieval*

Landscape Characterisation (*HLC*) genannt wird. Ausgehend von der historisch-geographischen Mikroebene wird zunächst als Fallbeispiel eine regressive Rekonstruktion des Stadtgebietes von Melnik anhand des Plans des Wilhelm von Chabert aus dem Jahre 1832 vorgenommen. Durch computergestützte Bearbeitung (Georeferenzierung) dieser Karte mittels des Programmes *Touratech QV 4.0.127 Test Version* (nunmehr *QuoVadis* genannt)[1] unter Einbeziehung von GPS-Tracks der jetzigen Siedlungsgrenzen der Stadt wird der gezielte Vergleich zwischen dem urbanen Charakter Melniks in der Gegenwart und in der Vergangenheit möglich.

Die Beschreibung des (historischen) Charakters einer Landschaft, um nunmehr von der Mikro- auf die Makroebene zu schwenken, läßt sich mit der ursprünglich in Großbritannien entwickelten Methode der *Historic Landscape Characterisation* (*HLC*) durchführen. Diese wurde erstmals in größerem Umfange auf die englische Landschaft Cornwall im Laufe der neunziger Jahre des 20. Jahrhunderts angewandt.[2] Es folgten Untersuchungen weiterer englischer Landschaften (z. B. Buckinghamshire, Devon) auf der Basis der Pionierarbeit zu Cornwall.[3]

Die *HLC* "[…] is a form of landscape archaeology for understanding and representing landscapes with particular reference to their historical development. […] Instead of plotting individual archaeological sites as points or lines on a map, HLCs interpret the whole landscape as a continuous coverage based on variations in historic development …"[4]

Jim Crow und Sam Turner haben die Methode der *HLC* zum ersten Mal systematisch in der byzantinistischen Archäologie angewandt und mehrere wegweisende Arbeiten vorgelegt.[5] Hierbei zeigt sich, daß die *HLC* folgende Rahmenbedingungen bietet: "HLC-type approaches do not privilege the aesthetic values of landscapes, but instead seek to present time-depth and historicity across the whole landscape, presenting today's landscape character in the light of history's 'long chain' of events."[6]

Eine *HLC* entsteht "[…] by examining the present-day landscape using maps, air photographs or other sources and characterising it according to the particular patterns of components into landscape 'types'. These types are usually defined in advance of mapping."[7]

Die Vorzüge dieser Methode liegen in ihrer großen Flexibilität. Je nach den lokalen Gegebenheiten einer Landschaft oder nach den Zielen einer wissenschaftlichen Untersuchung können die jeweiligen Kategorien ("types") der historischen Landschaft definiert werden.[8]

Cornwall, Devon and Wessex. Exeter 2006; Tom WILLIAMSON, Understanding Enclosure, *Landscapes* 1 (2000), H. 1, 56-79; DERS., *Shaping Medieval Landscapes: Settlement, Society, Environment*. Macclesfield 2003.

1 Unter <http://www.quovadis-gps.de/>, 4.6.2014.

2 Vgl. dazu die Resultate in: Peter HERRING, *Cornwall's Historic Landscape. Presenting a Method of Historic Landscape Character Assessment*. Truro 1998. Des weiteren: DERS., Cornwall: How the Historic Landscape Characterisation Methodology was Developed, in: Graham FAIRCLOUGH (Hg.), *Historic Landscape Characterisation: "The State of the Art"*. London 1999, 15-32.

3 Siehe dazu den Überblick in: Sam TURNER, Historic Landscape Characterisation: a Landscape Archaeology for Research, Management and Planning, *Landscape Research* 31 (2006), H. 4, 385-398, 389-391.

4 Ebd. 385.

5 Jim CROW / Sam TURNER / Athanasios VIONIS, Characterizing the Historic Landscapes of Naxos, *Bulletin of British Byzantine Studies* 34 (2008), 41-43; Jim CROW / Sam TURNER, Silivri and the Thracian Hinterland of Istanbul: an Historic Landscape, *Anatolian Studies* 59 (2009), 167-181; Sam TURNER / Jim CROW, Unlocking Historic Landscapes in the Eastern Mediterranean: Two Pilot Studies Using Historic Landscape Characterisation, *Antiquity* 84 (2010), H. 323, 216-229; Jim CROW / Sam TURNER / Athanasios K. VIONIS, Characterizing the Historic Landscapes of Naxos, *Journal of Mediterranean Archaeology* 24 (2011), H. 1, 111-137; DIES., The Byzantine and Medieval Landscape of Naxos, *Hesperia* [im Druck].

6 TURNER, Historic Landscape Characterisation, 390.

7 Ebd. 390.

8 Ebd. 391.

In Anlehnung an die beschriebenen Prämissen hat der Verfasser dieser Monographie die Kategorien der historischen Landschaften aus der zitierten einschlägigen Sekundärliteratur[1] gesichtet und unter Rücksichtnahme auf die Makroebene des historischen Raumes rings um Melnik eine eigene *HLC* entwickelt, deren Nützlichkeit in Abschnitt IX. erprobt wird. Hierbei umfaßt das untersuchte Gebiet im wesentlichen das Dreieck zwischen den Orten Melnik, Rožen und Zlatolist unter Einbeziehung von Erkenntnissen von Begehungen in den Jahren 2007 sowie 2010, von Land- sowie Wanderkarten und von Aufnahmen aus *Google Earth*.

Wie bereits betont, vereinigt diese Monographie verschiedene Anwendungen aus den Bereichen der *Geoinformatik* sowie der *Neogeography / Volunteered Geographic Information*, welche auf der Basis eines holistischen Ansatzes über diese Machbarkeitsstudie hinaus in einen größeren technischen Rahmen der *TIB* überführt werden sollten. Die Einbettung der hier erzielten wissenschaftlichen sowie digitalen Ergebnisse in eine Datenbank bzw. Internet- präsentation würde zu einer umfassenden Verbreitung außerhalb einschlägiger Fachkreise führen und zu weiterführenden Diskussionen anregen.

Im Sinne der Open Access Policy des FWF hat sich der Verfasser dazu entschlossen, seine digitalen Computermodelle zu den einzelnen Kapiteln dieser Monographie, die auf Anwendungen aus dem Bereich des *GIS* und von *Google Earth* basieren, je nach technischer Möglichkeit auf der frei und uneingeschränkt zugänglichen Plattform *GeoCommons* als KML (Keyhole Markup Language)-Dateien zu veröffentlichen.[2] Dies ermöglicht den Leserinnen und Lesern, die statischen Abbildungen des Buches mit den animierten Modellen zu vergleichen und letztere für weiterführende (Forschungs / Unterrichts)Zwecke herunterzuladen.

Ein zusätzlicher digitaler Brückenschlag zum Fach der Geographie zeichnet sich in naher Zukunft ab. Derzeit erarbeitet das Geographische Institut der Johannes Gutenberg-Universität Mainz unter der Leitung von Professor Anton Escher ein *Geographisches Informationssystem Byzantinisches Reich*, das verschiedenste Informationen und Daten zu Byzanz erfassen, organisieren, in einen Raumbezug setzen und in unterschiedlichen Formaten präsentieren wird. Nach erfolgtem Aufbau könnte es nach Bedarf erweitert werden und in modifizierter Form beispielsweise als Internetauftritt einer breiten Öffentlichkeit Einblicke in die Thematik bieten. Nach derzeitigem Stand sollen in einem Pilotversuch zunächst die Datensätze des in Druck befindlichen Bandes "Syria" (*TIB* 15) Aufnahme finden.

Diskussion der Quellen
Zunächst ist festzuhalten, daß die vorliegende Monographie auf jenen vier Kategorien von Quellen basiert, welche das Fundament des Großprojektes der *TIB* bilden [siehe dazu den Abschnitt *Das Großprojekt Tabula Imperii Byzantini (TIB) als Grundlage weiterführender Forschungen*]. Diese sind die schriftlichen Quellen, archäologische Erkenntnisse, die Toponyme und die naturräumlichen Gegebenheiten von Landschaften. Je nach Abschnitt erfolgt die Fokussierung auf eine bestimmte Gruppe von Quellen. Jedenfalls bilden die Ausformung sowie das Erscheinungsbild der Landschaft und deren Widerspiegelung im schriftlichen Quellenbefund unter starker Einbeziehung toponomastischer Deutungen die Hauptquelle der Monographie.

---

1   *Buckinghamshire Historic Landscape Characterisation. Project Methodology, Buckinghamshire County Council - English Heritage* o. O. o. J., 8, 13, 17f.; CROW / TURNER, Silivri and the Thracian Hinterland, 172f.; HERRING, Cornwall's Historic Landscape, 113-115; TURNER, Historic Landscape Characterisation, 392. Siehe auch: Jo CLARK / John DARLINGTON / Graham FAIRCLOUGH, *Using Historic Landscape Characterisation.* o. O. 2004, unter <http://www.heritagecouncil.ie/fileadmin/user_up-load/Planning/LCA_CPD/LCA_CPD_Sep_2011/Re-ports/Using_Historic_Landscape_Characterisation_English_Heritage_2004.pdf>, 4.6.2014.
2   Unter <http://geocommons.com/>, 4.6.2014. Siehe dazu Abschnitt XI. (*Links zu frei zugänglichen Datensätzen über GeoCommons*).

Die Abschnitte II. bis VI. beruhen auf der Auswertung schriftlicher Quellen, d. h. sowohl byzantinischer (griechischer) als auch altslawischer Urkunden des Mittelalters sowie osmanischer Steuerverzeichnisse (*Defter*), und deren Einbettung in die modifizierte "Central Place Theory". Hierbei wird für die byzantinischen (griechischen) Urkunden im wesentlichen auf die grundlegenden Editionen der "Actes de l'Athos" bzw. der "Archives de l'Athos" zurückgegriffen.[1] Die altslawischen Urkunden werden im großen und ganzen nach Publikationen von Archimandrit Leonid, Franz von Miklosich, Stojan Novaković, Vladimir Mošin und Aleksandar V. Solovjev zitiert. Der Notwendigkeit, überarbeitete Editionen samt ausgiebigem Kommentar zu veröffentlichen, trägt die Reihe "Stari srpski arhiv" seit 2002 Rechnung.[2] Die verwendeten Informationen aus den osmanischen Defter basieren auf den Übersetzungen von Metodija Sokoloski und Aleksandar Stojanovski des *Institut za Nacionalna Istorija* (Skopje).

Die Werke byzantinischer bzw. serbischer Geschichtsschreiber – z. B. des Nikēphoros Grēgoras, des Geōrgios Akropolitēs, des Iōannēs VI. Kantakuzēnos, Danilos II. etc. – finden selektiv als Ergänzung bzw. zur Vertiefung spezieller Aspekte Berücksichtigung.

Die zentrale Quellengruppe bilden jedoch die erwähnten Urkunden, die im Rahmen von siedlungsgeschichtlichen Untersuchungen in Südosteuropa von unschätzbarem Wert sind. Zeitlose Pionierarbeiten auf diesem Felde stammen von Miodrag Al. Purković.[3] Diesen Ansatz hat Lora Taseva erfolgreich weitergeführt.[4] Oftmals enthalten toponomastische Verzeichnisse jedoch keine weiterführenden Analysen und Vergleiche.[5]

Aus den mittelalterlichen Urkunden zu den Flußtälern der Strumica (Strumešnica) und der Kriva Lakavica werden unter selektiver Zuhilfenahme von Geschichtswerken ausschließlich Siedlungsnamen, Wüstungen, Gebirgsnamen und Flußnamen extrahiert. Im allgemeinen werden Mikrotoponyme nicht berücksichtigt, weil sie für die vorliegende Fragestellung der zentralen Orte kaum einmal relevant sind. Fluren finden in die Darstellung nur dann Eingang, wenn sie in Verbindung mit Wüstungsprozessen stehen. Somit sollen die folgenden Ausführungen einen Beitrag zu einer integralen Zusammenschau historischer, siedlungsgeschichtlicher und raumtheoretischer Aspekte leisten.

Für die Abschnitte VII. und VIII. werden neben den genannten schriftlichen Quellen auch unpublizierte Archivmaterialien in Form von Reiseaufzeichnungen österreichischer Offiziere des *k. k. Militär-Geographischen Institutes* aus den siebziger Jahren des 19. Jahrhunderts und deren Schraffen von verwendeten Marschrouten in Südosteuropa als bildliche Quellen herangezogen, welche das Österreichische Staatsarchiv (Kriegsarchiv) zu Wien aufbewahrt.[6]

---

1   Siehe im folgenden zu allen erwähnten Quellen die Vollzitate in Abschnitt XI. (*Gedruckte Quellen*). Seit kurzem liegt der erste Band eines Diplomatars serbischer Urkunden vor: Vladimir MOŠIN / Sima ĆIRKOVIĆ / Dušan SINDIK (Hgg.), *Zbornik srednjovekovnih ćiriličkih povelja i pisama Srbije, Bosne i Dubrovnika. Knjiga I (1186-1321)*. Beograd 2011.

2   Die Transkription der byzantinischen (griechischen) Quellen beruht auf dem System von: KODER / HILD, Hellas und Thessalia, 13. Die Transkription der altslawischen Quellen folgt demjenigen von: Nikolaos H. TRUNTE, *Ein praktisches Lehrbuch des Kirchenslavischen in 35 Lektionen. Zugleich eine Einführung in die slavische Philologie. Band 1: Altkirchenslavisch*. München ⁴1997 (Slavistische Beiträge, 264), 10.

3   Miodrag Al. PURKOVIĆ, *Popis crkava u staroj srpskoj državi*. Skoplje 1938 (Biblioteka hrišćanskog dela, Knjiga 8); DERS., Popis sela u srednjevekovnoj Srbiji, *Godišnjak Skopskog Filozofskog Fakulteta* 4 (1939/40), H. 2, 53-160.

4   Lora TASEVA, *Bălgarska toponimija ot grăcki i srăbski srednovekovni dokumenti*. Sofija 1998, passim.

5   Eine Ausnahme bilden im Hinblick auf die historische Landschaft Makedonien z. B. die Arbeiten von: Ljubica STANKOVSKA, *Makedonska ojkonimija. Kniga prva*. Skopje 1995; DIES., *Makedonska ojkonimija. Kniga vtora*. Skopje 1997; DIES., *Toponimite so sufiksot -ica vo Makedonija*. Skopje, Prilep 2001; DIES., *Sufiksite -jь, -ьjь, -ъ vo Makedonskata toponimija*. Prilep 2002.

6   Vgl. dazu im Detail Abschnitt XI. (*Unveröffentlichte Quellen*).

Schließlich wertet Abschnitt IX. unpublizierte Archivalien und einen Stadtplan des Wilhelm von Chabert (1832) aus den Beständen des Österreichischen Staatsarchivs (Haus-, Hof- und Staatsarchiv bzw. Kriegsarchiv) systematisch für regressive Rekonstruktionen sowie die *HLC* aus.

II. DAS SIEDLUNGSNETZ DES FLUSSTALES DER STRUMICA (STRUMEŠNICA)

Geographische Lage

Das Tal des Flusses Strumica befindet sich im Südosten der (ehemaligen jugoslawischen) Republik Makedonien bzw. im Südwesten der Republik Bulgarien (siehe *Abb. 5*).[1] Während der Fluß in der (ehemaligen jugoslawischen) Republik Makedonien den Namen Stara reka ("alter Fluß") oder Strumica trägt[2], wird er auf bulgarischem Staatsgebiet Strumešnica genannt.[3] Beim Fluß Strumica handelt es sich um einen rechten (westlichen) Nebenfluß des Flusses Struma (Strymōn) mit einer Gesamtlänge von 114 km (siehe *Abb. 6*).[4] Das Flußtal setzt sich aus den Talkesseln von Radoviš, Strumica und Petrič zusammen. Der Fluß selbst entspringt an den südlichen Abhängen des Plačkovica-Gebirges und fließt zunächst in südlicher, dann in südöstlicher Richtung. Im Talkessel von Radoviš wird der Fluß noch Stara reka genannt. Ab dem Talkessel von Strumica trägt er den Namen Strumica und fließt in östlicher Richtung der Struma (Strymōn) zu (siehe *Abb. 7*).[5]

Umrahmt wird das gesamte Flußtal von Gebirgszügen. Im Nordwesten bzw. Norden wird es vom Plačkovica-Gebirge bzw. vom Ogražden-Gebirge begrenzt. Die Gebirge Smrdeš und Plauš bilden die Begrenzung im Westen, während sich im Süden das Belasica-Gebirge wie ein Riegel in west-östlicher Richtung vorschiebt. Lediglich nach Osten ist das Flußtal zur Struma (Strymōn) offen, was den Zugang zur Ebene von Serrai und in der Folge zur Ägäis ermöglicht.[6]

Die Abgrenzung der drei obenerwähnten Talkessel untereinander läßt sich an zwei markanten Punkten im Verlaufe des Flußtales feststellen. Am Südost-Rand des Talkessels von Radoviš befindet sich die erste Engstelle des Flußtales, die durch die Gebirge Ogražden und Smrdeš herbeigeführt wird. Die zweite Engstelle liegt beim jetzigen Ort Ključ, wo sich das Belasica-Gebirge von Süden und das Ogražden-Gebirge von Norden in Richtung des Flusses vorschieben.[7]

Historischer Überblick 1259-1395

Die historische Darstellung orientiert sich im folgenden geographisch an den drei erwähnten Talkesseln. Nach einem allgemeinen Teil werden die schriftlichen Quellen – hier in erster Linie byzantinische und altslawische Urkunden unter selektiver Zuhilfenahme von Geschichtswerken und Reiseberichten – zu jedem einzelnen Flußabschnitt gesondert dargelegt. Eingang in die

---

1   Vgl. zur Raumstruktur der (ehemaligen jugoslawischen) Republik Makedonien: *Militär-Geographie. Macedonisches Becken mit dem albanesischen Küstengebiete. Mit 7 Tafeln und 6 Beilagen*. Wien 1886, 1-11; Aleksandar STOJMILOV, Grundzüge der Raumstruktur der Republik Makedonien, in: Walter LUKAN / Peter JORDAN (Hgg.), *Makedonien. Geographie - Ethnische Struktur - Geschichte - Sprache und Kultur - Politik - Wirtschaft - Recht*. Wien 1998 (Österreichische Osthefte, Jahrgang 40, Heft 1/2), 9-37.

2   *Enciklopedija Bălgarija 6*. Sofija 1988, 520 (Strumešnica); Milovan RISTIĆ, *Strumica. Geografsko-istoriska rasprava*. Beograd 1925, 8. Vgl. zur Arbeit von Ristić die Notiz von Michel LASCARIS in *Byzantion* 2 (1925), 597.

3   *Enciklopedija Bălgarija 6*, 520; siehe zur Ausbildung des Topo- bzw. Hydronyms Strumica bzw. Strumešnica: Ljubica STANKOVSKA, *Makedonska ojkonimija. Kniga vtora*. Skopje 1997, 298-301.

4   Von den 114 km entfallen 81 km auf die (ehemalige jugoslawische) Republik Makedonien und 33 km auf die Republik Bulgarien. Siehe dazu: *Enciklopedija Bălgarija 6*, 520.

5   Ebd. 520; RISTIĆ, Strumica, 8f.

6   Petar JANKOVIĆ, Plauš i Strumica, in: Jovan CVIJIĆ (Hg.), *Osnove za geografiju i geologiju Makedonije i Stare Srbije s promatranjima u južnoj Bugarskoj, Trakiji, susednim delovima Male Azije, Tesaliji, Epiru i severnoj Arbaniji. Knjiga prva*. Beograd 1906, 251f., 254f.; RISTIĆ, Strumica, 1-8.

7   JANKOVIĆ, Plauš i Strumica, 254; RISTIĆ, Strumica, 6, 8.

Ausführungen finden anhand der schriftlichen Quellen ausschließlich Siedlungsnamen, Wüstungen, Gebirgsnamen, Flußnamen und Furten. Im allgemeinen werden Mikrotoponyme nicht berücksichtigt, weil sie für die vorliegende Fragestellung der zentralen Orte kaum einmal relevant sind. Fluren finden in die vorliegende Darstellung nur dann Eingang, wenn sie in Verbindung mit Wüstungsprozessen stehen.

Allgemeines

Bevor auf die Geschichte der Stadt Strumica und ihres Einzugsgebietes in spätbyzantinischer und osmanischer Zeit im Detail eingegangen wird, sei auf zwei Aspekte der frühen Geschichte Strumicas gesondert hingewiesen.[1]

Beim ersten Aspekt handelt es sich um die Überlieferung zweier Bezeichnungen in den Quellen für (möglicherweise) ein- und dieselbe Stadt – *na Strumici* bzw. *Strumbitza* und *Tiberiupolis*.[2] Während die erste Bezeichnung in ihrer slawischen Form erstmals in dem glagolitischen *Codex Assemanianus* (Ende 10. / Anfang 11. Jahrhundert) belegt ist[3] und in ihrer griechischen Form zum ersten Mal bei Iōannēs Skylitzēs (zweite Hälfte 11. Jahrhundert) aufscheint[4], ist die zweite im Martyrium der fünfzehn Märtyrer von Tiberiupolis, verfaßt von Theophylaktos von Ohrid (Ende 11. / Anfang 12. Jahrhundert), bezeugt.[5] Ob *Tiberiupolis* zweifelsfrei mit dem jetzigen Strumica zu identifizieren ist, bleibt in der Sekundärliteratur umstritten.[6]

---

1   Vgl. folgende Publikationen zur frühen Geschichte der Stadt und ihrer Umgebung: Athanasios A. ANGELOPULOS, *Βόρειος Μακεδονία. Ο Ελληνισμός της Στρωμνίτσης. Τοπογραφία - Ιστορία - Εκκλησία - Παιδεία - Εθνική και Κοινοτική Ζωή.* Thessalonikē 1980, 26-35; Miloš BLAGOJEVIĆ, Strumica, in: *Lexikon des Mittelalters 8.* München, Zürich 1997, 247f.; Kōnstantinos G. MPONĒS, *Η Στρώμνιτσα.* Thessalonikē 1961; Manol PANDEVSKI / Gjorgji STOEV-TRNKATA, *Strumica i Strumičko niz istorijata.* Strumica 1969; Branko PANOV, Opštestveno-politčkite priliki vo Strumičkata oblast od krajot na VI do početokot na X vek, *Glasnik Institut za Nacionalna Istorija* 5 (1961), H. 2, 201-245; DERS., Strumica i strumičkata oblast vo sredniot vek (VI-XI vek), in: Dimče KOCO u. a. (Hgg.), *Akta Veljusa. Simpozium "Veljusa" po povod 900-godini na manastirskata crkva Bogorodica Milostiva (Eleusa) vo seloto Veljusa.* Skopje 1984, 45-72; Louis PETIT, Le Monastère de Notre-Dame de Pitié en Macédoine, *Izvěstija Russkago Arheologičeskago Instituta vъ Konstantinopolě* 6 (1900), 1-153, 94-113; Radivoje RADIĆ, Oblasni gospodari u Vizantiji krajem XII i u prvim decenijama XIII veka, *Zbornik radova Vizantološkog instituta* 24-25 (1986), 151-289; Wincenty SWOBODA, Strumica, in: *Słownik starożytności słowiańskich 5.* Wroclaw, Warszawa, Kraków 1975, 440f.
2   Eine Zusammenfassung der Quellen und deren Interpretation bei: Irena STEFOSKA, Dva imena jednog grada: Strumica – Τιβεριούπολις, *Zbornik radova Vizantološkog instituta* 45 (2008), 77-87. Vgl. zu den Quellen auch: Georgije OSTROGORSKI / Franjo BARIŠIĆ (Hgg.), *Vizantijski izvori za istoriju naroda Jugoslavije III.* Beograd 1966 (Photomechanischer Nachdruck 2007) (Vizantološki institut, Posebna izdanja, 10), 79, 105f., 110f., 119, 124f., 243, 313, 390; DIES. (Hgg.), *Vizantijski izvori za istoriju naroda Jugoslavije IV.* Beograd 1971 (Photomechanischer Nachdruck 2007) (Vizantološki institut, Posebna izdanja, 12), 158f., 163, 169, 232-236, 241f.; STANKOVSKA, Makedonska ojkonimija II, 298-300; Lora TASEVA, *Bălgarska toponimija ot grăcki i srăbski srednovekovni dokumenti.* Sofija 1998, 265f.
3   Josef KURZ (Hg.), *Evangeliář Assemanův. Kodex Vatikánský 3. slovanský. Díl II Úvod, text v přepise cyrilském, poznámky textové, seznamy čtení.* Praha 1955, 309. Siehe dazu auch: Cvetan GROZDANOV, Mesecoslov Asemanovog jevandjelja i starije zidno slikarstvo u Makedoniji, *Zbornik za likovne umetnosti* 21 (Novi Sad 1985), 13-27.
4   Hans THURN (Hg.), *Ioannis Scylitzae Synopsis Historiarum.* Berlin, New York 1973 (Corpus Fontium Historiae Byzantinae, 5), 350, 354, 357.
5   Jean-Paul MIGNE, *Patrologia Graeca tomus 126.* Paris o. J., 151-222. Siehe zu den entsprechenden Belegen in den Quellen: STEFOSKA, Dva imena, 79, 81. Vgl. auch: Nadežda DRAGOVA, Starobălgarskite izvori na žitieto za petnadesette tiveriupolski mǎčenici ot Teofilakt Ohridski, *Studia Balcanica* 2 (1970), 105-131.
6   STEFOSKA, Dva imena, 78; eine solche Identifizierung hat bereits Constantin Jireček in Frage gestellt: Constantin JIREČEK, Das christliche Element in der topographischen Nomenclatur der Balkanländer, in: *Sitzungsberichte der philosophisch-historischen Classe der Kaiserlichen Akademie der Wissenschaften*, Bd. 136, XI. Abhandlung. Wien 1897, 65-71.

Der zweite Aspekt betrifft die Entwicklung des Toponyms Strumica. Laut Ljubica Stankovska sei der Fluß Strumica für die Stadt namengebend gewesen. Dieser Flußname sei wiederum ein Diminutiv des Flusses Struma (Strymōn) mit beigefügtem Suffix -ica. Die Bezeichnung Strumešnica gehe hingegen ursprünglich auf Strumeštica bzw. Strumištica zurück, was in sekundärer Verwendung von Strumička reka abzuleiten sei.[1]

Der Talkessel von Strumica

Seit dem Beginn des 13. Jahrhunderts befand sich die Stadt Strumica – nach einem kurzen Intermezzo durch den Lokalherrscher Dobromir Hrs[2] – wieder in byzantinischer Hand.[3] In denselben Zeitraum datiert Ljubomir Maksimović die erste Phase – von insgesamt vier Phasen – der Politik des serbischen mittelalterlichen Reiches gegenüber der historischen Landschaft Makedonien. Unter Stefan dem Erstgekrönten (1197- ca. 1228) und seinem Bruder, dem Heiligen Sava I. Nemanjić (1219-1233), kam es zunächst nur zu einer schrittweisen diplomatischen Annäherung an besagtes Gebiet.[4]

Im Mai 1250 bestätigte Patriarch Manuēl II. von Konstantinopel mit seiner Synode die Rechte der Mönche des Athōs-Klosters Ibērōn auf das Kloster Theotokos Eleusa samt umliegendem Dorf[5] bei der Stadt Strumica (*tēs Eleusēs monē hē kata tēn Strumpitzan, hēs gyrōthen kai chōrion autē oikeion*).[6]

Nachdem der nizänische Kaiser Theodōros II. Laskaris die Erhebung des Dragōtas im Jahre 1255 niedergeschlagen hatte[7], zog er nach Thessalonikē, um danach den Vardar (Axios) zu überqueren (*ton Bardareion diaperasas*) und nach Edessa (*ta Bodēna*) zu gelangen. Von dort reiste er weiter nach Prilep (*peri ton Prilapon hōrmēsen*), rüstete seine Truppen auf und zog gegen das damals bulgarische Veles (*es ton Beleson*), das sich dem Kaiser nach Gewährung freien Geleites für die dortige Garnison ergab.[8]

1   Siehe dazu mit ausführlicher Argumentation: STANKOVSKA, Makedonska ojkonimija II, 300f.; DIES., *Toponimite so sufiksot -ica vo Makedonija.* Skopje, Prilep 2001, 393.

2   John V. A. FINE, Jr., *The Late Medieval Balkans. A Critical Survey from the Late Twelfth Century to the Ottoman Conquest.* Ann Arbor 1994, 29; RADIĆ, Oblasni gospodari, 193-205.

3   FINE, Late Medieval Balkans, 32f.

4   Ljubomir MAKSIMOVIĆ, Makedonija u politici srednjovekovne Srbije, *Glas 404 Srpske Akademije Nauka i Umetnosti, Odeljenje istorijskih nauka knj.* 13 (2006), 29-50, 31-33 (mit reichhaltiger, weiterführender Sekundärliteratur).

5   Jetzt das Kloster Veljusa mit dem gleichnamigen Dorf, 7,5 km nw. der Stadt Strumica. Siehe: Jovan F. TRIFUNOSKI, Srednjevekovna Veljusa, *Glasnik Srpskog Geografskog Društva* 55 (1975), H. 1, 115-120. Vgl. zum Kloster die Untersuchungen von: ANGELOPULOS, Βόρειος Μακεδονία, 46-50; Petar MILJKOVIKJ-PEPEK, *Veljusa. Manastir Sv. Bogorodica Milostiva vo seloto Veljusa kraj Strumica.* Skopje 1981 (Posebni izdanija na Oddelenieto za naučna dejnost na N.N.S.G. Istorija na umetnosta so arheologija pri Filozofskiot Fakultet vo Skopje, Kniga 1); Vladimir R. PETKOVIĆ, *Pregled crkvenih spomenika kroz povesnicu srpskog naroda.* Beograd 1950 (Srpska Akademija Nauka, Posebna izdanja 157, Odeljenje društvenih nauka, Nova serija 4), 57. Das Kloster hat folgende GPS-Koordinaten: 22 33 53; 41 28 30. Die slawische Bezeichnung des jetzigen Dorfes Veljusa hat sich ohne Zweifel aus dem griechischen Wort Eleusa ("die Barmherzige, die Gnadenreiche") und somit aus dem Namen des Klosters entwickelt. Siehe dazu: Mihailo POPOVIĆ, Continuity and Change of Byzantine and Old Slavonic Toponyms in the Valley of the River Strumica (FYROM), in: Peter JORDAN / Hubert BERGMANN / Catherine CHEETHAM / Isolde HAUSNER (Hgg.), *Geographical Names as a Part of the Cultural Heritage.* Wien 2009 (Wiener Schriften zur Geographie und Kartographie, 18), 173-175, 173f.

6   Jacques LEFORT / Nicolas OIKONOMIDÈS / Denise PAPACHRYSSANTHOU / Vassiliki KRAVARI / Hélène MÉTRÉVÉLI (Hgg.), *Actes d'Iviron III. De 1204 à 1328. Texte.* Paris 1994 (Archives de l'Athos, 18), 86 (Nr. 57) (im folgenden: AIvir III).

7   Siehe zu dieser Episode: Mihailo POPOVIĆ, Did Dragōtas Conquer Melnik in 1255?, *Glasnik Institut za Nacionalna Istorija* 51 (2007), H. 1, 15-24.

8   August HEISENBERG / Peter WIRTH (Hgg.), *Georgii Acropolitae opera. Volumen I.* Stuttgart 1978, 117f.; in deutscher Übersetzung: Wilhelm BLUM, *Georgios Akropolites (1217-1282). Die Chronik.* Stuttgart 1989

In der Folge führte Theodōros II. Laskaris sein Heer durch Neustapolis (*dia tēs Neustapole-ōs*)[1], eine wasser- und häuserlose Gegend (*anydros de estin ho topos kai aoikos*), um schließlich nach einigen Entbehrungen, an der Stadt Strumica (*tēs Strummitzēs parameipsantes asty*) vorüberziehend und das Land von Melnik durchquerend (*dia tōn tu Meleniku chōrōn badisantes*), Serrai (*eis tas Serras*) zu erreichen (siehe *Abb. 8*).[2]

Bemerkenswert ist in diesem Zusammenhang, daß im Falle einer Kategorisierung der von Geōrgios Akropolitēs genannten Orte als zentrale Orte (d. h. als "Central Market Town" / CMT[3]) die von Johannes Koder für den byzantinischen Raum errechnete Distanz zwischen zwei zentralen Orten von 40 bis 90 km für die Marschroute des Theodōros II. Laskaris zutreffend wäre.[4] Der nizänische Kaiser ist ohne Zweifel von Thessalonikē auf der *Via Egnatia* nach Edessa gezogen.[5] Unklar bleibt, welchen Weg er nach Prilep gewählt hat. Aufgrund des Reliefs käme im besonderen die Route über Bitola (Pelagonia) bzw. die umliegende Ebene in Frage. Von Prilep dürfte er in nordöstlicher Richtung entlang der Flüsse Izvorčica[6] und Babuna[7] nach Veles gelangt sein. In einem Schwenk nach Nordosten zog die Armee Theodōros' II. Laskaris über das Ovče Pole, nördlich des Flusses Bregalnica[8], nach Südosten in das Flußtal der Kriva Lakavica[9], um danach über das Flußtal der Strumica an der gleichnamigen Stadt vorüber-zuziehen, entlang des Flusses Strumešnica in östlicher Richtung zu marschieren und die Gegend von Melnik zu erreichen. Von dort folgte der nizänische Kaiser zweifellos dem Flußlauf der Struma / des Strymōn nach Süden und gelangte schließlich nach Serrai (siehe *Abb. 8*).

In der Regierungszeit des Königs Stefan Uroš I.[10] setzte die zweite Phase der obengenannten serbischen Politik ein, die ab 1257 von punktuellen militärischen Vorstößen nach Süden mit der vorübergehenden Eroberung von Skopje, Kičevo und Prilep geprägt war. Durch den Sieg der Truppen Nikaias in der Schlacht von Pelagonia 1259 gingen diese temporären territorialen Gewinne allerdings wieder verloren.[11]

(Bibliothek der griechischen Literatur, 28), 145f.; in englischer Übersetzung: Ruth MACRIDES, *George Akropolites. The History. Introduction, Translation and Commentary*. Oxford ²2008, 291f.

1   Neustapolis ist mit der jetzigen Landschaft Ovče Pole, sö. von Skopje bzw. n. des Flusses Bregalnica, zu identifizieren. Siehe dazu: Vassiliki KRAVARI, *Villes et villages de Macédoine occidentale*. Paris 1989, 45-47, Anmerkung 115; MACRIDES, George Akropolites, 294, Anmerkung 6. Zur Charakterisierung dieser Landschaft: CVIJIĆ, Osnove, 200-228.

2   HEISENBERG / WIRTH (Hgg.), Georgii Acropolitae opera, 118; vgl. BLUM, Georgios Akropolites, 146; MACRIDES, George Akropolites, 291f.; siehe zu Fragen der Logistik im Hinblick auf die Armeen Nikaias: Savvas KYRIAKIDIS, The Nicaean Armies: Logistics, Weather and Geography, in: Fiona K. HAARER / Elizabeth JEFFREYS / Judith GILLILAND (Hgg.), *Proceedings of the 21st International Congress of Byzantine Studies. London, 21-26 August, 2006. Volume III Abstracts of Communications*. Aldershot 2006, 82f.

3   Johannes KODER, Για μια εκ νέου τοποθέτηση της εφαρμογής της "θεωρίας των κεντρικών τόπων": Το παράδειγμα της μεσοβυζαντινής Μακεδονίας, in: E. P. DIMITRIADIS / A. Ph. LAGOPOULOS / G. TSOTSOS (Hgg.), *Historical Geography. Roads and Crossroads of the Balkans from Antiquity to the European Union*. Thessaloniki 1998, 33-49, 36.

4   Ebd. 44.

5   Vgl. zur *Via Egnatia* im Mittelalter und in der Frühen Neuzeit: Nicolas OIKONOMIDES, The Medieval Via Egnatia, in: Elizabeth ZACHARIADOU (Hg.), *The Via Egnatia under Ottoman Rule (1380-1699). Halcyon Days in Crete II. A Symposium Held in Rethymnon, 9-11 January 1994*. Rethymnon 1996, 9-16; Traian STOIANOVICH, A Route Type: the Via Egnatia under Ottoman Rule, in: Ebd. 203-216.

6   Zu diesem Fluß: Ivan DURIDANOV, *Die Hydronymie des Vardarsystems als Geschichtsquelle*. Köln, Wien 1975 (Slavistische Forschungen, 17), 107.

7   Ebd. 103f.

8   Ebd. 154-158.

9   Ebd. 194f.

10 Erich TRAPP (Hg.), *Prosopographisches Lexikon der Palaiologenzeit, Fasz. 1-12*. Wien 1976–1996, Nr. 21180 (im folgenden: PLP).

11 MAKSIMOVIĆ, Makedonija, 33-35. Vgl. zur Geschichte von Prilep: Robert MIHAJLOVSKI, The Medieval Town of

Auf der Basis der griechischen und der altslawischen Urkunden des 13. und 14. Jahrhunderts ist festzustellen, daß mit der Bezeichnung Strumica je nach Kontext die Stadt mit ihrer unmittelbaren Umgebung, der Fluß oder das Tal des Flusses (d. h. die Region) identifiziert werden können.[1]

So ist in der Urkunde vom Mai 1250 zugunsten der Mönche des Athōs-Klosters Ibērōn (s. o.) ohne Zweifel die Stadt Strumica gemeint. Der byzantinische Kaiser Michaēl VIII. Palaiologos[2] bestätigte diesen Mönchen den Besitz des Metochion Theotokos Eleusa in Strumica mit all seinen Rechten im Jänner 1259 (*to metochion hē hyperagia Theotokos hē Eleusa to eis tēn Strummitzan meta tōn dikaiōn autu pantōn*).[3] In diesem Falle ist wohl die Region Strumica gemeint, da das Metochion mit dem gleichnamigen Kloster zu identifizieren ist, welches sich 7,5 km nw. der Stadt Strumica befindet.

Höchstwahrscheinlich wurde um 1270 (oder 1283?) ein Münzhort mit 73 byzantinischen Goldmünzen (Hyperpyra) in der Nähe des jetzigen Ortes Čanaklija[4] angelegt, der ein beredtes Zeugnis byzantinischer Präsenz im Flußtal der Strumica in dem letzten Drittel des 13. Jahrhunderts gibt.[5]

Mit dem König Stefan Uroš II. Milutin[6] begann die dritte Phase der Politik des serbischen Reiches im Hinblick auf die historische Landschaft Makedonien. Diese Phase hatte das Ziel, neue Territorien im Süden gezielt zu erobern. In den Jahren 1282/83 (bis 1298) wurden daraufhin Skopje und die Regionen Polog, Ovče Pole, Zletovo und Pijanec der byzantinischen Herrschaft entzogen. Schließlich verfestigte sich die byzantinisch-serbische Grenze auf der Linie Kruja-Ohrid-Prilep-Prosek-Štip, wobei Štip 1299 vorerst byzantinisch blieb.[7]

Im Juni 1283 bestätigte der byzantinische Kaiser Andronikos II. Palaiologos[8] dem Athōs-Kloster Ibērōn den Besitz der Kirche (*euktēria*) der Heiligen Ärzte (*Hagioi Anargyroi*) in der Umgebung von Strumica (*peri tēn Strummitzan*). Wiederum ist an dieser Stelle die Stadt gemeint.[9] In derselben Urkunde begegnet aber auch das Flußtal – d. h. die Region – Strumica,

---

Prilep, in: Geoffrey NATHAN / Lynda GARLAND (Hgg.), *Basileia: Essays on Imperium and Culture in Honour of E.M. and M.J. Jeffreys*. Brisbane 2011 (Byzantina Australiensia, 17), 217-229.

1 Die Belege in den Urkunden sind zum größten Teil aufgelistet in: Miodrag Al. PURKOVIĆ, Popis sela u srednjevekovnoj Srbiji, *Godišnjak Skopskog Filozofskog Fakulteta* 4 (1939/40), H. 2, 53-160; STANKOVSKA, Makedonska ojkonimija II, 298-301; TASEVA, Bălgarska toponimija, 265f.

2 PLP, Nr. 21528.

3 Alvir III, 91 (Nr. 58).

4 Dieser Ort liegt 10 km nö. der Stadt Strumica [GPS 22 43 55; 41 30 53].

5 Besagter Münzhort wurde publiziert in: Ljiljana MANDIC (sic!) / Jovan ANANIJEV / Cécile MORRISSON, Un trésor d'hyperpères du XIIIe siècle trouvé à Čanakli près de Strumica (Macédoine orientale), *Revue numismatique* 6 (1994), Bd. 36, 155-169, 158f. Die gefundenen Goldmünzen reichen von Isaak II. Angelos (1185-1195) bis Michaēl VIII. Palaiologos (1258-1282). Vgl. dazu: Dimče KOCO u. a. (Hgg.), *Arheološka karta na Republika Makedonija. Tom II*. Skopje 1996, 416.

6 PLP, Nr. 21184.

7 MAKSIMOVIĆ, Makedonija, 36f.; siehe auch: FINE, Late Medieval Balkans, 222; zur Rekonstruktion des genauen Grenzverlaufes: Franjo BARIŠIĆ / Božidar FERJANČIĆ (Hgg.), *Vizantijski izvori za istoriju naroda Jugoslavije VI*. Beograd 1986 (Vizantološki institut, Posebna izdanja, 18), 106, Anmerkung 56; Tomo TOMOSKI, Ispravki i dopolnenija na nekoi karti od srednovekovnata istorija na Makedonija, *Godišen Zbornik Filozofski Fakultet na Univerzitetot - Skopje* 7 (1954), 111-122; Mirjana ŽIVOJINOVIĆ, La frontière serbobyzantine dans les premières décennies du XIVe siècle, in: *Byzantium and Serbia in the 14th Century*. Athens 1996 (International Symposium, 3), 57-66.

8 PLP, Nr. 21436.

9 Allerdings liegt auch in diesem Falle eine mangelnde topographische Kenntnis des Urkundenschreibers vor. Die Kirche der *Hagioi Anargyroi* war ein Metochion des Klosters Theotokos Eleusa und befand sich in der Stadt Strumica selbst. Das Metochion wurde am Beginn des 20. Jahrhunderts aus Mangel an Mönchen aufgegeben. Durch zwei große Brände in den Jahren 1869 bzw. 1913 wurden die meisten Denkmäler der Stadt zerstört. Siehe

weil dasselbe Kloster im Dorf Mustanitza[1] über Felder verfügte (*ta eis tēn Strummitzan, eis to chōrion tēn Mustanitzan, chōraphia autōn*).[2]

1286 kaufte ein gewisser Theodōros Tetragonitēs[3] in der Flur Asprē Ekklēsia[4], in der Nähe des Flusses Strumica, ein Gehöft mit Garten, einen Mühlengrund und ein Feld und auf der anderen Seite desselben Flusses ein weiteres Feld (*aulotopon meta periboliu kai milothesiu kai chōraphiu* [...] *kai antikris pera tu potamu Strummitzēs eterōn chōraphion* [...] *plēsion tu autu kyru Theodōru, periechi de to tiutōn aulotopon potamos hoi Strummitza*).[5] Weiters erwarb derselbe Tetragonitēs ein Gartengrundstück unterhalb der Unterstadt von Strumica (*kai kypotopon* [...] *katothen tu emporiu Strummitzēs*) (siehe *Abb. 9*).[6] Schließlich kaufte er noch

---

dazu: ANGELOPULOS, Βόρειος Μακεδονία, 50f. Anläßlich einer Bereisung im September 2007 konnte der Verfasser feststellen, daß in Strumica jetzt drei Gotteshäuser erhalten sind, die Athanasios A. Angelopulos in seiner Monographie nennt. Es sind dies die Kirche der fünfzehn Märtyrer von Tiberiupolis, die Kirche Sveti Kiril i Metodij [GPS 22 38 09; 41 26 04], die zwischen 1913 und 1918 erbaut wurde, und die Kirche Sveti Ilija [GPS 22 36 48; 41 25 46], die sich rund 2 km wsw. der Stadt Strumica befindet und 1923 auf alten Fundamenten errichtet wurde.

1   Mustanitza lag nö. des jetzigen Dorfes Vladevci [GPS 22 36 43; 41 31 10], das sich rund 10 km nnw. der Stadt Strumica befindet. Vgl. zur Lokalisierung den Kommentar in: AIvir III, 45, 74f. Die Herleitung des Toponyms *Mustanitza* gestaltet sich schwierig. Möglicherweise geht es auf die altslaw. Worte *mьzdьnica* ("Zollstätte, Zollhaus"), *mьstъ* ("süßer Wein, Most") oder *mostъ* ("Brücke") zurück. Vgl. dazu: Franz VON MIKLOSICH, *Lexicon Palaeoslovenico-Graeco-Latinum emendatum auctum*. Wien 1862-1865 (Nachdruck Aalen 1977), 385, 388; Linda SADNIK / Rudolf AITZETMÜLLER, *Handwörterbuch zu den altkirchenslavischen Texten. Unveränderter Nachdruck der Ausgabe von 1955*. Heidelberg 1989, 57, 59; Ljubica STANKOVSKA, Srednovekovniot toponimski model vo Strumičko, in: Dimče KOCO u. a. (Hgg.), *Akta Veljusa. Simpozium "Veljusa" po povod 900-godini na manastirskata crkva Bogorodica Milostiva (Eleusa) vo seloto Veljusa*. Skopje 1984, 141-146, 143.

2   AIvir III, 115 (Nr. 62).

3   PLP, Nr. 27598.

4   Diese Flur ist nicht lokalisiert.

5   AIvir III, 120 (Nr. 64).

6   Ebd. 121 (Nr. 64). Der Begriff *emporion* (*emporeion*) ist in diesem Zusammenhang als "Unterstadt" zu verstehen. Die dazugehörige "Oberstadt" – üblicherweise *kastron* genannt – wird vom Reisenden Nikēphoros Grēgoras in lebhaften Zügen geschildert. Im Falle der Stadt Strumica läßt sich die Erhebung Carevi Kuli ohne Zweifel als "Oberstadt" identifizieren. Diese Erhebung befindet sich am SW-Rand der jetzigen Stadt Strumica und weist spätantike bzw. mittelalterliche Befestigungsreste auf [GPS 22 37 52; 41 25 59]. Siehe dazu: KOCO u. a. (Hgg.), Arheološka karta, 414f.; Ivan MIKULČIĆ, *Spätantike und frühbyzantinische Befestigungen in Nordmakedonien. Städte – Vici – Refugien – Kastelle*. München 2002 (Münchner Beiträge zur Vor- und Frühgeschichte, 54), 411f. (Nr. 350); Marko POPOVIĆ, Les forteresses dans les régions du conflits byzantino-serbes au XIVe siècle, in: *Byzantium and Serbia in the 14th Century*. Athens 1996 (International Symposium, 3), 67-87, 78. Als analoges Beispiel aus spätbyzantinischer Zeit sei auf die Stadt Melnik in Bulgarien verwiesen: Mihailo POPOVIĆ, Zur Topographie des spätbyzantinischen Melnik, *Jahrbuch der Österreichischen Byzantinistik* 58 (2008), 107-119. Die "Oberstadt" hatte Festungscharakter, verfügte über eine Garnison und diente der Verteidigung der Stadt in ihrer Gesamtheit. Die "Unterstadt" umfaßte eine zivile Siedlung samt Marktplatz. Im Slawischen werden die Begriffe *grad* für "Oberstadt" und *podgradje* für "Unterstadt" verwendet. Vgl. dazu: Sima ĆIRKOVIĆ, Štip u XIV veku, in: Makedonska Akademija na Naukite i Umetnostite (Hg.), *Zbornik na trudovi posveteni na akademikot Mihailo Apostolski po povod 75-godišninata od životot*. Skopje 1986, 25-37, 31f.; Ljubomir MAKSIMOVIĆ, Grad, in: Sima ĆIRKOVIĆ / Rade MIHALJČIĆ (Hgg.), *Leksikon srpskog srednjeg veka*. Beograd 1999, 122-124; Jelena MRGIĆ, Transition from Late Medieval to Early Ottoman Settlement Pattern. A Case Study on Northern Bosnia, *Südost-Forschungen* 65/66 (2006/2007), 50-86, 60f. Grundlegende Ausführungen zur Wirtschaft der spätbyzantinischen Stadt in: Ljubomir MAKSIMOVIĆ, Charakter der sozial-wirtschaftlichen Struktur der spätbyzantinischen Stadt (13.-15. Jh.), in: Herbert HUNGER (Hg.), *XVI. Internationaler Byzantinistenkongreß. Wien, 4.-9. Oktober 1981, Akten. I. Teil: Hauptreferate, 1. Halbband: Themengruppen 1-6*. Wien 1981 (*Jahrbuch der Österreichischen Byzantinistik*, 31/1), 149-188; Klaus-Peter MATSCHKE, Grundzüge des byzantinischen Städtewesens vom 11. bis 15. Jahrhundert, in: DERS. (Hg.), *Die byzantinische Stadt im Rahmen der allgemeinen Stadtentwicklung*. Leipzig 1995, 27-74; DERS., Selbstverständnis, Außenansicht und Erscheinungsbilder mittelalterlicher Städte im Byzantinischen Reich, in:

ein Gartengrundstück unterhalb der Unterstadt von Strumica in der Nähe des Flusses Vodoča[1] (*kēpurion katothen tu emporiu Strummitzēs* [...] *plēsion potamu Bodotzēs*).[2]

Im Jahre 1293 stellte Kaiser Andronikos II. Palaiologos eine Urkunde aus, mit der er den Grundbesitz des Leōn Koteanitzēs[3] in (der Flur?) Preasnitza[4] (*tēn eis tēn Preasnitzan heuriskomenēn gēn* bzw. *tēn holēn gēn kai periochēn tēs Preasnitzas*) als Dank für dessen militärische Leistungen bestätigte. Ursprünglich hatte sich dieses Land im Besitz von verschiedenen Wlachen befunden (*apespasthē apo diaphorōn Blachōn*). Im Zuge der mangelhaft überlieferten Grenzmarkierung wird der Fluß Preasnitza[5] genannt (*tu potamu tēs Preasnitzu*).[6]

1299 wurde der byzantinische Logothet Theodōros Metochitēs[7] in diplomatischer Mission zu dem serbischen König Stefan Uroš II. Milutin an dessen Hof in Skopje gesandt.[8] Metochitēs reiste auf der *Via Egnatia* durch Thrakien nach Thessalonikē. Da er zwischen Thessalonikē und

---

Kurt-Ulrich JÄSCHKE / Christhard SCHRENK (Hgg.), *Was machte im Mittelalter zur Stadt? Selbstverständnis, Außensicht und Erscheinungsbilder mittelalterlicher Städte. Vorträge des gleichnamigen Symposiums vom 30. März bis 2. April 2006 in Heilbronn*. Heilbronn 2007 (Quellen und Forschungen zur Geschichte der Stadt Heilbronn, 18), 157-201; Mirjana ŽIVOJINOVIĆ, Settlements with Marketplace Status, *Zbornik radova Vizantološkog instituta* 24-25 (1986), 407-412. Der Begriff *grad* begegnet in Zusammenhang mit der Stadt Strumica in den Urkunden der Jahre 1343, 1375/76, 1376/77 sowie 1381 (s. u.) und ist somit als "Oberstadt" – d. h. die Erhebung *Carevi Kuli* – zu verstehen.

1   Auch Vodočnica genannt, ein rechter Nebenfluß des Flusses Strumica. Abzuleiten aus dem Ortsnamen Vodoča. Siehe dazu: STANKOVSKA, Toponimite so sufiksot -ica, 82.

2   Alvir III, 122 (Nr. 64).

3   Dieser scheint im PLP nicht auf. Siehe zu seiner Person: BARIŠIĆ / FERJANČIĆ (Hgg.), Vizantijski izvori VI, 98f., Anmerkung 41. Zur Familie: Ljubomir MAKSIMOVIĆ, Kotanic Tornik, *Zbornik radova Vizantološkog instituta* 29-30 (1991), 183-191; Gordana TOMOVIĆ, Ko je bio despot Tornik iz zapisa gramatika Nestora, *Zbornik radova Vizantološkog instituta* 41 (2004), 257-269.

4   Die byzantinische Bezeichnung geht auf das slawische Toponym *Breznica* zurück (von slaw. *breza* für "Birke"). Vgl. dazu: Vladimír ŠMILAUER, *Handbuch der slawischen Toponomastik*. Praha 1970, 38. Auf dem Gebiet dieser Flur hat sich bis ca. 1340/41 ein Dorf entwickelt, was aus einer Urkunde des byzantinischen Kaisers Andronikos III. Palaiologos hervorgeht (s. u.). Die Flur, das Dorf und der gleichnamige Fluß können nicht einwandfrei lokalisiert werden, dürften aber auf der Höhe des jetzigen Ortes Dobrošinci [GPS 22 40 33; 41 31 27] gelegen sein. Daraus ergibt sich eine ungefähre Verortung rund 10 km nnö. der Stadt Strumica. Eine Erkundigung nach dem besagten Toponym in Dobrošinci im August / September 2010 während einer Forschungsreise führte zu keinem Ergebnis. Siehe zur möglichen Lokalisierung die Karte in: Mirjana ŽIVOJINOVIĆ, Le conflit entre Chilandar et Saint-Pantéléèmôn au sujet du village de Breznica, *Byzantinoslavica* 56 (1995), 237-244, 239. Weiters: Hristo MATANOV, *Jugozapadnite bălgarski zemi prez XIV vek*. Sofija 1986, 118.

5   Der Fluß Breznica war laut obiger Deutung möglicherweise ein linker (östlicher) Nebenfluß der Turija. Vgl. zu diesem Namen: STANKOVSKA, Toponimite so sufiksot -ica, 60f.

6   Mirjana ŽIVOJINOVIĆ / Vassiliki KRAVARI / Christophe GIROS (Hgg.), *Actes de Chilandar I. Des origines à 1319. Texte*. Paris 1998 (Archives de l'Athos, 20), 147 (Nr. 12) (im folgenden: AChil; zur Echtheit dieser Urkunde und zum historischen Kontext: Ebd. 145f.; ŽIVOJINOVIĆ, Le conflit, 238; vgl. auch die Edition von: Louis PETIT / Basile KORABLEV (Hgg.), *Actes de Chilandar. Première partie. Actes grecs (Actes de l'Athos)*. St. Petersbourg 1911 (Nachdruck Amsterdam 1975) (Vizantijskij vremennik, 17/1), 29 (Nr. 11) (im folgenden: AChil gr).

7   PLP, Nr. 17982.

8   Im allgemeinen zu den byzantinischen Quellen jener Zeit (Geōrgios Pachymerēs, Theodōros Metochitēs, Manuēl Philēs) und damit zu dem historischen Kontext: BARIŠIĆ / FERJANČIĆ (Hgg.), Vizantijski izvori VI, 46-56, 77-143, 593f.; Ljubomir MAKSIMOVIĆ, War Simonis Palaiologina die fünfte Gemahlin von König Milutin?, in: Werner SEIBT (Hg.), *Geschichte und Kultur der Palaiologenzeit. Referate des Internationalen Symposions zu Ehren von Herbert Hunger (Wien, 30. November bis 3. Dezember 1994)*. Wien 1996 (Veröffentlichungen der Kommission für Byzantinistik, 8), 115-120. Im konkreten zum Reisebericht des Theodōros Metochitēs mit weiterführender Literatur: Krasimira ILIEVSKA, Teodor Metohit i negoviot izveštaj za diplomatskata misija vo Srbija, in: Vladimir MOŠIN (Hg.), *Spomenici za srednovekovnata i ponovata istorija na Makedonija. Tom II*. Skopje 1977, 215-226; Elisabeth MALAMUT, Sur la route de Théodore Métochite en Serbie en 1299, in: *Voyages et Voyageurs au Moyen Age*. Paris 1996, 165-175.

Skopje keine weiteren Stationen seiner Reise namentlich benennt, kann seine Reiseroute nicht eindeutig fixiert werden. Prinzipiell standen ihm drei damals übliche Anreisewege offen[1]:

i. von Thessalonikē auf der *Via Egnatia* in westlicher Richtung nach Ohrid und von dort nach Skopje (ca. 400 km)

ii. die *Via Egnatia* vor Thessalonikē verlassend, entlang des Flusses Struma (Strymōn) nach Norden bis Petrič und danach über Strumica nach Skopje (ca. 300 km)

iii. von Thessalonikē in nördlicher Richtung entlang des Flusses Vardar (Axios) nach Skopje (ca. 200 km).

Zu Beginn des 14. Jahrhunderts kam es an der erwähnten byzantinisch-serbischen Grenze zu Veränderungen. Im Sommer des Jahres 1308 hatte Stefan Uroš II. Milutin die Stadt Štip unter seine Kontrolle gebracht. Allerdings gibt es keine Hinweise auf eine kontinuierliche serbische Herrschaft über diese Stadt in seiner Regierungszeit. Vielmehr vermochte erst sein Nachfolger, Stefan Uroš III. Dečanski[2], die Grenze beider Reiche zwischen die Städte Štip und Strumica zu verlegen, was bis ca. 1332 in Kraft blieb.[3]

Eine Urkundenfälschung über Schenkungen von Landbesitz seitens des Feudalherrn Stefan Hrelja Dragovol[4] im Flußtal der Strumica an das Athōs-Kloster Chelandariu[5], die auf eine Urkunde des serbischen Königs Stefan Uroš II. Milutin aus den Jahren 1303/04 Bezug nimmt, bietet einen nützlichen Einblick in die Siedlungsstruktur des Flußtales.[6] An für diese Untersuchung relevanten Toponymen wird zunächst unter den *selišta* ("Wüstungen")[7] das Dorf

---

1   Ebd. 171, Anmerkung 33.

2   PLP, Nr. 21181.

3   ĆIRKOVIĆ, Štip, 27f.; Boban PETROVSKI, Prilog kon prašanjeto za pagjanjeto na Štip pod srpska vlast vo prvata decenija na XIV vek, *Godišen Zbornik Filozofski Fakultet na Univerzitetot „Sv. Kiril i Metodij" - Skopje* 26 (52) (1999), 141-153; ŽIVOJINOVIĆ, La frontière serbobyzantine, 59-65. Der byzantinisch-serbische Grenzverlauf wurde zu dem zentralen Verhandlungsgegenstand zwischen Stefan Uroš II. Milutin und Charles de Valois im Jahre 1308, als letzterer eine Eroberung des Byzantinischen Reiches anstrebte. Siehe zu diesem Vertrag folgende Editionen: Leonidas MAVROMATIS, *La fondation de l'empire serbe. Le kralj Milutin.* Thessaloniki 1978 (Βυζαντινά κείμενα και μελέται, 16), 123-136 (Appendice II); Vladimir MOŠIN / Lidija SLAVEVA (Hgg.), Dogovorot na kral Uroš II Milutin so Karlo Valoa od 1308 godina za podelbata na Vizantiska Makedonija, in: Vladimir MOŠIN (Hg.), *Spomenici za srednovekovnata i ponovata istorija na Makedonija. Tom II.* Skopje 1977, 415-443 (basierend auf Leonidas Mavromatis).

4   PLP, Nr. 30989.

5   Einen allgemeinen Überblick über die Besitzungen des Athōs-Klosters Chelandariu in Südosteuropa bietet: Mirjana ŽIVOJINOVIĆ, Estates of the Monastery of Hilandar in the Middle Ages, in: Gojko SUBOTIĆ (Hg.), *Hilandar Monastery.* Belgrade 1998, 71-90.

6   U. a. ediert in: Franz MIKLOSICH (Hg.), *Monumenta Serbica spectantia historiam Serbiae Bosnae Ragusii.* Wien 1858 (Nachdruck Graz 1964), 57-65 (Nr. 62). Siehe zu weiteren Editionen dieser Urkunde und zu ihrer Analyse: Sima ĆIRKOVIĆ, Hreljin poklon Hilandaru, *Zbornik radova Vizantološkog instituta* 21 (1982), 103-117, 103-106. Vgl. dazu auch: Mirjana ŽIVOJINOVIĆ, Strumički metoh Hilandara, *Zbornik radova Vizantološkog instituta* 45 (2008), 205-221, 205f. Mirjana Živojinović relativiert den Eindruck der Fälschung und sieht in dieser Urkunde ein Exposé der Mönche über die Besitzungen im serbischen Reich zur besseren Argumentation am serbischen Hofe.

7   Der Begriff *selište* eröffnet vielschichtige Interpretationsmöglichkeiten. Grundsätzlich ist er mit "Wüstung" zu übersetzen. Allerdings sind je nach Kontext und Inhalt der Urkunden verschiedenartige Deutungen möglich. Hier und im folgenden wird vom Verfasser zunächst in allen Fällen der Begriff "Wüstung" verwendet. Eine Differenzierung erfolgt im Detail weiter unten, Abschnitt *Zu Siedlungsentwicklung und Wüstungsprozessen.* Vgl. zu dieser Thematik folgende Beiträge: Vassiliki KRAVARI, L'habitat rural en Macédoine occidentale (XIIIᵉ–XIVᵉ siècles), in: Klaus BELKE / Friedrich HILD / Johannes KODER / Peter SOUSTAL (Hgg.), *Byzanz als Raum. Zu Methoden und Inhalten der historischen Geographie des östlichen Mittelmeerraumes.* Wien 2000 (Veröffentlichungen der Kommission für die Tabula Imperii Byzantini, 7), 83-94; Rade MIHALJČIĆ, Selišta. Prilog istoriji naselja u srednjovekovnoj srpskoj državi, *Zbornik Filozofskog Fakulteta* 9 (Beograd 1967), H. 1, 173-224; DERS., Selište, in: Sima ĆIRKOVIĆ / RADE MIHALJČIĆ (Hgg.), *Leksikon srpskog srednjeg veka.* Beograd 1999, 664f.; Friedrich SAUERWEIN, Historisch-geographische Methoden zur Wüstungsforschung in Griechenland.

Kunarjane[1] im Bereich der Engstelle Ključ[2] genannt (*selo u Ključi Kunarjane*), danach die Wüstung Vlъči Lugъ[3] in der Ebene von Strumica (*selište Vlъči Lugъ u Strumičьskomъ poli*) (siehe *Abb. 7*), das Gebirge Ogražden (*planina Ogražden*), die Wüstung des Frangopul[4] (*na Frugopulovo* [sic] *selište*), weiters ein Grundstück in der Stadt Strumica (*město u Strumici*) zur Errichtung einer Kirche und von Häusern als Metochion des Klosters Chelandariu und schließlich die Kirche des Heiligen Georg, die von einem gewissen Berislav auf der Wüstung Srьbьšori[5] errichtet worden war (*crьkvь Svetago Georьgïa* […] *na selišti Srьbьšori*).[6]

Im August des Jahres 1310 bestätigte Michaēl IX. Palaiologos[7] die Besitzungen und Privilegien des Athōs-Klosters Ibērōn. Darunter befanden sich das Metochion Theotokos Eleusa in der Stadt Strumica mit all seinen Rechten (*to metochion to ep' onomati timōmenon tēs hyperagnu mu despoinēs kai Theomētoros tēs Eleusēs to eis tēn Strummitzan meta tōn dikaiōn autu pantōn*), wobei dieses Metochion, wie bereits im Jahre 1259 (s. o.), topographisch

---

Ihre Realisierung am Beispiel von Ost-Lokris, *Orbis Terrarum* 1 (1995), 91-108; DERS., Wüstung, in: Holger SONNABEND (Hg.), *Mensch und Landschaft in der Antike. Lexikon der Historischen Geographie. Mit 112 Abbildungen*. Stuttgart, Weimar 2006, 621-623. Martin Born hat aus der Perspektive der westlichen Mediävistik ein Interpretationsmodell entwickelt, das auf dem rechtlichen Status von Wüstungen aufbaut und weiter unten (Abschnitt *Zu Siedlungsentwicklung und Wüstungsprozessen*) im Hinblick auf die südosteuropäischen Verhältnisse diskutiert wird. Siehe: Martin BORN, Wüstungen und Sozialbrache, *Erdkunde. Archiv für wissenschaftliche Geographie* 22 (1968), 145-151.

1   Höchstwahrscheinlich ist das Gebiet der jetzigen Dörfer Staro Konjarevo [GPS 22 57 25; 41 22 04] und Novo Konjarevo [GPS 22 56 22; 41 23 42] mit diesem Toponym zu identifizieren. Vgl. dazu: ĆIRKOVIĆ, Hreljin poklon, 111; ŽIVOJINOVIĆ, Strumički metoh, 211f. Staro Konjarevo befindet sich 27 km osö. der Stadt Strumica, rechts (südlich) des Flusses Strumica. Novo Konjarevo liegt 22 km osö. der Stadt Strumica bzw. ca. 2,5 km nnw. von Staro Konjarevo, links (nördlich) des Flusses Strumica. Vgl. zum Begriff *staro* ("alt") bzw. *novo* ("neu") im Kontext von Ortsnamen: KRAVARI, L'habitat rural, 91. Das Toponym Konjarevo geht auf das altslawische Wort *konь* (für "Pferd") zurück. Siehe: MIKLOSICH, Lexicon, 301.

2   S. o., Abschnitt *Geographische Lage*. Das gleichnamige Dorf [GPS 23 01 17; 41 21 40], das aufgrund des Kontextes nicht gemeint sein kann, befindet sich 5 km ö. von Staro Konjarevo.

3   Von altslaw. *vlьkъ* für "Wolf" und *lugъ* für "Hain, kleiner Wald, Wiese, Sumpf". Vgl. dazu das griech. Wort *longos* in der Bedeutung "Gehölz, Gebüsch, Dickicht". Siehe: Erich TRAPP (Hg.), *Lexikon zur byzantinischen Gräzität besonders des 9.-12. Jahrhunderts, 5. Faszikel*. Wien 2005 (Veröffentlichungen der Kommission für Byzantinistik, VI/5), 944 (im folgenden: LBG). Diese Wüstung ist bisher nicht lokalisiert worden. Vgl. zur Frage, ob es sich dabei um eine Wüstung im eigentlichen Sinne handelte, auch weiter unten, Abschnitt *Zu Siedlungsentwicklung und Wüstungsprozessen*. Siehe weiters: Jovan F. TRIFUNOSKI, Raseljena sela u Strumičkoj kotlini, *Glasnik Srpskog Geografskog Društva* 56 (1976), H. 2, 71-78, 77. Möglicherweise steht sie mit dem Toponym *bunos Bulkoba* in Verbindung, das in einem Praktikon des Michaēl Tzankitzakēs für das Kloster Theotokos Eleusa aus dem Jahre 1152 aufscheint. Siehe: AIvir III, 80f. (Nr. 56). Besagter Berg lag sw. von Mustanitza bzw. nö. des Dorfes Vladevci [GPS 22 36 43; 41 31 10]. Vgl. dazu die Karte in: Ebd. 75. Hingewiesen sei an dieser Stelle auf das slaw. Wort *gora*, das einen Bedeutungswandel von "Berg" zu "Wald" erfahren hat. Denkbar ist in vorliegendem Falle ein analoges Wechselspiel und damit ein Zusammenhang beider Toponyme (Berg, *bunos*, und gerodetes Land, *lugъ*, am Fuße desselben). Siehe dazu: Peter SOUSTAL, Überlegungen zur Rolle der Toponyme in der historischen Geographie, in: Klaus BELKE / Friedrich HILD / Johannes KODER / Peter SOUSTAL (Hgg.), *Byzanz als Raum. Zu Methoden und Inhalten der historischen Geographie des östlichen Mittelmeerraumes*. Wien 2000 (Veröffentlichungen der Kommission für die Tabula Imperii Byzantini, 7), 209-221, 218.

4   Diese Wüstung steht höchstwahrscheinlich mit der Furt des Frangopul in Verbindung, die für das Jahr 1336 belegt ist und sich unmittelbar sw. von Novo Konjarevo an der Strumica befand.

5   Die Kirche des Heiligen Georg lag möglicherweise in der Nähe des jetzigen Ortes Zubovo [GPS 22 51 00; 41 24 00], 17 km osö. der Stadt Strumica. Siehe zur Lokalisierung: ĆIRKOVIĆ, Hreljin poklon, 105, Anmerkung 5. Mirjana Živojinović äußert die Vermutung, wonach die Wüstung Srьbьšori mit dem jetzigen Ort Šopur [GPS 22 17 58; 41 38 08], 14 km sö. der Stadt Štip, identisch sein könnte. Vgl. dazu: ŽIVOJINOVIĆ, Strumički metoh, 211, Anmerkung 36.

6   MIKLOSICH (Hg.), Monumenta Serbica, 63f.

7   PLP, Nr. 21529.

unzutreffend verortet wurde, des weiteren die Kirche der Heiligen Ärzte (*Hagioi Anargyroi*) in der Stadt Strumica selbst (*to eis tēn Strummitzan euktērion* […] *tōn Hagiōn Anargyrōn*), wobei diese Kirche in der Urkunde des byzantinischen Kaisers Andronikos II. Palaiologos aus dem Jahre 1283 unzutreffenderweise noch in der Umgebung der Stadt lokalisiert wurde (s. o.), Felder im Dorf Monstanitza im Flußtal der Strumica (*eis tēn Strummitzan, eis to chōrion tēn Monstanitzan*), die Kirche der Heiligen Apostel (*Hagioi Apostoloi*) in der Umgebung der Stadt Strumica (*to peri tēn Strummitzan tōn Hagiōn kai endoxōn paneuphēmōn Apostolōn*) und schließlich die Kirche Hagia tōn Hagiōn ebenfalls in der Umgebung der Stadt (*to peri ton auton topon tēs Strummitzēs timōmenon ta Hagia tōn Hagiōn*).[1]

Das Fragment eines Praktikon des Athōs-Klosters Ibērōn aus dem März des Jahres 1320 zählt dessen Besitzungen und Paröken im Dorf Palaiokastron[2] (*chōrion Palaiokastron*) samt Umgebung auf. Neben diesem Dorf und einer Vielzahl von Mikrotoponymen in Form von Fluren werden das Kloster Theotokos Eleusa, das Kleinkloster der Heiligen Ärzte (*Monydrion tōn Hagiōn kai iamatikōn Anargyrōn*) (s. o. 1283 bzw. 1310), die Heiligen fünfzehn Märtyrer (*plēsion tōn Hagiōn Dekapente*)[3], Koklizion (*eis to Koklizion*)[4], der Landbesitz Mostheanitza (*gē hē kalumenē Mostheanitza*), dessen Name 1283 bzw. 1310 als Dorf Mustanitza bzw. Monstanitza aufscheint (s. o.), der Fluß Vodoča (*plēsion tu potamu tēs Bodetzēs* bzw. *hyper tu eis tēn Bodetzan mylōnos*), die Bewohner des Dorfes Vodoča (*plēsion* […] *tōn Bodetzēnōn*)[5], eine alte oder verlassene Kirche des Heiligen Dēmētrios (*eis tēn palaioekklēsian tu Hagiu Dēmētriu*)[6], eine Furt namens Kerasea durch den Fluß Strumica (*eis ton poron tēs Keraseas meson tu potamu Strummitzēs*)[7], die Kleinklöster der Heiligen Apostel (*Hagioi Apostoloi*) und Hagia tōn Hagiōn in der Umgebung der Stadt Strumica (*peri tēn Strummitzan dyo monydria*)

1 AIvir III, 185f. (Nr. 72). Weder die Kirche der *Hagioi Apostoloi* noch diejenige namens *Hagia tōn Hagiōn* konnten bisher lokalisiert werden. Siehe dazu: ANGELOPULOS, Βόρειος Μακεδονία, 50f.

2 Jetzt Veljusa. Zur Bezeichnung *Palaiokastron* für Veljusa: POPOVIĆ, Continuity and Change, 173f.

3 Es handelt sich hierbei um das Gotteshaus zu Ehren der fünfzehn Märtyrer von Tiberiupolis. Dieses befindet sich am SO-Rand der jetzigen Stadt Strumica [GPS 22 38 27; 41 25 47] und trägt den Namen *Sv. Petnaeset Tiveriopolski mačenici*. Siehe dazu folgende weiterführende Literatur: Blaga ALEKSOVA, *Loca Sanctorum Macedoniae. Kult na martirite vo Makedonija od IV do IX vek*. Skopje 1995, 162-169; ANGELOPULOS, Βόρειος Μακεδονία, 51, 55-57; KOCO u. a. (Hgg.), Arheološka karta, 412-414.

4 Jetzt das Dorf Kukliš [GPS 22 39 45; 41 24 21], 4 km sö. der Stadt Strumica. Dieses Toponym ist wahrscheinlich von altslaw. *kuklь* in der Bedeutung "Kapuze, Mönchskappe" abzuleiten. Vgl. dazu: ŠMILAUER, Handbuch, 104.

5 Jetzt das Dorf Vodoča [GPS 22 35 26; 41 27 05], 4 km wnw. der Stadt Strumica. Dieser Ortsname steht mit altslaw. *voda* ("Wasser") in Zusammenhang. Siehe: Ebd. 191; Aleksandar STOJANOVSKI, Nekolku novi podatoci za Strumičkite manastiri vo XVI vek, in: Dimče KOCO u. a. (Hgg.), *Akta Veljusa. Simpozium "Veljusa" po povod 900-godini na manastirskata crkva Bogorodica Milostiva (Eleusa) vo seloto Veljusa*. Skopje 1984, 185-188, 186.

6 Diese Kirche ist nicht lokalisiert. Der byzantinische Begriff *palaioekklēsia* wird mit "alte Kirche" übersetzt. Siehe: LBG 5, 1176. Die slawische Entsprechung ist der Begriff *crkvište*, der allerdings eine verlassene Kirche oder einen Ort bezeichnet, wo vormals eine Kirche befunden hat. Vgl. dazu: Siniša MIŠIĆ, Crkvine i crkvišta – nemi svedoci prošlosti, *Crkvene studije* 4 (2007), H. 4, 297-302, 297f. Demgemäß wäre die Übersetzung des byzantinischen Begriffes zu überdenken. Siehe dazu im Detail weiter unten, Abschnitt *Zu Siedlungsentwicklung und Wüstungsprozessen*.

7 Diese Furt ist nicht lokalisiert. Der byzantinische Ausdruck *poros* kann mit "Furt, Fähre, Furtgebühr" übersetzt werden (siehe u. a. LBG 6, 1353). Der slawische Begriff für Furt lautet *brod*, für Furtgebühr *brodarina* [vgl. dazu: Vuk Stef. KARADŽIĆ (Hg.), *Srpski rječnik istumačen njemačkijem i latinskijem riječima (Lexicon Serbico-Germanico-Latinum)*. Beograd ⁴1935, 45f.]. Über die Schiffbarkeit von Flüssen in Südosteuropa im allgemeinen: Elisaveta TODOROVA, River Trade in the Balkans during the Middle Ages, *Études balkaniques* 20 (1984), H. 4, 38-50. Der Fluß Strumica wird in diesem Beitrag nicht genannt. Zu den Furten in dem mittelalterlichen Serbien: Siniša MIŠIĆ, Brod, in: Sima ĆIRKOVIĆ / Rade MIHALJČIĆ (Hgg.), *Leksikon srpskog srednjeg veka*. Beograd 1999, 64f.; DERS., *Korišćenje unutrašnjih voda u srpskim zemljama srednjeg veka*. Beograd 2007, 155-172. Vgl. dazu im Detail weiter unten, Abschnitt VII.

(s. o.), Porodēmos (*eis ton Porodēmon*)[1] und eine Furt des Syrmanos (*eis ton poron tu Syrmanu*)[2] erwähnt.[3]

Im Frühjahr 1326/27 bereiste Nikēphoros Grēgoras[4] mit großer Wahrscheinlichkeit das Flußtal der Strumica im Verband einer byzantinischen Gesandtschaft an den serbischen Hof in Skopje.[5] Die Informationen zu den einzelnen Etappen seiner Reise sind äußerst spärlich. Die Gesandtschaft zog wohl auf der *Via Egnatia* nach Westen bis zur Stadt Amphipolis[6]. Danach überquerte sie den Fluß Strymōn und reiste in der Nacht durch Schluchten und dichte Wälder bis zu einem Dorf (*kōmē*)[7] weiter. Peter Schreiner vermutet, daß es sich bei diesem Ort um das jetzige Petrič gehandelt haben könnte.[8] Am nächsten Tag erreichte die Gesandtschaft "… ein Städtchen, das sozusagen in den Wolken lag; die Einheimischen nannten es Strummitza. Es lag auf einem so steilen und außerordentlich hohen Berg, daß beim Heraufblicken aus dem Tal die Menschen auf den Stadtmauern wie Vögel aussahen. Dort feierten wir das göttliche Osterfest, …".[9] Damals war Dēmētrios Metochitēs[10], ein Sohn des Großlogotheten Theodōros Metochitēs (s. o.), ebendort byzantinischer Statthalter. Von Strumica reiste die Gesandtschaft in drei Tagen zum Städtchen Skopje (*es to tōn Skopiōn polichnion*)[11] und somit auf serbisches Gebiet.

---

1 In byzantinischer Zeit anscheinend ein Dorf, das im osmanischen Defter für den Sandžak *Köstendil* (Kjustendil) aus den Jahren 1570 bis 1573 als *mezra Porodim* im Nahiye *Üstrümce* (Strumica) verzeichnet ist und u. a. von den Bewohnern des Dorfes Piperevo bestellt wurde. Vgl. dazu: Aleksandar STOJANOVSKI (Hg.), *Turski dokumenti za istorijata na Makedonskiot narod. Opširen popisen defter za Kjustendilskiot sandžak od 1570 godina. Tom V/Kniga 3*. Skopje 1982, 70. Daraus ergibt sich eine ungefähre Lokalisierung. Das Dorf Piperevo [GPS 22 40 24; 41 28 25] befindet sich rund 5 km nö. der Stadt Strumica. Siehe dazu den Kommentar in: AIvir III, 243.
  Zur Definition einer *mezra*: "*Mezraa* denoted the ground of a former, deserted village with its known and respected borders and pertainances, so that it could be revived, i. e. resettled. In that view, *mezraa* was equal to the Serbian term *selište*. Its arable land was sometimes tilled and sowed by the neighbouring villages, and thereafter was named *sejalište*." (MRGIĆ, Transition, 81, Anmerkung 112).

2 Auch diese Furt ist nicht lokalisiert.

3 AIvir III, 243-251 (Nr. 77).

4 PLP, Nr. 4443.

5 Siehe zur Überlieferung, Datierung und wahrscheinlichen Reiseroute der Gesandtschaft: Peter SCHREINER, Die Gesandtschaftsreise des Nikephoros Gregoras nach Serbien (1326/27), *Zbornik radova Vizantološkog instituta* 38 (1999/2000), 331-341; vgl. auch: BARIŠIĆ / FERJANČIĆ (Hgg.), Vizantijski izvori VI, 197, Anmerkung 81; Jovan BELČOVSKI, Vtoriot brak na kralot Stefan Uroš III i izveštajot na Nikifor Grigora za patuvanjeto na vizantiskite diplomati vo Skopje vo 1326 godina, in: Vladimir MOŠIN (Hg.), *Spomenici za srednovekovnata i ponovata istorija na Makedonija. Tom II*. Skopje 1977, 521-530; Gavro ŠKRIVANIĆ, *Putevi u srednjovekovnoj Srbiji*. Beograd 1974, 100.

6 Amphipolis wird in zwei Briefen des Nikēphoros Grēgoras über die Gesandtschaft explizit erwähnt. Siehe: Petrus Aloisius M. LEONE (Hg.), *Nicephori Gregorae Epistulae. Volumen II*. Bari 1982, 103-115, 105 (Nr. 32a) bzw. 115-124, 116 (Nr. 32b).

7 Ludwig SCHOPEN (Hg.), *Nicephori Gregorae Byzantina Historia. Volumen I*. Bonn 1829 (Corpus Scriptorum Historiae Byzantinae, 19/1), 379, Zeile 1; vgl. dazu: LEONE (Hg.), Epistulae, 109, 120. Siehe zum Begriff *kōmē*: LBG 4, 904; Johannes KODER, Überlegungen zur ländlichen Siedlungsterminologie der Byzantiner, insbesondere zu *chorion, kome* und verwandten Termini, *Bulgaria Mediaevalis* 2 (2011) [= *Studies in Honour of Professor Vassil Gjuzelev*], 3-14.

8 SCHREINER, Gesandtschaftsreise, 337.

9 Übersetzung aus: Jan Louis VAN DIETEN, *Nikephoros Gregoras. Rhomäische Geschichte. Historia Rhomaïke. Zweiter Teil (Kapitel VIII-XI). I. Halbband*. Stuttgart 1979 (Bibliothek der griechischen Literatur, 8), 75f.; in der Edition: SCHOPEN (Hg.), Historia, 379, Zeile 8-14. Vgl. dazu: LEONE (Hg.), Epistulae, 109, 120. Der Begriff *polichnis* ist mit "Städtchen, Kleinstadt" zu übersetzen. Siehe dazu: LBG 6, 1331. Die Beschreibung bei Nikēphoros Grēgoras ist eindeutig mit der Erhebung *Carevi Kuli* zu identifizieren. Diese befindet sich am SW-Rand der jetzigen Stadt Strumica.

10 PLP, Nr. 17980.

11 SCHOPEN (Hg.), Historia, 380, Zeile 13; siehe dazu: LEONE (Hg.), Epistulae, 110, 121.

Bereits unter den Königen Stefan Uroš II. Milutin und Stefan Uroš III. Dečanski, im besonderen aber unter König Stefan Uroš IV. Dušan[1], setzte die vierte Phase der serbischen Politik in der historischen Landschaft Makedonien ein, nämlich diejenige der Transformation des dauerhaften Zuganges in eine dauerhafte Präsenz.[2] Ca. 1332 begann Stefan Uroš IV. Dušan mit der Eroberung des Talkessels von Strumica.[3] In diesem Zusammenhang hat der Feudalherr Stefan Hrelja Dragovol (s. o.) eine nicht unbedeutende Rolle gespielt. Zwischen 1335 und 1341 lavierte er zwischen dem serbischen Reich und Byzanz, was zur Folge hatte, daß sein Einflußgebiet – d. h. die Gegend um die Städte Štip, Strumica und Melnik – zeitweise zu einem "politischen Niemandsland" wurde.[4] Erst um 1343 dürfte die Stadt Strumica nach dem Rückzug Hreljas endgültig an Stefan Uroš IV. Dušan gefallen sein.[5]

Im Jahre 1336 erließ der serbische König Stefan Uroš IV. Dušan eine Urkunde für das Athōs-Kloster Chelandariu, mit welcher er die Schenkungen des Feudalherrn Stefan Hrelja Dragovol in der Stadt Štip[6] und im Flußtal der Strumica bestätigte.[7] An relevanten Toponymen werden im Zuge von Grenzbegehungen genannt: (das Dorf) Kalugerica[8] (*do Kalugerice*), der Fluß Strumica (*u veliju rěku*), der Marktplatz Sveti Ilija[9] (*trьgь Svetago Ilije*), das Gebirge Belasica (*planina Belasica*), die Engstelle Ključ (*otь Ključa*), das Dorf Sěkirnykъ[10] (*selo Sěkirnykъ*), das Gebirge Ogražden (*planina Ograždeno*), die Furt des Stavrak[11] (*brodь Stavrakъ*),

---

1   PLP, Nr. 21182.

2   MAKSIMOVIĆ, Makedonija, 38f.; siehe zu dem damaligen Grenzverlauf: Evgenij P. NAUMOV, K istorii serbovizantijskoj granicy vo vtoroj polovine XIV v., *Vizantijskij vremennik* 25 (1964), 231-234.

3   ŽIVOJINOVIĆ, Strumički metoh, 207; siehe auch: FINE, Late Medieval Balkans, 286. Möglicherweise erfolgte die serbische Eroberung der Stadt Strumica erst im Frühling 1334. Vgl. Ebd. 287f. bzw. BARIŠIĆ / FERJANČIĆ (Hgg.), Vizantijski izvori VI, 509, Anmerkung 479.

4   Zu den byzantinischen Quellen jener Zeit (Nikēphoros Grēgoras, Iōannēs VI. Kantakuzēnos) mit Zitaten und Übersetzungen: Ebd. 228-230, 244, 316, 329f., 332f., 346, Anmerkung 158, 352, Anmerkung 169, 361, Anmerkung 24, 366-372, 425, 537, 620-627; siehe auch: FINE, Late Medieval Balkans, 291; vgl. folgenden Hinweis auf weiterführende Sekundärliteratur zur Person des Stefan Hrelja Dragovol: ĆIRKOVIĆ, Štip, 28, Anmerkung 12; Hinweise auf ältere Sekundärliteratur zu seiner Person in: Tomo TOMOSKI, Štip vo periodot od XII-XIV vek, in: Cvetan GROZDANOV / Kosta ADŽIEVSKI / Aleksandar STOJANOVSKI (Hgg.), *Makedonija niz vekovite. Gradovi – tvrdini – komunikacii*. Skopje 1999, 383-397, 385, Anmerkung 10.

5   ĆIRKOVIĆ, Štip, 29; vgl. dazu: BARIŠIĆ / FERJANČIĆ (Hgg.), Vizantijski izvori VI, 213 und Anmerkung 119.

6   Siehe zur Geschichte dieser Stadt im 14. Jahrhundert: ĆIRKOVIĆ, Štip, 25-37; TOMOSKI, Štip, 383-397.

7   Diese Urkunde liegt in zwei Varianten vor. Die eine wurde ediert in: Louis PETIT / Basile KORABLEV (Hgg.), *Actes de Chilandar. Deuxième partie. Actes slaves (Actes de l'Athos)*. St. Petersbourg 1915 (Nachdruck Amsterdam 1975) (Vizantijskij vremennik, 17/1), 458-461 (Nr. 27) (im folgenden: AChil sl). Die andere wurde nur in einer partiellen Edition durch Stojan Novaković unter Auslassung der Besitzgrenzen publiziert: Stojan NOVAKOVIĆ (Hg.), *Zakonski spomenici srpskih država srednjega veka*. Beograd 1912, 399-401. Siehe zu der umstrittenen Datierung beider Varianten: ĆIRKOVIĆ, Hreljin poklon, 106-108; MIHALJČIĆ, Selišta, 203f., Anmerkung 3; ŽIVOJINOVIĆ, Strumički metoh, 206, Anmerkung 5.

8   Jetzt das Dorf Kalugjerica [GPS 22 30 54; 41 34 22], 9 km ssö. des Ortes Radoviš. Abzuleiten von griech. *kalogeros* ("Mönch").

9   Dieser Marktplatz befand sich m. E. im Ort Manastirovo, der nicht mehr existiert. An derselben Stelle liegt jetzt die Flur *Manastir*, auf dem nördlichen Abhang des Belasica-Gebirges zwischen den Orten Gabrovo [GPS 22 47 43; 41 22 34] und Bansko [GPS 22 45 12; 41 22 57] bzw. rund 13 km osö. der Stadt Strumica. Ebendort gab es ein Kloster namens Sveti Ilija und den obenerwähnten Ort. Sowohl aus dem Kontext der Urkunde als auch aufgrund der vormaligen Existenz des Klosters scheint mir eine dortige Lokalisierung des gleichnamigen Marktplatzes folgerichtig. Siehe zu Manastirovo und der Flur *Manastir*: TRIFUNOSKI, Raseljena sela, 75. Vgl. dazu auch: Karte 1:100.000, Beograd 1955, Blatt Strumica.

10 Jetzt das Dorf Sekirnik [GPS 22 47 37; 41 26 16], 13,5 km ö. der Stadt Strumica. Siehe dazu: ŽIVOJINOVIĆ, Strumički metoh, 212. Möglicherweise liegt der Ursprung dieses Toponyms im altslaw. Wort *sěkyra* ("Axt"). Vgl. MIKLOSICH, Lexicon, 971; STANKOVSKA, Model, 142.

11 Mirjana Živojinović lokalisiert die besagte Furt aufgrund des Kontextes der Grenzbegehung bei der Mündung des Flusses Turija in den Fluß Strumica, rund 11 km ö. der Stadt Strumica bzw. sw. des Ortes Turnovo [GPS 22

die Furt des Frangopul[1] (*Frugopulovъ brodъ*), der Fluß Vasilica[2] (*uzъ Vasilicu*), Belina[3] (*na Bělinь*), Mogila[4] (*na Mogilu*), der Fluß Breznica (*Brěznica*) und der Fluß Turija (*u Turiju*).[5]

Die zweite Variante dieser Urkunde überliefert: das Dorf Kalugerica (*selo Kalugerica*), Kunarani in Ključ (*u Ključi Kunarani*), den Marktplatz Sveti Ilija (*trъgъ Svetago Ilije*), das Gebirge Belasica (*planina Belasica*), das Dorf Sěkirnikъ (*selo Sěkirnikъ*), die Wüstung Štuka[6] (*selište Štuka*), das Gebirge Ogražden (*planina Ograždeno*), die Furt des Stavrak (*brodъ Stavrakъ*) und den Fluß Strumica (*nizъ Veliju Rěku*).[7]

Ca. 1340/1341[8] bestätigte der byzantinische Kaiser Andronikos III. Palaiologos[9] dem Athōs-Kloster Chelandariu den Besitz von Kalograia (*tēs Kalograias*), des Weilers Sekrinikon[10] im Flußtal der Strumica (*eis tēn Strummitzan agridion to Sekrinikon*), das (Dorf) Kunarianis in Kladion[11] mit einer Bergweide der Grasdena[12] (*eis to Kladion tēn Kunarianin, meta tēs planēnēs tēs Grasdenas*) und ein Gebiet beim (Dorf) Prasnitza[13] (*mechri tu synoru tēs Prasnitzas*).[14]

Im März des Jahres 1343 schenkte Stefan Uroš IV. Dušan dem Athōs-Kloster Chelandariu die Besitzungen seines Edelmannes Rudlь, der von ihm offensichtlich als Statthalter in der Oberstadt (*grad*) von Strumica eingesetzt worden war (*gradъ Strumicu* [...] *u gradu tomъ vlastelina grada togo Rudla*). Zu den Besitzungen des Rudlь zählten eine Kirche der Hodēgētria

---

46 26; 41 26 18]. Siehe dazu die Karte in: ŽIVOJINOVIĆ, Strumički metoh, 219. Im Zuge einer Forschungsreise wurde im August / September 2010 eine Suche nach der Furt vor Ort durchgeführt, die aufgrund der Begradigung des Flusses Strumica und des starken Schilfbewuchses ergebnislos blieb. Denkbar ist, daß sich die Furt unterhalb der Mündung des Flusses Turija in die Strumica befand. Den Einheimischen ist allerdings ebendort keine Furt bekannt, zumal jetzt eine Brücke zur Querung der Strumica verwendet wird. Siehe zur Beschaffenheit des Flusses Strumica in diesem Bereich *Abb. 6*.

1 Diese Furt steht höchstwahrscheinlich mit der Wüstung des Frangopul in Verbindung. Sie befand sich rund 24 km osö. der Stadt Strumica, sw. des Ortes Novo Konjarevo [GPS 22 56 22; 41 23 42]. Vgl. dazu die Karte in: Ebd. 219. Eine Begehung vor Ort im August / September 2010 brachte kein Ergebnis hinsichtlich der Lokalisierung der Furt wegen der dortigen Begradigung des Flusses Strumica.

2 Besagter Fluß, ein linker (nördlicher) Nebenfluß des Flusses Strumica, mündet westlich des Ortes Novo Konjarevo [GPS 22 56 22; 41 23 42] in die Strumica. Siehe dazu: Ebd. 219.

3 Aus dem Kontext der Urkunde ist nicht zu erschließen, ob es sich damals um eine Flur oder um ein Dorf Belina handelte. Dasselbe Toponym begegnet im Zuge der Grenzbegehung des Richters Michalis Ioskulēs aus dem Jahre 1371. Dort legt der Kontext wiederum die Existenz eines Dorfes nahe. Mirjana Živojinović klassifiziert Belina von Anfang an als Dorf. Siehe: ŽIVOJINOVIĆ, Le conflit, 241f. Die Flur Belina liegt rund 16 km onö. der Stadt Strumica bzw. rund 2 km n. des Ortes Štuka [GPS 22 48 26; 41 28 00]. Vgl. dazu: Karte 1:100.000, Beograd 1955, Blatt Strumica; ĆIRKOVIĆ, Hreljin poklon, 112f. (Karte). Jovan F. Trifunoski hat in den siebziger Jahren des 20. Jahrhunderts Reste von Häusern in der Flur Belina gesehen. Siehe: TRIFUNOSKI, Raseljena sela, 78.

4 Hierbei dürfte es sich bereits damals um eine Flur gehandelt haben. Die Flur Mogila befindet sich rund 13 km osö. der Stadt Strumica bzw. 1,5 km s. des Ortes Sekirnik [GPS 22 47 37; 41 26 16]. Siehe dazu: Karte 1:100.000, Beograd 1955, Blatt Strumica; ĆIRKOVIĆ, Hreljin poklon, 112f. (Karte).

5 AChil sl, 460 (Nr. 27). Vgl. dazu die Interpretation der Urkunde in: ŽIVOJINOVIĆ, Strumički metoh, 214f.

6 Jetzt das Dorf Štuka [GPS 22 48 26; 41 28 00], 15 km onö. der Stadt Strumica. Von slaw. *štuka* in der Bedeutung "Hecht" abzuleiten (KARADŽIĆ, Srpski rječnik, 877; STANKOVSKA, Model, 143).

7 NOVAKOVIĆ, Zakonski spomenici, 400f.

8 Vgl. zur Datierung: ŽIVOJINOVIĆ, Strumički metoh, 206 und Anmerkung 6.

9 PLP, Nr. 21437.

10 Der Begriff *agridion* ist u. a. mit "Weiler" zu übersetzen (vgl. LBG 1, 13).

11 Mit der Engstelle Ključ zu identifizieren.

12 Es handelt sich um das Gebirge Ogražden.

13 Das Dorf Breznica läßt sich nicht mit Sicherheit lokalisieren. Siehe: ŽIVOJINOVIĆ, Strumički metoh, 216f. Eine Karte mit der Eingrenzung des Besitzes des Klosters Chelandariu: Ebd. 219; ŽIVOJINOVIĆ, Le conflit, 239.

14 AChil gr, 276 (Nr. 131); siehe dazu: ĆIRKOVIĆ, Hreljin poklon, 108.

– eine Stiftung des Edelmannes[1], das Dorf Boruevo[2] (*selo Boruevo*) und die Wüstung Robovo[3] (*selište Robovo*). Ebendiese sollten erst nach dem Ableben des Rudlь in den Besitz des Athōs-Klosters Chelandariu übergehen.[4]

Im Jänner 1346 befreite Stefan Uroš IV. Dušan die Besitzungen des Athōs-Klosters Ibērōn von Abgaben, darunter auch das Kleinkloster Theotokos Eleusa in Strumica mit all seinen Metochien, wobei das Kloster in der Urkunde wiederum ungenau lokalisiert wird (*to eis tēn Strummitzan monydrion tēs hyperagias mu Theotoku tēs Eleusēs meta tōn metochiōn autēs*).[5]

Im April desselben Jahres bestätigte derselbe Herrscher erneut die Rechte des Athōs-Klosters Ibērōn. Unter den Besitzungen wird das Kloster Theotokos Eleusa in Strumica (*Eis tēn Strummitzan monastērion tēs hyperagnu Theotoku tēs Eleusēs*) mit seinen Metochien *Hagioi Apostoloi* (s. o.), *Hagia Kalē*[6], *Hagioi Anargyroi* (s. o.), *Hagioi Theodōroi*[7], mit seinen Feldern in Mostenitza (*kai tōn eis tēn Mostenitzan chōraphiōn*) (s. o.) und mit seiner Bergweide namens *Hagioi Theodōroi*[8] genannt.[9]

Im Jahre 1348 ließ Stefan Uroš IV. Dušan die Besitzungen des Klosters Chelandariu bestätigen, darunter auch das Dorf Kunarani (*selo Kunarani*), das Dorf Sěkirnykь (*selo Sěkirnykь*) und das Dorf Štuka (*selo Štuka*) unterhalb – d. h. flußabwärts – von (der Stadt) Strumica (*niže Strumice*).[10]

Mit einer Urkunde, die zwischen 1348 und 1353 – höchstwahrscheinlich 1347/48[11] – entstanden ist, schenkte Stefan Uroš IV. Dušan dem Kloster der Erzengel bei Prizren die Kirche der fünfzehn Märtyrer in (der Stadt) Strumica (s. o.) mit ihren Menschen, Land, Weinbergen und Mühlen (*crьkovь u Strumici na ime Svetïichь petь - na - desete*).[12]

---

1   Diese Kirche ist nicht lokalisiert.
2   Jetzt das Dorf Borievo [GPS 22 45 51; 41 25 16], 11 km osö. der Stadt Strumica. Abzuleiten von altslaw. *borije* in der Bedeutung "Nadelbaum, Nadelwald". Siehe: Miklosich, Lexicon, 41; Šmilauer, Handbuch, 42.
3   Jetzt das Dorf Robovo [GPS 22 42 26; 41 26 06], 6 km ö. der Stadt Strumica. Möglicherweise ist dieses Toponym auf den Personennamen *Rob* zurückzuführen. Vgl. dazu: Anna Čoleva-Dimitrova, Otnosno proizhoda i značenieto na njakoi selištni imena v Petričko, *Makedonski pregled* 32 (2009), H. 2, 93-104, 98; Stankovska, Model, 144.
4   Novaković, Zakonski spomenici, 410f.; vgl. dazu auch die neuere Edition von: Siniša Mišić, Hrisovulja kralja Stefana Dušana Hilandaru kojom prilaže vlastelina Rudla, *Stari srpski arhiv* 9 (2010), 75-86; siehe zu dieser Urkunde und ihrer Datierung: Ćirković, Hreljin poklon, 109, 115; Živojinović, Strumički metoh, 208, Anmerkung 18, 218.
5   Novaković, Zakonski spomenici, 559; vgl. dazu die Lesung in: Jacques Lefort / Nicolas Oikonomidès / Denise Papachryssanthou / Vassiliki Kravari / Hélène Métrévéli (Hgg.), *Actes d'Iviron IV. De 1328 au début du XVIe siècle. Texte.* Paris 1995 (Archives de l'Athos, 19), 115 (Nr. 89) (im folgenden: AIvir IV): […] *to eis tēn Strummitzan monidrion tēs hyperagias mu Theotoku tēs Eleusēs meta tōn metochiōn autēs* […]; siehe auch die Edition von: Aleksandar Solovjev / Vladimir Mošin (Hgg.), *Grčke povelje srpskih vladara*. Beograd 1936 (Zbornik za istoriju, jezik i književnost srpskog naroda, Treće odeljenje, Knjiga 7), 38, 40 (Nr. 6).
6   Diese Kirche ist nicht lokalisiert. Vgl. dazu: Angelopulos, Βόρειος Μακεδονία, 50f.
7   Auch diese Kirche ist nicht lokalisiert. Siehe: Ebd. 50f.
8   Die Lage dieser Bergweide ist ebenfalls unbekannt. Vgl. dazu den Lokalisierungsversuch in: Miljkovikj-Pepek, Veljusa, 50.
9   AIvir IV, 121 (Nr. 90).
10   Novaković, Zakonski spomenici, 422. Vgl. dazu auch die Editionen: AChil sl, 493-497, hier 496 (Nr. 38); Lidija Slaveva (Hg.), Diplomatičko-pravnite spomenici za istorijata na Polog i sosednite kraevi vo XIV vek, in: Vladimir Mošin (Hg.), *Gramoti, zapisi i druga dokumentarna gragja za manastirite i crkvite vo Pološkata oblast i sosednite kraevi*. Skopje 1980 (Spomenici za srednovekovnata i ponovata istorija na Makedonija, 3), 430-446, hier 442. Siehe weiters: Ćirković, Hreljin poklon, 109; Živojinović, Strumički metoh, 212f.
11   Vgl. zur Datierung: Slaveva (Hg.), Spomenici, 323-333.
12   Novaković, Zakonski spomenici, 695; siehe dazu auch die Edition in: Slaveva (Hg.), Spomenici, 342-406, hier 392 und Anmerkung 176.

Zwischen 1349 und 1353 erließ derselbe Herrscher ein Prostagma, mit dem er den Besitz des Klosters Chelandariu im Tal des Flusses Strumica bestätigte.[1] Darin werden unter anderem folgende für diese Untersuchung relevanten Toponyme genannt: Kunarach oberhalb von Sekirnik[2] (*u Kunarachь više Sekirnika*), die Furt des Stavrak (*brodь Stavrakь*), der Fluß Strumica (*niz Veliju rěku*), der Fluß Vasilica (*uz Vasilicu*) und der Fluß Turija (*niz Turiju*).[3]

Aus einem Chrysobull, das Stefan Uroš IV. Dušan im Jahre 1349 ausstellen ließ[4], geht hervor, daß ein gewisser *dijakь anagnostь* Dragoe[5] in das Belasica-Gebirge (*u Bělasici*) oberhalb von Gabrovo[6] (*više Gabrova*) ausgezogen ist, um eine Kirche der Gottesmutter (*tai crьkva domь Bogorodice*) vor der Flur Trěblěgrьmь[7] zu errichten.[8] Aus dem Kontext der Urkunde ist nicht zu erschließen, ob er zu diesem Zwecke die Kirche der Heiligen Erzengel Michael und Gabriel (*besplьtnichь silь Michaila i Gaurila*) verlassen oder ob er auch diese Kirche erbaut hat[9], die sich ebenfalls oberhalb von Gabrovo befand. Auf Bitten des Bischofs von Banьska (Velbužd, Kjustendil) namens Kalinikь (*jepiskupь Banьsky kÿrь Kalinikь*) befreite Stefan Uroš IV. Dušan die Stiftung des Dragoe von verschiedenen Abgaben. Weiters schenkte er Dragoe unter anderem ein Feld in der Flur Podь[10] (*u podu*) und ein weiteres Feld unterhalb von Gabrovo (*podь Gabrovo*). Dragoe durfte freie Menschen bei der Kirche ansiedeln, die für die Kirche zu arbeiten hatten (*i seliti svobodni ljudi kь crьkvi [...] i tizi da rabotajutь crьkvi*).[11]

1351 bestätigte der byzantinische Kaiser Iōannēs VI. Kantakuzēnos[12] die Besitzungen des Athōs-Klosters Ibērōn, darunter das Metochion bzw. Kleinkloster der Theomētōr Eleusa (Palaiokastritissa) in der Umgebung der Stadt Strumica (*Peri tēn Strummitzan metochion*

---

1   Vgl. zur Datierung: ĆIRKOVIĆ, Hreljin poklon, 110, Anmerkung 21; ŽIVOJINOVIĆ, Strumički metoh, 206.

2   Siehe: ĆIRKOVIĆ, Hreljin poklon, 111; ŽIVOJINOVIĆ, Strumički metoh, 211f. Im vorliegenden Falle hat es den Anschein, als ob nicht die Orte Staro bzw. Novo Konjarevo gemeint seien, sondern vielmehr eine gleichnamige Flur n. des Ortes Sekirnik [GPS 22 47 37; 41 26 16]. Eine Flur dieses Namens ist auf Landkarten allerdings nicht zu finden.

3   Kompletter Text ediert in: ĆIRKOVIĆ, Hreljin poklon, 116f. Partielle Editionen in: AChil sl, 525 (Nr. 52); NOVAKOVIĆ, Zakonski spomenici, 436f.; vgl. dazu die Interpretation der Urkunde in: ŽIVOJINOVIĆ, Strumički metoh, 214f.

4   Siehe zur Datierung: Paul LEMERLE / Gilbert DAGRON / Sima ĆIRKOVIĆ (Hgg.), *Actes de Saint-Pantéléèmôn. Texte*. Paris 1982 (Archives de l'Athos, 12), 163 (Actes Serbes, Nr. 3) (im folgenden: APantel); Radoslav M. GRUJIĆ, Lična vlastelinstva srpskih crkvenih pretstavnika u XIV i XV veku, *Glasnik Skopskog Naučnog Društva* 13 (1934), 47-68, 60; DERS., Ruska vlastelinstva po Srbiji u XIV i XV veku, *Istoriski časopis* 5 (1954-1955), 53-77, 61; Lidija SLAVEVA / Vladimir MOŠIN, *Srpski gramoti od Dušanovo vreme*. Prilep 1988 (Institut za istražuvanje na Staroslovenskata kultura – Prilep, Posebni izdanija 4), 215f. (Nr. 76).

5   Aus dem griech. *anagnōstēs* ("Leser, Vorleser") bzw. *diakonos* ("Diakon"). Siehe allgemein zum Klerus im späten Byzanz: Christof Rudolf KRAUS, *Kleriker im späten Byzanz. Anagnosten, Hypodiakone, Diakone und Priester 1261-1453*. Wiesbaden 2007 (Mainzer Veröffentlichungen zur Byzantinistik, 9). Zu besagtem Dragoe liegen keine weiterführenden prosopographischen Informationen in der Sekundärliteratur vor.

6   Jetzt das Dorf Gabrovo [GPS 22 47 43; 41 22 34], 15 km osö. der Stadt Strumica. Die mittelalterlichen Quellenbelege zu Gabrovo sind aufgelistet in: POPOVIĆ, Continuity and Change, 174. Von altslaw. *gabьr* in der Bedeutung "Weißbuche".

7   Diese Flur ist nicht lokalisiert.

8   NOVAKOVIĆ, Zakonski spomenici, 758f.; vgl. auch die Edition von: Archimandrit LEONID, Stara srpska pisma. Iz ruskog manastira Sv. Panteleimona u Svetoj Gori, *Glasnik Srpskog Učenog Društva* 7 (1868), 238-241.

9   NOVAKOVIĆ, Zakonski spomenici, 758; vgl. zu den gegensätzlichen Interpretationen: APantel, 163 (Actes Serbes, Nr. 3); GRUJIĆ, Lična vlastelinstva, 60.

10   Jetzt die Flur Pod am N-Abhang des Belasica-Gebirges, 1 km sö. des Dorfes Gabrovo [GPS 22 47 43; 41 22 34] bzw. rund 15 km osö. der Stadt Strumica. Siehe zur Lokalisierung: Karte 1:100.000, Beograd 1955, Blatt Strumica. Vgl. auch: POPOVIĆ, Continuity and Change, 175; STOJANOVSKI, Nekolku novi podatoci, 187; TRIFUNOSKI, Raseljena sela, 77. Von altslaw. *podь* in der Bedeutung "unter, unterhalb" bzw. "Feld, Ebene".

11   NOVAKOVIĆ, Zakonski spomenici, 758f.; vgl. dazu: Aleksandar SOLOVJEV, Končanski praktik, *Zbornik radova Vizantološkog instituta* 3 (1955), 83-109, 100.

12   PLP, Nr. 10973.

monydrion ek prosenexeōs eis onoma timōmenon tēs panyperagnu despoinēs kai Theomētoros tēs Eleusēs kai epikeklēmenon tēs Palaiokastritissēs[1]).[2] Kurz danach erließ Kallistos I., Patriarch von Konstantinopel[3], eine Urkunde desselben Inhaltes, die ebenfalls das Metochion bzw. Kleinkloster der Theomētōr Eleusa (Palaiokastritissa) in der Umgebung der Stadt Strumica unter Verwendung derselben Formulierung erwähnt.[4]

Als Stefan Uroš IV. Dušan im Jahre 1355 starb, fiel der Talkessel von Strumica an den serbischen Despoten Jovan Uglješa[5]. Nach dessen Tod in der Schlacht an der Marica gegen die Osmanen im Jahre 1371 etablierten sich die Feudalherren der Familie Dragaš in besagtem Gebiet – d. h. in den Regionen um Melnik, Petrič und Strumica.[6]

1357 bestätigte der byzantinische Kaiser Iōannēs V. Palaiologos[7] dem Athōs-Kloster Ibērōn u. a. seinen Besitz über das Metochion der Theomētōr Eleusa in Strumica (*Eis tēn Strummitzan metochion tēs panyperagnu despoinēs kai Theomētoros tēs Eleusēs*) samt den dazugehörigen Metochien der *Hagioi Apostoloi*, *Hagia Kalē*, *Hagioi Anargyroi* und *Hagioi Theodōroi* (s. o.), samt den Feldern in Mostenitza (*tōn eis tēn Mostenitzan chōraphiōn*) und der Bergweide namens *Hagioi Theodōroi*.[8] Bemerkenswert ist in diesem Zusammenhang, daß die Urkunde Iōannēs' VI. Kantakuzēnos (s. o.) im Hinblick auf die Lage des Kleinklosters der Theomētōr Eleusa exakter ist als diejenige Iōannēs' V. Palaiologos, obwohl beide in einem kurzen Zeitraum hintereinander entstanden sind.

Im Jahre 1369 bestätigte Jovan Uglješa dem *starьcь duchovьnikь kÿrь Danïilь*[9] die Privilegien für die Kirche der Heiligen Erzengel Michael und Gabriel oberhalb von Gabrovo (*Michaila i Gavrila više Gabrova*), die ihm bereits Kaisar Vojihna[10], der Schwiegervater des Jovan Uglješa, gewährt hatte.[11]

1370 oder 1371 griff Jovan Uglješa in einen Rechtsstreit zwischen den Athōs-Klöstern Chelandariu und Hagios Panteleēmōn um Landschenkungen der Familie Koteanitzēs[12] im Flußtal der Strumica ein. Die relevanten drei Urkunden bieten reichhaltiges Material zu den Siedlungen jener Zeit.[13]

---

1   Abzuleiten vom Toponym *Palaiokastron* für Veljusa.
2   AIvir IV, 128 (Nr. 91).
3   PLP, Nr. 10478.
4   AIvir IV, 133 (Nr. 92).
5   PLP, Nr. 21150.
6   FINE, Late Medieval Balkans, 381; Patrick LECAQUE, Constantin Dragaš and the Principality of Velbužd during the XIVth Century, *Macedonian Studies* 8 (1991), N.S. 2, 3-25, 8; MATANOV, Jugozapadnite bălgarski zemi, 55-133; DERS., *Knjažestvoto na Dragaši. Kăm istorijata na Severoiztočna Makedonija v predosmanskata epoha*. Sofija 1997, 102, 107-112; Evgenij P. NAUMOV, Darbenite gramoti na Dejanovikji (Kon analizata na istoriskite izvori od krajot na XIV vek), *Istorija* 20 (1984), H. 2, 219-237; Georgije OSTROGORSKI, *Serska oblast posle Dušanove smrti*. Beograd 1965 (Posebna izdanja Vizantološkog instituta, 9), 20-25. Siehe auch die Rezension der Monographie von Georgije Ostrogorski von: Hélène MIAKOTINE, Analyse de l'ouvrage de G. Ostrogorski sur la principauté serbe de Serres, *Travaux et Mémoires* 2 (1967), 569-573.
7   PLP, Nr. 21485.
8   AIvir IV, 144 (Nr. 94).
9   Im griech. *gerōn* / *presbyteros* ("Mönch / Priester") bzw. *pneumatikos* ("Beichtvater"). Zu Danïilь gibt es keine weiteren prosopographischen Daten.
10   PLP, Nr. 2942.
11   NOVAKOVIĆ, Zakonski spomenici, 751; vgl. auch die Edition von: Archimandrit LEONID, Stara srpska pisma, 248f.; zur Datierung: APantel, 168 (Actes Serbes, Nr. 5); siehe auch: GRUJIĆ, Lična vlastelinstva, 56. Diese Kirche wird sowohl 1349 als auch 1376/77 erwähnt.
12   Die in den folgenden Urkunden aufscheinenden Mitglieder dieser Familie sind im PLP zum Teil erfaßt. Siehe: PLP, Nr. 14527, 14543, 14544. Vgl. auch: MAKSIMOVIĆ, Kotanic Tornik, 183-191; TOMOVIĆ, Ko je bio despot Tornik, 257-269.
13   Der juristische Sachverhalt ist im Detail dargestellt in: ĆIRKOVIĆ, Hreljin poklon, 111f.; OSTROGORSKI, Serska

Laut einer Urkunde des Jahres 1370 hatte ein gewisser Laskaris Koteanitzēs dem Kloster Chelandariu widerrechtlich Land entrissen und es dem Kloster Hagios Panteleēmōn geschenkt (*kai synarpageis ho Laskaris exedoto kai pros autus ho toiutos topos*). Der Prōtos des Athōs und die Versammlung der Vertreter der anderen Athōs-Klöster, die auf Geheiß des Jovan Uglješa einberufen worden war, fällten die Entscheidung, daß das umstrittene Land an das Kloster Chelandariu zurückzuerstatten sei.[1] Während in der vorliegenden Urkunde keine Lokalisierung des Landbesitzes vorgenommen wird – verwiesen sei auf die allgemein gehaltenen Formulierungen *topos* bzw. *chōriu gē*, ist dies im Rahmen der nunmehr folgenden Urkunde geschehen.

1371 hatte der Richter Michalis Ioskulēs[2] auf Geheiß des serbischen Despoten Jovan Uglješa – offensichtlich auf der Basis der Entscheidung der obenerwähnten Versammlung – die Grenzen jenes Landbesitzes des Klosters Chelandariu zu beschreiben, der vom Kloster Hagios Panteleēmōn beansprucht wurde. Im Zuge der Grenzbegehung werden folgende Toponyme genannt: die alte Straße von Presnitza (*eis tēn palaian hodon tēs Presnitzas*), Mpelina[3] (*eis tēn Mpelinan*), Katō Mpelina (*eis tēn Katō Mpelinan*), der Fluß Presnitza[4] (*eis ton potamon tēn Presnitzan*), Stuka[5] (*apo tēn Stukan*), wiederum der Fluß Mpresnitza (*hē Mpresnitza*), der Fluß Turia[6] (*eis tēn Turian*) und schließlich die Furten des Staurakēs und des Phrankopulos (*heōs tu Staurakē kai ex autu heōs tu Phrankopulu ton poron*).[7]

Allerdings waren damit nicht alle Unklarheiten beseitigt worden, wie eine Urkunde des Jahres 1374 beweist. Damals bot Kōnstantinos Laskaris, der Sohn des verstorbenen Laskaris Koteanitzēs, dem Kloster Hagios Panteleēmōn das Dorf Mpresnitza[8] in der Nähe der Stadt Strumica dar (*chōrion peri tēn Strumpitzan men heuriskomenon, Mpresnitzan de eponomazomenon*).[9]

Die Ungereimtheiten in der Abgrenzung des Landbesitzes beider erwähnten Klöster im Tal des Flusses Strumica setzten sich in den siebziger Jahren des 14. Jahrhunderts fort. Im Jahre 1375/76[10] schlichteten die Bischöfe Danilь von Vodoča[11] und Strumica bzw. Grigorije von

---

oblast, 22f.; ŽIVOJINOVIĆ, Le conflit, 238-244.

1 AChil gr, 323f. (Nr. 153); vgl. dazu: ŽIVOJINOVIĆ, Le conflit, 238-240.

2 PLP, Nr. 8220. Siehe dazu auch: ŽIVOJINOVIĆ, Le conflit, 241, Anmerkung 16.

3 Dieses Toponym ist identisch mit Belina aus der Urkunde des Jahres 1336. Anhand des vorliegenden Kontextes dürfte sich zwischen 1336 und 1371 ein Dorf in dieser Flur entwickelt haben. Einen Hinweis darauf gibt m. E. das im Anschluß genannte Toponym Katō Mpelina. Mpelina bzw. Belina scheint die ursprüngliche Siedlung gewesen zu sein (d. h. im Sinne eines Anō Mpelina / Oberen Belina). Katō Mpelina / Unteres Belina ist wohl die jüngere Siedlung, die sich aus der älteren entwickelt haben dürfte.

4 Gemeint ist der Fluß Breznica.

5 Jetzt das Dorf Štuka [GPS 22 48 26; 41 28 00].

6 Gemeint ist der Fluß Turija.

7 Vladimir MOŠIN / Anton SOVRE (Hgg.), *Dodatki h grškim listinam Hilandarja. Supplementa ad acta graeca Chilandarii.* Ljubljana 1948, 32f. (Nr. 8); vgl. dazu: ŽIVOJINOVIĆ, Le conflit, 240-242; DIES., Strumički metoh, 206f., 216f.

8 Das Dorf Breznica lag höchstwahrscheinlich im Flußtal des gleichnamigen Flusses, konnte jedoch bisher nicht lokalisiert werden.

9 AChil gr, 327 (Nr. 155); siehe dazu im Detail: ŽIVOJINOVIĆ, Le conflit, 242-244.

10 Zur Datierung: MATANOV, Knjažestvoto, 102.

11 Jetzt das Dorf Vodoča [GPS 22 35 26; 41 27 05], 4 km wnw. der Stadt Strumica. Ebendort befindet sich die Bischofskirche Sveti Leontij (11./12. Jahrhundert). Vgl. zu besagter Kirche u. a.: Petar MILJKOVIKJ-PEPEK, *Kompleksot crkvi vo Vodoča. Del od proektot za konzervacija i restavracija na Vodočkiot kompleks.* Skopje 1975 (Kulturno istorisko nasledstvo vo SR Makedonija, 13).

Banьska (Velbužd, Kjustendil)[1] auf Geheiß des Feudalherrn Konstantin Dragaš[2] eine solche Auseinandersetzung im Beisein des Kefalija von Strumica namens Stanko Dabiživ[3] und von Zeugen, von denen einer aus Ubovo[4] stammte (*Draganь iz Ubova*) und andere Boljaren aus der Oberstadt von Strumica (*boljare grada Strumice*)[5] waren. Die Streitpunkte bildeten im konkreten Land bei der Stadt Strumica, die Kirche des Priesters Simon Prća (s. u., Crьvišta), weiters das Land des Laskar Siderofag und des Tutko[6] (*o zemli konь Strumice i crkvi popa Simona Prьkje i zemli Laskara Siderofaga i Tutkově*). Aus dem Kontext der Urkunde geht hervor, daß sich die Kirche des Priesters Simon in unmittelbarer Nähe von Makrijevo[7] und Mokrane[8] befand[9], die damals bereits im Besitz des Klosters Hagios Panteleēmōn waren (*i dokle je prijela crkva Ruška Makrijevo i Mokrane*).[10] Weiters werden im Zuge der Grenzbegehungen folgende Toponyme genannt: der Bach Krьnača[11] (*od Krьnače vode* bzw. *nizь rěčište Krьnaču*), Pačkovo[12] (*na Pačkově*), der Bach Drivoštьki[13] (*u potokь Drivoštьki* bzw. *niz potok Drivoštki*), Barovo[14] (*prěko*

---

1 Siehe zu beiden Bischöfen: Marija JANKOVIĆ, *Episkopije i mitropolije Srpske crkve u srednjem veku*. Beograd 1985, 81; MOŠIN / SOVRE (Hgg.), Dodatki, 31, Anmerkung 3.
2 PLP, Nr. 5746.
3 Es handelt sich um den *kefalija* Dabiživ Spandulj. Ein *kefalija* war der höchste Vertreter der lokalen Verwaltung einer Stadt und ihrer Umgebung. Diese Funktion war nach byzantinischem Vorbild (*kephalē*) von dem serbischen mittelalterlichen Reich übernommen worden. Siehe zu seiner Person und zur Funktion des *kefalija* im allgemeinen: Miloš BLAGOJEVIĆ, Kefalija, in: Sima ĆIRKOVIĆ / Rade MIHALJČIĆ (Hgg.), *Leksikon srpskog srednjeg veka*. Beograd 1999, 292-295; DERS., *Državna uprava u srpskim srednjovekovnim zemljama*. Beograd ²2001, 223f., 246-285, 261f.
4 Höchstwahrscheinlich das jetzige Dorf Zubovo [GPS 22 51 00; 41 24 00], 17 km osö. der Stadt Strumica. Vgl. dazu: Miloš BLAGOJEVIĆ, Sporovi oko srednjovekovnih medja, *Zbornik Matice srpske za istoriju* 71-72 (2005), 7-28, 19, Anmerkung 64. Zubovo ist möglicherweise auf altslaw. *zobь* ("Zahn") zurückzuführen. Siehe: MIKLOSICH, Lexicon, 235; ŠMILAUER, Handbuch, 199.
5 Mit dem Ausdruck *boljar* sind im weitesten Sinne Edelmänner gemeint. Siehe: Rade MIHALJČIĆ, Boljar, in: Sima ĆIRKOVIĆ / Rade MIHALJČIĆ (Hgg.), *Leksikon srpskog srednjeg veka*. Beograd 1999, 56.
6 Dieses Land, das ursprünglich den beiden erwähnten Byzantinern gehörte, dürfte sich einerseits zwischen Štuka und Sekirnik, d. h. links (nördlich) des Flusses Strumica, und andererseits zwischen Mokrievo [GPS 22 50 03; 41 22 39] und Mokrino [GPS 22 51 12; 41 22 42], d. h. rechts (südlich) des Flusses Strumica, erstreckt haben. Vgl.: ĆIRKOVIĆ, Hreljin poklon, 113. Über beide Personen liegen keine weiterführenden Informationen im PLP vor.
7 Jetzt das Dorf Mokrievo [GPS 22 50 03; 41 22 39], 17 km osö. der Stadt Strumica. Steht möglicherweise mit dem Personennamen *Makrij(e)* in Verbindung. Vgl. dazu: STANKOVSKA, Model, 144.
8 Jetzt das Dorf Mokrino [GPS 22 51 12; 41 22 42], 18 km osö. der Stadt Strumica. Von altslaw. *mokrь* in der Bedeutung "feucht, naß", was die Nähe des Ortes zum Fluß Strumica widerspiegelt. Siehe: MIKLOSICH, Lexicon, 379; ŠMILAUER, Handbuch, 123.
9 Sima Ćirković schlägt eine Lokalisierung dieser Kirche südlich der erwähnten Dörfer vor (ĆIRKOVIĆ, Hreljin poklon, 113). Der Kontext der Grenzbegehung legt jedoch nahe, daß sich die Kirche auf der Höhe beider Dörfer oder sogar nördlich davon befand. Der Besitz des Priesters Simon Prća entwickelte sich in eine Wüstung namens Crьvišta, was aus einer späteren Urkunde (nach 1376/77?) hervorgeht.
10 Aleksandar V. SOLOVJEV (Hg.), *Odabrani spomenici srpskog prava (od XII do kraja XV veka)*. Beograd 1926, 169f.
11 Es handelt sich um den Bach Krnjača, der ein rechter (südlicher) Zubringer des Flusses Strumica ist und n. von Mokrino liegt. Vgl. dazu: Karte 1:200.000, Wien 1942, Blatt Saloniki (Thessaloniki).
12 Die Flur Pačkovo befindet sich rund 3 km nw. des Dorfes Sekirnik [GPS 22 47 37; 41 26 16] bzw. rund 12 km onö. der Stadt Strumica. Vgl. dazu: Karte 1:100.000, Beograd 1955, Blatt Strumica; ĆIRKOVIĆ, Hreljin poklon, 112f. (Karte).
13 Dieser Bach ist höchstwahrscheinlich beim Dorf Drvoš [GPS 22 46 28; 41 30 02] zu suchen. Das Dorf Drvoš liegt 4 km wnw. der Flur Belina bzw. 14 km nö. der Stadt Strumica. Siehe dazu die Karte in: ŽIVOJINOVIĆ, Strumički metoh, 219.
14 Die Flur Barovo befindet sich rund 3 km wnw. des Dorfes Sekirnik [GPS 22 47 37; 41 26 16] bzw. rund 10 km onö. der Stadt Strumica. Vgl. dazu: Karte 1:100.000, Beograd 1955, Blatt Strumica; ĆIRKOVIĆ, Hreljin poklon, 112f. (Karte).

Barova), Stara Brěznica[1] (*u Staru Brěznicu*), der Fluß Brěznica (*uz Brěznicu*), Boruevo[2] (*meždu Boruevom* bzw. *posrědě Borueva*), Nežičino[3] (*meždu Něžičinom* bzw. *u Nežičino*), Sekirnik (*ot Sekirnika*), Prosěnikovo[4] (*megja Prosěnikovu*) und die Wüstung Skandalsko[5] (*pod selište Skandalsko*).[6]

1376/77[7] brachte Evdokija mit ihren Söhnen Jovan Dragaš[8] und Konstantin Dragaš dem Athōs-Kloster Hagios Panteleēmōn mit einer Urkunde, die in der Oberstadt von Strumica[9] (*u Strumici gradu*) ausgestellt wurde, das Dorf Mokrani (*selo Mokrani*) mit den Furten (*zъ brodovi*) und dem Fluß [scil. Strumica] (*sъ rekomъ*), das Dorf Makrijevo (*selo Makrijevo*) mit dem Fluß (*sъ rekomъ*) und den Furten (*zъ brodovi*), das Dorf Zubovce[10] (*selo Zubovce*), das Dorf Borisovo[11] (*selo Borisovo*) mit dem Fluß (*sъ rekomъ*) und den Furten (*sъ brodovi*) und das Dorf Gabrovo (*selo Gabrovo*) mit dem Fluß (*sъ rekomъ*) und den Furten (*sъ brodovi*) dar. Des weiteren erhielt das Kloster die Kirche der unbefleckten Gottesmutter oberhalb von Gabrovo[12] (*crъkvu Materъ Božiju prěčistuju više Gabrova*) mit ihrem Metochion (*sъ vsemъ metochomъ*). Auch die Kirche der Erzengel[13] (*crъkvu Archangela*) mit ihrem Metochion (*sъ vsemъ metochomъ*) wurde dem Kloster Hagios Panteleēmōn überantwortet.[14]

In den siebziger Jahren des 14. Jahrhunderts (nach 1376/77?)[15] bestätigten der Despot Jovan Dragaš und sein Bruder Konstantin Dragaš dem Athōs-Kloster Hagios Panteleēmōn den Besitz des Dorfes Mokrane (*selo Mokrane*), der Wüstung Crъvišta[16] (*selište Crъvišta*), der Wüstung

---

1   Bereits um 1340/41 wird das Dorf Prasnitza (Breznica) erwähnt (s. o.). Stara Brěznica begegnet ausschließlich in dieser Urkunde des Jahres 1376. In Anlehnung an die Ausführungen von Vassiliki Kravari zu dieser Sorte Toponym würde dies bedeuten, daß es auch einen Ort Nova Brěznica gegeben haben muß (KRAVARI, L'habitat rural, 91), wobei dieser in den schriftlichen Quellen nicht greifbar ist. Zweifellos lag Stara Brěznica im Flußtal des gleichnamigen Flusses und höchstwahrscheinlich mit dem Dorf Prasnitza der Jahre 1340/41 identisch.

2   Jetzt das Dorf Borievo [GPS 22 45 51; 41 25 16], 11 km osö. der Stadt Strumica.

3   Dieser Ort ist nicht lokalisiert.

4   Jetzt das Dorf Prosenikovo [GPS 22 40 54; 41 27 44], 5 km nö. der Stadt Strumica. Von altslaw. *proso* in der Bedeutung "Hirse". Vgl. dazu: MIKLOSICH, Lexicon, 705; ŠMILAUER, Handbuch, 147.

5   Diese Wüstung ist nicht lokalisiert, lag aufgrund des Kontextes der Urkunde jedoch in der Nähe des Ortes Prosenikovo.

6   SOLOVJEV (Hg.), Odabrani spomenici, 169-171; siehe die Erläuterungen in: BLAGOJEVIĆ, Sporovi, 18-21; ĆIRKOVIĆ, Hreljin poklon, 112f.

7   Zur Datierung: MATANOV, Knjažestvoto, 102.

8   PLP, Nr. 5745.

9   Mirjana Živojinović und Tatjana Subotin-Golubović gehen davon aus, daß die Familie Dragaš in der Stadt Strumica über eine Schreiberkanzlei verfügte. Vgl. dazu: Mirjana ŽIVOJINOVIĆ / Tatjana SUBOTIN-GOLUBOVIĆ, Akt gospodina Konstantina Dragaša i carice Evdokije manastiru Ivironu (13. januar, oko 1380), *Hilandarski Zbornik* 11 (2004), 287-294, 290f. Patrick Lecaque vermutet aufgrund der erhaltenen Urkunden, daß Konstantin Dragaš die Stadt Strumica zeitweise zu seiner Residenz auserkoren hat. Siehe: LECAQUE, Constantin Dragaš, 9.

10   Jetzt das Dorf Zubovo [GPS 22 51 00; 41 24 00], 17 km osö. der Stadt Strumica.

11   Jetzt das Dorf Borisovo [GPS 22 49 41; 41 22 42], 17 km osö. der Stadt Strumica. Wahrscheinlich steht dieses Toponym mit dem Personennamen Boris in Verbindung. Siehe: STANKOVSKA, Model, 143.

12   Es dürfte sich hierbei um jene Kirche der Gottesmutter handeln, welche der obenerwähnte *dijakъ anagnostъ Dragoe* um das Jahr 1349 errichtet hatte. Diese Kirche existierte noch in den Jahren 1570/73 als Kloster (*Manastir Bogorodica*): STOJANOVSKI (Hg.), Turski dokumenti V/3, 224. Siehe auch: STOJANOVSKI, Nekolku novi podatoci, 186f.

13   Diese Kirche wird bereits in den Urkunden der Jahre 1349 und 1369 erwähnt.

14   Urkunde ediert in: NOVAKOVIĆ, Zakonski spomenici, 511f.; vgl. auch die Edition von: Archimandrit LEONID, Stara srpska pisma, 250-252; zur Datierung: APantel, 172-174 (Actes Serbes, Nr. 7).

15   Die Datierung dieser Urkunde ist umstritten: APantel, 169-172 (Actes Serbes, Nr. 6) (1372-1375); MATANOV, Knjažestvoto, 102-106 (1374-1375/76); NAUMOV, Darbenite gramoti, 221 (1374/75). Der Kontext der Entstehung und der Entwicklung des Dorfes Napodu spricht m. E. für eine Datierung nach 1376/77. Siehe: POPOVIĆ, Continuity and Change, 175. Vgl. auch: GRUJIĆ, Lična vlastelinstva, 61f.

16   Besagte Wüstung hat sich aus der Kirche des Priesters Simon Prća entwickelt. Siehe dazu: ĆIRKOVIĆ, Hreljin

Makrijevo[1] (*selište Makrijevo*), des Dorfes Borisovo (*selo Borisovo*), des Dorfes Zubovo (*selo Zubovo*), des Dorfes Gabrovo (*selo Gabrovo*) und des Dorfes Napodu[2] (*selo Napodu*). Erwähnt wird als Besitz die Kirche der unbefleckten (scil. Jungfrau Maria) oberhalb von Banska[3] (*Prečistaja vyše Banske*) mit ihrem Metochion (*sь metochomь*), die höchstwahrscheinlich mit der bereits erwähnten Kirche der Gottesmutter oberhalb von Gabrovo (s. o.) identisch ist. Weiters werden die Kirche der Heiligen Ärzte bei Banja[4] (*Svetii Vračeve konь Banje*) mit ihrem Metochion, die Kirche des Heiligen Nikolaus Kolešinь[5] (*Svetyi Nikola Kolešinь*), die Kirche der Erzengel in Gabrovo, die in den älteren Urkunden stets oberhalb von Gabrovo verortet wurde (s. o.), und erstmals die Kirche des Heiligen Georg in Gabrovo genannt (*Archangelь i Svety Georgïe u Gabrově*). Zum Besitz des Klosters zählten außerdem das Dorf Sušica[6] (*selo Sušica*), das Dorf Tornjevo[7] (*selo Tornjevo*), das Dorf Robovo in Zabrьdïje[8] (*selo Robovo u Zabrьdïju*) und die Kirche des Heiligen Stefan in der Stadt Strumica[9] (*u Strumici Svetago Stefana*).[10]

Um 1380 bestätigten Evdokija und ihr Sohn Konstantin Dragaš dem Kloster Theotokos Eleusa als Metochion des Athōs-Klosters Ibērōn (*chramu Prěčistie Vladičice naše Bogorodice Eleuse iže imenujetь se metoch iverьski*) die vormals von den byzantinischen Kaisern zuerkannten Privilegien.[11] Im Jahre 1381 erließen Evdokija und ihr Sohn Konstantin Dragaš bzw. nur letzterer je eine Urkunde zugunsten des Athōs-Klosters Chelandariu in der Oberstadt von Strumica (*u gradu Strumici*).[12]

---

poklon, 113, Anmerkung 30.

1   In der vorhergehenden Urkunde (1376/77) wird Makrijevo noch als Dorf (*selo*) bezeichnet.

2   Beginnend mit dem Jahre 1349 hat sich aus der Flur Podь ein Dorf namens Napodu entwickelt, das wiederum in osmanischer Zeit zu einer Wüstung wurde. Vgl. zu diesem Prozeß weiter unten, Abschnitt *Zu Siedlungsentwicklung und Wüstungsprozessen*, und: POPOVIĆ, Continuity and Change, 175.

3   Jetzt das Dorf Bansko [GPS 22 45 12; 41 22 57], 11 km osö. der Stadt Strumica. Von altslaw. *banja* in der Bedeutung "Bad, Badestube, Kurort". Vgl. dazu: MIKLOSICH, Lexicon, 11; ŠMILAUER, Handbuch, 37.

4   Jetzt das Dorf Banica [GPS 22 36 32; 41 26 41], 2,5 km wnw. der Stadt Strumica. Siehe zu dieser Lokalisierung: Mirjana ŽIVOJINOVIĆ, Dragaši i Sveta Gora, *Zbornik radova Vizantološkog instituta* 43 (2006), 41-57, 45.

5   Aufgrund des Beinamens könnte diese Kirche im Gebiet des jetzigen Dorfes Kolešino [GPS 22 48 49; 41 22 53], 16 km osö. der Stadt Strumica, zu suchen sein. Der Beiname selbst dürfte auf den Personennamen *Koleša* zurückzuführen sein. Siehe dazu im Detail: Ljubica STANKOVSKA, *Makedonska ojkonimija. Kniga prva*. Skopje 1995, 148f.

6   Jetzt das Dorf Sušica [GPS 22 50 16; 41 26 18], 16 km onö. der Stadt Strumica. Dieses Toponym kennzeichnet einen Trockenbach und ist von altslaw. *suchь* ("trocken") bzw. *suša* ("Trockenheit") herzuleiten. Siehe: Kosta PEEV, Pogled vrz značenjeto i obrazuvanjeto na mikrotoponimite od Veljusa, in: Dimče KOCO u. a. (Hgg.), *Akta Veljusa. Simpozium "Veljusa" po povod 900-godini na manastirskata crkva Bogorodica Milostiva (Eleusa) vo seloto Veljusa*. Skopje 1984, 201-208, 207.

7   Möglicherweise mit dem jetzigen Dorf Turnovo [GPS 22 46 26; 41 26 18], 11,5 km onö. der Stadt Strumica, zu identifizieren. Vgl. dazu: ŽIVOJINOVIĆ, Dragaši, 45. Ljubica Stankovska leitet dieses Toponym vom Personennamen *Torne* bzw. *Tornik* ab (STANKOVSKA, Model, 144).

8   Bei diesem Ort handelt es sich möglicherweise um das Dorf Robovo [GPS 23 03 00; 41 29 00] im heutigen Bulgarien, das 1951 in Volno umbenannt wurde und sich rund 17 km onö. des Dorfes Sušica [GPS 22 50 16; 41 26 18] befindet. Siehe zur Umbenennung: Petär KOLEDAROV / Nikolaj MIČEV (Hgg.), *Promenite v imenata i statuta na selištata v Bălgarija 1878-1972 g.* Sofija 1973, 58. Vgl. zur Bedeutung des Toponyms: ČOLEVA-DIMITROVA, Otnosno proizhoda, 98; STANKOVSKA, Model, 144. Zur Lokalisierung: ŽIVOJINOVIĆ, Dragaši, 45.

9   Diese Kirche existiert jetzt nicht mehr und konnte bisher nicht lokalisiert werden. Siehe dazu: PETKOVIĆ, Pregled, 312.

10 NOVAKOVIĆ, Zakonski spomenici, 513; vgl. auch die Edition von: Archimandrit LEONID, Stara srpska pisma, 254.

11 Ediert in: ŽIVOJINOVIĆ / SUBOTIN-GOLUBOVIĆ, Akt, 293; Vgl. zum Kontext: AIvir IV, 189f. (Appendice III); ŽIVOJINOVIĆ, Dragaši, 53.

12 Die gemeinsame Urkunde ist ediert in: NOVAKOVIĆ, Zakonski spomenici, 446-448, hier 448. Die Urkunde des Konstantin Dragaš in: Ebd. 453-455, hier 455; AChil sl, 542f., hier 543 (Nr. 67).

Nach der Schlacht von Rovine im Jahre 1395, in der Konstantin Dragaš als osmanischer Vasall den Tod fand, ist das Flußtal der Strumica endgültig an das Osmanische Reich gefallen.[1]

Der Talkessel von Radoviš

Ursprünglich wurde der Ort Radoviš, der für den Talkessel namengebend war, sowohl im Mittelalter als auch in osmanischer Zeit (bis in das 19. Jahrhundert) Radovište genannt. Beiden Formen soll der Personenname Rado zugrundeliegen.[2]

Im Vergleich zum Talkessel von Strumica steht für denjenigen von Radoviš für den definierten Zeitraum nur eine sehr begrenzte Anzahl schriftlicher Quellen zur Verfügung. Die erste Urkunde, die an dieser Stelle ausgewertet werden wird, obwohl sie außerhalb des in der vorliegenden Untersuchung gesteckten zeitlichen Rahmens liegt, ist ein Praktikon für das Kloster Theotokos Eleusa (*monē tēs hyperagias Theotoku tēs Eleusēs*) aus dem Jahre 1152, das wichtige Einblicke in die Topographie und das Straßennetz des besagten Talkessels bietet. Erwähnt werden darin folgende relevante Toponyme:[3]

Das Thema Strumpitza[4] (*en tō themati Strumpitzēs*), das Dorf Palaiokastron (*tu chōriu Palaiokastru*), das Metochion Mostenitza (*metochion tēs monēs synistatai to eponomazomenon Mostenitza*), das Dorf Kontaratu,[5] welches der Archontia Radobisda zugeteilt war (*tu chōriu Kontaratu tu hypo tēn archontian Radobisdas*), das Dorf Leaskobitza[6] (*tu chōriu Leaskobitzas*), die Stadt Strumica (*apo Strumitzēs*), der Fluß Strumica (*pros ton potamon tēn Strumitzan*), der Bach Toplitza[7] (*ryaka* [...] *Toplitzan*), der Berg Mpreasnikon oberhalb des Baches Dreanobon (*ton bunon ton kalumenon Mpreasnikon ton anōthen tu ryakos Dreanobu*) und das Dorf Dreanoba (*geitonos Dreanobas*)[8], die Gegend Brusnitza[9] (*tēs topothesias Brusnitzēs*), das Dorf

---

1 LECAQUE, Constantin Dragaš, 13-15; Ljubomir MAKSIMOVIĆ, Rovine, Schlacht v., in: *Lexikon des Mittelalters* 7. München, Zürich 1995, 1064f.; MATANOV, Jugozapadnite bălgarski zemi, 140-145.

2 Die entsprechenden Belege und Interpretationen in: Dimka MITEVA, Transformaciite na ojkonimot Radoviš i negovite toponimi, in: Todor ČEPREGANOV (Hg.), *Tranziciite vo istorijata i kulturata*. Skopje 2008, 755-768, 755-760. Vgl. dazu: STANKOVSKA, Makedonska ojkonimija I, 254-256. Besagte Autorin spricht sich für "Radovišt" als ursprüngliche Form aus. Siehe zu Radoviš auch: Mitko PANOV, Radoviš. Antropogeografska ispituvanja, *Godišen Zbornik Filozofski Fakultet* 9 (12) (Skopje 1956), 116-193; DERS., *Radoviš i Radoviško*. Radoviš 1984.

3 Der Großteil läßt sich nicht lokalisieren. Selbst in einer Auflistung von Toponymen, die noch an der Wende zum 20. Jahrhundert bekannt waren, scheinen die nunmehr folgenden nicht auf. Diese Auflistung befindet sich in: MITEVA, Transformaciite, 760-767.

4 Unter dem Begriff "Thema" ist ein byzantinischer Militär- bzw. Verwaltungsbezirk zu verstehen. Vgl. dazu mit weiterführender Literatur: Alexander KAZHDAN, Theme, in: *The Oxford Dictionary of Byzantium 3*. New York, Oxford 1991, 2034f.

5 Dieses Dorf ist nicht lokalisiert, lag wahrscheinlich an der nördlichen Grenze des Metochion Mostenitza, d. h. nö. des jetzigen Dorfes Vladevci [GPS 22 36 43; 41 31 10]. Siehe den Kommentar und die Karte in: AIvir III, 74f. (Nr. 56).

6 Leaskobitza ist ebenfalls nicht lokalisiert. Es lag im Osten des Metochion Mostenitza. Vgl. dazu: Ebd. 74f. (Nr. 56). Von *lěskovъ* in der Bedeutung "Haselnußstrauch". Siehe dazu: STANKOVSKA, Toponimite so sufiksot -ica, 246f.

7 Dieser Bach ist nicht lokalisiert.

8 Sowohl der Berg Mpreasnikon als auch der Bach Dreanobon als auch das Dorf Dreanoba lagen nö. des Metochion Mostenitza. Keines dieser Toponyme läßt sich exakt verorten. Siehe dazu: Alvir III, 75 (Nr. 56). Möglicherweise steht der Berg Mpreasnikon mit der Gegend Breznica onomastisch in Verbindung.

9 Die Herausgeber der Urkunde vermuten, daß Brusnitza mit dem späteren Breznica identisch sei. Siehe: Ebd. 74 (Nr. 56). Dies ist m. E. sehr wahrscheinlich, weil sich einerseits die Teilinformation aus der Urkunde des Jahres 1152 genau in die Siedlungsentwicklung von Breznica einfügt und andererseits eine räumliche Nähe gegeben ist. Vgl. dazu im Detail weiter unten, Abschnitt *Zu Siedlungsentwicklung und Wüstungsprozessen*.

Radobisdon[1] (*pros to chōrion Radobisdon*), der Berg Bulkoba (*tu bunu tu enchōriōs Bulkoba*) und der Bach Klēmēs[2] (*tu ryakos tu Klēmē*).[3]

Im Jahre 1323 bestätigte der byzantinische Kaiser Andronikos II. Palaiologos dem Großgrundbesitzer Iōannēs Orestēs[4] seine Güter, darunter zwei Männer mit Eigenbesitz in Radoviš (*eis to Radobisdin anthrōpus dyo enypostatus*).[5] 1336 gehörte das Dorf Kalugerica (jetzt Kalugjerica) am Südost-Rand des Talkessels von Radoviš laut einer Urkunde des serbischen Königs Stefan Uroš IV. Dušan dem Athōs-Kloster Chelandariu. In demselben Jahr trafen Stefan Uroš IV. Dušan und Andronikos III. Palaiologos in Radobosdion (*kata to Radobosdion*) zusammen, wobei in der Sekundärliteratur umstritten ist, ob es sich bei diesem Ort tatsächlich um das jetzige Radoviš handelt.[6]

Zwischen 1349 und 1353 verfaßte der Logothet (*logof·etь*)[7] *Gjurgь* des serbischen Zaren Stefan Uroš IV. Dušan ein Prostagma in Radovište (*u Radovištichь*)[8], mit dem er den Besitz des Klosters Chelandariu im Tal des Flusses Strumica bestätigte.

Der Talkessel von Petrič

Noch spärlicher als die Belege zum Talkessel von Radoviš sind diejenigen zum Talkessel von Petrič. Möglicherweise begegnet der gleichnamige Ort als namenloses Dorf (*kōmē*) in der Beschreibung der Gesandtschaft des Nikēphoros Grēgoras, die im Frühjahr 1326/27 stattgefunden hat.[9]

Der Ort Petrič wird nur in einer einzigen Urkunde aus den siebziger Jahren des 14. Jahrhunderts (nach 1376/77?) erwähnt, welche der Despot Jovan Dragaš und sein Bruder Konstantin Dragaš dem Athōs-Kloster Hagios Panteleēmōn ausgestellt haben.[10] Darin werden die Kirche der Gottesmutter Pantanassa[11] in Petrič[12] (*u Petrьči crьkovь Prečistyje Pandanosa*),

1   Jetzt der Ort Radoviš [GPS 22 27 55; 41 38 13], 26 km nw. der Stadt Strumica.
2   Dieser Bach ist nicht lokalisiert.
3   Ediert in: AIvir III, 76-82 (Nr. 56).
4   PLP, Nr. 21100.
5   Jacques BOMPAIRE / Jacques LEFORT / Vassiliki KRAVARI / Christophe GIROS (Hgg.), *Actes de Vatopédi I. Des origines à 1329. Texte*. Paris 2001 (Archives de l'Athos, 21), 325 (Nr. 60); siehe dazu auch die Edition von: Michaël GUDAS, Βυζαντιακά έγγραφα της εν Άθω ιεράς Μονής Βατοπεδίου, *Επετηρίς Εταιρείας Βυζαντινών Σπουδών* 4 (1927), 211-248, 226.
6   Ludwig SCHOPEN (Hg.), *Ioannis Cantacuzeni Eximperatoris Historiarum Libri IV. Volumen I*. Bonn 1828 (Corpus Scriptorum Historiae Byzantinae, 20/1), 475, Zeile 11. Eine ausgiebige Diskussion besagter Textstelle in: BARIŠIĆ / FERJANČIĆ (Hgg.), Vizantijski izvori VI, 350-353 (im besonderen Anmerkungen 167 und 169). Vgl. auch den Eintrag im PLP zum Despoten Jovan Oliver: PLP, Nr. 14888.
7   Von *logothetēs* in der Bedeutung "Vorsteher einer Kanzlei, Minister". Siehe: LBG 5, 945. Siehe auch: Miloš BLAGOJEVIĆ, Logotet, in: Sima ĆIRKOVIĆ / Rade MIHALJČIĆ (Hgg.), *Leksikon srpskog srednjeg veka*. Beograd 1999, 369-371.
8   ĆIRKOVIĆ, Hreljin poklon, 117. Zu einer Bewertung dieses Beleges: BARIŠIĆ / FERJANČIĆ (Hgg.), Vizantijski izvori VI, 352, Anmerkung 169.
9   SCHREINER, Gesandtschaftsreise, 337.
10   Zur Geschichte von und zu archäologischen Funden in Petrič: Boris Hristov CVETKOV, *Selištnata mreža v dolinata na Sredna Struma prez Srednovekovieto IX-XVII vek (po arheologičeski danni)*. Sofija 2002, 59-68, 119-121. Zu prähistorischen, antiken und frühmittelalterlichen Funden im Talkessel von Petrič: Joachim ŚLIWA / Mieczysław DOMARADZKI (Hgg.), *The Lower Strumešnica Valley in Prehistoric, Ancient and Early Medieval Times*. Kraków 1983.
11   Diese Kirche ist nicht lokalisiert. Siehe: PETKOVIĆ, Pregled, 40.
12   Jetzt die Stadt Petrič [GPS 23 12 35; 41 23 45], 47 km osö. der Stadt Strumica. Dieses Toponym basiert auf griech. *petra* ("Stein"). Vgl. dazu: ČOLEVA-DIMITROVA, Otnosno proizhoda, 97.

die Kirche der Heiligen Ärzte[1] (*Svetychъ Vračevy*) und die Wüstung Chaevo[2] (*selište Chaevo*) genannt.[3]

Siedlungsbefund und Siedlungsentwicklung in spätbyzantinischer Zeit (1152 / 1259-1395)
Die Auswertung der schriftlichen Quellen – vor allem der Urkunden der Klöster des Heiligen Berges Athōs – aus dem Zeitraum 1152 bis 1395 hat folgende Resultate gezeitigt: An lokalisierten bzw. lokalisierbaren Siedlungen, die eine Siedlungskontinuität in unterschiedlichem Grade aufweisen, konnten in der besagten Periode dreißig an der Zahl identifiziert werden (siehe *Abb. 10*). Der Begriff der "Siedlungskontinuität in unterschiedlichem Grade" bringt hierbei zum Ausdruck, daß im Rahmen dieser dreißig Siedlungen auch jene Berücksichtigung erfahren haben, die sich aus einer Flur in eine Siedlung oder *vice versa* entwickelt haben. Nicht berücksichtigt werden in den folgenden Ausführungen unlokalisierbare Siedlungen (bzw. Fluren oder Wüstungen), obwohl sie weiter oben in dem historischen Überblick aufscheinen; dies deswegen, weil sie keinen Stellenwert im Rahmen des Modells der modifizierten "Central Place Theory" und der graphischen Darstellung desselben besitzen, da sie eben nicht mit Bestimmtheit lokalisiert werden können.

Die dreißig Siedlungen werden in der *Tabelle 1*, die chronologisch den verwendeten Quellen von 1152 bis 1381 folgt, präsentiert. Eingetragen wurden die jeweils in den Quellen bezeugten Namensformen der Toponyme in Transkription samt der überlieferten Siedlungsform in deutscher Übersetzung, z. B. "Dorf Radobisdon". Wenn z. B. das Attribut "Dorf" in den Quellen nicht explizit bei der jeweiligen Siedlung aufscheint, sondern lediglich der Kontext der Quelle eine gewisse Siedlungsform – auch im Hinblick auf den Gesamtkontext späterer Quellen – nahelegt, steht eine Abkürzung in runden Klammern nach dem jeweiligen Toponym, z. B. "Radobosdion (D)". Diese Abkürzungen sind wie folgt aufzulösen:

D = Dorf; F = Flur; M = Marktplatz; W = Wüstung

Zweifelhafte Klassifizierungen weisen ein Fragezeichen in runder Klammer auf (?). Schließlich sind mitunter aufgrund der allgemein gehaltenen Form mancher Quelle mehrere Klassifizierungen möglich bzw. denkbar, wie es z. B. der Eintrag "Belina (F/D?)" zum Ausdruck bringt. Auch in mancher Quelle namenlos aufscheinende Siedlungen werden in dieser Tabelle berücksichtigt, wie z. B. das "Dorf Palaiokastron", das 1250 nur als "Dorf (*chōrion*)" Erwähnung findet. Im vorliegenden Falle hat das ebenfalls in der Urkunde genannte Kloster Theotokos Eleusa aufgrund des Kontextes eine Identifizierung besagter Siedlung ermöglicht. Schließlich kennzeichnet ein langer Strich (—), daß das jeweilige Toponym in der betreffenden Urkunde nicht vorhanden ist.

Einen Sonderfall stellt der Fund des Münzhortes bei Čanaklija dar, der ebenfalls in der Tabelle aufscheint, weil davon auszugehen ist, daß es zum Zeitpunkte seines Anlegens einen Urheber in der Umgebung gegeben haben muß, auch wenn im konkreten keine Siedlung greifbar ist.

---

1   Hristo Matanov äußert die Vermutung, daß sich rings um diese Kirche die jetzige Stadt Sandanski [GPS 23 16 28; 41 34 07], rund 18 km nnö. der Stadt Petrič, entwickelt haben könnte, die bis 1949 den Namen Sveti Vrač trug. Siehe: MATANOV, Knjažestvoto, 165, 201, Anmerkung 10. Bereits vor ihm mit derselben Vermutung: Jordan IVANOV, *Sěverna Makedonija. Istoričeski izdirvanъja.* Sofija 1906, 128. Zur Namensänderung: KOLEDAROV / MIČEV (Hgg.), Promenite, 218.

2   Besagte Wüstung wird in der Umgebung der Stadt Petrič vermutet. Vgl. dazu: ŽIVOJINOVIĆ, Dragaši, 46.

3   NOVAKOVIĆ, Zakonski spomenici, 513.

Analyse der ermittelten Daten auf der Basis der modifizierten "Central Place Theory"
Die Analyse der Daten orientiert sich im folgenden an jenen Schemata, die Johannes Koder für das Fach der Byzantinistik auf der Basis von Christallers "Central Place Theory" weiterentwickelt hat.[1]

Ursprünglich ist die Theorie Christallers von drei Siedlungsebenen ausgegangen, die er in ein hexagonales Raster eingebettet hat. Als höchste Stufe fungierte das sogenannte "Central Market Town (CMT)", gefolgt von dem sogenannten "Intermediate Market Town (IMT)" und auf der untersten Stufe von dem sogenannten "Standard Market Town (SMT)". Koder konnte anhand einiger Beispiele zeigen, daß für das Byzantinische Reich ein Zweistufensystem anzunehmen ist[2] und feststellen: "But, for the Byzantine empire it will not be possible (and even not necessary) to rely on a model of *three* levels of centres after the sixth century, and one should apply instead for many regions of medieval Byzantium a *two-level-system*, by replacing the intermediate and the central market level (IMT and CMT) by only *one* higher central category. This might often be a provincial capital or the residence of a thematic governor or military commander in administrative terms, and a harbour or any nodal point for communications in economic terms ..."[3]

Basierend auf Berechnungen geht hervor, daß in dem mittelalterlichen Byzantinischen Reich – d. h. auch in spätbyzantinischer Zeit – Provinzhauptstädte bzw. administrative Zentren (CMT+IMT) zwischen 39 und 46 km voneinander entfernt sein konnten, während die Distanz eines "Standard Market Town (SMT)" zur Provinzhauptstadt bzw. zum administrativen Zentrum (CMT+IMT) zwischen 13 und 15 km betragen konnte (vgl. dazu auch *Abb. 2*).[4]

In Anlehnung an die Ausführungen von Jelena Mrgić wäre ein SMT ein "village with a weekly market day", ein IMT ein "market place" und ein CMT ein "town".[5] Führt man im Sinne der obigen Überlegungen CMT und IMT zusammen, ergibt sich das Bild eines Zentrums mit Ober- und Unterstadt und den dazugehörigen Funktionen eines Marktplatzes.

Die Arbeitshypothese, die nunmehr zu stellen ist, beinhaltet die Frage, ob das von Koder und Mrgić adaptierte Schema der "Central Place Theory" in dieser Form auf das Flußtal der Strumica angewandt werden kann und ob die theoretischen Denkmodelle der damaligen quellenbasierenden Siedlungsrealität entsprechen.

Zunächst ist eine Einteilung der dreißig Siedlungen des Flußtales der Strumica im Sinne CMT+IMT oder SMT vorzunehmen. Anhand der Quellen ist zu erkennen, daß die Stadt Strumica ohne Zweifel den Rang eines CMT+IMT innehatte. Hierauf deuten einige Faktoren hin: Sie verfügte sowohl über einen byzantinischen als auch über einen serbischen Statthalter (Dēmētrios Metochitēs bzw. Rudlъ). Des weiteren war sie in eine Ober- und eine Unterstadt gegliedert, wobei erstere militärische Funktionen erfüllte (*Carevi Kuli*), während zweitere Marktfunktionen (*emporion*) innehatte. Schließlich ließ die Familie Dragaš ihre Urkunden in der Stadt Strumica ausstellen. Diese Faktoren zeichnen ein Bild besagter Stadt als militärisches, wirtschaftliches und administratives Zentrum der gesamten Region.

---

1   Besonders sei an dieser Stelle auf einen Artikel hingewiesen, der alle bisherigen Gedankengänge zusammenfaßt: Johannes KODER, Land Use and Settlement: Theoretical Approaches, in: John F. HALDON (Hg.), *General Issues in the Study of Medieval Logistics: Sources, Problems and Methodologies*. Leiden, Boston 2006 (History of Warfare, 36), 159-183.
2   Ebd. 169-181.
3   Ebd. 175f.
4   Ebd. 174, 176. Dieselben Werte hat Jelena Mrgić für ihre Untersuchung zu Bosnien herangezogen: MRGIĆ, Transition, 66-71.
5   Ebd. 68.

Schwierig gestaltet sich die Antwort auf die Frage, ob es neben der Stadt Strumica eine weitere Siedlung im Rang CMT+IMT in spätbyzantinischer Zeit gab. Sowohl Radoviš als auch Petrič nehmen in den Quellen eine untergeordnete Position ein. Radoviš wird explizit als Dorf bezeichnet. Zu Petrič fehlen aussagekräftige Daten. Würde die Distanz von 39 bis 46 km als Gradmesser für die Definition eines CMT+IMT angenommen werden, wären Petrič und Štip als die nächstgelegenen administrativen Zentren anzusprechen.[1]

Daraus folgt, daß die Stadt Strumica als einziges Zentrum der Region zu definieren ist und die verbleibenden 29 Siedlungen in Relation zu dieser Stadt zu stellen sind (siehe dazu *Abb. 10*), woraus sich die *Tabelle 2* mit den jeweiligen Kilometerangaben ableiten läßt.[2]

Folgende fünf Siedlungen sind von der Stadt Strumica zwischen 13 und 15 km entfernt: Gabrovo, Manastir (F), Pod (F), Sekirnik und Štuka. Mit einer Toleranzgrenze von +/– 1 bis 2 km (d. h. im Bereich zwischen 11 und 17 km) bilden folgende dreizehn Siedlungen einen Teil des Schemas: Bansko, Belina (F), Borievo, Borisovo, Breznica, Čanaklija, Kalugjerica, Kolešino, Mokrievo, Mustanitza (F), Sušica, Turnovo und Zubovo.

Die erwähnte Toleranzgrenze läßt sich damit begründen, daß mittelalterliche Siedlungsformen im Laufe der Jahrhunderte verschiedenartigen Umstrukturierungen (z. B. Zusammensiedlung von Einzelhöfen oder Weilern, Enstehung von Gruppensiedlungen, Verdorfung) unterworfen waren.[3] Somit spiegelt der Eintrag einer Siedlung auf einer Landkarte der zweiten Hälfte des 19. Jahrhunderts bzw. der ersten Hälfte des 20. Jahrhunderts eine Darstellung des damaligen Ist-Zustandes wider, nicht jedoch eine exakte Verortung mittelalterlicher Siedlungsstrukturen.[4] Aus diesem Grunde ist bei allen Distanzen mit geringfügigen Abweichungen zu rechnen.

Zur Gänze fallen zwölf Siedlungen aus dem Schema. Sechs befinden sich in einem Radius von 2,5 km bis maximal 7,5 km von der Stadt Strumica entfernt. Diese sind Banica, Kukliš, Prosenikovo, Robovo, Veljusa und Vodoča. Hiefür könnte es eine Erklärung geben, die Sima Ćirković im Hinblick auf die Stadt Štip im 14. Jahrhundert formuliert hat. Auf der Basis der schriftlichen Quellen wurde ersichtlich, daß die Umgebung von Štip als "städtisches Metochion" definiert war, der Versorgung der Stadt diente und einen Radius von rund 7 km umfaßte.[5] Die Umgebung ("surrounding district") von Städten bestand im allgemeinen aus "land parcels (orchards, vineyards, pastures) of its citizens positioned in the immediate vicinity of the urban settlement and of the villages pertaining to the town. The size of a town district, its economic

---

1 Die Distanz zwischen Strumica und Petrič beträgt 47 Kilometer, diejenige zwischen Strumica und Štip 50 Kilometer. Die Stadt Štip ist aufgrund ihrer Geschichte und Struktur ohne Zweifel als administratives Zentrum in spätbyzantinischer Zeit anzusehen. Vgl. dazu weiter unten, Abschnitt *IV. Das Siedlungsnetz der Stadt Štip samt Umgebung.*

2 Die Distanz zwischen der Stadt Strumica und den 29 verbleibenden Siedlungen wurde auf der Basis folgender Landkarten gemessen: Karte 1:100.000, Beograd 1955, Blatt Strumica; Karte 1:100.000, Beograd 1958, Blatt Plačkovica; Karte 1:200.000, Wien 1925, Blatt Edessa; Karte 1:200.000, Wien 1940, Blatt Kriva Palanka; Karte 1:200.000, Wien 1942, Blatt Saloniki (Thessaloniki).

3 Vgl. zu Prozessen der Umstrukturierung: Dietrich DENECKE, *Wege der Historischen Geographie und Kulturlandschaftsforschung. Ausgewählte Beiträge.* Wiesbaden, Stuttgart 2005, 65-72; siehe dazu mit Fallbeispielen aus dem Flußtal der Strumica: TRIFUNOSKI, Raseljena sela, 71-78.

4 Hier ist verstärkt die wissenschaftliche Disziplin der Siedlungsarchäologie gefordert: DENECKE, Wege der Historischen Geographie, 59-61.

5 ĆIRKOVIĆ, Štip, 31f. In der betreffenden Urkunde des Jahres 1377 wird das "Dorf Vardišta auf dem städtischen Metochion" erwähnt (*selo Vardišta na gradьskomь metochu*). Siehe: AChil sl, 534 (Nr. 60). Offensichtlich war das "städtische Metochion" jenes Territorium rings um die Stadt, welches den Stadtbehörden unterstand. Das Dorf Vardišta existiert jetzt nicht mehr, jedoch eine gleichnamige Flur rund 7 km onö. der Stadt Štip. Daraus leitet sich der obenerwähnte Radius ab. Vgl. dazu: Karte 1:100.000, Beograd 1962, Blatt Štip. Siehe zu weiteren Beispielen "städtischer Metochia": BLAGOJEVIĆ, Sporovi, 9f.

structure and the pattern of the nestled villages, varied greatly through space and time, but no town could exist without a district and therefore its borders were known, visibly marked, respected and defended."[1]

In den Quellen zur Stadt Strumica gibt es keinen Hinweis auf ein definiertes Territorium rings um die Stadt in Analogie zu Štip. Dennoch ist meines Erachtens nicht auszuschließen, daß die genannten sechs Dörfer der direkten Versorgung der Stadt Strumica dienten, auch wenn sie rechtlich nicht der Stadt unterstanden. Diese Überlegung wird weiter unten durch die Ausführungen in Abschnitt *Zur räumlichen Ausdehnung dörflicher Strukturen* erhärtet (siehe *Abb. 11*).

Von den verbleibenden sechs Siedlungen, die aus dem Schema fallen (Novo Konjarevo, Staro Konjarevo, Mokrino, Petrič, Radoviš und Volno), wäre Petrič, falls es als administratives Zentrum anzusprechen ist (s. o.), auszuklammern. Novo Konjarevo, Staro Konjarevo, Mokrino, Radoviš und Volno sind zwischen 18 und 33 km vom administrativen Zentrum Strumica entfernt. Ihre einwandfreie Einbettung nach dem Schema der modifizierten "Central Place Theory" ist somit nicht möglich. Selbst wenn Štip oder Petrič als Bezugspunkte für die verbliebenen fünf Orte gewählt würden, wären die Distanzen deutlich außerhalb des gesteckten Rahmens.[2]

In diesem Zusammenhang fällt auf, daß für die Talkessel von Radoviš und von Petrič kaum Belege zu lokalisierbaren Siedlungen in den schriftlichen Quellen der spätbyzantinischen Zeit vorliegen. Dem Talkessel von Radoviš sind lediglich Kalugjerica und Mustanitza (F) zuzuordnen. Im Talkessel von Petrič – d. h. am Unterlauf der Strumica bzw. Strumešnica – ist mit Ausnahme des Dorfes Volno keine einzige Siedlung zu lokalisieren. Diese Unverhältnismäßigkeit in der Anzahl von Siedlungen im Vergleich zum Talkessel von Strumica könnte dadurch zu erklären sein, daß die schriftlichen Quellen aus spätbyzantinischer Zeit im Hinblick auf Radoviš und Petrič lückenhaft überliefert sind. Höchstwahrscheinlich lagen rings um Radoviš bzw. zwischen der Engstelle Ključ und Petrič bereits byzantinische Siedlungen, die allerdings erst in den osmanischen Defter des 16. Jahrhunderts greifbar sind.[3] Des weiteren muß in Betracht gezogen werden, daß gemäß den Ausführungen von Johann Heinrich von Thünen vermeintliche "Lücken" in der Siedlungsstruktur für nomadische Viehzucht verwendet werden konnten.[4]

Zur räumlichen Ausdehnung dörflicher Strukturen

Berechnungen von Vassiliki Kravari haben anhand von Fallbeispielen ergeben, daß die durchschnittliche räumliche Ausdehnung von Dörfern (d. h. Dorfgebieten bzw. Dorfgemarkungen) in der historischen Landschaft Makedonien rund 15 km² betragen haben dürfte.[5]

Legt man diesen Wert auf das Flußtal der Strumica um, ergibt sich ein aussagekräftiges Bild. *Abb. 11* zeigt jede der 29 Siedlungen, die in Relation zur Stadt Strumica stehen, mit ihrer durchschnittlichen Ausdehnung von rund 15 km², wobei aus Gründen der besseren Übersicht die Dorfgrenzen kreisrund gestaltet wurden und somit auf der Basis der Formel $A = r^2 \pi$ einen Radius von rund 2 km aufweisen. Im Falle der Stadt Strumica wurde ein Radius von 7 km als "städtisches Metochion" angenommen (s. o.). In der Realität waren Dorfgrenzen keineswegs

1 MRGIĆ, Transition, 62f.
2 Die Entfernung Štip-Radoviš beträgt 25 km, die Entfernung Petrič-Mokrino 30 km, die Entfernung Petrič-Novo Konjarevo 23 km, die Entfernung Petrič-Staro Konjarevo 21 km und die Entfernung Petrič-Volno 18 km.
3 Siehe dazu weiter unten, Abschnitt *Zur Siedlungskontinuität in osmanischer Zeit*.
4 Referiert in: KODER, Land Use, 162. Siehe dazu auch im Detail weiter unten, Abschnitt VI.
5 Manche (Berg-)Dörfer konnten im Rahmen ihrer Grenzen auch Weideland umfassen, was zur Folge hatte, daß ihre Ausdehnung über dem erwähnten Durchschnitt lag. Vgl. dazu im Detail: KRAVARI, L'habitat rural, 88f.

ideal, d. h. kreisrund, vielmehr haben sie sich, wie auch heute, den jeweiligen geographischen und geologischen Bedingungen (z. B. Bodenqualität) bzw. den Verkehrswegen zu Lande und zu Wasser, aber auch anthropogenen Faktoren, angepaßt.[1]

In Ermangelung exakt definierter Dorfgrenzen und zur besseren visuellen Darstellung wurde in *Abb. 11* die kreisrunde Form gewählt. Nichtsdestoweniger sind deutliche Tendenzen in der Siedlungsstruktur zu erkennen. Im Talkessel von Strumica dürften die schriftlichen Quellen beinahe die komplette Anzahl der Siedlungen der spätbyzantinischen Zeit überliefern, da die besagten 29 Orte samt ihrer angenommenen Ausdehnung fast den gesamten Talkessel mit Ausnahme weniger "Lücken" räumlich ausfüllen. Markante Überschneidungen in den Radien sind im Dreieck Turnovo-Sekirnik-Borievo zu erkennen. Hier sind die Dorfgrenzen unter Berücksichtigung des Laufes des Flusses Strumica in der Realität wohl viel differenzierter gewesen. Weitere Überschneidungen treten an den nördlichen Abhängen des Belasica-Gebirges auf: einerseits zwischen Vodoča und Banica, andererseits zwischen Bansko, Gabrovo, Manastir (F), Pod, Kolešino und Borisovo. In diesen Fällen ist anzunehmen, daß sich die jeweiligen Dorfgrenzen in nord-südlicher Richtung weit in das Gebirge erstreckt haben, wofür zum Beispiel die Entstehung und Entwicklung des Dorfes Pod spricht (s. u.).

Der Mangel an aussagekräftigen Belegen zu den Talkesseln von Radoviš und von Petrič wird auch hier augenscheinlich. Die wenigen greifbaren Orte vermögen das zur Verfügung stehende Land bei weitem nicht abzudecken. Gleichzeitig scheinen dermaßen große "Lücken" in der Siedlungsstruktur nicht realistisch, wenn man als direkten Vergleich den Talkessel von Strumica und die Evidenz in den osmanischen Defter heranzieht.

Zur Siedlungskontinuität in osmanischer Zeit

Die Verankerung der osmanischen Herrschaft im Flußtal der Strumica am Ende des 14. Jahrhunderts führt zur Fragestellung, ob die in der spätbyzantinischen Zeit bezeugten Siedlungen *in continuo* erhalten geblieben sind oder einschneidenden Veränderungen unterworfen waren.

Diesbezüglich vermögen drei osmanische Defter (Steuerverzeichnisse) des 16. und 17. Jahrhunderts wichtige Anhaltspunkte zu liefern. Mit Einführung der osmanischen Verwaltungsstruktur entstand der Sandžak Köstendil (Kjustendil)[2], dem die Kaza[3] Strumica[4] angehörte, die wiederum in mehrere Nahiye[5] unterteilt war. Diese Nahiye hießen wie folgt: Strumica, Petrič, Dojran, Tikveš, Bojmija (Valandovo), Maleševo, Konče, Melnik und Mariovo.[6] Der älteste bekannte Defter für die Nahiye Strumica stammt aus dem Jahre 1519.[7] Der zweite osmanische

---

1   Koder, Land Use, 161f.

2   Unter dem Begriff *Sandžak* ist ein osmanischer Verwaltungsbezirk zu verstehen. Siehe im Detail: Stojanovski (Hg.), Turski dokumenti V/3, 654. Vgl. zum Sandžak *Köstendil*: Hristo Matanov, *Văznikvane i oblik na Kjustendilski sandžak prez XV-XVI vek*. Sofija 2000.

3   Teil eines *Sandžak* bzw. ein Territorium, das einem Richter unterstellt war. Siehe dazu: Stojanovski (Hg.), Turski dokumenti V/3, 651.

4   Vgl. zur Geschichte der Stadt Strumica in osmanischer Zeit: Aleksandar Matkovski, Strumica i Strumičko od XIV-XIX vek, in: Aleksandar Cicimov (Hg.), Zbornik na trudovi. Strumica 1989, 117-129; Zdravko St. Pljakov, Za demografskija oblik na Bălgarskija grad prez XV - sredata na XVII v., *Istoričeski pregled* 24 (1968), H. 5, 29-47; Metodija Sokoloski, Strumičkata nahija vo XVI vek, in: Dimče Koco u. a. (Hgg.), *Akta Veljusa. Simpozium "Veljusa" po povod 900-godini na manastirskata crkva Bogorodica Milostiva (Eleusa) vo seloto Veljusa*. Skopje 1984, 175-184; Aleksandar Stojanovski, Gradot Strumica vo XVI vek, in: Aleksandar Cicimov (Hg.), Zbornik na trudovi. Strumica 1989, 131-145 [derselbe Beitrag wurde nachgedruckt in: Aleksandar Stojanovski, *Makedonija pod turskata vlast (statii i drugi prilozi)*. Skopje 2006, 63-77].

5   Territorialer Bestandteil einer *Kaza*; siehe dazu: Ders. (Hg.), Turski dokumenti V/3, 653.

6   Dragi Gjorgiev, Naselenieto vo Strumičkata nahija (XVI-XIX vek), in: Slavica Taseva (Hg.), *Hristijanstvoto vo kulturata i umetnosta na Strumičkata eparhija*. Strumica 2002, 115-130, 115.

7   Dieser Defter ist unpubliziert. Dragi Gjorgiev hat eine Auflistung der in der Nahiye Strumica registrierten

Defter zum Sandžak Köstendil und damit zu den Nahiye Üstrümce (Strumica) bzw. Petriç (Petrič) ist im Zeitraum 1570 bis 1573 entstanden.[1] Schließlich datiert ein weiterer Defter für die Kaza Petrič in das Jahr 1665.[2] Die Auswertung dieser drei Quellen ermöglicht das Zusammenstellen einer Tabelle (siehe *Tabelle 3*), wobei die darin enthaltenen Symbole wie folgt zu deuten sind:

> + = im jeweiligen Defter verzeichnet; – = im jeweiligen Defter nicht verzeichnet; • = im jeweiligen Defter nicht enthalten, weil die vorliegende Publikation den betreffenden Abschnitt der Quelle nicht wiedergibt.

Tabelle 3 zeigt deutlich, daß mit Ausnahme von sechs Siedlungen eine Siedlungskontinuität im Flußtal der Strumica am Übergang von der spätbyzantinischen zur osmanischen Zeit festzustellen ist. Für den späteren Defter von 1665 ist lediglich das Material zu Petrič publiziert.

Bemerkenswert ist, daß jene Siedlungen, die in spätbyzantinischer Zeit aus Fluren entstanden sind bzw. Wüstungsprozessen unterworfen waren, im 16. Jahrhundert nicht in den Verzeichnissen aufscheinen. Diese sind im konkreten Belina (F), Breznica, möglicherweise Manastir (F)[3] und Mustanitza (F). Hier setzte sich der Trend des instabilen Siedlungszustandes des 13. bzw. 14. Jahrhunderts augenscheinlich fort. Stabil hingegen entwickelte sich das Dorf Pod, das erst 1570/73 als wüst verzeichnet ist (s. u.).

Ein Sonderfall ist der Ort Čanaklija, bei dem ein Münzhort aus spätbyzantinischer Zeit gefunden wurde (s. o.). Die Siedlung selbst ist bis in das letzte Drittel des 16. Jahrhunderts nicht greifbar.[4]

Der Ort Volno (vormals Robovo) im heutigen Bulgarien begegnet in keinem der Defter und ist möglicherweise nur in den siebziger Jahren des 14. Jahrhunderts in den Quellen belegt. Zwischen dem 15. und dem 19. Jahrhundert scheint er generell in keinem Verzeichnis auf.[5] Denkbar ist in diesem Zusammenhang eine lange Periode der Wüstung, die 1912 beendet gewesen sein muß, als das Gebiet an Bulgarien fiel.[6]

Wie bereits weiter oben dargelegt wurde, fallen Staro bzw. Novo Konjarevo aus dem Schema der modifizierten "Central Place Theory" heraus. Einen wichtigen Anhaltspunkt für die Einbettung dieser Orte bietet der Defter des Jahres 1665, da diese ebendort als Teil der Nahiye Petrič ausgewiesen sind.[7] Somit scheint die Orientierung in Richtung Petrič wahrscheinlich.

Anhand der Defter der Jahre 1519 und 1570/73 bestätigt sich die oben geäußerte Vermutung, wonach in den Urkunden der spätbyzantinischen Zeit nicht flächendeckend alle Siedlungen im Flußtal der Strumica überliefert sind. In spätbyzantinischer Zeit sind 28 Siedlungen belegt. 1519 sind in der Nahiye Strumica um 94 Siedlungen mehr verzeichnet.[8] 1570/73 scheinen in der

---

Siedlungen samt Einwohnerzahlen tabellarisch veröffentlicht. Siehe dazu: Ebd. 120-123.

1   Der Abschnitt zur Nahiye Strumica bzw. Petrič wurde in Übersetzung publiziert von: STOJANOVSKI (Hg.), Turski dokumenti V/3, 31-227, 549-645.

2   Auszugsweise in Übersetzung veröffentlicht bei: Elena GROZDANOVA / Petko GRUEVSKI, Naselenieto na Petrič i Petrička kaza spored poimenen registăr ot 1665 g., *Istoričeski pregled* 38 (1982), H. 4, 114-125, 116-118.

3   Siehe dazu im Detail weiter unten, Abschnitt *Zu Siedlungsentwicklung und Wüstungsprozessen.*

4   Vgl. dazu auch: Aleksandar STOJANOVSKI / Dragi GJORGIEV, *Naselbi i naselenie vo Makedonija – XV i XVI vek.* Skopje 2001, 242.

5   Stefan ANDREEV, *Rečnik na selištni imena i nazvanija na administrativno-teritorialni edinici v Bălgarskite zemi prez XV-XIX vek.* Sofija 2002, 44, 121.

6   KOLEDAROV / MIČEV (Hgg.), Promenite, 58.

7   GROZDANOVA / GRUEVSKI, Naselenieto, 116.

8   Vgl. dazu: GJORGIEV, Naselenieto, 120-123.

Nahiye Strumica um 86 Siedlungen mehr auf als in spätbyzantinischer Zeit[1], in der Nahiye Petrič um 41 mehr.[2]

Nichtsdestoweniger ist bei diesem direkten Vergleich Vorsicht geboten. Zum einen zeigt die in Abschnitt *Zur räumlichen Ausdehnung dörflicher Strukturen* dargelegte Ausdehnung, daß gerade im Talkessel von Strumica von einem flächendeckenden Siedlungsbild in spätbyzantinischer Zeit auszugehen ist. Zum anderen hat die osmanische Verwaltung nach der endgültigen Eroberung des Flußtales der Strumica ab dem beginnenden 15. Jahrhundert wirtschaftliche Impulse gesetzt, was mit einem Bevölkerungswachstum und der Gründung neuer Siedlungen einhergegangen ist.[3]

Zu Siedlungsentwicklung und Wüstungsprozessen

Die Frage der Siedlungskontinuität führt nahtlos in den Bereich der Siedlungsentwicklung und der Wüstungsprozesse über. Das Erscheinungsbild und die Struktur von Siedlungen in dem mittelalterlichen Südosteuropa waren bereits das Ziel eingehender Untersuchungen.[4] Auf dem Forschungsgebiet der mittelalterlichen Wüstungsprozesse liegen im Vergleich zur Mediävistik und Geographie in Mittel- und Westeuropa[5] kaum Publikationen in bzw. zu Südosteuropa[6] vor.

Aus diesem Grunde ist zunächst von Schemata auszugehen, die für das mittelalterliche Mittel- und Westeuropa entwickelt wurden. Hier hat ein intensiver Diskurs über die Klärung des Begriffes "Wüstung" dazu geführt, daß Martin Born aufgrund seiner Beobachtungen und Analysen die Termini "wüst" und "Wüstung" definiert hat. "*Wüst* charakterisiert also die fest umrissene, noch vorhandene Besitzeinheit, *Wüstung* den großen besitzmäßig nicht mehr oder nur noch unvollständig differenzierten Komplex."[7] Eine Flur mit Wüstungscharakter konnte

---

1   Ebd. 123-126; siehe auch: STOJANOVSKI (Hg.), Turski dokumenti V/3, 33-38.

2   Vgl. dazu: Ebd. 551-553.

3   MATKOVSKI, Strumica i Strumičko, 117-119.

4   Siehe dazu folgende Auswahl an weiterführender Sekundärliteratur. An älteren Untersuchungen: STOJAN NOVAKOVIĆ, Selo iz dela "Narod i zemlja u staroj srpskoj državi", *Glas Srpske Kraljevske Akademije* 24 (1891), V-261 (überarbeitet und nachgedruckt durch Sima M. ĆIRKOVIĆ, Beograd 1965); STOJAN NOVAKOVIĆ, Villes et Cités du moyen âge dans l'Europe Occidentale et dans la Péninsule Balcanique, *Archiv für slavische Philologie* 25 (1903), 321-340; Jovan CVIJIĆ, *La péninsule balkanique. Géographie humaine.* Paris 1918, 207-251; Jovanka KALIĆ, Byzanz und die mittelalterlichen Städte in Serbien, in: Herbert HUNGER (Hg.), *XVI. Internationaler Byzantinistenkongreß. Wien, 4.-9. Oktober 1981, Akten. II. Teil: 4. Teilband: Kurzbeiträge.* Wien 1982 (*Jahrbuch der Österreichischen Byzantinistik*, 32/4), 595-604. An rezenter Sekundärliteratur ist folgender Sammelband mit zahlreichen nützlichen Beiträgen zu nennen: Jacques LEFORT / Cécile MORRISSON / Jean-Pierre SODINI (Hgg.), *Les Villages dans l'Empire byzantin (IVe-XVe siècle).* Paris 2005 (Réalités byzantines, 11); siehe auch: MATSCHKE, Grundzüge, 27-74; DERS., Selbstverständnis, 157-201.

5   Zahlreich sind die Publikationen auf diesem Gebiet. Deshalb sei an dieser Stelle ausschließlich auf die grundlegenden hingewiesen, die umfangreiche Hinweise auf weitere Sekundärliteratur und Fallbeispiele enthalten: Rudolf BERGMANN, Quellen, Arbeitsverfahren und Fragestellungen der Wüstungsforschung, *Siedlungsforschung Archäologie-Geschichte-Geographie* 12 (1994), 35-68; BORN, Wüstungen, 145-151; DERS., Wüstungsschema und Wüstungsquotient, *Erdkunde. Archiv für wissenschaftliche Geographie* 26 (1972), 208-218; Walter JANSSEN, Methodische Probleme archäologischer Wüstungsforschung, *Nachrichten der Akademie der Wissenschaften in Göttingen, I. Philologisch-historische Klasse, Nr.* 2 (1968), 29-56; Hans KRAWARIK, Weder Weiler noch Dörfer. Zur neuen methodischen Konzeption siedlungsgenetischer Forschung, *Mitteilungen des Instituts für Österreichische Geschichtsforschung* 110 (2002), 99-124; eine Zusammenfassung der Forschungsentwicklung auf diesem Gebiet bei: DENECKE, Wege der Historischen Geographie, 58-81.

6   Zu Südosteuropa existieren lediglich einige Pionierarbeiten: Hélène ANTONIADIS-BIBICOU, Villages désertés en Grèce – Un bilan provisoire, in: *Villages désertés et histoire économique XIe-XVIIIe siècle.* Paris 1965 (École Pratique des Hautes Études – VIe Section, Centre de Recherches Historiques, Les Hommes et la Terre XI), 343-417; KRAVARI, L'habitat rural, 83-94; MIHALJČIĆ, Selišta, 173-224.

7   BORN, Wüstungen, 147.

durch Rückführung in besitz- oder nutzungsrechtlich geordnete Verhältnisse jederzeit wiederbelebt werden.[1]

Born hielt zusammenfassend fest: "…, daß mit dem Begriff *Wüstung* im späten Mittelalter und in der frühen Neuzeit entweder verlassene Ortschaften oder Siedlungen bzw. Flurteile, bei denen eine Minderung der Steuerleistungen von Änderungen bzw. einem Unsicherwerden der Besitz- und Nutzungsrechte begleitet wird, gekennzeichnet werden. *Wüst* bezieht sich dagegen auf Objekte, von denen nicht die vollen Steuerabgaben anfallen oder die sich in extensivierter Bewirtschaftung befinden, ohne daß es dadurch schon zu einer rechtswirksamen Änderung der Besitzverhältnisse in einem größeren Siedlungskomplex (Dorf oder Flur) gekommen ist."[2]

Aus diesen und älteren Überlegungen heraus wurde ein tabellenförmiges Wüstungsschema entwickelt, an dem im Laufe der Zeit Differenzierungen und Verfeinerungen vorgenommen wurden.[3] Mit den Begriffen "partielle" und "totale" Wüstung wird der quantitative Umfang eines Wüstungsvorganges beschrieben. Die unterschiedliche zeitliche Dauer des Wüstliegens äußert sich in "Interimswüstungen", "temporären Wüstungen" und "dauerhaften (permanenten) Wüstungen". Bei "Interimswüstungen" wird das Wüstfallen nach kurzer Zeit wieder aufgehoben, während "temporäre Wüstungen" längeres Wüstfallen mit fehlender oder stark eingeschränkter Wiederherstellung der früheren Formen bedeuten.[4] Schließlich wird mit Hilfe des Wüstungsquotienten der Umfang eines Wüstungsvorganges in einem größeren Gebiet für einen bestimmten Zeitraum ausgedrückt.[5]

Aus dem Blickwinkel der Byzantinistik und Südosteuropaforschung hat Rade Mihaljčić die serbischen mittelalterlichen Urkunden hinsichtlich des Begriffes "Wüstung" (*selište*) erforscht und ist zum Schluß gekommen, das dieser auf drei verschiedene Arten zu interpretieren ist:

i. als jener Teil eines Besitzes, den eine verwitwete Frau ohne männliche Nachkommen erbt[6]
ii. als verlassenes (wüstes) Dorf[7]
iii. als potentielles Land für eine (Neu-)Besiedlung[8]

Schwierig ist eine Verknüpfung des slawischen Terminus *selište* mit Entsprechungen im byzantinischen Wortschatz. Vassiliki Kravari hat für die Zeit vor dem 13. Jahrhundert eine Identifizierung *selo – chōrion* und *selište – agridion* vorgeschlagen, jedoch darauf hingewiesen, daß die Begriffe ab dem 13. Jahrhundert unpräziser werden und folglich eine Vielzahl von Übersetzungen möglich ist, wie zum Beispiel "Dorf, Weiler, Teil eines Dorfes, Gut".[9]

Mit ähnlichen Schwierigkeiten ist die Übersetzung des Begriffes *palaiochōrion* behaftet, das als "altes (verlassenes) Dorf" angesprochen wird.[10] Dieser Bezeichnung entspricht in den serbischen mittelalterlichen Urkunden der Ausdruck *staro selo*. Allerdings bezieht er sich nicht *a priori* auf ein verlassenes Dorf. Vielmehr gibt es Belege in den Urkunden, daß "alte Dörfer" sehr wohl besiedelt waren.[11] In diesem Zusammenhang ist auch der Begriff *palaioekklēsia* zu

---

1   Ebd. 147.
2   Ebd. 148.
3   Siehe dazu: BORN, Wüstungsschema, 216 (Schema 2).
4   Ebd. 211-213.
5   Vgl. dazu die Formel und Berechnung in: Ebd. 215f.
6   MIHALJČIĆ, Selišta, 176.
7   Ebd. 178.
8   Ebd. 184.
9   KRAVARI, L'habitat rural, 86f.
10 LBG 5, 1177.
11 Siehe dazu im Detail: MIHALJČIĆ, Selišta, 183.

nennen, der mit "alte Kirche" übersetzt wird.[1] Hier ist die slawische Entsprechung das Wort *crkvište*, das allerdings eine verlassene Kirche oder einen Ort bezeichnet, wo sich vormals eine Kirche befunden hat.[2] Demgemäß wäre die Übersetzung des byzantinischen Begriffes je nach Kontext von Fall zu Fall auch in diese Richtung zu überdenken.[3]

Die Gründe für das Verlassen von Siedlungen sind mannigfaltig. Oftmals flohen die Einwohner eines Dorfes aufgrund von Steuervorteilen zu anderen Feudalherren, in die Städte oder auf fremdes Herrschaftsgebiet. Sie wurden allerdings auch von verschiedenen Feudalherren gefangen bzw. geraubt oder durch Kriege vertrieben. Besonders in den Grenzregionen zwischen den mittelalterlichen Staaten Südosteuropas – dem Byzantinischen Reich, Serbien und Bulgarien – war die Fluktuation der Bevölkerung gegeben. Weitere Faktoren bildeten die Rodungen und die Kolonisation von Neuland.[4]

Auf welche Weise sich die Daten zur Siedlungsstruktur im Flußtal der Strumica in diese theoretischen Überlegungen einfügen lassen, sei im folgenden erörtert. Zunächst seien die in den Quellen belegten Siedlungsprozesse bzw. Wüstungen in alphabetischer Reihenfolge präsentiert (siehe *Abb. 12*)[5]:

a. **Belina**: Spärliche Daten liegen zum Toponym Belina vor. Dieses wird im Jahre 1336 erstmals erwähnt (*na Bělinь*). Ob es sich damals um eine Flur oder bereits um eine Siedlung handelte, läßt sich anhand des Kontextes nicht eindeutig erkennen. 1371 begegnen zwei Toponyme dieses Namens, nämlich Mpelina (*eis tēn Mpelinan*) und Katō Mpelina (*eis tēn Katō Mpelinan*). Mpelina bzw. Belina scheint offensichtlich die ursprüngliche Siedlung gewesen zu sein (d. h. im Sinne eines Anō Mpelina / Oberen Belina). Katō Mpelina / Unteres Belina ist wohl die jüngere Siedlung, die aus der älteren entstanden sein dürfte. Hier könnte folglich eine Entwicklung von der Flur zur Siedlung und von der Siedlung zu einer Neugründung im Sinne des Schemas "altes Dorf" – "neues Dorf" vorliegen (s. o.). In den osmanischen Defter scheint Belina nicht mehr auf, was auf ein Wüstfallen und folglich auf eine totale dauerhafte Wüstung zu diesem Zeitpunkte schließen läßt.[6]

b. **Breznica**: Die Schwierigkeit im Hinblick auf dieses Toponym besteht darin, daß damit entweder eine Flur oder ein Fluß oder ein Dorf benannt wurden. In diesem Falle könnte die Siedlungsentwicklung bereits im Jahre 1152 eingesetzt haben. Damals scheint die Gegend Brusnitza (*tēs topothesias Brusnitzēs*) erstmals in den Quellen auf. Es handelte sich aufgrund des Wortes *topothesia* ("Platz, Flur, Gegend") eindeutig um eine Flur. Dieses Brusnitza ist höchstwahrscheinlich mit dem im Jahre 1293 erwähnten Preasnitza gleichzusetzen (*tēn eis tēn Preasnitzan heuriskomenēn gēn* bzw. *tēn holēn gēn kai periochēn tēs Preasnitzas*), das eine Flur gewesen sein dürfte. Ca. 1340/41 wird ein Gebiet beim Dorf Prasnitza (*mechri tu synoru tēs Prasnitzas*) erwähnt. Das Wort *synoros* ("Grenze") deutet meines Erachtens darauf hin, daß eine Dorfgrenze – nämlich des besagten Prasnitza – gemeint ist. 1370 werden weder ein Dorf noch

---

1 LBG 5, 1176.

2 MIŠIĆ, Crkvine, 297-302.

3 Als Beispiel sei an dieser Stelle auf eine Urkunde des Athōs-Klosters Megistē Laura aus dem Jahre 1285 hingewiesen. Darin wird berichtet, daß der Hieromonachos Iōannitzēs Bardas (PLP, Nr. 2205) eine unzugängliche Kirche namens Asprē Ekklēsia beim Dorf Selada auf der Chalkidikē vorgefunden habe, die er wiederaufgebaut habe, um sie schließlich dem besagten Athōs-Kloster zu schenken. Ediert in: Paul LEMERLE / André GUILLOU / Nicolas SVORONOS / Denise PAPACHRYSSANTHOU (Hgg.), *Actes de Lavra II. De 1204 à 1328. Texte*. Paris 1977 (Archives de l'Athos, 8), 44 (Nr. 78). Der Kontext dieser Urkunde legt m. E. eindeutig nahe, daß die beschriebene Kirche als verlassene (also *crkvište*) und nicht als alte Kirche angesprochen werden sollte.

4 MIHALJČIĆ, Selišta, 187-193.

5 Siehe begleitend weiter oben, *Tabelle 1* und *Tabelle 3*.

6 In den siebziger Jahren des 20. Jahrhunderts waren noch Reste von Häusern in der Flur Belina zu sehen. Vgl. dazu: TRIFUNOSKI, Raseljena sela, 78.

eine Flur dieses Namens genannt, sondern es werden lediglich die allgemein gehaltenen Begriffe *topos* bzw. *chōriu gē* verwendet. Ein Jahr später begegnet eine "alte Straße von Presnitza" (*eis tēn palaian hodon tēs Presnitzas*) in den Quellen, die wiederum auf die Existenz eines Dorfes hinweist. Es dürfte sich um eine Straße gehandelt haben, die zu diesem Dorf geführt hat. Eine solche Überlegung wird durch die Tatsache erhärtet, daß das Dorf Mpresnitza in der Nähe der Stadt Strumica (*chōrion peri tēn Strumpitzan men heuriskomenon, Mpresnitzan de eponomazomenon*) 1374 explizit erwähnt wird. Bereits kurze Zeit später, im Jahre 1375/76, ist das Dorf Stara Brěznica (*u Staru Brěznicu*) in den Quellen zu finden. Im Sinne des Schemas "altes Dorf" – "neues Dorf" (s. o.) müßte es folglich auch einen Ort Nova Brěznica gegeben haben, obwohl dieser nicht greifbar ist. Breznica scheint in den osmanischen Defter nicht mehr auf, sodaß es auch in diesem Falle zu einer totalen dauerhaften Wüstung gekommen ist.[1]

c. **Chaevo**: Chaevo ist in einer Urkunde aus den siebziger Jahren des 14. Jahrhunderts (nach 1376/77?) als *selište* Chaevo bezeugt. Da mit diesem Toponym in der Urkunde weder "Rechte" noch etwaige "Grenzen" verbunden sind[2], handelte es sich, den Ausführungen von Martin Born folgend (s. o.), um eine tatsächliche Wüstung. Allerdings läßt sich weder über den quantitativen Umfang des Wüstungsvorganges noch über die zeitliche Dauer des Wüstliegens eine stichhaltige Aussage treffen. Chaevo ist in den osmanischen Defter nicht verzeichnet.

d. **Crьvišta**: Dieses Toponym ist auf die Kirche des Priesters Simon Prća zurückzuführen, die im Jahre 1375/76 erwähnt wird. Nach 1376/77 (?) entwickelte sich die Kirche zu einer Wüstung namens Crьvišta (*selište Crьvišta*). Hierbei handelte es sich wie im Falle von Chaevo um eine tatsächliche Wüstung, weil keine "Rechte" und "Grenzen" mehr mit Crьvišta verbunden waren. Gleichzeitig sei auf die Besonderheit des Toponyms hingewiesen. Aus der Kirche des erwähnten Priesters wurde eine verlassene Kirche (*crkvište*), welche der Flur ihren Namen gegeben hat.

e. **Die Kirche des Heiligen Dēmētrios**: In einem Praktikon des Jahres 1320 wird eine alte oder verlassene Kirche des Heiligen Dēmētrios (*eis tēn palaioekklēsian tu Hagiu Dēmētriu*) erwähnt. Diese lag in der Umgebung von Veljusa bzw. Vodoča, konnte jedoch bisher nicht genau lokalisiert werden. Da es sich hierbei um einen isolierten Beleg in den Quellen handelt, läßt sich keine stichhaltige Interpretation des Begriffes *palaioekklēsia* herbeiführen.

f. **Frugopulovo selište**: Die Wüstung des Frangopul (*na Frugopulovo selište*) wird in einer Urkunde, die auf eine Urkunde des serbischen Königs Stefan Uroš II. Milutin aus den Jahren 1303/04 Bezug nimmt, erwähnt. Sie stand höchstwahrscheinlich mit der Furt des Frangopul in Verbindung, die für das Jahr 1336 belegt ist und sich unmittelbar sw. von Novo Konjarevo an der Strumica befand. Es werden im Zusammenhang mit dieser Wüstung weder "Rechte" noch "Grenzen" genannt, sodaß sie als tatsächliche Wüstung zu klassifizieren ist. In den osmanischen Defter scheint sie nicht auf.

g. **Die Kirche des Heiligen Georg**: Diese Kirche wurde von einem gewissen Berislav auf der Wüstung Srьbьšori errichtet (*crъkvъ Svetago Georъgïa, što jestъ zidalъ Berislavъ na selišti Srъbьšori*). Zwar hatte Srьbьšori weder "Rechte" noch "Grenzen" und war somit eine tatsächliche Wüstung, jedoch wurde diese Flur mit Wüstungscharakter durch die Errichtung der Kirche des Heiligen Georg in besitz- und nutzungsrechtlich geordnete Verhältnisse rückgeführt. Im Gegensatz zur Wüstung besaß die Kirche nämlich Weinberge, Felder und eine

---

1 Die Karte 1:100.000, Beograd 1958, Blatt Plačkovica weist rund 3 km nö. des Ortes Dobrošinci [GPS 22 40 33; 41 31 27] zwei verlassene Siedlungen namens Karačali und Kadirli auf. Möglicherweise gehen diese auf die mittelalterliche Siedlung Breznica zurück.

2 Die zu erwartenden Termini wären in diesem Falle *sъ vsěmi pravinami* bzw. *sъ megjami*.

(definierte) Umgebung (*sь vinogradomъ i sь nivijemъ i sь vъseju oblasti crъkve te*).[1] In diesem speziellen Falle wurde also eine Wüstung in spätbyzantinischer Zeit wiederbelebt, die allerdings in osmanischer Zeit nicht mehr bezeugt ist.

h. **Marktplatz Sveti Ilija**: Im Falle dieses Marktplatzes beruht die Interpretation auf einer Urkunde des Jahres 1336 und der mündlichen Überlieferung der siebziger Jahre des 20. Jahrhunderts vor Ort.[2] Die Siedlungsentwicklung läßt sich meines Erachtens wie folgt rekonstruieren: Ursprünglich befand sich laut mündlicher Überlieferung ein Kloster Sveti Ilija in der jetzigen Flur Manastir auf dem N-Abhang des Belasica-Gebirges zwischen den Orten Gabrovo und Bansko. Ebendort entstanden ein Marktplatz namens Sveti Ilija (*trъgъ Svetago Ilije*), der in der Urkunde des Jahres 1336 aufscheint, und laut den Aufzeichnungen von Trifunoski ein Ort namens Manastirovo. Sowohl der Marktplatz als auch der Ort sind zu einem unbekannten Zeitpunkte wüst gefallen. Laut mündlicher Überlieferung sind die Einwohner von Manastirovo in den Ort Monospitovo umgezogen, der rund 5 km nnw. der jetzigen Flur Manastir liegt. In dem osmanischen Defter der Jahre 1570 bis 1573 ist Monospitovo ein namenloses Kloster (Manastir) zugeordnet, in dem damals zwei Mönche lebten.[3] Möglicherweise handelte es sich dabei um das Kloster Sveti Ilija.[4] Auch dieses ist schließlich wüst gefallen, da Trifunoski im Jahre 1974 lediglich Spuren von Bebauung gefunden hat.[5]

i. **Vlъči Lugъ**: Erwähnt wird Vlъči Lugъ in der Ebene von Strumica (*selište Vlъči Lugъ u Strumičъskomъ poli*) in einer Urkunde, die auf eine Urkunde des serbischen Königs Stefan Uroš II. Milutin aus den Jahren 1303/04 Bezug nimmt. Es handelte sich hierbei um keine Wüstung im eigentlichen Sinne. Vielmehr war Vlъči Lugъ gemäß den Ausführungen von Born (s. o.) wüst, da es noch über seine Umgebung und Rechte verfügte (*sь vъseju oblastiju i pravinami*).[6] In osmanischer Zeit wird es in den Defter nicht verzeichnet.

j. **Makrijevo**: 1375/76 begegnet Makrijevo zunächst als Toponym, wobei von einem Dorf auszugehen ist, weil unmittelbar 1376/77 das Dorf Makrijevo (*selo Makrijevo*) bezeugt ist. In den siebziger Jahren des 14. Jahrhunderts (nach 1376/77?) wird die Wüstung Makrijevo (*selište Makrijevo*) erwähnt. Hierbei kann es sich nur um eine partielle Interimswüstung oder um eine partielle temporäre Wüstung gehandelt haben, weil dieses Dorf sowohl in dem osmanischen Defter des Jahres 1519 als auch in demjenigen der Jahre 1570 bis 1573 verzeichnet ist.[7]

k. **Mostenitza**: Ein anschauliches Beispiel für die Siedlungsentwicklung im Flußtal der Strumica stellt die Flur Mostenitza dar. In einem Praktikon des Jahres 1152 ist Mostenitza zunächst als Metochion aufgelistet (*metochion tēs monēs synistatai to eponomazomenon Mostenitza*). Rund 130 Jahre später (1283) war aus dem Metochion ein Dorf Mustanitza (*eis to chōrion tēn Mustanitzan*) entstanden. Dieses existierte 1310 noch als Dorf Monstanitza (*eis to chōrion tēn Monstanitzan*). Zehn Jahre später hatte sich das Dorf zu einer Flur zurückentwickelt und wurde in einem Praktikon als Landbesitz Mostheanitza (*gē hē kalumenē Mostheanitza*) verzeichnet. Den Charakter einer Flur besaß Mostenitza wohl noch im Jahre 1346 (*tōn eis tēn Mostenitzan chōraphiōn*). Der letzte Beleg zu dem Toponym stammt aus dem Jahre 1357. Bis zu diesem Zeitpunkte war es auf der Stufe einer Flur geblieben (*tōn eis tēn Mostenitzan chōraphiōn*). Danach verliert sich die Spur des Toponyms in den Quellen. In den osmanischen

1 MIKLOSICH (Hg.), Monumenta Serbica, 64. Der slawische Terminus *oblastъ* entspricht dem griechischen *perichōros*. Siehe: DERS., Lexicon, 467; LBG 6, 1290.
2 Die mündliche Überlieferung wurde von Jovan F. Trifunoski aufgezeichnet: TRIFUNOSKI, Raseljena sela, 75.
3 STOJANOVSKI (Hg.), Turski dokumenti V/3, 174.
4 Diese Vermutung wurde bereits geäußert in: Ebd. 174, Anmerkung 159.
5 Diese sind in der Arheološka karta na Republika Makedonija aus dem Jahre 1996 nicht verzeichnet.
6 MIKLOSICH (Hg.), Monumenta Serbica, 64.
7 Vgl. dazu *Tabelle 3* und: STOJANOVSKI / GJORGIEV, Naselbi, 143 (Mokrievo).

Defter ist Mostenitza nicht aufgelistet. Mostenitza ist ein Beispiel für eine Flur, die in spätbyzantinischer Zeit partiell sowie temporär wüst war[1] und in osmanischer Zeit zu einer dauerhaften Wüstung wurde.

l. **Podь**[2]: Den Nukleus für die Entstehung des Dorfes Napodu bildete die Flur Podь mit einem Feld (*u podu niva*), die ein gewisser *dijakь anagnostь Dragoe* von Stefan Uroš IV. Dušan im Jahre 1349 erhielt. Dragoe errichtete eine Kirche der Gottesmutter (*tai crьkva domь Bogorodice*) und durfte ebendort freie Menschen ansiedeln. In den siebziger Jahren des 14. Jahrhunderts (nach 1376/77?) war auf dieser Basis das erwähnte Dorf (*selo Napodu*) entstanden. Dieses ist in dem osmanischen Defter des Jahres 1519 verzeichnet.[3] Bis zu den Jahren 1570/73 war das Dorf jedoch von den Bewohnern verlassen worden, sodaß seine Felder von den Dörfern Pančehor, Murtino und Monospitovo bestellt werden mußten.[4] Im Gegensatz dazu existierte damals noch die Kirche der Gottesmutter des Dragoe als Kloster (*Manastir Bogorodica*) in der Nähe des verlassenen Dorfes.[5] Der Fall der Flur Podь illustriert anschaulich die Gewinnung von Neuland im Belasica-Gebirge durch Kolonisation, gefolgt von der Entstehung eines Dorfes und dessen Wüstfallen. Die Felder von Podь blieben in ihren "Grenzen" bestehen und wurden von den Einwohnern der Nachbardörfer bestellt, sodaß keine dauerhafte Wüstung entstanden ist, sondern eine partielle temporäre wüste Flur.

m. **Porodēmos**: Porodēmos ist in einem Praktikon des Jahres 1320 verzeichnet und dürfte zu diesem Zeitpunkte ein Dorf gewesen sein (*chēra Eudokia hē tu Blachu proskathēmenē eis ton Porodēmon*). 1570/73 existierte das Dorf nicht mehr. Es war zu einem Wüstfallen gekommen, das die Reduzierung des Dorfes auf eine *mezra Porodim* zur Folge hatte. Diese Mezra wurde von den Bewohnern der Dörfer Piperevo, Vasilevo und Gradošorci bestellt.[6] Da mit einer Mezra "Rechte" und "Grenzen" verbunden waren, fällt Porodēmos gemäß Born (s. o.) in die Kategorie "wüst" und nicht "Wüstung".

n. **Robovo**: Im Jahre 1343 zählte die Wüstung Robovo (*selište Robovo*) zu den Besitzungen des Edelmannes Rudlь. Robovo verfügte über "alle Rechte" (*sь vsěmi pravinami*)[7] und ist somit als "wüst" zu klassifizieren. 1519 und 1570/73 ist es als Dorf verzeichnet. Daraus folgt, daß zu einem unbekannten Zeitpunkte eine Wiederbesiedlung im Rahmen der definierten Grenzen erfolgt ist.

o. **Sěkirnykь**: Sěkirnykь ist 1336 als Dorf (*selo Sěkirnykь*) in den Quellen bezeugt. Ca. 1340/1341 bestätigte der byzantinische Kaiser Andronikos III. Palaiologos dem Athōs-Kloster Chelandariu den Besitz des Weilers Sekrinikon im Flußtal der Strumica (*eis tēn Strummitzan agridion to Sekrinikon*). Die Analyse der Siedlungsentwicklung gestaltet sich in diesem Zusammenhang schwierig, weil der Terminus *agridion* zahlreiche Interpretationen zuläßt (s. o.). Möglicherweise kam es bis 1340/41 zu einem partiellen Wüstfallen von Sěkirnykь, was zur Verkleinerung des Dorfes auf die Stufe eines Weilers führte. Tatsache ist allerdings, daß Sěkirnykь bereits 1348 wieder als Dorf bezeichnet wird, was wiederum nahelegt, daß nach der Absiedlung eine sehr rasche Wiederbesiedlung auf das Niveau eines Dorfes erfolgt sein muß.

---

1   Partiell, weil sich ein Dorf zu einer Flur mit Feldern entwickelte. Wüst und keine tatsächliche Wüstung, weil in der Flur Felder (wohl mit definierten Grenzen) existierten. Erst in osmanischer Zeit gingen offensichtlich die "Rechte" und "Grenzen" verloren, was Mostenitza zu einer dauerhaften Wüstung machte.

2   Zu dieser Flur im Detail: POPOVIĆ, Continuity and Change, 175.

3   Siehe dazu *Tabelle 3* und: STOJANOVSKI / GJORGIEV, Naselbi, 171 (Pod).

4   STOJANOVSKI (Hg.), Turski dokumenti V/3, 98. Bisher wurden in der Flur Pod Reste einer spätantiken Siedlung und einer Nekropole gefunden: KOCO u. a. (Hgg.), Arheološka karta, 405.

5   STOJANOVSKI (Hg.), Turski dokumenti V/3, 224. Vgl. dazu auch: DERS., Nekolku novi podatoci, 187.

6   DERS. (Hg.), Turski dokumenti V/3, 70.

7   NOVAKOVIĆ, Zakonski spomenici, 410.

Des weiteren ist Sekirnik (*više Sekirnika*) zwischen 1349 und 1353, sowie 1375/76 (*ot Sekirnika*) bezeugt. In beiden Fällen wird keine Siedlungsform mit dem Toponym genannt. Der Kontext beider Urkunden und die Tatsache, daß Sěkirnykь in den osmanischen Defter der Jahre 1519 bzw. 1570/73 als Dorf verzeichnet ist[1], legen nahe, daß diese Siedlung ab 1348 keinen weiteren Wüstungsprozessen ausgesetzt war.

p. **Skandalsko**: Skandalsko begegnet in einer Urkunde der Jahre 1375/76 als *selište Skandalsko*. Da weder "Rechte" noch "Grenzen" genannt werden, handelte es sich um eine tatsächliche Wüstung, die in den osmanischen Defter nicht mehr aufscheint.

q. **Štuka**: 1336 wird Štuka als *selište* bezeichnet. Davor gibt es keine Belege zu diesem Toponym und zu seiner Siedlungsform in den schriftlichen Quellen. Obwohl die Informationen spärlich sind, könnte meines Erachtens in diesem Falle *selište* als potentielles Land für eine (Neu-)Besiedlung verstanden werden. Diese Überlegung basiert darauf, daß Štuka im Jahre 1348 als Dorf (*selo Štuka*) bezeugt ist. 1371 wird keine Siedlungsform zum Toponym Stuka (*apo tēn Stukan*) genannt. In Analogie zu Sěkirnykь (s. o.) ist aufgrund des Kontextes der Urkunde von 1371 und der Eintragung von Štuka als Dorf in den osmanischen Defter[2] davon auszugehen, daß es seinen Status nach 1348 unverändert beibehalten hat.

Die Erfassung aller in den spätbyzantinischen und osmanischen schriftlichen Quellen belegten Siedlungsformen im Tal der Strumica bzw. Strumešnica ermöglicht abschließend – nach Born – die Berechnung des sogenannten Wüstungsquotienten zur Veranschaulichung des Wüstungsausmaßes. Dieser "errechnet sich aus dem Verhältnis von maximaler Wohnplatzzahl vor Beginn einer Wüstungsperiode und der dezimierten Wohnplatzzahl am Ende der Periode. Er soll zur Beurteilung des prozentualen Wohnplatzverlustes als Folge einer Wüstungsperiode dienen."[3]

Der Zeitraum des vorliegenden Abschnitts umfaßt im Hinblick auf die Siedlungsstruktur die Jahre 1152 bis 1573 (siehe *Tabelle 1*). In diesem Zeitraum sind dreißig (30) Siedlungen auf der Basis der Quellen greifbar. Bis 1573 sind sechs (6) davon zu dauerhaften Wüstungen geworden und verschwunden, nämlich: Belina, Breznica, Čanaklija, Manastir, Mustanitza und Pod. Daraus ergibt sich folgende Formel zur Berechnung des Wüstungsquotienten[4]:

$$\frac{6 \cdot 100}{30} = 20\,\%$$

Dies bedeutet, daß bis zum Ende des betrachteten Zeitraumes 20% aller bekannten Siedlungen wüst gefallen waren.[5] Diese Prozentzahl ist insofern nur als Richtwert bzw. Orientierungshilfe zu verstehen, weil davon auszugehen ist, daß gerade in den Talkesseln von Radoviš und von Petrič nicht alle Siedlungen auf der Basis der erhaltenen schriftlichen Quellen erfaßt werden können.

---

1 STOJANOVSKI (Hg.), Turski dokumenti V/3, 158-160. Vgl. dazu auch *Tabelle 3* und: STOJANOVSKI / GJORGIEV, Naselbi, 199 (Sekirnik).

2 STOJANOVSKI (Hg.), Turski dokumenti V/3, 115. Vgl. dazu auch *Tabelle 3* und: STOJANOVSKI / GJORGIEV, Naselbi, 249 (Štuka).

3 BORN, Wüstungsschema, 215.

4 Siehe zur Formel: Ebd. 216.

5 Vgl. zur Diskussion über die etwaigen Unzulänglichkeiten des Wüstungsquotienten: Ebd. 215f.; Peter RÜCKERT, Quantifizierende Methoden in der Wüstungsforschung, *Siedlungsforschung Archäologie-Geschichte-Geographie* 12 (1994), 167-183.

Zusammenfassung

Die byzantinischen, altslawischen und osmanischen Quellen zeichnen ein variantenreiches Bild der Siedlungsstruktur im Tal der Strumica bzw. Strumešnica vom 13. bis zum 16. Jahrhundert. Zunächst ist hervorzuheben, daß die Dichte an belegten Siedlungen im Talkessel von Strumica beachtlich höher ist als in den Talkesseln von Radoviš und von Petrič. Hiefür ist die einfachste Erklärungsmöglichkeit der unterschiedliche Umfang an erhaltenen Quellen aus spätbyzantinischer Zeit.

Gezeigt wurde weiters, daß die Siedlungen im Talkessel von Strumica bei einer durchschnittlichen Ausdehnung ihres Dorfumlandes von rund 15 km² in spätbyzantinischer Zeit beinahe das gesamte Flußtal in diesem Abschnitt erfaßt hätten. Im Gegensatz dazu steht die Tatsache, daß die osmanischen Defter des 16. Jahrhunderts in der Nahiye Strumica um 94 bzw. 86 Siedlungen mehr verzeichnen. Diese Diskrepanz läßt sich meines Erachtens nur dadurch erklären, daß mit der wirtschaftlichen Aufwertung der Region in osmanischer Zeit ein Bevölkerungswachstum einhergegangen sein muß, das sich wohl in Neugründungen, Wiederbelebungen und Weiterentwicklungen von Siedlungen manifestiert hat. Gleichzeitig müssen das Umland der Dörfer kleiner bzw. die Fluren neu parzelliert und begrenzt worden sein, was ein Abweichen von den spätbyzantinischen Strukturen bedeuten würde. Diese Hypothese läßt sich allerdings anhand der vorliegenden Quellen nicht definitiv bestätigen.

Sowohl anhand der Quellen als auch anhand der Siedlungsentwicklung bzw. der Wüstungsprozesse ist die Lage des Tales der Strumica als Grenzregion zwischen dem Byzantinischen Reich und dem serbischen mittelalterlichen Reich deutlich nachvollziehbar. Der Status als Übergangszone bzw. "politisches Niemandsland" läßt sich an mehreren Punkten festmachen: Die verwendeten Urkunden zeigen, daß die landbesitzenden Athōs-Klöster abwechselnd bei den byzantinischen und den serbischen Herrschern um Bestätigung ihrer Rechte vorstellig geworden sind. Zahlreiche Feudalherren, darunter Stefan Hrelja Dragovol als prominentestes Beispiel, sind in den Urkunden erwähnt und zeugen davon, daß auf lokaler Ebene zeitweise zentrifugale Kräfte gewirkt haben.

Die Kombination von Grenzregion und Zentrifugalität spiegelt sich in der Siedlungsentwicklung wider. Als Beispiel sei hier die Flur Mostenitza (Mustanitza) genannt, die an der Hauptstraße zwischen den Städten Štip und Strumica an dem gleichnamigen Fluß lag. Bis 1332 befand sich die byzantinisch-serbische Grenze annähernd in diesem Bereich. Bereits 1320 war aus dem Dorf Mostenitza eine Flur geworden, was meines Erachtens als Vorbote der serbischen Expansion nach Südosten ab 1332 gewertet werden könnte, da die Lage dieser Siedlung an einer Transversale für die dortige Bevölkerung viel zu unsicher geworden war. Weitere Umwälzungen in der Siedlungsstruktur offenbaren sich in den Enteignungen byzantinischer Landbesitzer in Sekirnik und Štuka.[1]

Bezeugt ist allerdings auch die Entstehung neuer Siedlungen wie zum Beispiel des Dorfes

---

1   Dieser Aspekt kann hier nur beiläufig berührt werden. Vgl. dazu im Detail: Mark C. BARTUSIS, ΈΞΑΛΕΙΜΜΑ: Escheat in Byzantium, *Dumbarton Oaks Papers* 40 (1986), 55-81; Jovanka KALIĆ, Les migrations serbes dans les Balkans, in: *The Balkans and the Eastern Mediterranean 12th-17th Centuries. Proceedings of the International Symposium in Memory of D. A. Zakythinos, Athens, January 14th-15th 1994.* Athens 1998 (The National Hellenic Research Foundation, Institute for Byzantine Research, Byzantium Today, 2), 121-125; Jacques LEFORT, Population et peuplement en Macédoine orientale, IXe-XVe siècle, in: Vassiliki KRAVARI / Jacques LEFORT / Cécile MORRISSON (Hgg.), *Hommes et richesses dans l'Empire byzantin, Tome II, VIIIᵉ-XVᵉ siècle.* Paris 1991, 63-89; Georgije OSTROGORSKI, *Pronija. Prilog istoriji feudalizma u Vizantiji i u južnoslovenskim zemljama.* Beograd 1951 (Srpska Akademija Nauka, Posebna izdanja 176, Vizantološki institut 1), 138f.

Podь, wo Waldgebiete im Belasica-Gebirge gerodet wurden[1], um neue Siedlungs- und Anbauflächen zu gewinnen. Weitere Beispiele einer Neuerschließung von Land bieten die Fluren Breznica und Belina, die sich an der Grenze zu den Bergweiden der Wlachen im Ograž-den-Gebirge befanden.[2]

In Zusammenschau mit den dargelegten Wüstungsprozessen, die keineswegs einheitlich zu betrachten sind, sondern von Fall zu Fall analysiert werden müssen und Zeugnis eines differenzierten Siedlungsbildes geben, werden die Schwankungen in der Siedlungsstruktur dieser Region deutlich erfaßbar, die in den folgenden Abschnitten zu unmittelbar benachbarten Regionen in einen größeren Kontext gestellt werden, was schlußendlich zu umfassenderen Interpretationen führen wird.

---

1 Dies geht aus folgender Formulierung hervor: [...] *I u Podu niva i vь inu Podu kude bude jakь rastrebiti.* [...] Siehe: NOVAKOVIĆ, Zakonski spomenici, 759; vgl. dazu auch: SOLOVJEV, Končanski praktik, 99f.

2 Vgl. dazu weiter unten, Abschnitt VI.

III. DAS SIEDLUNGSNETZ DES FLUSSTALES DER KRIVA LAKAVICA

Geographische Lage

Das Flußtal der Kriva Lakavica befindet sich im Südosten der (ehemaligen jugoslawischen) Republik Makedonien. Es wird von der Gradeška planina im Südosten, vom Gebirge Smrdeš im Nordosten und von der Konečka planina im Südwesten umrahmt (siehe *Abb. 13*).[1] Das Tal ist in nordwestlicher Richtung zur Stadt Štip offen, da die Kriva Lakavica von Südosten nach Nordwesten fließt, um als linker Zubringer in den Fluß Bregalnica einzumünden.[2] Die Gesamtlänge der Kriva Lakavica beträgt rund 42 km.[3] Jetzt gehört der nordwestliche Teil des Flußtales (bis zur Linie Piperovo-Brest) administrativ zur Gemeinde Štip, während der südöstliche der Gemeinde Konče zuzurechnen ist.[4]

Die Quellen

Die Analyse des Siedlungsnetzes der Flußtales der Kriva Lakavica beruht im Vergleich zu demjenigen der Strumica bzw. Strumešnica (s. o., Abschnitt II.) auf einer überschaubaren Anzahl von Quellen. Drei davon sind als zentral zu bezeichnen: Bei der ersten handelt es sich um eine Urkunde des serbischen Zaren Stefan Uroš V.[5] aus dem Jahre 1366 in altslawischer Sprache, die in Skopje ausgestellt wurde. Diese wird jetzt unter der Nummer 54 im Archiv des Athōs-Klosters Chelandariu aufbewahrt.[6] Sie wurde sowohl von Stojan Novaković[7] als auch von Louis Petit bzw. Basile Korablev[8] bruchstückhaft ediert. Die erste komplette Edition der Urkunde stammt von Aleksandar V. Solovjev.[9] Eine Neuedition samt Übersetzung und Kommentar wurde von Stanoje Bojanin vorgelegt.[10]

Aus der Urkunde ist zu erfahren, daß der Großvojvode Nikola Stanjević[11] seine Besitzungen in der Gegend von Konče (*u metesech Končkichъ*[12]) ursprünglich von dem serbischen Zaren

1   Vgl. dazu im Detail: Jovan CVIJIĆ (Hg.), *Osnove za geografiju i geologiju Makedonije i Stare Srbije s promatranjima u južnoj Bugarskoj, Trakiji, susednim delovima Male Azije, Tesaliji, Epiru i severnoj Arbaniji. Knjiga prva.* Beograd 1906, 217-221. Siehe auch: Smiljka GABELIĆ, *Manastir Konče.* Beograd 2008 (Filozofski Fakultet u Beogradu, Institut za Istoriju Umetnosti, Monografije 9), 19; Jovan F. TRIFUNOSKI, Srednjevekovna Konča, *Glasnik Srpskog Geografskog Društva* 55 (1975), H. 2, 89-93, 89.

2   Seit 1978 ist die Kriva Lakavica auf der Höhe des Ortes Dolna Vraštica [GPS 22 20 25; 41 35 17] aufgestaut. Dieser See trägt den Namen *ezero Mantovo*.

3   Ivan DURIDANOV, *Die Hydronymie des Vardarsystems als Geschichtsquelle.* Köln, Wien 1975 (Slavistische Forschungen, 17), 337. Laut Jovan Cvijić ist der besagte Fluß 41,8 km lang. Siehe: CVIJIĆ, Osnove, 89, 217.

4   Zakon za teritorijalnata organizacija na lokalnata samouprava vo Republika Makedonija, *Služben vesnik na Republika Makedonija* 60/Nr. 55 (16.8.2004), 4, 6.

5   Erich TRAPP (Hg.), *Prosopographisches Lexikon der Palaiologenzeit, Fasz. 1-12.* Wien 1976-1996, Nr. 21183 (im folgenden: PLP).

6   Dušan I. SINDIK, Srpska srednjovekovna akta u manastiru Hilandaru, *Hilandarski zbornik* 10 (1998), 9-134, 58f. Vgl. die Beschreibung der Urkunde in: Stanoje BOJANIN, Povelja cara Stefana Uroša kojom potvrdjuje dar velikog vojvode Nikole Stanjevića manastiru Hilandaru, *Stari srpski arhiv* 1 (2002), 103-115, 104.

7   Stojan NOVAKOVIĆ (Hg.), *Zakonski spomenici srpskih država srednjega veka.* Beograd 1912, 444f.

8   Louis PETIT / Basile KORABLEV (Hgg.), *Actes de Chilandar. Deuxième partie. Actes slaves (Actes de l'Athos).* St. Petersbourg 1915 (Nachdruck Amsterdam 1975) (Vizantijskij vremennik, 17/1), 530 (Nr. 56) (im folgenden: AChil sl).

9   Aleksandar V. SOLOVJEV, Povelje cara Uroša u Hilandarskom arhivu, *Bogoslovlje. Organ Pravoslavnog Bogoslovskog Fakulteta u Beogradu* 2 (1927), 280-293, 291-293.

10 BOJANIN, Povelja, 105-107.

11 Zu Nikola Stanjević existieren lediglich spärliche prosopographische Daten. Er scheint ein Verwandter Stefan' Uroš V. gewesen zu sein. Siehe zu seiner Person mit weiterführender Literatur: Ebd. 110f.; GABELIĆ, Manastir Konče, 20-37.

12 Diesen Ausdruck übersetzt Stanoje Bojanin mit "u metosima končanskim" [BOJANIN, Povelja, 108]. Allerdings

Stefan Uroš IV. Dušan[1], dem Vater Stefan' Uroš V., erhalten hatte. Er errichtete im Dorf Konče die Kirche des Heiligen Stefan (*crъkъvъ u Konči Svetago Stěfana*)[2] (siehe dazu *Abb. 14*), die er zusammen mit ihren vierzehn namentlich bekannten Dörfern und weiteren kleinen sowie großen Dörfern in der Gegend von Konče (*sela ina koja se nachode u metesech Končkichъ, mala, golěma*) dem Kloster Chelandariu schenkte. Diese Schenkung ließ Nikola Stanjević durch den Zaren Stefan Uroš V. mit der Urkunde des Jahres 1366 bestätigen.[3]

Die zweite Quelle ist das sogenannte "Praktikon von Konče" ("Končanski praktik"), das unter der Nummer 96 im Archiv des Athōs-Klosters Chelandariu verwahrt wird[4] und von Aleksandar Solovjev ediert wurde.[5] Das Praktikon dürfte unmittelbar nach 1366 – d. h. nach der Urkunde des Zaren Stefan Uroš V. – entstanden sein und beinhaltet die Auflistung eines Teiles, im konkreten von vier Dörfern, der Schenkung des Nikola Stanjević.[6]

Bei der dritten wesentlichen Quelle handelt es sich um den osmanischen Defter für den Sandžak *Köstendil* (jetzt Kjustendil), der zwischen 1570 und 1573 entstanden ist und ein Verzeichnis der Siedlungen der Nahiye *Konçe* (jetzt Konče)[7], *Ištip* (jetzt Štip)[8] und *Üstrümce* (jetzt Strumica)[9] enthält. Ergänzend treten Angaben aus einem unedierten Defter des Jahres 1519 hinzu, dessen Siedlungsnamen lediglich in tabellarischer Form publiziert wurden.[10]

Zu diesen drei substantiellen Quellen ist eine aus drei Urkunden bestehende Gruppe aus den dreißiger und vierziger Jahren des 14. Jahrhunderts heranzuziehen, die Informationen zu den Gütern des Athōs-Klosters Chelandariu im nordwestlichen Teil des Flußtales der Kriva Lakavica enthalten.[11]

---

ist meines Erachtens *u metesech* vom altslawischen Wort *metechъ* in der Bedeutung "pars" abzuleiten und nicht von *metochъ* für "metochium". Vgl. dazu: Franz VON MIKLOSICH, *Lexicon Palaeoslovenico-Graeco-Latinum emendatum auctum*. Wien 1862-1865 (Nachdruck Aalen 1977), 367. In der serbischen Sprache existieren die Wörter *meteh* ("Grenze") bzw. *metej* ("Gegend"). Siehe: Vuk Stef. KARADŽIĆ (Hg.), *Srpski rječnik istumačen njemačkijem i latinskijem riječima (Lexicon Serbico-Germanico-Latinum)*. Beograd ⁴1935, 367. Aufgrund dieser Argumentation bevorzuge ich die Übersetzung "in der Gegend von Konče".

1 PLP, Nr. 21182.
2 Die Kirche des Heiligen Stefan im Dorf Konče hat folgende GPS-Koordinaten: 22 22 41; 41 29 47. Vgl. zu ihrer Baugeschichte und Ausgestaltung: GABELIĆ, Manastir Konče, passim; Vladimir R. PETKOVIĆ, *Pregled crkvenih spomenika kroz povesnicu srpskog naroda*. Beograd 1950 (Srpska Akademija Nauka, Posebna izdanja 157, Odeljenje društvenih nauka, Nova serija 4), 150f.; Miodrag Al. PURKOVIĆ, *Popis crkava u staroj srpskoj državi*. Skoplje 1938 (Biblioteka hrišćanskog dela, Knjiga 8), 48.
3 BOJANIN, Povelja, 106; siehe dazu auch: Vasilije MARKOVIĆ, *Pravoslavno monaštvo i manastiri u srednjevekovnoj Srbiji*. Sremski Karlovci 1920 (Nachdruck Beograd 2002), 227; Rade MIHALJČIĆ, *Kraj srpskog carstva*. Beograd 1975, 76-78.
4 SINDIK, Srpska srednjovekovna akta, 91.
5 Aleksandar SOLOVJEV, Končanski praktik, *Zbornik radova Vizantološkog instituta* 3 (1955), 83-109, 85-91.
6 Ebd. 92. Vgl. dazu: BOJANIN, Povelja, 114.
7 In Übersetzung ediert von: Aleksandar STOJANOVSKI (Hg.), *Turski dokumenti za istorijata na Makedonskiot narod. Opširen popisen defter za Kjustendilskiot sandžak od 1570 godina. Tom V/Kniga 3*. Skopje 1982, 259-280. Zur Datierung: Ebd. 7, 15.
8 Metodija SOKOLOSKI (Hg.), *Turski dokumenti za istorijata na Makedonskiot narod. Opširni popisni defteri od XVI vek za Kjustendilskiot sandžak. Tom V/Kniga 2*. Skopje 1980, 67-286.
9 STOJANOVSKI (Hg.), Turski dokumenti V/3, 31-227.
10 Dragi GJORGIEV, Naselenieto vo Strumičkata nahija (XVI-XIX vek), in: Slavica TASEVA (Hg.), *Hristijanstvoto vo kulturata i umetnosta na Strumičkata eparhija*. Strumica 2002, 115-130, 120-123. Dieser Defter wurde für folgende Publikation herangezogen: Aleksandar STOJANOVSKI / Dragi GJORGIEV, *Naselbi i naselenie vo Makedonija – XV i XVI vek*. Skopje 2001, passim.
11 Einen allgemeinen Überblick über die Besitzungen des Athōs-Klosters Chelandariu in Südosteuropa bietet: Mirjana ŽIVOJINOVIĆ, Estates of the Monastery of Hilandar in the Middle Ages, in: Gojko SUBOTIĆ (Hg.), *Hilandar Monastery*. Belgrade 1998, 71-90.

Historischer Überblick 1259-1490/92

In der Sekundärliteratur wurde bereits des öfteren festgestellt, daß die Zeugnisse zum Ort Konče in den schriftlichen Quellen spärlich sind.[1] Der erste Beleg überhaupt stammt aus der Urkunde des byzantinischen Kaisers Basileios II. für das Erzbistum von Ohrid aus dem Jahre 1019. Darin wird neben Strumica und Radoviš auch Konče genannt (*Kai ton episkopon Strummitzēs eis autēn tēn Strummitzan kai ton Radobiston kai ton Konetzēn*).[2] Danach schweigen die Quellen für die Dauer von rund drei Jahrhunderten.

Schwierig ist die Einordnung des Flußtales der Kriva Lakavica in die großräumigen politischen Ereignisse des ausgehenden 13. und des 14. Jahrhunderts. Mirjana Živojinović rechnet dieses Tal dem Einzugsgebiet der Region Strumica zu.[3] Wie weiter unten zu sehen sein wird (Abschnitt *Neubewertung des Siedlungs- und Verkehrsnetzes des Ortes Konče im Hinblick auf die Städte Štip und Strumica*), entspricht diese Überlegung meines Erachtens allerdings nicht der siedlungsgeschichtlichen Realität.

Es ist anzunehmen, daß der Ort Konče samt Umgebung im Zuge der serbischen Expansion gegen die Stadt Štip der byzantinischen Kontrolle entzogen wurde. Bis zum Jahre 1299 verfestigte sich die byzantinisch-serbische Grenze auf der Linie Kruja-Ohrid-Prilep-Veles-Prosek-Štip. Die letztgenannte Stadt dürfte 1299 vorerst byzantinisch geblieben sein[4], obwohl jüngst die Vermutung geäußert wurde, daß der für die serbische Seite im Grenzraum operierende Heerführer Tornikios Kotanitzēs[5] zwischen 1284 und 1299 über Štip geherrscht haben könnte.[6]

Zu Beginn des 14. Jahrhunderts kam es an der erwähnten byzantinisch-serbischen Grenze zu Verschiebungen. Im Sommer des Jahres 1308 hatte der serbische König Stefan Uroš II. Milutin[7] die Stadt Štip unter seine Kontrolle gebracht. Allerdings gibt es keine Hinweise auf eine kontinuierliche serbische Herrschaft über diese Stadt in seiner Regierungszeit. Vielmehr vermochte erst sein Nachfolger, Stefan Uroš III. Dečanski[8], die Grenze beider Reiche zwischen

---

1   BOJANIN, Povelja, 113f.; GABELIĆ, Manastir Konče, 20f., 42-51; Radoslav M. GRUJIĆ, Zadužbina velikog vojvode Nikole Stanjevića u Konči kod Strumice, *Starinar Nova Serija* 3-4 (1952-1953), 205-211, 205f.; Ljubica STANKOVSKA, *Sufiksite -jъ, -ьjъ, -ъ vo Makedonskata toponimija*. Prilep 2002, 197; TRIFUNOSKI, Srednjevekovna Konča, 89-91.

2   Jordan IVANOV, *Bălgarski starini iz Makedonija*. Sofija 1931 (Nachdruck Sofija 1970), 552. Siehe dazu mit weiterführender Literatur: Marija JANKOVIĆ, *Episkopije i mitropolije Srpske crkve u srednjem veku*. Beograd 1985, 14. Auch: Mitko PANOV, Raseleni naselbi i starost na denešnite sela vo Krivolakavičkata kotlina, *Zbornik na Štipskiot Naroden Muzej* 2 (1960-61), 109-120, 117.

3   Mirjana ŽIVOJINOVIĆ, Strumički metoh Hilandara, *Zbornik radova Vizantološkog instituta* 45 (2008), 205-221, 205.

4   John V. A. FINE, Jr., *The Late Medieval Balkans. A Critical Survey from the Late Twelfth Century to the Ottoman Conquest*. Ann Arbor 1994, 222; Ljubomir MAKSIMOVIĆ, Makedonija u politici srednjovekovne Srbije, *Glas* 404 *Srpske Akademije Nauka i Umetnosti, Odeljenje istorijskih nauka knj.* 13 (2006), 29-50, 36f.; zur Rekonstruktion des genauen Grenzverlaufes: Franjo BARIŠIĆ / Božidar FERJANČIĆ (Hgg.), *Vizantijski izvori za istoriju naroda Jugoslavije VI*. Beograd 1986 (Vizantološki institut, Posebna izdanja, 18), 106, Anmerkung 56; Tomo TOMOSKI, Ispravki i dopolnenija na nekoi karti od srednovekovnata istorija na Makedonija, *Godišen Zbornik Filozofski Fakultet na Univerzitetot - Skopje* 7 (1954), 111-122; Mirjana ŽIVOJINOVIĆ, La frontière serbobyzantine dans les premières décennies du XIVe siècle, in: *Byzantium and Serbia in the 14th Century*. Athens 1996 (International Symposium, 3), 57-66, 59, 65.

5   PLP, Nr. 13317; siehe auch: Ljubomir MAKSIMOVIĆ, Kotanic Tornik, *Zbornik radova Vizantološkog instituta* 29-30 (1991), 183-191.

6   Gordana TOMOVIĆ, Ko je bio despot Tornik iz zapisa gramatika Nestora, *Zbornik radova Vizantološkog instituta* 41 (2004), 257-269, 268.

7   PLP, Nr. 21184.

8   Ebd., Nr. 21181.

die Städte Štip und Strumica, höchstwahrscheinlich auf die Höhe des Dorfes bzw. der Flur Mustanitza / Mostanitza (siehe *Abb. 13*)[1], zu verlegen, was bis ca. 1332 in Kraft blieb.[2]

Auf der Basis der obigen Erörterungen ist anzunehmen, daß das Flußtal der Kriva Lakavica im ersten Drittel des 14. Jahrhunderts an das serbische mittelalterliche Reich fiel. Während Stefan Uroš IV. Dušan als Zar dem Großvojvoden Nikola Stanjević nach 1346 den südöstlichen Teil dieses Tales als Besitz gab[3], erhielt im nordwestlichen Teil das Kloster Chelandariu Güter.

Diese Güter des Athōs-Klosters gehen auf eine Schenkung des Feudalherrn Stefan Hrelja Dragovol[4] zurück und sind anhand einer Urkunde greifbar, die auf eine Urkunde des serbischen Königs Stefan Uroš II. Milutin aus den Jahren 1303/04 Bezug nimmt. Diese bietet einen nützlichen Einblick in die Siedlungsstruktur des Flußtales[5], indem sie folgende relevante Toponyme nennt: die Wüstungen (*selišta*) Brěstъ[6], Suchogrъlь[7], Lěskovica[8], Vitьče[9], Drěnokъ[10]

1   Siehe zur Lage und zur Siedlungsentwicklung von Mustanitza (Mostanitza) im Detail weiter oben, Abschnitt *Der Talkessel von Strumica*, und: Mihailo St. POPOVIĆ, Siedlungsstrukturen im Wandel: Das Tal der Strumica bzw. Strumešnica in spätbyzantinischer und osmanischer Zeit (1259-1600), *Südost-Forschungen* 68 (2009), 1-62. Mustanitza lag an der Hauptstraße zwischen den Städten Štip und Strumica am gleichnamigen Fluß. 1310 war es laut den mittelalterlichen Urkunden noch ein Dorf, zehn Jahre später jedoch bereits eine Flur. Meines Erachtens könnte diese Entwicklung als Vorbote der serbischen Expansion nach Südosten ab 1332 gewertet werden, da die Lage dieser Siedlung an einer Transversale für die dortige Bevölkerung viel zu unsicher geworden war.

2   Siehe dazu im Detail: Sima ĆIRKOVIĆ, Štip u XIV veku, in: Makedonska Akademija na Naukite i Umetnostite (Hg.), *Zbornik na trudovi posveteni na akademikot Mihailo Apostolski po povod 75-godišninata od životot*. Skopje 1986, 25-37, 27f. Die Information, wonach König Stefan Uroš II. Milutin die Festung von Štip samt Umgebung 1308 unter seiner Kontrolle hatte, ist seiner Vereinbarung mit Charles de Valois über die Teilung des byzantinischen Makedonien bzw. aus deren Bestätigung aus demselben Jahre zu entnehmen (*Castrum autem nomine Stip supradictum, quod possidemus cum suis pertinentiis, nobis et nostris successoribus retinemus …*). Ediert von: Vladimir MOŠIN / Lidija SLAVEVA (Hgg.), Dogovorot na kral Uroš II Milutin so Karlo Valoa od 1308 godina za podelbata na Vizantiska Makedonija, in: Vladimir MOŠIN (Hg.), *Spomenici za srednovekovnata i ponovata istorija na Makedonija. Tom II*. Skopje 1977, 415-443, 442. Siehe dazu auch: Boban PETROVSKI, Prilog kon prašanjeto za pagjanjeto na Štip pod srpska vlast vo prvata decenija na XIV vek, *Godišen Zbornik Filozofski Fakultet na Univerzitetot "Sv. Kiril i Metodij" - Skopje* 26 (52) (1999), 141-153; ŽIVOJINOVIĆ, La frontière serbobyzantine, 59-64. Tomo Tomoski datiert die endgültige serbische Eroberung von Štip in das Jahr 1328. Vgl. dazu: Tomo TOMOSKI, Štip vo periodot od XII-XIV vek, in: Cvetan GROZDANOV / Kosta ADŽIEVSKI / Aleksandar STOJANOVSKI (Hgg.), *Makedonija niz vekovite. Gradovi – tvrdini – komunikacii*. Skopje 1999, 383-397, 384. Siehe auch: Sima ĆIRKOVIĆ (Hg.), *Istorija srpskog naroda I. Od najstarijih vremena do Maričke bitke 1371*. Beograd 1981, 437-448, 501-514; Gavro A. ŠKRIVANIĆ, O južnim i jugoistočnim granicama srpske države za vreme cara Dušana i posle njegove smrti, *Istorijski časopis* 11 (1960), 1-15; ŽIVOJINOVIĆ, Strumički metoh, 207.

3   Diese Datierung ermöglicht der Kontext der Urkunde des Jahres 1366. Siehe: SOLOVJEV, Končanski praktik, 91f.

4   Zu seiner Person: Mark C. BARTUSIS, Chrelja and Momčilo: Occasional Servants of Byzantium in Fourteenth Century Macedonia, *Byzantinoslavica* 41 (1980), 201-221, 201-206, 212-214; Nadežda DRAGOVA, Nadgroben plač na kesarica Hrelьova – epigrafät ot 1343 g. v Rilskija manastir, in: Miroljub JOKOVIĆ / Predrag MATEJIĆ (Hgg.), *5th International Hilandar Conference. Love of Learning and Devotion to God in Orthodox Monasteries. Selected Proceedings I*. Beograd, Columbus/Oh. 2006, 164-170; PLP, Nr. 30989; Peter SCHREINER, La chronique brève de 1352. Texte, traduction et commentaire. Troisième partie: de 1342 à 1348, *Orientalia Christiana Periodica* 31 (1965), H. 1, 336-373, 336 (Nr. 38), 343-346.

5   U. a. ediert in: Franz MIKLOSICH (Hg.), *Monumenta Serbica spectantia historiam Serbiae Bosnae Ragusii*. Wien 1858 (Nachdruck Graz 1964), 57-65 (Nr. 62). Siehe zu weiteren Editionen dieser Urkunde und zu ihrer Analyse: Sima ĆIRKOVIĆ, Hreljin poklon Hilandaru, *Zbornik radova Vizantološkog instituta* 21 (1982), 103-117, 103-106. Vgl. dazu auch: ŽIVOJINOVIĆ, Strumički metoh, 205f.

6   Dieser Ort ist nicht lokalisiert. Er befand sich links (sw.) der Kriva Lakavica, was anhand des Kontextes der Urkunde zu erschließen ist, und darf mit dem zweiten Dorf desselben Namens rechts (nö.) des Flusses nicht verwechselt werden. Olga Ivanova verzeichnet Felder dieses Namens bei Piperovo [GPS 22 16 07; 41 34 29]. Die Ortsbezeichnung geht auf das Wort *brěstъ* in der Bedeutung "Ulme" zurück. Vgl. dazu: Olga IVANOVA, *Rečnik na toponimite vo oblasta po slivot na Bregalnica*. Skopje 1996, 67 (Brest); weiters: Rade MIHALJČIĆ, Selišta. Prilog istoriji naselja u srednjovekovnoj srpskoj državi, *Zbornik Filozofskog Fakulteta* 9 (Beograd 1967), H. 1, 173-224, 216f.; Boban PETROVSKI, Naseleni mesta vo Štipskata oblast vo XIV vek, *Istorija* 38 (2002), H.

und die Wüstung Brěstokь[1] über der Lukavica[2] (*selište Brěstokь prězь Lukavicu*). Diese "seit Jahrhunderten verlassenen (wüstgefallenen) Siedlungen" hat Stefan Hrelja Dragovol mit Menschen "aus fremden Gegenden" besiedelt (*I prida kraljevьstvo mi selišta zapustěvša otь věka […] što si je naselilь otь tugichь zemlь*).[3]

Im Jahre 1336 erließ der serbische König Stefan Uroš IV. Dušan eine Urkunde für das Athōs-Kloster Chelandariu, mit welcher er die Schenkungen des Feudalherrn Stefan Hrelja Dragovol in der Stadt Štip und in den Flußtälern der Kriva Lakavica sowie der Strumica bestätigte.[4] Folgende Dörfer aus dem Einzugsbereich der Kriva Lakavica werden darin genannt: das Dorf Brěstь (*selo Brěstь*), das Dorf Suchogrь (*selo Suchogrь*), das Dorf Lěskovica (*selo Lěskovica*), das Dorf Vidče mit einem Weiler (*selo Vidče i sь zaselьkomь*[5]), das Dorf Brěstovica[6] auf jener Seite des Flusses [scilicet Kriva Lakavica] (*po one strane rěke selo Brěstovica*) und

---

1-2, 19-30, 25; Miodrag Al. PURKOVIĆ, Popis sela u srednjevekovnoj Srbiji, *Godišnjak Skopskog Filozofskog Fakulteta* 4 (1939/40), H. 2, 53-160, 67.

7   Jetzt das Dorf Suvo Grlo [GPS 22 13 58; 41 36 27], rund 15 km ssö. von Štip bzw. rund 16 km nw. von Konče. Dieses Toponym ist mit "trockener Hals" zu übersetzen. Vgl. zur Lokalisierung auch: IVANOVA, Rečnik, 629 (Suo Grlo); PETROVSKI, Naseleni mesta, 24; PURKOVIĆ, Popis sela, 146; ŽIVOJINOVIĆ, Strumički metoh, 210.

8   Jetzt das Dorf Leskovica [GPS 22 14 49; 41 35 41], 16,5 km ssö. von Štip bzw. 15 km nw. von Konče. Von *lěskovь* in der Bedeutung "Haselnußstrauch". Zur Lokalisierung: IVANOVA, Rečnik, 369 (Leskovica); PETROVSKI, Naseleni mesta, 24; PURKOVIĆ, Popis sela, 110; Ljubica STANKOVSKA, *Toponimite so sufiksot -ica vo Makedonija*. Skopje, Prilep 2001, 246f.; ŽIVOJINOVIĆ, Strumički metoh, 210.

9   Dieser Ort ist nicht lokalisiert. Siehe: PETROVSKI, Naseleni mesta, 24; PURKOVIĆ, Popis sela, 72.

10 Dieses Dorf existiert jetzt nicht. Olga Ivanova registriert eine Flur dieses Namens bei Piperovo [GPS 22 16 07; 41 34 29], wo sich eine Weide und ein türkenzeitlicher Friedhof befinden. Vgl. dazu: IVANOVA, Rečnik, 201 (Drenok); weiters: PETROVSKI, Naseleni mesta, 25; PURKOVIĆ, Popis sela, 90.

1   Jetzt das Dorf Brest [GPS 22 19 22; 41 36 23], 18 km sö. von Štip bzw. 13 km nnw. von Konče. Siehe zur Identifizierung: PETROVSKI, Naseleni mesta, 23; ŽIVOJINOVIĆ, Strumički metoh, 210f. Bei Olga Ivanova fehlen Angaben zu diesem Brest. Sie verzeichnet lediglich das erstgenannte (IVANOVA, Rečnik, 67). Miodrag Al. Purković vermengt beide Orte (PURKOVIĆ, Popis sela, 67f.).

2   Hiermit ist der Fluß Kriva Lakavica gemeint. Von *loka* in der Bedeutung "Kurve". Vgl. dazu: DURIDANOV, Die Hydronymie, 336f.; IVANOVA, Rečnik, 362 (Lakavica); STANKOVSKA, Toponimite so sufiksot -ica, 240.

3   MIKLOSICH (Hg.), Monumenta Serbica, 63; siehe dazu: ĆIRKOVIĆ, Hreljin poklon, 104-106. Vgl. zum Begriff *selište* sowie zu dessen Interpretationsmöglichkeiten weiter oben, Abschnitt *Zu Siedlungsentwicklung und Wüstungsprozessen*, und: Vassiliki KRAVARI, L'habitat rural en Macédoine occidentale (XIIIᵉ–XIVᵉ siècles), in: Klaus BELKE / Friedrich HILD / Johannes KODER / Peter SOUSTAL (Hgg.), *Byzanz als Raum. Zu Methoden und Inhalten der historischen Geographie des östlichen Mittelmeerraumes*. Wien 2000 (Veröffentlichungen der Kommission für die Tabula Imperii Byzantini, 7), 83-94; MIHALJČIĆ, Selišta, 173-224; DERS., Selište, in: Sima ĆIRKOVIĆ / Rade MIHALJČIĆ (Hgg.), *Leksikon srpskog srednjeg veka*. Beograd 1999, 664f.
    Unklar ist, woher die neuen Siedler kamen. Das Wort *tuždь* bedeutet "fremd" (MIKLOSICH, Lexicon, 1014f.). Es könnte sich um Menschen aus einem benachbarten Land, z. B. dem Byzantinischen Reich, oder um Menschen von Ländereien anderer serbischer Edelmänner gehandelt haben. Dieser Beleg in den Quellen trägt zur Fragestellung der äußeren bzw. inneren Kolonisation bei.

4   Diese Urkunde liegt in zwei Varianten vor. Die eine wurde ediert in: AChil sl, 458-461 (Nr. 27). Die andere wurde nur in einer partiellen Edition durch Stojan Novaković unter Auslassung von Besitzgrenzen publiziert: NOVAKOVIĆ, Zakonski spomenici, 399-401. Siehe zu der umstrittenen Datierung beider Varianten: ĆIRKOVIĆ, Hreljin poklon, 106-108; MIHALJČIĆ, Selišta, 203f., Anmerkung 3; ŽIVOJINOVIĆ, Strumički metoh, 206, Anmerkung 5.

5   Siehe zur Übersetzung und Bedeutung des Begriffes *zaselak*: KARADŽIĆ, Srpski rječnik, 202 ("ein Dorf, das zu einem andern gehört"); KRAVARI, L'habitat rural, 89f.; Rade MIHALJČIĆ, Zaselak, in: Sima ĆIRKOVIĆ / Rade MIHALJČIĆ (Hgg.), *Leksikon srpskog srednjeg veka*. Beograd 1999, 219f.

6   Brěstovica entspricht dem Dorf Brest [GPS 22 19 22; 41 36 23], rechts (nö.) der Kriva Lakavica.

die "Wüstung Še(p)šorovo[1] mit allen Grenzen und Rechten dieses Dorfes" (*selište Še[p]šorovo sь vsěmi megjami i opravdanmi sela togo*).[2]

Die zweite Variante dieser Urkunde überliefert im Flußtal der Lukavica das Dorf Brěstь (*u Lukavici selo Brěstь*), das Dorf Suchogrъ(lь) (*selo Suchogrъ[lь]*), das Dorf Lěskovica (*selo Lěskovica*), das Dorf Vidče (*selo Vidče*) und "das andere Brěstь über der Lukavica" (*drugi Brěstь prězь Lukavicu*).[3]

Ca. 1340/41[4] bestätigte der byzantinische Kaiser Andronikos III. Palaiologos[5] dem Athōs-Kloster Chelandariu den Besitz des Dorfes Mpraston (*to chōrion to Mpraston*), des Dorfes Suchogrъ[6] (*to chōrion ..cho.i...*), des Dorfes Leaskobitzon (*to chōrion to Leaskobitzon*), des Dorfes Bitzin mit einem Weiler (*to chōrion to Bitzin meta tu syn autō agridiu*[7]), eines anderen Weilers Mproastotzin jenseits des dortigen Flusses [scilicet Kriva Lakavica] (*peran tu ekeise potamu, heteron agridion to Mproastotzin*) und schließlich des Dorfes Srepsobos (*kai to chōrion tu Srepsobu meth' hēs echei periochēs kai nomēs*).[8]

Im südöstlichen Teil des Flußtales der Kriva Lakavica wird das Siedlungsnetz des 14. Jahrhunderts auf der Basis der bereits erwähnten Urkunde des Zaren Stefan Uroš V. aus dem Jahre 1366 faßbar. Darin werden folgende vierzehn Dörfer genannt: selo Konča[9], selo Lubnica[10],

---

1   Möglicherweise handelt es sich dabei um das jetzige Dorf Šopur [GPS 22 17 58; 41 38 08], rund 14 km sö. von Štip bzw. 17 km nnw. von Konče. Siehe zur Identifizierung: ŽIVOJINOVIĆ, Strumički metoh, 211, Anmerkung 36. Mitko Panov vermutet, daß dieser Ort erst in osmanischer Zeit gegründet wurde (PANOV, Raseleni naselbi, 118). Dies findet allerdings keine Bestätigung in den osmanischen Steuerverzeichnissen (siehe unten, Abschnitt III.). Laut Tomo Tomoski handelt es sich bei Šopur um ein wlachisches Toponym. Vgl. dazu weiter unten, Abschnitt VI., und: Tomo TOMOSKI, Zapisi za Vlasite vo Makedonija vo sredniot vek (Od krajot na VI do krajot na XIV vek), in: Cvetan GROZDANOV / Kosta ADŽIEVSKI / Aleksandar STOJANOVSKI (Hgg.), Makedonija niz vekovite. Gradovi – tvrdini – komunikacii. Skopje 1999, 419-438, 424.

2   AChil sl, 460 (Nr. 27).

3   NOVAKOVIĆ, Zakonski spomenici, 400.

4   Vgl. zur Datierung: ŽIVOJINOVIĆ, Strumički metoh, 206 und Anmerkung 6.

5   PLP, Nr. 21437.

6   Meine Interpretation des bruchstückhaft überlieferten griechischen Namens durch Einsetzen des altslawischen ist ein Analogieschluß in Anlehnung an die inhaltsgleichen Passagen der vorhergehenden Urkunden.

7   Bemerkenswert ist an dieser Stelle die Übersetzung des slawischen Wortes *zaselak* mit dem griechischen *agridion* in der Bedeutung "Weiler", die einen wichtigen Einblick in die Geschichte der zwischensprachlichen Terminologie jener Zeit erlaubt. Vgl. dazu: Erich TRAPP (Hg.), Lexikon zur byzantinischen Gräzität besonders des 9.-12. Jahrhunderts, 1. Faszikel. Wien 2001 (Veröffentlichungen der Kommission für Byzantinistik, VI/1), 13.

8   Louis PETIT / Basile KORABLEV (Hgg.), Actes de Chilandar. Première partie. Actes grecs (Actes de l'Athos). St. Petersbourg 1911 (Nachdruck Amsterdam 1975) (Vizantijskij vremennik, 17/1), 276 (Nr. 131) (im folgenden: AChil gr).

9   Jetzt das Dorf Konče [GPS 22 23 06; 41 29 44], Hauptsitz der gleichnamigen Gemeinde. Von *konьcь* in der Bedeutung "Ende". Siehe: IVANOVA, Rečnik, 316 (Konče); PURKOVIĆ, Popis sela, 104.

10 Jetzt das Dorf Lubnica [GPS 22 22 09; 41 30 00], rund 1 km wnw. von Konče. Vielleicht von *lubьnъ* für "Baumrinde, Bast" herzuleiten. Vgl. dazu: IVANOVA, Rečnik, 380 (Lubnica); PURKOVIĆ, Popis sela, 113; STANKOVSKA, Toponimite so sufiksot -ica, 253.

selo Trěskavьcь[1], selo Suchi Dolъ[2], selo Dědino[3], selo Rakit(ь)сь[4], selo Sěništa[5], "das Dorf, in dem Dobroslav Karbić saß (residierte)"[6] (*selo gde jes*[tь] *sědelь Dobroslavъ Karbikь*), die Hälfte des Dorfes Tudorica[7] (*selo polь Tudorice*), selo Kostadinci[8], "das Dorf, in dem Kostadin saß (residierte)"[9] (*selo gde je sědelь Kostadinь*), sselo (sic!) Negronfoti[10], selo Grkovъ Dolъ[11] und selo S(ve)ti Kostadinь[12].[13]

Eine weitere Quelle zu diesem Teil des Flußtales bildet das bereits erwähnte "Praktikon von Konče" ("Končanski praktik"), das unmittelbar nach 1366 entstanden sein dürfte. Dieses verzeichnet die Orte Konče (*u Konьči*), Konьčišta[14] (*u Konьčišti*), Lubnica (*Lubnica*), Trěskavac (*u Trěskavci*), Seništa (*Seništa*), Vranino selište bzw. Vranino selo[15] (*na Vranine selišti* bzw.

---

1 Diese Siedlung existiert jetzt nicht. Möglicherweise befand sie sich in der Nähe der Erhebung *Treskavačka čuka* (siehe dazu *Abb. 15*), rund 9 km nnw. von Konče. Dieses Toponym geht auf das Wort *trěskati* für "krachen, knistern" zurück. Siehe: BOJANIN, Povelja, 113; IVANOVA, Rečnik, 648 (Treskavec); PANOV, Raseleni naselbi, 111, 114; PURKOVIĆ, Popis sela, 149. Vgl. dazu auch folgende Landkarten: Karte 1:100.000, Beograd 1955, Blatt Strumica; Karte 1:100.000, Beograd 1958, Blatt Plačkovica.

2 Dieses Dorf ist nicht lokalisiert. Sein Name bedeutet übersetzt "trockenes Tal". Siehe: PURKOVIĆ, Popis sela, 146.

3 Jetzt das Dorf Dedino [GPS 22 25 34; 41 34 15], 9 km nnö. von Konče. Vgl. dazu: IVANOVA, Rečnik, 172 (Dedino); PURKOVIĆ, Popis sela, 85.

4 Jetzt das Dorf Rakitec [GPS 22 25 21; 41 32 34], rund 6 km nö. von Konče. Von *rakita* in der Bedeutung "Purpurweide, Rotweide". Siehe: IVANOVA, Rečnik, 535 (Rakitec); PURKOVIĆ, Popis sela, 134.

5 Diese Siedlung existiert jetzt nicht. Olga Ivanova registriert eine Flur desselben Namens beim Ort Dolni Lipovikj [GPS 22 27 25; 41 30 15] (IVANOVA, Rečnik, 575 [Senište]). Von *senište* in der Bedeutung "schattiger Platz" oder "gemähter Platz". Weiters: PURKOVIĆ, Popis sela, 140.

6 Bei Dobroslav Karbić handelt es sich um einen Edelmann des Nikola Stanjević. Weitere prosopographische Daten sind zu seiner Person nicht vorhanden. Der Name des Dorfes ist nicht überliefert. Es läßt sich somit nicht lokalisieren. Stanoje Bojanin setzt die Dorfbezeichnung mit dem Namen des Edelmannes gleich ("Posedovao je selo, u povelji nazvano po njemu …"), was der Kontext der Quelle meines Erachtens jedoch nicht erlaubt. Siehe dazu: BOJANIN, Povelja, 111; GRUJIĆ, Zadužbina, 207.

7 Dieses Dorf existiert jetzt nicht. Olga Ivanova verzeichnet eine Flur namens *Tudurica* beim Ort Gorni Lipovikj [GPS 22 29 35; 41 30 41] (IVANOVA, Rečnik, 657f. [Tudurica]). Weiters: PURKOVIĆ, Popis sela, 150; STANKOVSKA, Toponimite so sufiksot -ica, 411.

8 Diese Siedlung ist nicht lokalisiert. Im Defter für den Sandžak *Köstendil* (1570/73) ist eine *Mezra Kostadinci* beim Dorf Konče [GPS 22 23 06; 41 29 44] verzeichnet. Siehe: STOJANOVSKI (Hg.), Turski dokumenti V/3, 271. Zur Definition einer *mezra*: "*Mezraa* denoted the ground of a former, deserted village with its known and respected borders and pertainances, so that it could be revived, i. e. resettled. In that village, *mezraa* was equal to the Serbian term *selište*. Its arable land was sometimes tilled and sowed by the neighbouring villages, and thereafter was named *sejalište*." [aus: Jelena MRGIĆ, Transition from Late Medieval to Early Ottoman Settlement Pattern. A Case Study on Northern Bosnia, *Südost-Forschungen* 65/66 (2006/2007), 50-86, 81, Anmerkung 112]. Olga Ivanova registriert eine Flur desselben Namens beim Ort Konče (IVANOVA, Rečnik, 324 [Kostadinci]). Weiters: PURKOVIĆ, Popis sela, 105; STANKOVSKA, Toponimite so sufiksot -ica, 218.

9 Kostadin war ebenfalls ein Edelmann des Nikola Stanjević. Auch zu seiner Person liegen keine weiteren prosopographischen Details vor. Der Name des Dorfes ist nicht überliefert, und es wurde nicht lokalisiert.

10 Jetzt das Dorf Negrenovci [GPS 22 27 00; 41 33 00], 7,5 km nö. von Konče. Vgl. dazu: GRUJIĆ, Zadužbina, 207; IVANOVA, Rečnik, 438 (Negărnovci).

11 Dieses Dorf existiert jetzt nicht. Möglicherweise ist es aufgrund der Namensähnlichkeit in der Flur *Grčka* zu lokalisieren, die sich rund 6 km onö. von Konče [GPS 22 23 06; 41 29 44] befindet. Siehe: BOJANIN, Povelja, 113; IVANOVA, Rečnik, 152 (Grkof Dol); PURKOVIĆ, Popis sela, 83. Vgl. auch folgende Landkarten: Karte 1:100.000, Beograd 1955, Blatt Strumica; Karte 1:100.000, Beograd 1958, Blatt Plačkovica.

12 Diese Siedlung ist nicht lokalisiert. Siehe: PURKOVIĆ, Popis sela, 105.

13 BOJANIN, Povelja, 106.

14 Dieses Toponym ist nicht lokalisiert. Laut Kontext der Quelle befand es sich zweifellos in der näheren Umgebung von Konče [GPS 22 23 06; 41 29 44].

15 Dieses Dorf ist nicht lokalisiert. In diesem konkreten Falle ist *selište* nicht mit "Wüstung" zu übersetzen, sondern mit "Dorf" bzw. einem sich "entwickelnden Dorf". Siehe dazu weiter oben, Abschnitt *Zu Siedlungsentwicklung und Wüstungsprozessen*, und: MIHALJČIĆ, Selišta, 184.

na Vranine sele) und Tudorica (*pri Tudorici*), zwei namenlose Siedlungsplätze (*na selišti* bzw. *na selištu*), die Orte Orachovica[1] (*na Orachovice* bzw. *na Orachovici*) und Rakitьсь (*podь Rakitьcemь*), den "Siedlungsplatz des Novak"[2] (*selište Novakovo*), Radeš (*od G...a Radeša*)[3] und schließlich den Fluß Lukavica, d. h. Kriva Lakavica (*s one strane Lukavice* bzw. *u Lukavicu* bzw. *do Lukavice*).[4]

Bis 1366 unterstand das Gebiet des Flußtales der Kriva Lakavica offensichtlich dem Zaren Stefan Uroš V. Ob der serbische Despot Jovan Uglješa[5] dieses Gebiet zu einem bestimmten Zeitpunkte seinem Herrschaftsbereich einverleibt hat, bleibt unklar.[6] Jedenfalls fiel das Flußtal nach dem Tode Stefan' Uroš V. und der Schlacht an der Marica (beide 1371) im Zuge der darauffolgenden neuen politischen Kräfteverteilung unter den serbischen Feudalherren an die Familie Dragaš.[7]

Einen Indikator für den Zeitpunkt der osmanischen Eroberung des Flußtales bietet die Türbe, welche der osmanische Feldherr Ewrenos Bey Gazi[8] für seinen Vater 'Isā Bey Prangi an jener Stelle hat errichten lassen, an welcher dieser im Kampf gefallen war (siehe *Abb. 16*).[9] Sie ist in jedem Falle vor 1417, dem Todesjahr des Ewrenos, erbaut worden, wobei Aleksandar Stojanovski annimmt, daß das Flußtal der Kriva Lakavica im Zuge der osmanischen Offensive

---

1   Das Dorf Oraovica existiert jetzt nicht. Herzuleiten von *orachь* in der Bedeutung "Walnuß, Walnußbaum". Siehe dazu: IVANOVA, Rečnik, 454 (Oraovica); STANKOVSKA, Toponimite so sufiksot -ica, 300.

2   Dieser Siedlungsplatz kann nicht verortet werden. Zur Übersetzung des Begriffes *selište* mit "Siedlungsplatz" in diesem konkreten Falle: MIHALJČIĆ, Selišta, 184, 200; SOLOVJEV, Končanski praktik, 103. Der Kontext des Praktikon zeigt m. E. eindeutig, daß es sich hierbei nicht um eine Wüstung, sondern um ein sich entwickelndes Dorf handelt. Novak war höchstwahrscheinlich ein Edelmann des Nikola Stanjević. Vergleiche dazu: Ebd. 103.

3   Das Praktikon überliefert nicht den kompletten Ortsnamen. Jetzt existiert das Dorf Dolni Radeš [GPS 22 21 15; 41 33 45], rund 8 km nnw. von Konče. M. E. ist die Lücke zwischen "G" und "a" mit "Gornoga" zu ergänzen. Es dürfte im 14. Jahrhundert ein Gorni Radeš gegeben haben, das wahrscheinlich zu einem späteren Zeitpunkte zugunsten einer Ansiedlung im Tal verlassen wurde (daher Dolni Radeš). Deshalb ist die von Olga Ivanova vorgeschlagene Gleichsetzung von Dolni Radeš mit dem obigen meiner Meinung nach nicht zutreffend. Vgl. dazu: IVANOVA, Rečnik, 192 (Dolni Radeš). Siehe auch: PANOV, Raseleni naselbi, 115. Tatsächlich ist in den verwendeten Landkarten die Flur G. Radeš, rund 2 km s. von Dolni Radeš, verzeichnet: Karte 1:100.000, Beograd 1958, Blatt Plačkovica.

4   SOLOVJEV, Končanski praktik, 85-91.

5   PLP, Nr. 21150.

6   MIHALJČIĆ, Kraj srpskog carstva, 106-109, 158; Georgije OSTROGORSKI, *Serska oblast posle Dušanove smrti*. Beograd 1965 (Posebna izdanja Vizantološkog instituta, 9), 22-24.

7   GABELIĆ, Manastir Konče, 42; MIHALJČIĆ, Kraj srpskog carstva, 174-178. Vgl. dazu die Karte in: Mirjana ŽIVOJINOVIĆ, Dragaši i Sveta Gora, *Zbornik radova Vizantološkog instituta* 43 (2006), 41-57, 52.

8   Siehe zu seinen biographischen Daten: Heath W. LOWRY, *The Shaping of the Ottoman Balkans, 1350-1500. The Conquest, Settlement & Infrastructural Development of Northern Greece*. Istanbul 2008, 16-64; PLP, Nr. 5955; Aleksandar STOJANOVSKI, Zaveštanieto na Evrenos-beg vo nahijata Konče, in: *Makedonija pod turskata vlast (statii i drugi prilozi)*. Skopje 2006, 19-25, 19f.; Ulrike TISCHLER-HOFER, Unsere Steine, Eure Steine… Kulturpolitik, Wissenschaft und Forschung zwischen Kuppeln, Korn und Kanonen. Der Sonderfall Westthrakien (Nordostgriechenland), in: Ulrike TISCHLER-HOFER / Renate ZEDINGER (Hgg.), *Kuppeln, Korn, Kanonen. Unerkannte und unbekannte Spuren in Südosteuropa von der Aufklärung bis in die Gegenwart*. Innsbruck, Wien, Bozen 2010, 19-56, 26f., Anmerkung 24.

9   Die Türbe [GPS 22 23 51; 41 32 32] befindet sich rechts (nö.) des Flusses Kriva Lakavica, 5,5 km nnö. von Konče [GPS 22 23 06; 41 29 44], und wird *Gazi Evrenos* genannt. Vgl. dazu: STOJANOVSKI, Zaveštanieto, 22; Karte 1:100.000, Beograd 1958, Blatt Plačkovica. Meines Wissens wurde sie bisher in keiner wissenschaftlichen Publikation umfassend dokumentiert, auch nicht in: Zoran PAVLOV (Hg.), *Ottoman Monuments*. Skopje 2009 (Macedonian Cultural Heritage), passim. Deshalb erfolgte eine erstmalige einschlägige Beschreibung in: Mihailo St. POPOVIĆ, The Dynamics of Borders, Transportation Networks and Migration in the Historical Region of Macedonia (14th-16th Centuries), in: Michael BORGOLTE / Julia DÜCKER / Marcel MÜLLERBURG / Paul PREDATSCH / Bernd SCHNEIDMÜLLER (Hgg.), *Europa im Geflecht der Welt. Mittelalterliche Migrationen in globalen Bezügen*. Berlin 2012 (Europa im Mittelalter 20), 155-172, 164.

des Jahres 1385 erobert wurde.[1] Ewrenos hat rings um diese Türbe eine fromme Stiftung (Vakıf) begründet, wovon ein Eintrag im Defter für den Sandžak *Köstendil* (jetzt Kjustendil) aus den Jahren 1570 bis 1573 zeugt.[2] Die Einwohner eines Dorfes namens Krč'k (K'rč'k) hatten sich bei dieser Stiftung angesiedelt, sodaß deren ursprünglicher Wohnort zu einer Mezra (*Mezra Crvec*) wurde, während sie ihren alten Dorfnamen auf den neuen Siedlungsort übertrugen.[3] Aleksandar Stojanovski hat das im Defter verzeichnete Toponym zunächst als Krčeva gelesen[4], später zu Krč'k (K'rč'k) korrigiert und mit der Flur *Grčka*, 4,5 km osö. der Türbe *Gazi Evrenos*, in Verbindung gebracht.[5] Möglicherweise sind das im Jahre 1366 bezeugte Dorf Grkovь Dolь und das Dorf Krč'k (K'rč'k) identisch, wovon sich jetzt lediglich besagter Flurname erhalten hat.[6]

Als letzte Information aus den schriftlichen Quellen des 15. Jahrhunderts sei auf den Aufenthalt der Katarina-Kantakuzina Branković, der Tochter des serbischen Despoten Djuradj Branković, in Konče hingewiesen, die ihren Lebensabend höchstwahrscheinlich zwischen 1487 und 1490/92 in diesem Ort verbracht hat[7], wovon die serbischen Annalen berichten.[8] Sie starb in Konče im Zeitraum zwischen Juni 1490 und November 1492 und wurde ebenda begraben.[9]

Siedlungsbefund und Siedlungsentwicklung in spätbyzantinischer Zeit (1259-1385)

Im Zeitraum zwischen 1259 und 1385 sind in den verwendeten schriftlichen Quellen ingesamt 26 Siedlungen nachzuweisen. Von diesen 26 sind wiederum zehn Siedlungen lokalisiert bzw. lokalisierbar: Brěstokь (Brest), Dědino (Dedino), Grkovь Dolь (Grčka), Konča (Konče), Lěskovica (Leskovica), Lubnica (Lubnica), Negronfoti (Negrenovci), Rakit(ь)сь (Rakitec), Še(p)šorovo (Šopur) und Suchogrьlь (Suvo Grlo).

Diese Siedlungen weisen allesamt eine Siedlungskontinuität auf, während unlokalisierbare Siedlungen (bzw. Fluren oder Wüstungen) in den folgenden Ausführungen nicht berücksichtigt werden, weil sie keinen Stellenwert im Rahmen des Modells der modifizierten "Central Place Theory" besitzen. Die obenerwähnten zehn Siedlungen werden in *Tabelle 4*, die chronologisch den verwendeten Quellen von 1259 bis 1385 folgt, präsentiert. Eingetragen wurden die jeweils in den Quellen bezeugten Namensformen der Toponyme in Transkription samt der überlieferten Siedlungsform in deutscher Übersetzung, z. B. "Dorf Brěstovica". Wenn z. B. das Attribut

---

1 Stojanovski, Zaveštanieto, 24.

2 Aleksandar Stojanovski (Hg.), *Turski dokumenti za istorijata na Makedonskiot narod. Opširen popisen defter za Kjustendilskiot sandžak od 1570 godina*. Tom V/Kniga 5. Skopje 1995, 91-93.

3 Ebd. 93.

4 Ebd. 91.

5 Stojanovski, Zaveštanieto, 23. Vgl. dazu auch: Stojanovski / Gjorgiev, Naselbi, 121. Offensichtlich lebten 1570/73 Nachfahren des Ewrenos Bey in der Nahiye *Ištip*, da ein *Džemat Evrenos Ogulari* im Defter für den Sandžak *Köstendil* verzeichnet ist. Siehe: Sokoloski (Hg.), Turski dokumenti V/2, 255f.

6 Im Defter für die Nahiye *Konče* ist eine *Mezra Grlodol* verzeichnet [Stojanovski (Hg.), Turski dokumenti V/3, 266]. Der Herausgeber vermerkt an dieser Stelle, daß die Lesung *Grlodol* zu *Grkodol* zu korrigieren und mit dem Dorf *Grkovь Dolь* des Jahres 1366 gleichzusetzen ist. Die Bezeichnung Krč'k (K'rč'k) ist möglicherweise eine weitere Bezeichnung für *Grkovь Dolь* in osmanischer Zeit. Dieses *Grkovь Dolь* haben die Einwohner verlassen, um sich bei der Türbe *Gazi Evrenos* anzusiedeln, woraufhin am ursprünglichen Siedlungsort eine Wüstung – in Form der *Mezra Crvec* und der *Mezra Grkodol* – entstand, die wahrscheinlich mit der jetzigen Flur *Grčka* zu identifizieren ist.

7 Vgl. dazu mit weiterführender Literatur: Gabelić, Manastir Konče, 43-51; Mihailo St. Popović, *Mara Branković. Eine Frau zwischen dem christlichen und dem islamischen Kulturkreis im 15. Jahrhundert*. Mainz, Ruhpolding 2010 (Peleus, Studien zur Archäologie und Geschichte Griechenlands und Zyperns, 45), 130f., Anmerkung 7; PLP, Nr. 93761.

8 Ljubomir Stojanović, Srpski rodoslovi i letopisi, *Glasnik Srpskog Učenog Društva* 53 (1883), 1-160, 43 (*Katakuzina že u Konče, vyše Strumici.*).

9 Gabelić, Manastir Konče, 46, 49. Der genaue Ort ihrer Grabstätte ist unbekannt.

"Dorf" in den Quellen nicht explizit bei der jeweiligen Siedlung aufscheint, sondern lediglich der Kontext der Quelle eine gewisse Siedlungsform – auch im Hinblick auf den Gesamtkontext späterer Quellen – nahelegt, steht eine Abkürzung in runden Klammern nach dem jeweiligen Toponym, z. B. "Brěstъ (D)". Diese Abkürzungen sind wie folgt aufzulösen: D = Dorf; F = Flur. Zweifelhafte Klassifizierungen weisen ein Fragezeichen in runder Klammer auf (?).

Analyse der ermittelten Daten auf der Basis der modifizierten "Central Place Theory"
Die nunmehr folgende Analyse der Daten orientiert sich an jenen Schemata, die Johannes Koder für das Fach der Byzantinistik auf der Basis von Christallers "Central Place Theory" weiterentwickelt bzw. modifiziert hat.[1]
Zunächst ist eine Einteilung der obenerwähnten zehn Siedlungen des Flußtales der Kriva Lakavica im Sinne "Central Market Town (CMT)" + "Intermediate Market Town (IMT)" oder "Standard Market Town (SMT)" vorzunehmen. Keiner der zehn Orte erfüllt auf den ersten Blick die Definition CMT+IMT, da keine zentrale Administrativfunktion auf der Basis der Quellen zu erkennen ist. Nichtsdestoweniger ist meines Erachtens das Dorf Konče als Zentrum des südöstlichen Teiles des Flußtales der Kriva Lakavica anzusprechen, da ich an dieser Stelle die Hypothese formulieren möchte, daß der nordwestliche Teil dem Zentrum Štip zugeordnet war, während sich der südöstliche Teil – in Unabhängigkeit von den Städten Štip und Strumica – siedlungsgeschichtlich am Ort Konče orientierte, was im folgenden anhand von einigen Überlegungen untermauert wird.
Daraus resultiert die *Tabelle 5*, welche die genannten zehn Orte zunächst sowohl in Relation zu Konče als auch zu Štip setzt.[2] Vier Siedlungen – nämlich Brest, Leskovica, Šopur und Suvo Grlo – befinden sich im Grenzbereich zwischen Konče und Štip, wenn man die maximale Distanz von 15 km zwischen CMT+IMT und SMT in Betracht zieht. Somit wären Brest und Leskovica dem Zentrum Konče zuzurechnen, Šopur und Suvo Grlo hingegen demjenigen von Štip (siehe *Abb. 13*).
Basierend auf den schriftlichen mittelalterlichen Quellen ist jedoch eindeutig zu erkennen, daß alle vier Orte – Brest, Leskovica, Šopur und Suvo Grlo – in Beziehung zum Zentrum Štip standen, was durch die Schenkung des Feudalherrn Stefan Hrelja Dragovol zu erklären ist. Hrelja Dragovol hatte eine Kirche des Heiligen Erzengels Michael (siehe *Abb. 17*)[3] in der Stadt Štip erbaut (*I prida kraljevъstvo mi crъkvъ velikoslavnago Arъchïstratiga Michaila iže vъ Štipu gradu, jegože protosevastь Chrelja otъ osnovanija ljuboviju duše si sъzdalъ*) und diese mit Zustimmung des serbischen Königs dem Athōs-Kloster Chelandariu geschenkt. Zum Besitz der Kirche zählten unter anderem die vier genannten Orte, die folglich auch zum neubegründeten Metochion mit Sitz in Štip gehörten.[4]

---

1   Siehe dazu im Detail weiter oben, Abschnitt *Analyse der ermittelten Daten auf der Basis der modifizierten "Central Place Theory"*, und: Johannes KODER, Land Use and Settlement: Theoretical Approaches, in: John F. HALDON (Hg.), *General Issues in the Study of Medieval Logistics: Sources, Problems and Methodologies*. Leiden, Boston 2006 (History of Warfare, 36), 159-183.

2   Die Ermittlung der jeweiligen Distanzen basiert auf folgenden Landkarten: Karte 1:100.000, Beograd 1955, Blatt Strumica; Karte 1:100.000, Beograd 1958, Blatt Plačkovica; Karte 1:200.000, Wien 1925, Blatt Edessa; Karte 1:200.000, Wien 1940, Blatt Kriva Palanka.

3   Diese Kreuzkuppelkirche, welche den Namen *Sv. Arhangel Mihail Fitijata* trägt, befindet sich am NO-Abhang des Burgberges *Isar* [GPS 22 11 16; 41 44 20]. Siehe dazu: Zvonko BELDEDOVSKI, Srednovekoven Štip niz istoriskite podatoci i materijalnite ostatoci, *Zavod za zaštita na spomenicite na kulturata i Naroden Muzej - Štip, Zbornik* VIII (1998), 7-19, 12; MARKOVIĆ, Pravoslavno monaštvo i manastiri, 211-213; PETKOVIĆ, Pregled, 352f.

4   MIKLOSICH (Hg.), Monumenta Serbica, 62f.; vgl. dazu auch: AChil sl, 459f. (Nr. 27); NOVAKOVIĆ, Zakonski spomenici, 400; AChil gr, 275f. (Nr. 131). In den Quellen begegnen sowohl die Termini "Kirche" (*crъkvъ*) als

Genau auf der Linie der Dörfer Leskovica und Brest ist meines Erachtens aus diesem Grunde die Grenze zwischen dem nordwestlichen und dem südöstlichen Teil des Flußtales der Kriva Lakavica zu ziehen. Bis zu diesen Orten reichte der Einzugsbereich der Stadt Štip.[1] Die Siedlungen, die sich jenseits, d. h. südöstlich, dieser Linie befanden, gehörten ohne Zweifel zum Zentrum Konče und lauten wie folgt: Dedino, (die Flur) Grčka, Lubnica, Negrenovci und Rakitec. Allerdings unterschreiten alle fünf genannten Orte den für ein SMT angenommmenen Radius von 13 bis 15 Kilometern. Vielmehr befinden sie sich in einer Zone von 1 bis 9 Kilometern.

Dies bedeutet, daß es sich bei Konče und seinem Siedlungsnetz nicht um ein klassisches Beispiel der nach Koder modifizierten "Central Place Theory", sondern um ein lokales agrarisches und kirchliches Zentrum mit kleinräumiger Produktionsstruktur handelt. Sima Ćirković hat im Falle von Štip auf der Basis der schriftlichen Quellen angenommen, daß die unmittelbare Umgebung der Stadt als "städtisches Metochion" definiert war, das der Versorgung diente und einen Radius von rund 7 km umfaßte.[2] Dies dürfte auch bei Konče zu vermuten sein, wobei es allerdings im 14. Jahrhundert nicht als CMT+IMT anzusprechen ist, da die dafür notwendigen Funktionen nicht belegt zu sein scheinen. Die erwähnte Kleinräumigkeit, die in spätbyzantinischer Zeit greifbar ist, läßt sich über die osmanische Zeit bis in die Gegenwart weiterverfolgen, wovon unten noch die Rede sein wird.

Das Siedlungsnetz von Konče ist von den naturräumlichen Gegebenheiten des südöstlichen Flußtales der Kriva Lakavica klar umrissen. Es ist an drei Seiten von Gebirgen begrenzt[3] und nur nach Nordwesten in Richtung Štip offen. In diesem Zusammenhang muß es auch zu einer Neubewertung der Verkehrsanbindungen auf der Basis der schriftlichen Quellen kommen, die ebenfalls weiter unten durchgeführt wird (siehe Abschnitt *Neubewertung des Siedlungs- und Verkehrsnetzes des Ortes Konče im Hinblick auf die Städte Štip und Strumica*).

Neben den Ausführungen von Sima Ćirković möchte ich in Anlehnung an Johann Heinrich von Thünens Theorien[4] Konče als "isolated regional structure"[5] und als lokalen Marktort ansprechen. Von Thünen postulierte "an ideal 'economic' – not 'kilometric' – distance for certain agricultural products to their market and vice versa for certain non-agrarian services to their customers, this being determined by transport costs (based on weight, volume, the perishability of the goods, distance, quality of the route involved), [...]".[6] Laut Denkmodell gruppieren sich konzentrische Zonen um die jeweiligen Märkte, die jedoch "not necessarily have to be circular in form, as good transport routes by land or by water can distort the picture".[7]

Folgt man diesen Überlegungen, kann zur graphischen Darstellung des Marktortes Konče samt seiner Zonen *Graphik B* aus den Arbeiten von Koder herangezogen werden (siehe *Abb.*

---

auch "Kloster" (*monastyrъ, monastērion*) für dieses Gotteshaus bzw. Metochion. Diese räumliche Einteilung blieb auch in osmanischer Zeit aufrecht. Siehe dazu weiter unten, Abschnitt *Zur Siedlungskontinuität in osmanischer Zeit.*

1 Vgl. zur Siedlungsstruktur der Stadt Štip samt Umgebung im Detail weiter unten, Abschnitt IV.
2 Ćirković, Štip, 31f. Siehe auch: Popović, Siedlungsstrukturen im Wandel, 44.
3 Siehe dazu weiter oben, Abschnitt *Geographische Lage.*
4 Johann Heinrich von Thünen, *Der isolirte Staat in Beziehung auf Landwirthschaft und Nationalökonomie.* Berlin ³1875 (Nachdruck Darmstadt 1966), passim. Vgl. dazu: Werner Wilhelm Engelhardt, *Johann Heinrich von Thünen als Vordenker einer sozialen Marktwirtschaft.* Marburg 2008 (Beiträge zur Geschichte der deutschsprachigen Ökonomie, 33).
5 Koder, Land Use, 162.
6 Ders., The Urban Character of the Early Byzantine Empire: Some Reflections on a Settlement Geographical Approach to the Topic, in: *The 17th International Byzantine Congress. Major Papers, Dumbarton Oaks/Georgetown University, Washington, D.C., August 3-8, 1986.* New Rochelle/NY. 1986, 155-187, 159.
7 Ebd. 160.

18).[1] Die Zonen rings um den Marktort sind jeweils für eine bestimmte Art von landwirtschaftlicher Produktion bestimmt: (1) intensiver Gartenbau in unmittelbarer Umgebung des Zentrums, (2) gefolgt von Wein-, Obst- und Olivenkulturen, (3) extensivem Ackerbau und (4) schließlich Forstwirtschaft sowie Viehzucht.[2]

Diese theoretische Einteilung spiegelt sich in der quellenbasierenden Realität des "Praktikon von Konče" ("Končanski praktik") wider. Es verzeichnet am Anfang, daß Nikola Stanjević der Kirche des Heiligen Stefan Menschen, Weinstöcke, Äcker und Obstbäume (*ljudi*, *lozija*, *nivija*, *vokija*) geschenkt hat. Danach folgt eine Aufzählung der Einwohner samt Häusern in Konče.[3] Aleksandar Solovjev errechnet auf dieser Basis eine Gesamtzahl von 50 Häusern für den Ort.[4]

Nach der Auflistung von zur Kirche gehörenden Menschen in Lubnica (*Lubnica*), Trěskavac (*u Trěskavci*) und Seništa (*Seništa*) werden die Weinstöcke (*lozija Konьčьska*) und Obstkulturen von Konče (d. h. *orachь* / Walnüsse, *oskoruše* / Vogelbeeren, Ebereschen, *dbě črьnice* / Maulbeerbäume, *kruše* / Birnbäume, *črěšьnь* / Kirschbäume, *jablьka* / Apfelbäume, *slive* / Zwetschkenbäume) erfaßt.[5] Darauf werden die Weinstöcke und Obstkulturen von Lubnica registriert.[6]

Es folgt eine systematische Erfassung der Äcker, die zu Konče (*stlьpovi*[7] *u Konьču*) und zu Lubnica (*u Ljubьnice*) gehören. In diesem Kontext begegnen zahlreiche Hinweise auf gerodetes (Neu)Land (*trěbežь*)[8], das durch Kolonisierung gewonnen wurde.[9] Schließlich werden gesondert mehrere Wiesen (*livada*) bei Konče erwähnt.[10]

Das Ende des "Praktikon von Konče" bilden Angaben zu Feldern in der Umgebung des Dorfes Trěskavac. Bemerkenswert ist in diesem Zusammenhang, daß ebendort ein Wachtturm (*na stražišti* bzw. *u stražišti*[11]) zur Sicherung der Felder – und wohl auch des Verkehrsweges

---

1 Ebd. 180 (1.); KODER, Land Use, 162 (Fig. 1.). Basierend auf: Pieter W. DE NEEVE, *Peasants in Peril. Location and Economy in Italy in the Second Century B.C.* Amsterdam 1984, 12 (Fig. 1).

2 KODER, Land Use, 161f.

3 SOLOVJEV, Končanski praktik, 85f.

4 Ebd. 95. Laut osmanischem Defter für den Sandžak *Köstendil* (jetzt Kjustendil) lebten im letzten Drittel des 16. Jahrhunderts 121 verheiratete Personen und 71 einzelne Personen im Dorf Konče [STOJANOVSKI (Hg.), Turski dokumenti V/3, 268-270]. Die Gesamtzahl der Einwohner wird durch die Multiplikation der Verheirateten mit dem Faktor 5 berechnet, was der angenommenen Durchschnittsgröße einer Familie entspricht. Daraus ergibt sich eine Gesamteinwohnerzahl von etwa 676 Menschen. Vgl. zum erwähnten Faktor 5: Dragi GJORGIEV, Siedlungsverhältnisse im makedonisch-albanischen Grenzgebiet im 15. und 16. Jahrhundert (nach osmanischen Quellen), *Südost-Forschungen* 65/66 (2006/2007), 117-136, 119, Anmerkung 8; MRGIĆ, Transition, 69, 82.

5 SOLOVJEV, Končanski praktik, 86-88.

6 Ebd. 88.

7 Es handelt sich dabei um große landwirtschaftliche Anbauflächen, die Eigentum des Herrschers, der Feudalherren, der Kirchen oder der Klöster waren. Siehe zu diesem Begriff: Siniša MIŠIĆ, Stup, stlp, in: Sima ĆIRKOVIĆ / Rade MIHALJČIĆ (Hgg.), *Leksikon srpskog srednjeg veka*. Beograd 1999, 718f.; SOLOVJEV, Končanski praktik, 99.

8 Ebd. 99f.

9 Ebd. 88-90. Siehe dazu im Detail weiter unten, Abschnitt *Neubewertung des Siedlungs- und Verkehrsnetzes des Ortes Konče im Hinblick auf die Städte Štip und Strumica*.

10 Ebd. 90. Vgl. zum Begriff *livada*: MIKLOSICH, Lexicon, 336.

11 SOLOVJEV, Končanski praktik, 91. Der Wachtturm wird in der Auflistung zweimal erwähnt, wobei der Kontext nahelegt, daß es sich um ein- und denselben handelt. Siehe zum Begriff *stražište*: MIKLOSICH, Lexicon, 887; weiters: Žaklina VRANIĆ-BIJELIĆ, Straža, in: Sima ĆIRKOVIĆ / Rade MIHALJČIĆ (Hgg.), *Leksikon srpskog srednjeg veka*. Beograd 1999, 714f. Die Siedlung Trěskavac befand sich möglicherweise in der Umgebung der Erhebung *Treskavačka čuka*, rund 9 km nnw. von Konče. Demgemäß wäre der Wachtturm auch dort – wahrscheinlich auf der Erhebung selbst (602 m ü. NN) – zu suchen. Ivan Mikulčić verzeichnet auf dem flachen Gipfel der *Treskavačka čuka* eine frühbyzantinische Befestigung. Vgl. dazu: Ivan MIKULČIĆ, *Spätantike und frühbyzantinische Befestigungen in Nordmakedonien. Städte – Vici – Refugien – Kastelle.* München 2002 (Münchner Beiträge zur Vor- und Frühgeschichte, 54), 371 (Nr. 305). Laut freundlicher Auskunft von Herrn Prof. Dr. Viktor Lilčikj (Skopje) wurden auch antike bzw. mittelalterliche Fundhorizonte registriert (15.4.2010).

(siehe unten, Abschnitt *Neubewertung des Siedlungs- und Verkehrsnetzes des Ortes Konče im Hinblick auf die Städte Štip und Strumica*) – bezeugt ist.

Die Informationen aus dem besagten Praktikon ermöglichen die Feststellung, daß der Ort Konče über jene Zonen landwirtschaftlicher Produktion verfügte, wie sie oben auf der Basis des theoretischen Ansatzes beschrieben wurden. Bezeugt sind erstens Häuser der Einwohner, die – so darf angenommen werden – über angeschlossene Gärten verfügten.[1] Zweitens gab es Weinbau und eine große Variation an Obstkulturen. Drittens wurde Ackerbau betrieben, und viertens deuten die in der schriftlichen Quelle belegten Rodungsvorgänge auf die Existenz von Forstwirtschaft hin. Einen zusätzlichen Beleg für eine umfassende Produktionszone rings um Konče bieten zwei Formulierungen im Praktikon, welche die Termini "das Gebiet" bzw. "die Ebene von Konče" (*na Коньčькotь krai* bzw. *na Коньčькotь poli*) verwenden.[2] Dies erlaubt meines Erachtens die Definition des Ortes als lokales agrarisches und kirchliches Zentrum des südöstlichen Teiles des Flußtales der Kriva Lakavica.[3]

Zur Siedlungskontinuität in osmanischer Zeit

Auf die bisherige Rekonstruktion des Siedlungsnetzes des Flußtales der Kriva Lakavica hat die Frage zu folgen, ob die in spätbyzantinischer Zeit bezeugten Siedlungen – im konkreten Brest, Dedino, Grčka, Konče, Leskovica, Lubnica, Negrenovci, Rakitec, Šopur und Suvo Grlo – eine Siedlungskontinuität in osmanischer Zeit aufweisen.

Zu diesem Zwecke werden die Informationen aus einem nur teilweise publizierten Defter des Jahres 1519 sowie aus dem Defter für den Sandžak *Köstendil* (Kjustendil) der Jahre 1570 bis 1573 herangezogen. Dabei stellt sich heraus, daß von den zehn Orten in den beiden Steuerverzeichnissen lediglich Šopur nicht mehr erwähnt wird. Die verbleibenden neun Siedlungen verteilen sich auf drei Nahiye in osmanischer Zeit: die Dörfer Konče und Rakitec gehörten zur Nahiye *Konçe*[4], die Dörfer Brest, Leskovica und Suvo Grlo zur Nahiye *Ištip*[5] und schließlich die Dörfer Dedino, Grčka, Lubnica und Negrenovci zur Nahiye *Üstrümce*.[6]

Weiters bezeugen die osmanischen Aufzeichnungen, daß im Dorf Konče ein Markt mit verschiedenen Waren – darunter Seide und Wein – abgehalten wurde, worauf Steuern erhoben wurden.[7] Die in Abhängigkeit zum einstigen Zentrum Konče stehenden Orte Dedino, Grčka, Lubnica, Negrenovci und Rakitec verteilen sich auf die Nahiye *Konçe* und *Üstrümce*. Bemerkenswert ist in diesem Zusammenhang, daß die Diskrepanz zwischen der Anzahl lokalisierbarer spätbyzantinischer (6) und osmanischer (13) Siedlungen klein ist, was darauf hindeutet, daß das Siedlungsnetz des Gebietes im wesentlichen stabil geblieben ist.

---

1   Siehe dazu im allgemeinen: Siniša MIŠIĆ, *Korišćenje unutrašnjih voda u srpskim zemljama srednjeg veka*. Beograd 2007, 84.

2   SOLOVJEV, Končanski praktik, 90.

3   Vgl. zu weiterführender Literatur über Dörfer in dem serbischen mittelalterlichen Reich: Ljubomir MAKSIMOVIĆ / Marko POPOVIĆ, Le village en Serbie médiévale, in: Jacques LEFORT / Cécile MORRISSON / Jean-Pierre SODINI (Hgg.), *Les Villages dans l'Empire byzantin (IVe-XVe siècle)*. Paris 2005 (Réalités byzantines, 11), 329-349; Rade MIHALJČIĆ, Selo, in: Sima ĆIRKOVIĆ / Rade MIHALJČIĆ (Hgg.), *Leksikon srpskog srednjeg veka*. Beograd 1999, 665f.; Stojan NOVAKOVIĆ, Selo iz dela "Narod i zemlja u staroj srpskoj državi", *Glas Srpske Kraljevske Akademije* 24 (1891), V-261 (überarbeitet und nachgedruckt durch Sima M. ĆIRKOVIĆ, Beograd 1965).

4   STOJANOVSKI (Hg.), Turski dokumenti V/3, 268-273; STOJANOVSKI / GJORGIEV, Naselbi, 111, 186.

5   SOKOLOSKI (Hg.), Turski dokumenti V/2, 104f., 108-110, 257f., 268f., 275f.; STOJANOVSKI / GJORGIEV, Naselbi, 31, 127, 216.

6   STOJANOVSKI (Hg.), Turski dokumenti V/3, 138-140, 146, 165f., 185f.; DERS. (Hg.), Turski dokumenti V/5, 91-93; STOJANOVSKI / GJORGIEV, Naselbi, 65, 121, 133, 147.

7   STOJANOVSKI (Hg.), Turski dokumenti V/3, 271.

Neubewertung des Siedlungs- und Verkehrsnetzes des Ortes Konče im Hinblick auf die Städte Štip und Strumica

Die verwendeten schriftlichen Quellen zeichnen ein Bild des Flußtales der Kriva Lakavica in spätbyzantinischer und osmanischer Zeit, das meines Erachtens im Hinblick auf die ältere Sekundärliteratur eine Neubewertung in zwei Bereichen erfahren muß.

Der erste Bereich betrifft das Siedlungsnetz des Tales, bei dem zwei unterschiedliche Ebenen der Entwicklung wahrzunehmen sind. Dies bedeutet im konkreten, daß im nordwestlichen Teil des Flußtales siedlungsgeschichtlich von anderen Voraussetzungen auszugehen ist als im südöstlichen Teil. Weiter oben wurde gezeigt, daß Stefan Hrelja Dragovol die Wüstungen (*selišta*) Brěstь, Suchogrъlь, Lěskovica, Vitьče, Drěnokь und die Wüstung Brěstokь über der Lukavica (*selište Brěstokь prězь Lukavicu*) mit Menschen "aus fremden Gegenden" (*što si je naselilь otь tugichь zemlь*) besiedelt hat.[1] Alle diese Siedlungen befanden sich – soweit sie lokalisiert werden können – im nordwestlichen Teil des Flußlaufes. Deren Siedlungsentwicklung von der Wüstung zum Dorf wurde von Rade Mihaljčić analysiert und in einer Tabelle dargestellt.[2] Das Wüstfallen dieser Siedlungen steht in kausalem Zusammenhang mit den byzantinisch-serbischen kriegerischen Auseinandersetzungen im ersten Drittel des 14. Jahrhunderts, da in diesem Bereich die Grenze zwischen beiden Reichen verlief.[3]

Für den südöstlichen Teil des Flußtales geht Rade Mihaljčić von einem analogen Prozeß des Wüstfallens und Wiederbesiedelns aus.[4] Im Gegensatz dazu hat Aleksandar Solovjev die Kolonisation bzw. Neuerschließung des besagten Gebietes betont[5], die meines Erachtens auf der Basis der Quellen eindeutig bezeugt ist. Der Großvojvode Nikola Stanjević hatte nämlich den südöstlichen Teil des Flußtales der Kriva Lakavica nach der serbischen Eroberung vom Zaren Stefan Uroš IV. Dušan zu seiner Verfügung erhalten und in der Folge die Infrastruktur mit Hilfe seiner Edelmänner – Dobroslav Karbić, Kostadin und Novak – systematisch ausgebaut. Hievon zeugt zum einen die Errichtung der Kirche des Heiligen Stefan in Konče. Zum anderen verzeichnet das "Praktikon von Konče" allein in der Umgebung der Dörfer Konče und Lubnica insgesamt 19 Parzellen Landes, die durch Rodung neu gewonnen wurden und die Bezeichnung *trěbežь*[6] tragen.[7]

---

1 Siehe zu den Gründen für das Wüstfallen und zu den Prozessen des Wiederbesiedelns von Siedlungen in dem serbischen mittelalterlichen Reich: MIHALJČIĆ, Selišta, 186-201.

2 Ebd. 205 (Tabela Br. 1).

3 Siehe dazu oben, Abschnitt *Historischer Überblick 1259-1490/92*.

4 MIHALJČIĆ, Selišta, 200.

5 SOLOVJEV, Končanski praktik, 99-103. In Ansätzen auch bei: PANOV, Raseleni naselbi, 111.

6 Von *trěbiti* in der Bedeutung *purgare* ("reinigen, säubern") (MIKLOSICH, Lexicon, 1010). Siehe auch: Rade MIHALJČIĆ, Laz, in: Sima ĆIRKOVIĆ / Rade MIHALJČIĆ (Hgg.), *Leksikon srpskog srednjeg veka*. Beograd 1999, 360f.; SOLOVJEV, Končanski praktik, 99f. Zur Fragestellung der äußeren bzw. inneren Kolonisation dieses Teiles der historischen Landschaft Makedonien liegen keine systematischen Untersuchungen vor. Vgl. dazu folgende Überblicksdarstellungen: Mark BARTUSIS, The Settlement of Serbs in Macedonia in the Era of Dušan's Conquests, in: Hélène AHRWEILER / Angeliki E. LAIOU (Hgg.), *Studies on the Internal Diaspora of the Byzantine Empire*. Washington/DC. 1998, 151-159; Ivan SAKAZOV, Novootkriti dokumenti otъ kraja na XIV věkъ za Bъlgari otъ Makedonija, prodavani kato robi, *Makedonski Pregledъ* 7 (1932), H. 2-3, 1-62. Zu der osmanischen Zeit: Nicoara BELDICEANU / Irène BELDICEANU-STEINHERR, Colonisation et déportation dans l'État ottoman (XIVe - début XVIe siècle), in: Michel BALARD / Alain DUCELLIER (Hgg.), *Coloniser au Moyen Age*. Paris 1995, 172-185; Sima ĆIRKOVIĆ, Seobe srpskog naroda u kraljevinu Ugarsku u XIV i XV veku, in: Petar PIJANOVIĆ (Hg.), *Seobe srpskog naroda od XIV do XX veka. Zbornik radova posvećen tristagodišnjici velike seobe Srba*. Beograd 1990, 37-46; Jovanka KALIĆ, Les migrations serbes dans les Balkans, in: *The Balkans and the Eastern Mediterranean 12th-17th Centuries. Proceedings of the International Symposium in Memory of D. A. Zakythinos, Athens, January 14th-15th 1994*. Athens 1998 (The National Hellenic Research Foundation, Institute for Byzantine Research, Byzantium Today, 2), 121-125.

7 SOLOVJEV, Končanski praktik, 88-90.

Während also die Dörfer des nordwestlichen Teiles des Flußtales, die als Folge des Grenzkrieges wüstgefallen waren, nach der serbischen Eroberung wiederbesiedelt werden mußten, wurde der südöstliche Teil von serbischen Adeligen durch Rodung neu erschlossen, was dem archäologischen Befund entspricht.

Der zweite Bereich, der meines Erachtens einer nochmaligen eingehenden Betrachtung bedarf, umfaßt das Verkehrsnetz bzw. die Verkehrsanbindung des Flußtales der Kriva Lakavica. Jovan F. Trifunoski betont in seinen Ausführungen die große Bedeutung des Ortes Konče als Kreuzungspunkt der überregionalen Straßenverbindungen Štip-Thessalonikē bzw. Tikveš-Strumica. Erst unter osmanischer Herrschaft soll Konče seine verkehrstechnische Bedeutung eingebüßt haben, was bis jetzt nachwirke.[1]

Laut Jovan Cvijić verband ein schlechter Weg, d. h. Pfad, das Tal des Flusses Vardar über die Orte Pepelište und Brusnik, die Konečka planina und über das Tal der Kriva Lakavica mit den Orten Radoviš und Strumica (vgl. dazu *Abb. 10*).[2] Dieser soll für regen Karawanenhandel verwendet worden sein.[3] Trifunoski beschreibt einen weiteren Weg von Konče über einen Paß der Erhebung Požar (1003 m ü. NN) bis zum Ort Gradec im Flußtal des Vardar und von dort nach Dojran bzw. Thessalonikē (siehe dazu *Abb. 10*).[4]

Allerdings bestätigen die Belege in den mittelalterlichen schriftlichen Quellen in dem untersuchten Zeitraum die postulierte große verkehrstechnische Bedeutung von Konče nicht. Zwei Hinweise sind im "Praktikon von Konče" zu finden. Darin werden zunächst drei Furten in der Umgebung von Konče erwähnt (*podь Bodinovь brodь, konь Livadna broda, na brode Prьševьskomь*), die wohl der Überquerung des Flusses Kriva Lakavica dienten (siehe *Abb. 19*).[5] Des weiteren gab es laut Praktikon einen Wachtturm (*na stražišti* bzw. *u stražišti*) bei der Siedlung Trěskavac, welcher aufgrund seiner vermuteten Lage für die Überwachung des Weges am rechten (nö.) Ufer der Kriva Lakavica geeignet war.

Schließlich gibt es einen letzten Beleg im Zusammenhang mit der obenerwähnten Türbe des Ewrenos Bey Gazi, dessen Vater, 'Isā Bey Prangi, ebendort im Kampf gefallen war. Sowohl die Türbe als auch das neugegründete Dorf Krč'k (K'rč'k) lagen laut Defter für den Sandžak *Köstendil* (jetzt Kjustendil) aus den Jahren 1570 bis 1573 "am *Weg der Glaubenskämpfer*" ("na *Patot na gaziite*").[6] Aleksandar Stojanovski sieht an der Stelle, an welcher die Türbe errichtet wurde, eine wichtige Kreuzung der überregionalen Verkehrswege Strumica-Štip und Radoviš-Konče-Flußtal des Vardar.[7]

---

1 TRIFUNOSKI, Srednjevekovna Konča, 89, 92. Jovan F. Trifunoski stützt seine Behauptungen einerseits auf Autopsie, andererseits auf: CVIJIĆ, Osnove, 316; Stanoje STANOJEVIĆ (Hg.), *Narodna enciklopedija srpsko-hrvatsko-slovenačka, II. Knjiga I-M*. Zagreb 1925-1929, 373 (Konča).

2 CVIJIĆ, Osnove, 316. Diese Route ist auf folgender Landkarte eingezeichnet: Karte 1:200.000, Wien 1940, Blatt Kriva Palanka.

3 STANOJEVIĆ (Hg.), Narodna enciklopedija, 373.

4 TRIFUNOSKI, Srednjevekovna Konča, 89. Auch diese Route ist auf folgender Landkarte zu finden: Karte 1:200.000, Wien 1925, Blatt Edessa.

5 SOLOVJEV, Končanski praktik, 88f. Vgl. zum Begriff *brodь*: MIKLOSICH, Lexicon, 45; Siniša MIŠIĆ, Brod, in: Sima ĆIRKOVIĆ / Rade MIHALJČIĆ (Hgg.), *Leksikon srpskog srednjeg veka*. Beograd 1999, 64f.; DERS., Korišćenje unutrašnjih voda, 155-172. Eine Begehung vor Ort im September 2010 verdeutlichte, daß der Fluß Kriva Lakavica nach derzeitigem Stande an beliebiger Stelle durchfurtet werden kann. Ein Übergang wurde zum Beispiel in unmittelbarer Nähe der Türbe *Gazi Evrenos* gefunden. Siehe dazu *Abb. 16*.

6 STOJANOVSKI (Hg.), Turski dokumenti V/5, 93: "*Mezra Crvec* (?), na mestoto kade što porano bilo smesteno spomenatoto selo (*Krčeva*). Podocna preminuvajkji na preminot na Patot na gaziite (pobednicite), koj e vo nivniot sinor, se nastanile vo blizina na turbeto na pokojniot *Prangi Isa-beg*." Die "Straßenbezeichnung" dokumentiert, daß dieser und weitere türkische Kämpfer damals noch im kollektiven Gedächtnis präsent waren.

7 DERS., Zavěštanieto, 22f.

Meines Erachtens sind die in der Sekundärliteratur angestellten Überlegungen zur Bedeutung des Verkehrsnetzes bzw. der Verkehrsanbindung des Flußtales der Kriva Lakavica in dieser Form nicht haltbar, da sie nicht quellengestützt sind. Vielmehr ist anhand der Quellen nur eine einzige Route deutlich zu erfassen, nämlich jene, die am rechten (nö.) Ufer der Kriva Lakavica lief.[1] Mit dieser steht sowohl der erwähnte Wachtturm in Verbindung als auch ist der "Weg der Glaubenskämpfer" mit ihr gleichzusetzen. Allerdings kann ihr aufgrund dessen keine überregionale Bedeutung beigemessen werden.

Vielmehr lagen sowohl die Stadt Štip als auch die Stadt Strumica in spätbyzantinischer Zeit an einer Landverbindung, die in Skopje ihren Anfang nahm und in Serrai endete. Hierbei verlief der Abschnitt zwischen Štip und Strumica über die Dörfer Tanatarci[2], Novo Selo[3] und Radoviš[4] im Tal des Flusses Strumica unter Umgehung von Konče und des südwestlichen Teiles des Flußtales der Kriva Lakavica.[5] Das Verkehrsnetz rings um Konče dürfte lokalen Charakter gehabt haben und im Zuge der osmanischen Expansion als "Schleichweg" gedient haben, um – von Südosten kommend – unter Vermeidung des Hauptverkehrsweges im Flußtal der Strumica das Seitental der Kriva Lakavica zu einem Vorstoß auf Štip zu nützen.[6]

Zusammenfassung

Zusammenfassend ist festzustellen, daß sich der nordwestliche Teil des Flußtales der Kriva Lakavica in spätbyzantinischer und osmanischer Zeit aus siedlungsgeschichtlicher Perspektive nach Štip orientierte, während der südöstliche Teil kleinräumig rings um den Ort Konče organisiert war. Eine Abhängigkeit des lokalen Zentrums Konče von den Orten Štip oder Strumica kann in spätbyzantinischer Zeit weder mit Rückgriff auf die Quellen noch aufgrund von naturräumlichen Gegebenheiten postuliert werden. Die Gegend von Konče durchlief eine eigene siedlungsgeschichtliche Entwicklung vor der osmanischen Eroberung, die von Kolonisation und Gewinnung von Neuland geprägt war, und blieb danach in ihrer räumlichen Erstreckung von der osmanischen Zeit bis in die Gegenwart stabil.[7] Die Anlage von Straßenverbindungen wurde und wird von den drei erwähnten Gebirgszügen, die das gesamte Tal an drei Seiten umrahmen, wesentlich bestimmt. Somit läßt sich weder aus der Sicht der schriftlichen Quellen noch im Hinblick auf die angesprochene kleinräumige Prägung des

---

1 Diese folgte der Schwemmlandebene des Flusses Kriva Lakavica. Siehe: PANOV, Raseleni naselbi, 114.
2 Tanatarci [GPS 22 16 48; 41 39 03] befindet sich 12 km sö. von Štip, rechts (ö.) des Flusses Kriva Lakavica.
3 Novo Selo [GPS 22 18 15; 41 36 36] liegt 5 km ssö. von Tanatarci, rechts (ö.) des Flusses Kriva Lakavica.
4 Radoviš [GPS 22 27 55; 41 38 13] befindet sich rund 13 km onö. von Novo Selo.
5 Vgl. dazu: Gavro ŠKRIVANIĆ, *Putevi u srednjovekovnoj Srbiji*. Beograd 1974, 99-101; Mihailo St. POPOVIĆ, Altstraßenforschung am Beispiel des Tales der Strumica bzw. Strumešnica in spätbyzantinischer Zeit (1259-1375/76), in: Miša RAKOCIJA (Hg.), *Niš i Vizantija. Osmi naučni skup, Niš, 3-5. jun 2009. Zbornik radova VIII*. Niš 2010, 417-432, 418f.
6 In der zweiten Hälfte des 19. Jahrhunderts wurde die Route Štip-Topolnica-Novo Selo unter Umgehung des Flußtales der Kriva Lakavica genützt. Siehe: *Militär-Geographie. Macedonisches Becken mit dem albanesischen Küstengebiete. Mit 7 Tafeln und 6 Beilagen*. Wien 1886, 176. Auch jetzt liegt Konče fern der überregionalen Straßenverbindungen. Am einfachsten gestaltet sich die Zufahrt über die Orte Radoviš, Injevo und Dedino.
7 In osmanischer Zeit vermengten sich die administrativen Zuständigkeitsbereiche der Nahiye *Konče* und *Üstrümce* im südöstlichen Teil des Flußtales der Kriva Lakavica, was meines Erachtens jedoch keinen direkten Einfluß auf dessen kleinräumige Siedlungsstruktur hatte. Gerade in dieser Periode hatte Konče Marktfunktionen inne, worin sich regionale wirtschaftliche Organisationsformen widerspiegeln. Umso bemerkenswerter ist die Tatsache, daß der Ort Konče jetzt Sitz einer eigenen Gemeinde im Rahmen der (ehemaligen jugoslawischen) Republik Makedonien ist und sich in den Gemeindegrenzen an der mittelalterlichen räumlichen Erstreckung des 14. Jahrhunderts orientiert. Zu dieser Gemeinde zählen jetzt die Orte: Gabrevci, Garvan, Gorna Vrastica, Gorni Lipovikj, Dedino, Dolna Vrastica, Dolni Lipovikj, Dolni Radeš, Zagorci, Lubnica, Negrenovci, Rakitec und Skoruša. Vgl. dazu: Zakon za teritorijalnata organizacija na lokalnata samouprava vo Republika Makedonija, 4.

südwestlichen Teiles des Flußtales eine überregionale verkehrstechnische Bedeutung desselben postulieren. Vielmehr ist von lokalen Verkehrsflüssen und von einer Zubringerfunktion zur Hauptstraße Štip-Strumica auszugehen (siehe Abschnitt VII.). Alle diese Charakteristika eines klassischen Rückzugsgebietes, deren Ursprünge bis in das 14. Jahrhundert zurückverfolgt werden können, setzen sich administrativ und verkehrstechnisch auf bemerkenswerte Art und Weise bis in die heutige Zeit fort.

IV. DAS SIEDLUNGSNETZ DER STADT ŠTIP SAMT UMGEBUNG

Geographische Lage

Die Stadt Štip, nunmehriger Hauptsitz der gleichnamigen Gemeinde in der (ehemaligen jugoslawischen) Republik Makedonien[1], befindet sich rund 60 km osö. der Hauptstadt Skopje an der Einmündung des Flusses Otinja in den Fluß Bregalnica (siehe *Abb. 20*). Sie liegt am SO-Rand des Ovče Pole bzw. am SW-Rand der Ebene von Kočani und kontrolliert sowohl den Zugang zum Talkessel von Radoviš als auch jenen zum Flußtal der Kriva Lakavica. Daraus leitet sich ihre verkehrstechnische Bedeutung als eine Etappe der Route Ovče Pole-Štip-Radoviš-Strumica-Petrič-Serrai ab.[2]

Zahlreich sind die Publikationen zu der spätantiken sowie mittelalterlichen Geschichte der Stadt[3], wobei in der bisher erschienenen Sekundärliteratur ein Schwerpunkt auf die Zusammenschau spätbyzantinischer Quellen – hier vor allem der griechischen und altslawischen Urkunden – gelegt wurde[4], jedoch nur eine begrenzte weiterführende Analyse dieser Erkenntnisse nach den Gesichtspunkten siedlungstheoretischer Überlegungen erfolgt ist.[5] Das Ziel dieses Abschnitts besteht nunmehr darin, eine nochmalige überblicksartige Zusammenschau

---

1 Zakon za teritorijalnata organizacija na lokalnata samouprava vo Republika Makedonija, *Služben vesnik na Republika Makedonija* 60/Nr. 55, 16.8.2004, 6.

2 Siehe dazu im Detail: Jovan Cvijić (Hg.), *Osnove za geografiju i geologiju Makedonije i Stare Srbije s promatranjima u južnoj Bugarskoj, Trakiji, susednim delovima Male Azije, Tesaliji, Epiru i severnoj Arbaniji. Knjiga prva.* Beograd 1906, 224-228.

3 Vgl. zum Beispiel: Kosta Adžievski, Stipion (Stupion) ne e Štip, *Godišen Zbornik Filozofski Fakultet na Univerzitetot - Skopje* 14 (40) (1987), 81-93; Mihailo Apostolski (Hg.), *Štip niz vekovite. Kniga prva.* Štip 1986, passim; Blagoje Cvetkovski, Istoriski i stopanski razvitok na Štip od sozdavanjeto do 1919 godine, in: Josif Ilkovski (Hg.), *Astibo – Štip, I-XX vek.* Skopje 1964, 23-57; Branko Panov, Štip i Bregalničkata oblast vo sredniot vek (VI-krajot na XII vek), *Godišen Zbornik Filozofski Fakultet na Univerzitetot - Skopje* 8 (34) (1982), 39-86.

4 Eine sehr gute Übersicht der relevanten Urkunden in: Vladimir Aleksić, Povelja cara Stefana Dušana vlasteličiću Ivanku Probištitoviću, *Stari srpski arhiv* 8 (2009), 69-80; Djordje Bubalo, Još jednom o terminu b'ci, *Prilozi za književnost, jezik, istoriju i folklor* 70 (2004), H. 1-4, 143-154; Sima Ćirković, Hreljin poklon Hilandaru, *Zbornik radova Vizantološkog instituta* 21 (1982), 103-117; Ders., Štip u XIV veku, in: Makedonska Akademija na Naukite i Umetnostite (Hg.), *Zbornik na trudovi posveteni na akademikot Mihailo Apostolski po povod 75-godišninata od životot.* Skopje 1986, 25-37; Smiljka Gabelić, *Manastir Lesnovo. Istorija i slikarstvo.* Beograd 1998, 23-38; Radoslav M. Grujić, Arheološko-istoriski objekti u Gornjem Kozjaku kod Karbinaca na Bregalnici, *Starinar Nova Serija* 3-4 (1952-1953), 212-216; Boban Petrovski, Prilog kon prašanjeto za pagjanjeto na Štip pod srpska vlast vo prvata decenija na XIV vek, *Godišen Zbornik Filozofski Fakultet na Univerzitetot "Sv. Kiril i Metodij" - Skopje* 26 (52) (1999), 141-153; Ders., Naseleni mesta vo Štipskata oblast vo XIV vek, *Istorija* 38 (2002), H. 1-2, 19-30; Ders., Kategorii zavisno naselenie i razvoj na stopanstvoto vo Štipskata oblast vo XIV-ot vek, *Godišen Zbornik Filozofski Fakultet na Univerzitetot "Sv. Kiril i Metodij" - Skopje* 56 (2003), 57-73; Zagorka Rasolkoska-Nikolovska, Crkvata Sv. Gjorgji vo Goren Kozjak vo svetlinata na novite ispituvanja, in: Haralampie Polenakovikj (Hg.), *Simpozium 1100-godišnina od smrtta na Kiril Solunski. Kniga 1, 23-25 maj 1969, Skopje – Štip.* Skopje 1970, 219-226; Aleksandar V. Solovjev, Bьci u Dušanovoj povelji g. 1355, *Prilozi za književnost, jezik, istoriju i folklor* 6 (1926), H. 2, 184-190; Tomo Tomoski, Srednovekovni gradovi vo Makedonija megju rekite Vardar, Bregalnica i Lakavica, in: Cvetan Grozdanov / Kosta Adžievski / Aleksandar Stojanovski (Hgg.), *Makedonija niz vekovite. Gradovi – tvrdini – komunikacii.* Skopje 1999, 195-224, 207-216; Ders., Štip vo periodot od XII-XIV vek, in: Ebd. 383-397; Gordana Tomović, Povelja manastira Lesnova, *Istorijski časopis* 24 (1977), 83-102; Dies., Ko je bio despot Tornik iz zapisa gramatika Nestora, *Zbornik radova Vizantološkog instituta* 41 (2004), 257-269; Mirjana Živojinović, Estates of the Monastery of Hilandar in the Middle Ages, in: Gojko Subotić (Hg.), *Hilandar Monastery.* Belgrade 1998, 71-90, 79-81; Dies., Dragaši i Sveta Gora, *Zbornik radova Vizantološkog instituta* 43 (2006), 41-57; Dies., Strumički metoh Hilandara, *Zbornik radova Vizantološkog instituta* 45 (2008), 205-221.

5 Lediglich Sima Ćirković und Boban Petrovski haben die Quellen hinsichtlich des "städtischen Metochion" von Štip ausgewertet: Ćirković, Štip, 31f.; Petrovski, Naseleni mesta, 19-21.

der in den Quellen aus spätbyzantinischer Zeit bezeugten Toponyme zu erstellen, diese Toponyme nach Möglichkeit zu verorten und sie in der Folge einer Analyse auf der Basis der modifizierten "Central Place Theory" zu unterziehen.[1]

Historischer Überblick 1259-1395

Die Geschichte der Stadt Štip ist in der zweiten Hälfte des 13. Jahrhunderts und im 14. Jahrhundert eng mit der Expansion des serbischen mittelalterlichen Reiches verbunden. Der rezenten Forschung ist es gelungen, einige wichtige Entwicklungslinien des politischen und militärischen Schlagabtausches an der byzantinisch-serbischen Grenze im Südosten der historischen Landschaft Makedonien zu skizzieren.[2]

Unter dem serbischen König Stefan Uroš II. Milutin[3] wurden Skopje und die Regionen Polog, Ovče Pole, Zletovo und Pijanec in den Jahren 1282/83 (bis 1298) der byzantinischen Herrschaft entzogen.[4] Schließlich verfestigte sich die byzantinisch-serbische Grenze auf der Linie Kruja-Ohrid-Prilep-Prosek-Štip, wobei Štip 1299 vorerst byzantinisch blieb.[5] Laut einer rezenten Hypothese könnte der für die serbische Seite im Grenzraum operierende Heerführer Tornikios Kotanitzēs[6] zwischen 1284 und 1299 über Štip geherrscht haben.[7]

In jedem Falle gab es ein kurzfristiges Intermezzo serbischer Herrschaft über Štip im Jahre 1308. Die Information, wonach König Stefan Uroš II. Milutin die Festung Štip samt Umgebung in dem erwähnten Jahre unter seiner Kontrolle hatte, ist seiner Vereinbarung mit Charles de Valois über die Teilung des byzantinischen Makedonien bzw. aus deren Bestätigung zu entnehmen (*Castrum autem nomine Stip supradictum, quod possidemus cum suis pertinentiis, nobis et nostris successoribus retinemus ...*).[8]

Zwar hat das Byzantinische Reich die besagte Festung höchstwahrscheinlich zwischen 1309 und 1311 zurückerobert[9], aber bereits unter dem serbischen König Stefan Uroš III. Dečanski[10]

---

1   Siehe zu der modifizierten "Central Place Theory" und zu weiterführender Sekundärliteratur oben, Abschnitt II.

2   Vgl. dazu vor allem: PETROVSKI, Prilog, 141-153; Mirjana ŽIVOJINOVIĆ, La frontière serbobyzantine dans les premières décennies du XIVe siècle, in: *Byzantium and Serbia in the 14th Century*. Athens 1996 (International Symposium, 3), 57-66.

3   Zu seiner Person: Erich TRAPP (Hg.), *Prosopographisches Lexikon der Palaiologenzeit, Fasz. 1-12*. Wien 1976–1996, Nr. 21184 (im folgenden: PLP).

4   Darüber berichten die *Altserbischen Herrscherbiographien* wie folgt: "… Zuerst nahm er [scilicet Stefan Uroš II. Milutin] beide Teile des Polog mit den Städten und dem Lande in Besitz, die berühmte Stadt Skopje, dann Ovče Polje, Zletovo und Pijanec. …"; deutsche Übersetzung aus: Stanislaus HAFNER (Hg.), *Serbisches Mittelalter. Altserbische Herrscherbiographien. Band 2: Danilo II. und sein Schüler: Die Königsbiographien.* Graz, Wien, Köln 1976 (Slavische Geschichtsschreiber, 9), 152. Im Original: *… prьvěje prijetь oba Pologa sь gradovy ichь i sь oblastiju, i gradь slavьnyi Skopije, po sichь že Ovьče Polje i Zletovu i Pijanьcь. …*; zitiert nach: Djuro DANIČIĆ (Hg.), *Životi kraljeva i arhiepiskopa srpskih napisao arhiepiskop Danilo i drugi.* Zagreb 1866, 108f.

5   Zur Rekonstruktion des genauen Grenzverlaufes: Franjo BARIŠIĆ / Božidar FERJANČIĆ (Hgg.), *Vizantijski izvori za istoriju naroda Jugoslavije VI.* Beograd 1986 (Vizantološki institut, Posebna izdanja, 18), 106, Anmerkung 56; PETROVSKI, Prilog, 143f.; Tomo TOMOSKI, Ispravki i dopolnenija na nekoi karti od srednovekovnata istorija na Makedonija, *Godišen Zbornik Filozofski Fakultet na Univerzitetot - Skopje* 7 (1954), 111-122; ŽIVOJINOVIĆ, La frontière serbobyzantine, 59, 65.

6   Zu seiner Person: PLP, Nr. 13317; siehe auch: Ljubomir MAKSIMOVIĆ, Kotanic Tornik, *Zbornik radova Vizantološkog instituta* 29-30 (1991), 183-191.

7   TOMOVIĆ, Ko je bio despot Tornik, 268.

8   Ediert von: Vladimir MOŠIN / Lidija SLAVEVA (Hgg.), Dogovorot na kral Uroš II Milutin so Karlo Valoa od 1308 godina za podelbata na Vizantiska Makedonija, in: Vladimir MOŠIN (Hg.), *Spomenici za srednovekovnata i ponovata istorija na Makedonija. Tom II.* Skopje 1977, 415-443, 442. Eine genaue Analyse dieser Quelle in: PETROVSKI, Prilog, 141-152. Vgl. dazu auch: ĆIRKOVIĆ, Štip, 27f.; ŽIVOJINOVIĆ, La frontière serbobyzantine, 59-64.

9   PETROVSKI, Prilog, 152. Mirjana Živojinović nennt das Jahr 1319 als den *terminus ante quem* für die

wurde sie endgültig dem serbischen mittelalterlichen Reich einverleibt. Der Zeitpunkt der zweiten serbischen Eroberung ist in der Sekundärliteratur umstritten. Genannt werden die Jahre 1322[1] sowie 1328[2].

Höchstwahrscheinlich erfolgte die Eroberung jedoch erst um 1330/31, weil Stefan Uroš III. Dečanski laut den *Altserbischen Herrscherbiographien* mehrere Burgen[3] unmittelbar nach der Schlacht bei Velbužd (1330) eingenommen hat: "… Dem Herrn und von Gott auf den Weg geschickten König [scilicet Stefan Uroš III. Dečanski] ergaben sich viele Bezirke Griechenlands, und auch ihre Burgen nahm er ein, ihre Namen lauten: die bekannte Burg Veles, die Burg Prosěk, die Burg Štip, die Burg Črěš'če und die Burg Dobrun. …"[4] Von besonderem Interesse sind in diesem Falle die Burgen Štip (siehe *Abb. 21*)[5] und Črěš'če[6], da sie in das vorliegende Modell der modifizierten "Central Place Theory" eingehen werden.

König Stefan Uroš III. Dečanski verschob die Grenze seines Herrschaftsgebietes zum Byzantinischen Reich zwischen die Städte Štip und Strumica, höchstwahrscheinlich auf die Höhe des Dorfes bzw. der Flur Mostenitza / Mustanitza (siehe *Abb. 13*)[7], was bis zum Regierungsantritt des Königs Stefan Uroš IV. Dušan[8] in Kraft blieb.

Eine Urkunde über Schenkungen von Landbesitz seitens des Feudalherrn Stefan Hrelja Dragovol[9] im Flußtal der Strumica an das Athōs-Kloster Chelandariu[10], die auf eine Urkunde des serbischen Königs Stefan Uroš II. Milutin aus den Jahren 1303/04 Bezug nimmt, ermöglicht

---

byzantinische Rückgewinnung von Štip: ŽIVOJINOVIĆ, La frontière serbobyzantine, 65.

10 PLP, Nr. 21181.

1 ŽIVOJINOVIĆ, La frontière serbobyzantine, 65.

2 TOMOSKI, Štip, 384. Unentschlossen bzw. undeutlich sind die diesbezüglichen Ausführungen in: ĆIRKOVIĆ, Štip, 28; ŽIVOJINOVIĆ, Strumički metoh, 207.

3 Siehe zu den im folgenden Zitat angeführten Burgen: Marko POPOVIĆ, Les forteresses dans les régions des conflits byzantino-serbes au XIVe siècle, in: *Byzantium and Serbia in the 14th Century*. Athens 1996 (International Symposium, 3), 67-87.

4 HAFNER (Hg.), Serbisches Mittelalter, 241; im Original: *… I gospodinu Bogomъ vъzdviženomu kralju* [scilicet Stefan Uroš III. Dečanski] *zemljamъ mnogyimъ drъžavy grъčъskyje prědavъšiimъ se, i grady ichъ že prijetъ, ichъže imena si sutъ: gradъ slavъnyi Velešъ, gradъ Prosěkъ, gradъ Štipъ, gradъ Črěšъče, gradъ Dobrunъ. …* [DANIČIĆ (Hg.), Životi kraljeva, 197].

5 Vgl. zur Burg Štip auf dem Berg *Isar*: Dimče KOCO u. a. (Hgg.), *Arheološka karta na Republika Makedonija. Tom II.* Skopje 1996, 447-449; Ivan MIKULČIĆ, *Spätantike und frühbyzantinische Befestigungen in Nordmakedonien. Städte – Vici – Refugien – Kastelle.* München 2002 (Münchner Beiträge zur Vor- und Frühgeschichte, 54), 402-404 (Nr. 341); POPOVIĆ, Les forteresses, 73f. Besagte Burg hat folgende GPS-Koordinaten: 22 11 10; 41 44 18. Zum Toponym: Olga IVANOVA, *Rečnik na toponimite vo oblasta po slivot na Bregalnica.* Skopje 1996, 746 (Štip).

6 Die Burg Črěš'če befand sich rund 2 km sw. des Dorfes Creška [GPS 21 58 52; 41 42 17] bzw. rund 19 km wsw. von Štip. Siehe dazu: KOCO u. a. (Hgg.), Arheološka karta, 444; MIKULČIĆ, Befestigungen, 383-385 (Nr. 322); PETROVSKI, Naseleni mesta, 22f.; TOMOSKI, Ispravki, 111-114. Abzuleiten von slaw. *crěša* in der Bedeutung "Kirschbaum, Kirsche". Zum Toponym: IVANOVA, Rečnik, 691 (Creška).

7 Vgl. zur Lage und zur Siedlungsentwicklung von *Mostenitza (Mustanitza)* im Detail weiter oben, *Der Talkessel von Strumica*, und: Mihailo St. POPOVIĆ, Siedlungsstrukturen im Wandel: Das Tal der Strumica bzw. Strumešnica in spätbyzantinischer und osmanischer Zeit (1259-1600), *Südost-Forschungen* 68 (2009), 1-62. *Mostenitza* lag an der Hauptstraße zwischen den Städten Štip und Strumica an dem gleichnamigen Fluß. 1310 war es laut den mittelalterlichen Urkunden noch ein Dorf, zehn Jahre später jedoch bereits eine Flur. M. E. könnte diese Entwicklung als Vorbote der serbischen Expansion nach Südosten ab 1332 gewertet werden, da die Lage dieser Siedlung an einer Transversale für die dortige Bevölkerung viel zu unsicher geworden war.

8 PLP, Nr. 21182.

9 Ebd., Nr. 30989.

10 Einen allgemeinen Überblick über die Besitzungen des Athōs-Klosters Chelandariu in Südosteuropa bietet: ŽIVOJINOVIĆ, Estates, 71-90.

einen Einblick sowohl in das Siedlungsnetz rings um Štip als auch in die innere Struktur der Stadt selbst.[1]

Hrelja Dragovol hatte eine Kirche des Heiligen Erzengels Michael (siehe *Abb. 17*)[2] in der Stadt Štip erbaut (*I prida kraljevъstvo mi crъkvъ velikoslavnago Arъchïstratiga Michaila iže vъ Štipu gradu, jegože protosevastъ Chrelja otъ osnovanija ljuboviju duše si sъzdalъ*) und diese mit Zustimmung Stefan' Uroš IV. Dušan dem besagten Athōs-Kloster geschenkt. Weiters gehörten zu dieser Kirche 50 Einwohner der Stadt Štip (*i prida kraljevъstvo mi crъkvi archïstratigu otъ podъgradija Štipъskago .n. ljudi*), die in der Folge namentlich aufgezählt werden, und der Marktplatz von Štip (*trъgъ Štipъski*).[3] Wie bereits weiter oben dargelegt wurde[4], befanden sich im Einzugsbereich der Stadt Štip die Orte Brest, Leskovica, Šopur und Suvo Grlo, die in der vorliegenden Urkunde[5], einer weiteren altslawischen in zwei Varianten aus dem Jahre 1336[6] sowie in einer byzantinischen der Jahre 1340/41[7] genannt werden. Zudem bestätigte Stefan Uroš IV. Dušan dem Athōs-Kloster Chelandariu den Besitz der Kirche Sveta Petka am

1   U. a. ediert in: Franz MIKLOSICH (Hg.), *Monumenta Serbica spectantia historiam Serbiae Bosnae Ragusii*. Wien 1858 (Nachdruck Graz 1964), 57-65 (Nr. 62). Siehe zu weiteren Editionen dieser Urkunde und zu ihrer Analyse: ĆIRKOVIĆ, Hreljin poklon, 103-106. Vgl. dazu auch: PETROVSKI, Kategorii, 58f.; ŽIVOJINOVIĆ, Strumički metoh, 205f.

2   Diese Kreuzkuppelkirche trägt jetzt den Namen *Sv. Arhangel Mihail Fitijata* [GPS 22 11 16; 41 44 20] und befindet sich am NO-Abhang des Burgberges *Isar*. Siehe dazu: Kosta BALABANOV, *Galerija na ikoni*. Štip ²1988, 9f.; Zvonko BELDEDOVSKI, Srednovekoven Štip niz istoriskite podatoci i materijalnite ostatoci, *Zavod za zaštita na spomenicite na kulturata i Naroden Muzej - Štip, Zbornik* VIII (1998), 7-19, 12; Slobodan ĆURČIĆ, The Role of Late Byzantine Thessalonike in Church Architecture in the Balkans, *Dumbarton Oaks Papers* 57 (2003), 65-84, 80f.; KOCO u. a. (Hgg.), Arheološka karta, 449; Vasilije MARKOVIĆ, *Pravoslavno monaštvo i manastiri u srednjevekovnoj Srbiji*. Sremski Karlovci 1920 (Nachdruck Beograd 2002), 211-213; Vladimir R. PETKOVIĆ, *Pregled crkvenih spomenika kroz povesnicu srpskog naroda*. Beograd 1950 (Srpska Akademija Nauka, Posebna izdanja 157, Odeljenje društvenih nauka, Nova serija 4), 352f.; Miodrag Al. PURKOVIĆ, *Popis crkava u staroj srpskoj državi*. Skoplje 1938 (Biblioteka hrišćanskog dela, Knjiga 8), 8.

3   MIKLOSICH (Hg.), Monumenta Serbica, 62f. Das altslawische Wort *podъgradije* entspricht dem griechischen *proasteion*. Siehe dazu: Henry George LIDDELL / Robert SCOTT / Henry Stuart JONES, *A Greek-English Lexicon*. Oxford 1996, 1469; Franz VON MIKLOSICH, *Lexicon Palaeoslovenico-Graeco-Latinum emendatum auctum*. Wien 1862-1865 (Nachdruck Aalen 1977), 598; Erich TRAPP (Hg.), *Lexikon zur byzantinischen Gräzität besonders des 9.-12. Jahrhunderts, 6. Faszikel*. Wien 2007 (Veröffentlichungen der Kommission für Byzantinistik, VI/6), 1377 (im folgenden: LBG). Vgl. dazu auch: Desanka KOVAČEVIĆ-KOJIĆ, Podgradje, in: Sima ĆIRKOVIĆ / Rade MIHALJČIĆ (Hgg.), *Leksikon srpskog srednjeg veka*. Beograd 1999, 534f.
    Die Übersetzung des Terminus *podъgradije* gestaltet sich an dieser Stelle schwierig. Am W-Rand von Štip befindet sich die Erhebung *Isar*, welche im Westen von der Bregalnica und im Süden von der Otinja begrenzt wird. Auf dieser Erhebung sind mittelalterliche Befestigungsreste erhalten, jedoch keine zivilen mittelalterlichen Siedlungsspuren [KOCO u. a. (Hgg.), Arheološka karta, 447-449]. Dies wiederum erschwert meines Erachtens die Kennzeichnung von *Isar* als "Oberstadt".
    Am nordwestlichen, östlichen und südöstlichen Fuß von *Isar* wurden mittelalterliche Siedlungsreste des 12. bis 14. Jahrhunderts entdeckt. Siehe dazu: Zvonko BELDEDOVSKI, Isar, Štip – srednovekovna naselba, *Macedoniae Acta Archaeologica* 3 (1977), 195-214; DERS., Istoriski i materijalni fragmenti od srednovekoven Štip, *Macedoniae Acta Archaeologica* 15 (1996-1997), 357-372, 365; DERS., Srednovekoven Štip, 13; PETROVSKI, Naseleni mesta, 21. Des weiteren begegnet in den Quellen den 13. Jahrhunderts der Marktplatz von Štip (*trъgъ Štipъski*). Aus diesem Grunde möchte ich als innere Gliederung von Štip im 14. Jahrhundert die Einteilung in "Burg" und "Stadt" (samt Marktplatz) unter Vermeidung der Termini "Ober-" bzw. "Unterstadt" vorschlagen.

4   Siehe dazu und zu den jeweiligen Lokalisierungen oben, Abschnitt III.

5   MIKLOSICH (Hg.), Monumenta Serbica, 63.

6   Louis PETIT / Basile KORABLEV (Hgg.), *Actes de Chilandar. Deuxième partie. Actes slaves (Actes de l'Athos)*. St. Petersbourg 1915 (Nachdruck Amsterdam 1975) (Vizantijskij vremennik, 17/1), 460 (Nr. 27) (im folgenden: AChil sl); Stojan NOVAKOVIĆ (Hg.), *Zakonski spomenici srpskih država srednjega veka*. Beograd 1912, 400.

7   Louis PETIT / Basile KORABLEV (Hgg.), *Actes de Chilandar. Première partie. Actes grecs (Actes de l'Athos)*. St. Petersbourg 1911 (Nachdruck Amsterdam 1975) (Vizantijskij vremennik, 17/1), 276 (Nr. 131) (im folgenden: AChil gr).

Fluß Bregalnica, die ein gewisser Karьba eigenhändig errichtet hatte (*I prida kraljevьstvo mi crьkvь Svetu Petьku na Brěgalnici, što jestь zidalь Karьba samь svoima rukama*). Sowohl die Untergebenen Karьbas als auch freie Menschen, die beabsichtigten, sich bei der Kirche anzusiedeln, wurden von allen Diensten für den König befreit (*i kto si poljubi odь jegověchь ljudi ili kto svobodьnь člověkь da grede svobodno podь crьkvь Svetu Petьku. I kraljevьstvo mi osvobodi onezi ljudi otь vsěchь rabotь kraljevьstva mi malichь i velikichь, ...*).[1]

Im Jahre 1336 erließ der serbische König Stefan Uroš IV. Dušan eine Urkunde für das Athōs-Kloster Chelandariu, mit welcher er die Schenkungen des Feudalherrn Stefan Hrelja Dragovol in der Stadt Štip und in den Flußtälern der Kriva Lakavica sowie der Strumica bestätigte.[2] Die erste Variante der Urkunde erwähnt die Kirche des Heiligen Erzengels Michael in Štip (*crьkvь Svetago Archangela u gradě Štipu*) und 50 Parökenplätze (-häuser) "in der Stadt Štip, im Marktplatz" (*u gradu Štipu, u amborьsko[3] stasь[4] paričьkichь .n.*).[5] In der zweiten Variante scheinen die Kirche (*Svetago Archangela u gradu Štipu*), 50 Häuser in der Stadt (*U gradu .n. kukьь*), der Weiler Kar'bincь (*i zaselkь Kar'bincь*)[6] und der Marktplatz in Štip (*I trьgь u Štipu*) auf.[7]

Laut zweiteiliger altslawischer Stifterinschrift des Despoten Jovan Oliver[8] im Kloster des Heiligen Erzengels Michael in Lesnovo aus dem Jahre 1341 besaß selbiges unter anderem die Kirche Sveti Nikola des Priesters Sїfie und 20 Häuser in Štip (*i u Štipě Svety Nikola pop Sїfievь. i. k. kukei*).[9] Aus einer altslawischen Notiz des Schreibers Stanislav im Mēnaion des Despoten Jovan Oliver aus dem Jahre 1342 geht hervor, daß das Kloster des Heiligen Erzengels Michael in Lesnovo ein Metochion des Athōs-Klosters Chelandariu geworden war.[10]

---

1 MIKLOSICH (Hg.), Monumenta Serbica, 64. Vgl. zur Kirche Sveta Petka: GRUJIĆ, Arheološko-istoriski objekti, 213f.; PETROVSKI, Naseleni mesta, 26; PURKOVIĆ, Popis crkava, 42; Zagorka RASOLKOSKA-NIKOLOVSKA, Ubikacija na crkvata Sveta Petka na Bregalnica spored povelbata na car Dušan od 1355 godina, *Istorija* 9 (1973), H. 2, 248-254.

2 Diese Urkunde liegt in zwei Varianten vor. Die eine wurde ediert in: AChil sl, 458-461 (Nr. 27). Die andere wurde nur in einer partiellen Edition durch Stojan Novaković unter Auslassung der Besitzgrenzen publiziert: NOVAKOVIĆ, Zakonski spomenici, 399-401.

3 Dieses Wort ist aus dem griechischen *emporion* abzuleiten und wechselt sich in den überlieferten Urkunden mit dem Terminus *trьgь* ab. Siehe dazu: ĆIRKOVIĆ, Štip, 31f.; MIKLOSICH, Lexicon, 1006; PETROVSKI, Kategorii, 69f.; DERS., Naseleni mesta, 21.

4 Vgl. zur Bedeutung des altslawischen Wortes *stasь* (von griech. *stasis*): MIKLOSICH, Lexicon, 882; Siniša MIŠIĆ, Stas, in: Sima ĆIRKOVIĆ / Rade MIHALJČIĆ (Hgg.), *Leksikon srpskog srednjeg veka*. Beograd 1999, 702.

5 AChil sl, 459f. (Nr. 27).

6 Dieser Weiler trägt den Namen des Edelmannes Karьba, welcher die Kirche Sveta Petka an der Bregalnica errichtet hat. Aus dem Weiler entwickelte sich schließlich das Dorf Karbinci [GPS 22 14 27; 41 48 49], das auch jetzt existiert und rund 9 km nnö. von Štip liegt. Vgl. dazu: GRUJIĆ, Arheološko-istoriski objekti, 212-214; PETROVSKI, Naseleni mesta, 26f.; Miodrag Al. PURKOVIĆ, Popis sela u srednjevekovnoj Srbiji, *Godišnjak Skopskog Filozofskog Fakulteta* 4 (1939/40), H. 2, 53-160, 101; RASOLKOSKA-NIKOLOVSKA, Ubikacija, 250. Siehe zur Bedeutung des Begriffes *zaselak*: Rade MIHALJČIĆ, Zaselak, in: Sima ĆIRKOVIĆ / Rade MIHALJČIĆ (Hgg.), *Leksikon srpskog srednjeg veka*. Beograd 1999, 219f.

7 NOVAKOVIĆ, Zakonski spomenici, 400.

8 PLP, Nr. 14888.

9 Vgl. dazu die Edition der Inschrift in: Gordana TOMOVIĆ, *Morfologija ćiriličkih natpisa na Balkanu*. Beograd 1974, 57 (Nr. 37). Eine ausgezeichnete Zusammenschau der schriftlichen Quellen zum Kloster in: TOMOVIĆ, Povelja, 83-102. Vgl. auch: ĆIRKOVIĆ, Štip, 29; PETROVSKI, Naseleni mesta, 21. Siehe zur Geschichte des Klosters: GABELIĆ, Manastir Lesnovo, 23-50.
Die Kirche Sveti Nikola aus dem 14. Jahrhundert existiert in Štip jetzt nicht. Laut Kosta Balabanov und Zvonko Beldedovski befindet sich an der Stelle der mittelalterlichen Kirche Sveti Nikola die gleichnamige neuzeitliche am rechten (n.) Ufer der Otinja [GPS 22 11 19; 41 44 11]: BALABANOV, Galerija, 11; BELDEDOVSKI, Srednovekoven Štip, 13. Vgl. auch: PETKOVIĆ, Pregled, 220; PURKOVIĆ, Popis crkava, 40. Siehe *Abb. 22*.

10 Publiziert in: Jordan IVANOV, *Bălgarski starini iz Makedonija*. Sofija 1931 (Nachdruck Sofija 1970), 162f. Siehe

Ca. 1340/1341[1] bestätigte der byzantinische Kaiser Andronikos III. Palaiologos[2] dem Athōs-Kloster Chelandariu den Besitz des Klosters des Heiligen Erzengels Michael (*eis to Stypon monastērion to eis onoma timōmenon tu timiu archistratēgu tōn anō dynameōn Michaēl*) und von 50 Parökenplätzen (-häusern) im Marktplatz von Štip (*entos tu emporiu Stypu staseis paroikikas pentēkonta*).[3]

Bereits im Jahre 1347[4] wurde das Kloster in Lesnovo im Zuge der Gründung des Bistums Zletovo durch Stefan Uroš IV. Dušan ebendiesem unterstellt. In der Gründungsurkunde werden unter anderem das Dorf Novoseljanь (*ot Novoseljanь*)[5], die Kirche Sveti Nikola des Priesters Sifije (*u gradu Štipu crьkovь Svetago Nikoli pop Sifijevu*) sowie 20 Häuser in der Stadt Štip (*gradu Štipu k. kukьь*) als Eigentum des Klosters und somit des Bistums genannt.[6]

Im Jahre 1348 ließ derselbe serbische Herrscher die Besitzungen des Klosters Chelandariu bestätigen, darunter auch die Kirche des Erzengels (Michael) (*u Štipu crьkovь Archangelь*) sowie "fünfzig Plätze (Häuser) mit Menschen"[7] in der Stadt Štip (*i u gradu .n. stasi sь ljudmi*), weiters das Dorf Karbinci am Fluß Bregalnica (*i na Bregalnici selo Karbinci*).[8] Im Mai 1350 billigte Stefan Uroš IV. Dušan rückwirkend den Kauf von Grund und Boden in der Stadt Štip (*u Štipu u gradu*) sowie die Errichtung einer Kirche des Heiligen Johannes des Täufers (*crьkvь Svetago Ioana Krьstitelja*)[9] seitens des Edelmannes Ivanko Probištitović (siehe *Abb. 24*).[10]

Als sich die Mönche des Klosters Chelandariu beim Zaren Stefan Uroš IV. Dušan über Grenzverletzungen seitens der Bevölkerung in den Dörfern der Länder des Karьba (*selě zem'li Kar'bin'čkoi*) im Jahre 1355 beschwerten, sandte ebendieser den Kefalija[11] von Štip namens

---

dazu auch: TOMOVIĆ, Povelja, 88.

Höchstwahrscheinlich wird derselbe Stanislav in einem altslawischen Graffito in der Kirche Sveti Gjorgji in Gorni Kozjak erwähnt (*azь Stanislavь gramatikь od Štipa*). In demselben Graffito werden auch ein Priester Ivanko aus Štip (*azь popь Ivanьko od Štipa*) und ein gewisser Bratan, der auf dem "Kozjaker Weg" gekommen war (*da dodochomь na pьtь Kosnačiki*), genannt. Zitiert nach: RASOLKOSKA-NIKOLOVSKA, Crkvata Sv. Gjorgji, 222. Gordana Tomović datiert diese Inschrift in die letzten Jahrzehnte des 13. bzw. in die ersten Jahrzehnte des 14. Jahrhunderts (TOMOVIĆ, Ko je bio despot Tornik, 257-263). Siehe zur Kirche Sveti Gjorgji *Abb. 23*.

1 Siehe zur Datierung: ŽIVOJINOVIĆ, Strumički metoh, 206 und Anmerkung 6.

2 PLP, Nr. 21437.

3 AChil gr, 275f. (Nr. 131); siehe dazu: ĆIRKOVIĆ, Hreljin poklon, 108; PETROVSKI, Kategorii, 59; DERS., Naseleni mesta, 21.

4 Vgl. zur Datierung der Urkunde: TOMOVIĆ, Povelja, 86, 89f.

5 Es handelt sich um das jetzige Dorf Novo Selani [GPS 22 13 40; 41 53 03], 16 km nnö. der Stadt Štip. Der Name dieser Siedlung bedeutet "Neues Dorf" und spricht somit für sich. Siehe dazu auch: TOMOVIĆ, Povelja, 93.

6 Ediert in: Archimandrit LEONID, Hrisovulja Cara Stefana, data u Skoplju 1347 godine, iz crkvenog i državnog sabora, koji bijaše skupljen u to doba, a kojom se osniva episkopska stolica u manastiru Ljesnovskom, *Glasnik Srpskog Učenog Društva* 10 (1870), 287-296, 291f. Vgl. zur Geschichte des Bistums Zletovo: Marija JANKOVIĆ, *Episkopije i mitropolije Srpske crkve u srednjem veku*. Beograd 1985, 66-72, 123-127, 196-198. Siehe zum Besitz des Klosters Lesnovo in Štip: PETROVSKI, Kategorii, 59.

7 Beide Angaben korrespondieren mit jenen in der Urkunde Stefan' Uroš IV. Dušan aus dem Jahre 1336 bzw. mit jenen in der Urkunde Andronikos' III. Palaiologos aus dem Jahre 1340/1341.

8 NOVAKOVIĆ, Zakonski spomenici, 422. Siehe dazu auch die Editionen: AChil sl, 493-497, hier 496 (Nr. 38); Lidija SLAVEVA (Hg.), Diplomatičko-pravnite spomenici za istorijata na Polog i sosednite kraevi vo XIV vek, in: Vladimir MOŠIN (Hg.), *Gramoti, zapisi i druga dokumentarna gragja za manastirite i crkvite vo Pološkata oblast i sosednite kraevi*. Skopje 1980 (Spomenici za srednovekovnata i ponovata istorija na Makedonija, 3), 430-446, hier 441. Vgl. dazu: PETROVSKI, Kategorii, 60.

9 Diese Kirche [GPS 22 11 02; 41 44 12] befindet sich am SW-Abhang des Burgberges *Isar*. Siehe dazu: BALABANOV, Galerija, 12; BELDEDOVSKI, Srednovekoven Štip, 12; KOCO u. a. (Hgg.), Arheološka karta, 449; PETKOVIĆ, Pregled, 353; PURKOVIĆ, Popis crkava, 27.

10 Ediert in: ALEKSIĆ, Povelja, 73f. Hinweise auf ältere Editionen: Ebd. 72; ĆIRKOVIĆ, Štip, 29f. Zu prosopographischen Informationen über Ivanko Probištitović: ALEKSIĆ, Povelja, 77f.

11 Ein *kefalija* war der höchste Leiter der lokalen Verwaltung einer Stadt und ihrer Umgebung. Diese Funktion war nach byzantinischem Vorbild (*kephalē*) in das serbische mittelalterliche Reich übernommen worden. Siehe zur

David Mihojević (*poslach kjefaliju Štip'skoga Davida Michojevikja*) aus, um die Grenzen des Klostersbesitzes in dieser Gegend festzulegen. Im Zuge der Grenzbegehung werden folgende Toponyme genannt: Tarachincь (*od Tarachin'cь putemь*)[1], die "Grenze von Radan" (*do Radan'ske megje*)[2], die "Grenze von Kozijak" (*do Kozijač'ke megje*)[3], der "Durchbruch des Miraš" (*Miraševь proboi*)[4], der Fluß Bregalnica (*na Brěgal'nicu* bzw. *uz' Brěgal'nicu* bzw. *u Bregal'nicu*) und die Kozjačka reka (*Kozijačica* bzw. *posred reke Kozijačke*).[5]

In den siebziger Jahren des 14. Jahrhunderts (nach 1376/77?)[6] bestätigten der Despot Jovan Dragaš[7] und sein Bruder Konstantin Dragaš[8] dem Athōs-Kloster Hagios Panteleēmōn den Besitz von "sechs Plätzen (Häusern) mit Menschen" (*i u Štipu s stasnikь*) sowie der Kirche *Sveti Arhangel Glavatov* in Štip (*I ešte priložichь u Štipu crьkovь Glavatovu Archagglь, sь vsěmь metochomь*) (siehe dazu *Abb. 25*).[9]

Funktion des *kefalija* im allgemeinen: Miloš BLAGOJEVIĆ, Kefalija, in: Sima ĆIRKOVIĆ / Rade MIHALJČIĆ (Hgg.), *Leksikon srpskog srednjeg veka*. Beograd 1999, 292-295; Miloš BLAGOJEVIĆ, *Državna uprava u srpskim srednjovekovnim zemljama*. Beograd ²2001, 223f., 246-285, 261f.

1 Jetzt das Dorf Tarinci [GPS 22 13 49; 41 47 56], rund 7 km nnö. von Štip. Vgl. dazu: PETROVSKI, Naseleni mesta, 27; PURKOVIĆ, Popis sela, 146. Zum Toponym: IVANOVA, Rečnik, 634 (Tarinci). Möglicherweise steht der Ortsname mit griech. *tarachas* bzw. *tarachos* ("Unordnung, Unruhe, Tumult") in Verbindung.

2 Bereits damals dürfte ein Dorf dieses Namens existiert haben, worauf der Ausdruck *megja* ("Grenze") schließen läßt. Jetzt befindet sich das Dorf Radanje [GPS 22 16 20; 41 46 55] 8 km onö. von Štip. Siehe dazu: PETROVSKI, Naseleni mesta, 28. Zum Toponym: IVANOVA, Rečnik, 531 (Radanje). Abzuleiten vom Personennamen *Radan*.

3 Dieses Toponym dürfte mit dem Areal der frühbyzantinischen Stadt *Bargala* – jetzt die Flur Gorni Kozjak [GPS 22 17 21; 41 47 58], am rechten (n.) Ufer der Kozjačka reka, eines linken (ö.) Nebenflusses der Bregalnica – identisch sein. Vgl. dazu: KOCO u. a. (Hgg.), Arheološka karta, 430-432; MIKULČIĆ, Befestigungen, 391-396 (Nr. 333); PETROVSKI, Naseleni mesta, 28; PURKOVIĆ, Popis sela, 103; Tomo TOMOSKI, Morozviždska episkopija, in: Cvetan GROZDANOV / Kosta ADŽIEVSKI / Aleksandar STOJANOVSKI (Hgg.), *Makedonija niz vekovite. Gradovi – tvrdini – komunikacii*. Skopje 1999, 169-194, 173-175; ŽIVOJINOVIĆ, Estates, 81. Jetzt existiert die Siedlung Kozjak (Dolni Kozjak) [GPS 22 16 30; 41 48 32], 1,5 km nw. von *Bargala*. Von slaw. *koza* in der Bedeutung "Ziege".

4 Die Übersetzung dieses Toponyms ist schwierig, zumal es nicht lokalisiert ist. Es könnte sich um einen Durchbruch bzw. eine Schlucht handeln, die ein gewisser Miraš zu beaufsichtigen hatte. Siehe zum Begriff *proboj*: MIKLOSICH, Lexicon, 691.

5 Ediert in: SOLOVJEV, Bьci, 190. Vgl. dazu folgende Editionen: AChil sl, 519f. (Nr. 47); NOVAKOVIĆ, Zakonski spomenici, 428f. Siehe dazu den Kommentar in: Miloš BLAGOJEVIĆ, Sporovi oko srednjovekovnih medja, *Zbornik Matice srpske za istoriju* 71-72 (2005), 7-28, 17f.; BUBALO, Još jednom o terminu *b'ci*, 143-154; ĆIRKOVIĆ, Štip, 30; GRUJIĆ, Arheološko-istoriski objekti, 214; RASOLKOSKA-NIKOLOVSKA, Ubikacija, 251-253.

6 Die Datierung dieser Urkunde ist umstritten: Paul LEMERLE / Gilbert DAGRON / Sima ĆIRKOVIĆ (Hgg.), *Actes de Saint-Pantéléêmôn. Texte*. Paris 1982 (Archives de l'Athos, 12), 169-172 (Actes Serbes, Nr. 6) (im folgenden: APantel) (1372-1375); Hristo MATANOV, *Knjažestvoto na Dragaši. Kъm istorijata na Severoiztočna Makedonija v predosmanskata epoha*. Sofija 1997, 102-106 (1374-1375/76); Evgenij P. NAUMOV, Darbenite gramoti na Dejanovikji (Kon analizata na istoriskite izvori od krajot na XIV vek), *Istorija* 20 (1984), H. 2, 219-237, 221 (1374/75). Der Kontext der Entstehung und der Entwicklung des Dorfes Napodu spricht m. E. für eine Datierung nach 1376/77. Siehe: Mihailo POPOVIĆ, Continuity and Change of Byzantine and Old Slavonic Toponyms in the Valley of the River Strumica (FYROM), in: Peter JORDAN / Hubert BERGMANN / Catherine CHEETHAM / Isolde HAUSNER (Hgg.), *Geographical Names as a Part of the Cultural Heritage*. Wien 2009 (Wiener Schriften zur Geographie und Kartographie, 18), 173-175, 175. Vgl. auch: Radoslav M. GRUJIĆ, Lična vlastelinstva srpskih crkvenih pretstavnika u XIV i XV veku, *Glasnik Skopskog Naučnog Društva* 13 (1934), 47-68, 61f.

7 PLP, Nr. 5745.

8 Ebd., Nr. 5746.

9 Ediert in: Archimandrit LEONID, Stara srpska pisma. Iz ruskog manastira Sv. Panteleimona u Svetoj Gori, *Glasnik Srpskog Učenog Društva* 7 (1868), 231-295, 254f. Siehe dazu auch die Edition in: NOVAKOVIĆ, Zakonski spomenici, 143. Vgl. auch: ĆIRKOVIĆ, Štip, 30; PETROVSKI, Naseleni mesta, 22. Die Kirche *Sveti Arhangel Glavatov* existiert noch heute in der Stadt Štip [GPS 22 11 27; 41 44 17]. Weiterführende Sekundärliteratur: BALABANOV, Galerija, 19; BELDEDOVSKI, Srednovekoven Štip, 12; KOCO u. a. (Hgg.), Arheološka karta, 449; PETKOVIĆ, Pregled, 353; PURKOVIĆ, Popis crkava, 8.

1377 bestätigte Jovan Dragaš die Schenkung der Kirche des Heiligen Vlasije (*crьkvь* […] *Svetago sveštennomučenika Christova Vlasija*)[1] durch Stanislav, den Čelnik[2] von Štip (*čelnikь iže u Štipu Stanislavь*), an das Kloster Chelandariu. Zum Besitz dieser Kirche gehörten Menschen in der Stadt Štip (*sь ljudьmi, što si imaa u gradu*), das Dorf Vardišta "auf dem städtischen Metochion" (*selo Vardišta na gradьskomь metochu*)[3], das Dorf Blagvi, das Stanislav auf einem von ihm erworbenen Grundstück angesiedelt hatte (*selo Blagvi, što si jestь naselilь na svoei kuplenica*[4])[5], und schließlich Tarachninci, welches der Čelnik erbeten hatte, um es zu besiedeln (*i selište Tarachninci iže jestь isprosilь čelьnikь Stanislavь, jako da naseli crьkvi Svetomu Vlasiju*)[6].[7]

Am 15. August 1381 überantwortete Konstantin Dragaš das Kloster des Heiligen Erzengels Michael in Lesnovo samt seinen Besitzungen wiederum dem Athōs-Kloster Chelandariu. Zu den Besitzungen zählten damals unter anderem das Dorf Kalopetrovci (*selo Kalopetrovci*)[8], die Kirche Sveti Nikola des Priesters Sifie (*u gradu Štipu crьkovь Svetago Nikoli ipopьSifieva* [sic!])[9] sowie zwanzig Häuser in der Stadt Štip (*i u gradu .k. kukь*).[10]

Im März des Jahres 1388 ließ Konstantin Dragaš eine Urkunde in Štip (*u Štipu*) zugunsten des Athōs-Klosters Hagios Panteleēmōn über die Besitzungen des Vojvoden[11] Dmitrь ausstellen. Dmitrь hatte ein Grundstück in der Stadt Štip gefunden, gekauft und darauf die Kirche Christi Himmelfahrt errichtet (*I město iže jestь iznašьlь bratь gospodstva mi Dmitrь vojevoda i kupilь*

---

1 Die Kirche des Heiligen Vlasije existiert jetzt nicht. Ihre Lage wird am n. Fuß des Burgberges *Isar* in Štip vermutet. Siehe dazu: BALABANOV, Galerija, 17; BELDEDOVSKI, Srednovekoven Štip, 12f.; KOCO u. a. (Hgg.), Arheološka karta, 449; PETKOVIĆ, Pregled, 58; PURKOVIĆ, Popis crkava, 18.

2 Ein *čelnik* hatte in dem serbischen mittelalterlichen Reich unter anderem die Funktion eines Befehlshabers einer befestigten Stadt inne. Vgl. dazu: Miloš BLAGOJEVIĆ, Čelnik, in: Sima ĆIRKOVIĆ / Rade MIHALJČIĆ (Hgg.), *Leksikon srpskog srednjeg veka*. Beograd 1999, 812-814.

3 Offensichtlich war das "städtische Metochion" jenes Territorium rings um die Stadt, welches den Stadtbehörden unterstand. Das Dorf Vardišta existiert jetzt nicht mehr, jedoch eine gleichnamige Flur rund 7 km onö. der Stadt Štip. Daraus leitet sich ein Radius von rund 7 km für das "städtische Metochion" ab. Vgl. dazu: ĆIRKOVIĆ, Štip, 31f.; Karte 1:100.000, Beograd 1962, Blatt Štip; PETROVSKI, Naseleni mesta, 28f.; PURKOVIĆ, Popis sela, 71; TOMOSKI, Morozviždska episkopija, 174. Vgl. zu weiteren Beispielen "städtischer Metochia": BLAGOJEVIĆ, Sporovi, 9f.; siehe auch weiter oben, Abschnitt II. Zum Toponym: IVANOVA, Rečnik, 85 (Vardišče bzw. Vardište). Abzuleiten von griech. *bardia* für "Wache" bzw. *baris* für "Turm, Wachtturm".

4 Vgl. zum Begriff *kupljenica*: Rade MIHALJČIĆ, Kupljenica, in: Sima ĆIRKOVIĆ / Rade MIHALJČIĆ (Hgg.), *Leksikon srpskog srednjeg veka*. Beograd 1999, 346.

5 Dieser Ort existiert heute nicht. Er wird zwischen Tarinci und Nov Karaorman [GPS 22 13 00; 41 47 30] vermutet. Siehe dazu: PETROVSKI, Naseleni mesta, 29.

6 Das Toponym Tarachincь wird bereits im Jahre 1355 genannt. Allerdings ist in diesem Zusammenhang unklar, um welche Siedlungsform es sich damals gehandelt hat. Dieser Frage ist bereits Boban Petrovski (PETROVSKI, Naseleni mesta, 27) nachgegangen. Erst nach Klärung des ursprünglichen Charakters des Toponyms (Flur oder Dorf) des Jahres 1355, könnte beantwortet werden, ob der Čelnik Stanislav rund zwanzig Jahre später einen Siedlungsplatz oder eine Wüstung (wieder?)besiedeln wollte. Obwohl Mirjana Živojinović die Übersetzung "Wüstung" vorschlägt (ŽIVOJINOVIĆ, Estates, 81), muß der Ausdruck *selište* m. E. in diesem Falle aus obigen Gründen unübersetzt bleiben.

7 Zitiert nach: AChil sl, 533f. (Nr. 60). Weiters ediert in: NOVAKOVIĆ, Zakonski spomenici, 452f. Vgl. den Kommentar in: ĆIRKOVIĆ, Štip, 30f.; ŽIVOJINOVIĆ, Dragaši, 49.

8 Dieses Dorf befand sich in der Nähe des jetzigen Kalapetrovci [GPS 22 18 37; 41 42 19], rund 10 km osö. von Štip. Vgl. dazu: PETROVSKI, Naseleni mesta, 30. Zum Toponym: IVANOVA, Rečnik, 275 (Kalapetrovci). Zusammengesetzt aus griech. *kalos* ("gut, schön") und dem Personennamen *Petar*.

9 Stojan Novaković hat statt *popьSifieva* den Ausdruck *popьSterijeva* gelesen (NOVAKOVIĆ, Zakonski spomenici, 455), was in Anbetracht der Lesart der Quellen der Jahre 1341 bzw. 1347 nicht zutreffend sein kann.

10 Zitiert nach: AChil sl, 542f. (Nr. 67). Weiters ediert in: NOVAKOVIĆ, Zakonski spomenici, 453-455. Siehe auch den Kommentar in: TOMOVIĆ, Povelja, 90-95; ŽIVOJINOVIĆ, Dragaši, 50f.

11 Vgl. zum Titel *vojvoda*: Rade MIHALJČIĆ / Andrija VESELINOVIĆ / Aleksandar FOTIĆ, Vojvoda, in: Sima ĆIRKOVIĆ / Rade MIHALJČIĆ (Hgg.), *Leksikon srpskog srednjeg veka*. Beograd 1999, 95-97.

u Štipu gradu […] *i sьzidalь ot osnovanïa crьkovь Vьznesenïa Gospoda*) (siehe *Abb. 26*).[1] Den
Besitz dieser Kirche bestätigte Konstantin Dragaš vor Zeugen.[2] Ein Jahr später (1389)[3] bestätigte
Konstantin Dragaš die Schenkung desselben Vojvoden an das Kloster Chelandariu, die aus den
Dörfern Kozijakь (*selo Kozijakь*)[4], Rurakь (*selo Rurakь*)[5] und Krivi Dolь (*selo Krivi Dolь*)[6]
bestand.

Dies sind die letzten schriftlichen Zeugnisse der slawischen Lokalherrscher in Štip und
Umgebung.[7] Unklar ist, wann osmanische Truppen die Stadt eingenommen haben. Jordan
Ivanov nennt das Jahr 1382.[8] Tomo Tomoski stützt sich in seinen Überlegungen auf Franz
Babinger[9] und führt das Jahr 1385 ins Treffen.[10] Beide Daten sind im Hinblick auf die Urkunde
des Jahres 1388 (s. o.) abzulehnen. Höchstwahrscheinlich fiel das gesamte Herrschaftsgebiet
der Dejanovići – darunter auch Štip – nach dem Tode des Konstantin Dragaš in der Schlacht
von Rovine im Jahre 1395 endgültig an den osmanischen Sultan.[11]

Der osmanische Reisende Evlija Čelebi berichtet in seinen Aufzeichnungen aus dem 17.
Jahrhundert, daß der Burgberg von Štip namens *Isar* im Westen durch einen verborgenen Tunnel
mit den Ufern der Bregalnica verbunden war, den die osmanischen Truppen bei der Eroberung
der Festung in einer Kriegslist zu nutzen verstanden. Des weiteren sei *Isar* danach nicht mehr

---

1   Archimandrit LEONID, Stara srpska pisma, 267f. Diese Kirche existiert heute noch, liegt am linken (s.) Ufer der
    Otinja in Štip und wird *Sveti Spas* genannt [GPS 22 11 04; 41 44 05]. Vgl. dazu folgende Sekundärliteratur:
    BALABANOV, Galerija, 13-16; BELDEDOVSKI, Srednovekoven Štip, 12; PETKOVIĆ, Pregled, 353; PURKOVIĆ,
    Popis crkava, 17.
2   Archimandrit LEONID, Stara srpska pisma, 268-271. Auch ediert in: NOVAKOVIĆ, Zakonski spomenici, 765-768.
    Vgl. den Kommentar in: APantel, 180f. (Actes Serbes, Nr. 11); ĆIRKOVIĆ, Štip, 31; ŽIVOJINOVIĆ, Dragaši, 51. In
    dieser Urkunde wird unter anderem ein *veliki put* erwähnt (Archimandrit LEONID, Stara srpska pisma, 270).
    Allerdings erlaubt der Kontext keine einwandfreie Lokalisierung.
3   Die Datierung dieser Urkunde ist umstritten. Stojan Novaković nennt in der Kopfzeile seiner Edition das Jahr
    1389, ediert allerdings am Ende der Urkunde das Jahr 6887 (d. h. 1379) mit dem Hinweis auf einen späteren
    Zusatz und die damit verbundene Unzuverlässigkeit der Information (vgl. NOVAKOVIĆ, Zakonski spomenici,
    456f.). Eine neue Edition der Urkunde wurde vorgelegt von: Žarko VUJOŠEVIĆ, Povelja gospodina Konstantina
    Dragaša Hilandaru o poklonima vojvode Dmitra (Hil. 63), *Stari srpski arhiv* 9 (2010), 111-133. Der Datierung
    1389 haben sich angeschlossen: PURKOVIĆ, Popis sela, 103; RASOLKOSKA-NIKOLOVSKA, Crkvata Sv. Gjorgji,
    219; TOMOVIĆ, Ko je bio despot Tornik, 266; ŽIVOJINOVIĆ, Estates, 81. Für das Jahr 1379 sprechen sich aus:
    Božidar FERJANČIĆ, Vladarska ideologija u srpskoj diplomatici posle propasti carstva (1371), in: Ivan BOŽIĆ /
    Vojislav J. DJURIĆ (Hgg.), *O knezu Lazaru. Naučni skup u Kruševcu 1971.* Beograd 1975, 139-150, 147;
    IVANOVA, Rečnik, 336 (Krivi Dol); PETROVSKI, Naseleni mesta, 28; TOMOSKI, Morozviždska episkopija, 174,
    Anmerkung 22. Žarko Vujošević nennt auf der Basis des Wasserzeichens der Urkunde vorsichtig als Datierung
    die Jahre 1388/89 (VUJOŠEVIĆ, Povelja, 111, 113f.).
    M. E. spricht der Kontext dieser Urkunde in Zusammenschau mit derjenigen für das Kloster Hagios Panteleēmōn
    des Jahres 1388 für das Jahr 1389. Beide Urkunden bestätigen die Schenkungen des Vojvoden Dmitrь für zwei
    verschiedene Athōs-Klöster unter explizitem Hinweis auf die Verdienste seiner Person. Eine Zeitdifferenz von
    neun Jahren scheint mir aus dieser Perspektive unwahrscheinlich.
4   Dieses Toponym dürfte mit der Flur Gorni Kozjak identisch sein.
5   Jetzt das Dorf Ruljak [GPS 22 19 49; 41 48 10], rund 13 km onö. von Štip. Vgl. dazu: PETROVSKI, Naseleni
    mesta, 29; PURKOVIĆ, Popis sela, 137. Zum Toponym: IVANOVA, Rečnik, 555 (Ruljak). Hier in der Bedeutung
    "Dorf, das an einem Fluß liegt".
6   Jetzt die Flur Star Krivi Dol, ca. 2 km s. des jetzigen Dorfes Krivi Dol [GPS 22 06 18; 41 47 14], das 9 km wnw.
    von Štip liegt. Siehe zur Lokalisierung: Karte 1:100.000, Beograd 1962, Blatt Štip; PETROVSKI, Naseleni mesta,
    29f.; PURKOVIĆ, Popis sela, 106. Krivi Dol bedeutet "kurvenreiche Schlucht, kurvenreiches Tal" [vgl. dazu:
    IVANOVA, Rečnik, 336 (Krivi Dol)].
7   ĆIRKOVIĆ, Štip, 31.
8   Jordan IVANOV, *Sěverna Makedonija. Istoričeski izdirvanьja.* Sofija 1906, 203.
9   Franz BABINGER, *Beiträge zur Frühgeschichte der Türkenherrschaft in Rumelien (14.-15. Jahrhundert).* Brünn,
    München, Wien 1944 (Südosteuropäische Arbeiten, 34), 73-78.
10 TOMOSKI, Srednovekovni gradovi, 216; TOMOSKI, Štip, 396.
11 Vgl. zu dieser m. E. richtigen Überlegung: ĆIRKOVIĆ, Štip, 31.

militärisch genutzt worden, sondern vielmehr als Sammelplatz für Schafe und Ziegen in der Winterzeit.[1]

Siedlungsbefund und -entwicklung in spätbyzantinischer Zeit (1259-1395)

Die Auswertung der schriftlichen Quellen aus dem Zeitraum 1259 bis 1395 hat gezeigt, daß insgesamt fünfzehn lokalisierte bzw. lokalisierbare Siedlungen, die eine Siedlungskontinuität in unterschiedlichem Grade aufweisen, in der besagten Periode identifiziert werden konnten. Nicht berücksichtigt werden in den weiteren Ausführungen unlokalisierbare Siedlungen (bzw. Fluren oder Wüstungen), weil sie keinen Stellenwert im Rahmen des Modells der modifizierten "Central Place Theory" und der graphischen Darstellung desselben besitzen, da sie eben nicht mit Bestimmtheit lokalisiert werden können.

In *Tabelle 6* scheinen nur elf der fünfzehn Siedlungen in chronologischer Reihenfolge der Nennung in den Quellen auf, weil vier – nämlich Brest, Leskovica, Šopur und Suvo Grlo – bereits in *Tabelle 4* eingefügt wurden.[2] Eingetragen wurden die jeweils in den Quellen bezeugten Namensformen der Toponyme in Transkription mit der überlieferten Siedlungsform in deutscher Übersetzung, z. B. "Stadt Štip". Wenn z. B. das Attribut "Dorf" in den Quellen nicht explizit bei der jeweiligen Siedlung aufscheint, sondern lediglich der Kontext der Quelle eine gewisse Siedlungsform erkennen läßt, steht eine Abkürzung in runden Klammern, z. B. "Kozijak (D)". Diese Abkürzungen sind wie folgt aufzulösen:

D = Dorf; F = Flur; W = Wüstung

Zweifelhafte Klassifizierungen weisen ein Fragezeichen in runder Klammer auf (?). Schließlich sind je nach Kontext der Quelle mehrere Klassifizierungen möglich bzw. denkbar, z. B. "Tarachninci (F/W?)".

Analyse der ermittelten Daten auf der Basis der modifizierten "Central Place Theory"

Die Analyse der Daten orientiert sich im folgenden an jenen Schemata, die Johannes Koder für das Fach der Byzantinistik auf der Basis von Christallers "Central Place Theory" weiterentwickelt hat und die bereits weiter oben dargelegt sowie angewandt wurden.[3]

Die Einteilung der fünfzehn in den mittelalterlichen schriftlichen Quellen bezeugten Siedlungen in CMT+IMT oder SMT führt zu folgendem Ergebnis: Zweifellos besaß die Stadt Štip als einzige den Rang eines CMT+IMT in diesem Bereich der Region.[4] Sie wurde von serbischen Statthaltern verwaltet (z. B. Kefalija David Mihojević, Čelnik Stanislav) und war in eine Burg (*Isar*) sowie eine Stadt mit Marktplatz[5] gegliedert. Ihre wirtschaftliche Vitalität sowohl in spätbyzantinischer als auch in osmanischer Zeit wurde bereits in der Sekundärliteratur

---

1   Hazim ŠABANOVIĆ (Hg.), *Evlija Čelebi. Putopis. Odlomci o jugoslovenskim zemljama*. Sarajevo 1996, 342f. Vgl. dazu: Basilēs DĒMĒTRIADĒS, *Η Κεντρική και Δυτική Μακεδονία κατά τον Εβλιγιά Τσελεμπή*. Thessalonikē 1973 (Makedonikē Bibliothēkē, 39), 317-320. Evlija Čelebi vermengt unterschiedliche Zeitangaben hinsichtlich der Eroberung der Stadt. Laut Ivan Mikulčić wurde am "Westfuß des Berges 1986 beim Straßenbau ein 2 m breiter, von der Hochfläche des Berges [scilicet *Isar*] zum Fluß [scilicet Bregalnica] führender Tunnel mit Treppen angeschnitten" entdeckt. Dieser sei "bereits im Mittelalter mit Schutt verfüllt, daher sicher spätantik" [MIKULČIĆ, Befestigungen, 403f. (Nr. 341)]. Vgl. dazu: BELDEDOVSKI, Srednovekoven Štip, 15f.
2   Siehe dazu weiter oben, Abschnitt III.
3   Alle diesbezüglichen Gedankengänge sind zusammenfaßt in: Johannes KODER, Land Use and Settlement: Theoretical Approaches, in: John F. HALDON (Hg.), *General Issues in the Study of Medieval Logistics: Sources, Problems and Methodologies*. Leiden, Boston 2006 (History of Warfare, 36), 159-183. Siehe dazu auch weiter oben, Abschnitte II und III.
4   Diese Erkenntnis schon bei: ŽIVOJINOVIĆ, Strumički metoh, 207.
5   Siehe zum Marktplatz: Ebd. 207f.

umfassend erörtert.[1] Zudem könnten Vertreter der Familie Dragaš zeitweise in Štip residiert haben, wie die Urkunde des Konstantin Dragaš aus dem März des Jahres 1388 nahelegt (s. o.).

Die verbleibenden vierzehn Siedlungen sind der Kategorie SMT zuzuweisen und in Relation zu Štip zu stellen, sodaß daraus *Tabelle 7* abzuleiten ist. Folgende drei Siedlungen sind von der Stadt Strumica zwischen 13 und 15 km entfernt: Ruljak, Šopur und Suvo Grlo.[2] Mit einer Toleranzgrenze von +/– 1 bis 2 km (d. h. im Bereich zwischen 11 und 17 km)[3] bilden folgende drei Siedlungen einen Teil des Schemas: Gorni Kozjak (F), Leskovica und Novo Selani. Schließlich gehörten die Orte Tarinci und Vardišta zum "städtischen Metochion" von Štip.[4]

Aus dem Schema der modifizierten "Central Place Theory" fallen auf den ersten Blick Brest, Creška, Kalapetrovci, Karbinci, Radanje und Star Krivi Dol (F). Hinsichtlich des Ortes Brest konnte weiter oben gezeigt werden, daß genau auf der Linie der Dörfer Leskovica und Brest die Grenze zwischen dem nordwestlichen und dem südöstlichen Teil des Flußtales der Kriva Lakavica zu ziehen ist und daß bis zu diesen Orten der Einzugsbereich der Stadt Štip reichte.[5]

Die Siedlungen Kalapetrovci, Karbinci, Radanje und Star Krivi Dol (F) lassen sich weder dem "städtischen Metochion" noch den SMT zuteilen, weil sie zwischen 8 und 10 km von Štip entfernt sind. Auffallend ist, daß sie sich in einem weiten Bogen von Nordwesten nach Südosten am äußeren Rande des "städtischen Metochion" gruppieren. Genau in dieser Zone war es zu Grenzstreitigkeiten zwischen Dorfbewohnern und dem Athōs-Kloster Chelandariu im Jahre 1355 gekommen. Möglicherweise befand sich bei diesen vier Orten das Übergangsgebiet von bürgerlichem zu klösterlichem Besitz. Allerdings lassen sich aufgrund von Quellenmangel weder weitere Überlegungen in diese Richtung anstellen noch die Lage dieser Siedlungen mit dem Zentrum Štip in Einklang bringen.

Gänzlich aus dem Einzugsbereich von Štip fällt der Ort Creška, der rund 16 km östlich von Veles liegt und somit ebendiesem Zentrum zuzuordnen ist.

Zur Siedlungskontinuität in osmanischer Zeit

Der bereits verwendete osmanische Defter für den Sandžak *Köstendil*, der in den Jahren 1570 bis 1573 entstanden ist, verzeichnet für die Nahiye *Ištip* insgesamt 143 Siedlungen.[6] Die Auswertung dieser Quelle ermöglicht das Zusammenstellen einer weiteren Tabelle (siehe *Tabelle 8*), wobei die darin enthaltenen Symbole wie folgt zu deuten sind: + = im jeweiligen Defter verzeichnet bzw. – = im jeweiligen Defter nicht verzeichnet.

Mit Ausnahme von Creška, Šopur und Vardišta (F) weisen die verbleibenden zwölf Siedlungen eine Kontinuität in osmanischer Zeit auf. Wie in allen bisherigen Fallbeispielen erkennbar, zeigt sich auch an dieser Stelle, daß aufgrund des Verhältnisses von 15 zu 143 in der Gesamtanzahl der bezeugten Siedlungen eine bedeutende Siedlungsentwicklung in osmanischer Zeit stattgefunden haben muß, selbst wenn man davon ausgeht, daß bei weitem nicht alle spätbyzantinischen Strukturen in den Quellen überliefert sind.

---

1 ĆIRKOVIĆ, Štip, 31-36; PETROVSKI, Kategorii, 57-72; Metodija SOKOLOSKI, Štip i Štipsko vo tekot na XVI vek, *Istorija* 10 (1974), H. 2, 124-152.

2 Vgl. dazu *Abb. 20*.

3 Siehe zu dieser Toleranzgrenze weiter oben, Abschnitt II.

4 Höchstwahrscheinlich verfügte auch die Stadt Strumica über solch ein Metochion. Siehe dazu weiter oben, Abschnitt II. Die Existenz des Metochion von Štip wird in der Urkunde für Ivanko Probištitović aus dem Jahre 1350 indirekt bestätigt, da dieser Edelmann den Bürgern Land und Weinberge in der unmittelbaren Umgebung der Stadt abgekauft hatte (... *i ješte što si jestъ kupilъ izvъnъ grada zemlju i vinograde vinugracku zemlju odъ graždanъ* ...). Vgl. dazu: ALEKSIĆ, Povelja, 73.

5 Siehe dazu weiter oben, Abschnitt III.

6 Metodija SOKOLOSKI (Hg.), *Turski dokumenti za istorijata na Makedonskiot narod. Opširni popisni defteri od XVI vek za Kjustendilskiot sandžak. Tom V/Kniga 2.* Skopje 1980, 69-76.

Zusammenfassung

Als Schlußfolgerung aus den dargelegten Erkenntnissen geht hervor, daß eine historische Abgrenzung des Einzugsbereiches von Štip (Stichwort "Štipska oblast") mit Rückgriff auf die jetzige administrative Einteilung in der (ehemaligen jugoslawischen) Republik Makedonien nicht notwendig bzw. nicht gerechtfertigt ist[1], weil die schriftlichen Quellen des 14. Jahrhunderts unter Verwendung der modifizierten "Central Place Theory" sehr wohl eine regressive Rekonstruktion sowie Abgrenzung eines größeren einheitlichen Raumes erlauben.

Laut zeitgenössischer Einteilung gehören nämlich die Orte Brest, Creška, Kalapetrovci, Krivi Dol, Leskovica, Šopur, Štip und Suvo Grlo zur Gemeinde Štip[2], hingegen die Orte Karbinci, Kozjak, Radanje, Ruljak und Tarinci zur Gemeinde Karbinci[3], während das vorliegende Modell eine Interaktion und Verschränkung zwischen den Territorien der beiden jetzigen Gemeinden im Mittelalter offenbart.

---

1   So argumentiert in: PETROVSKI, Kategorii, 57, Anmerkung 1; DERS., Naseleni mesta, 19.
2   Zakon za teritorijalnata organizacija na lokalnata samouprava vo Republika Makedonija, 6.
3   Ebd. 4.

Abb. 1 Überblickskarte des Großprojektes Tabula Imperii Byzantini

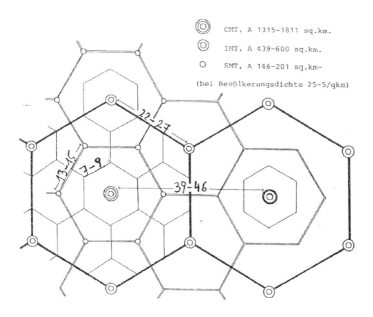

Abb. 2 Die Distanzen zwischen CMT+IMT und SMT

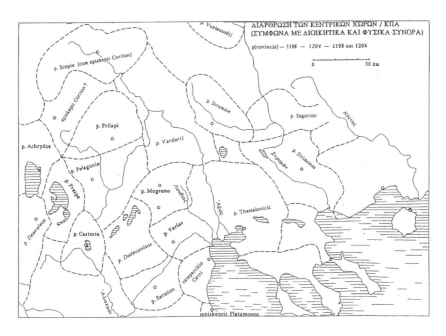

Abb. 3   Die zentralen Orte Makedoniens und deren Einzugsgebiete

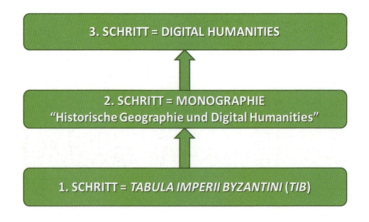

Abb. 4   In drei Schritten von der historischen Geographie zu den Digital Humanities

Abb. 5   Die Lage des Flußtales der Strumica

Abb. 6   Der Fluß Strumica sw. des Ortes Turnovo

Abb. 7   Das Strumičko Pole von Westen

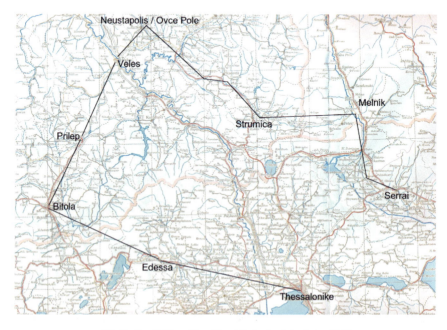

Abb. 8   Der Feldzug Theodōros' II. Laskaris im Jahre 1255

Abb. 9 Die Erhebung Carevi Kuli von SW

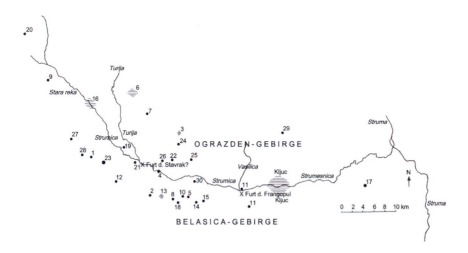

Abb. 10 Die Siedlungen im Tal der Strumica (1152 / 1259-1395)

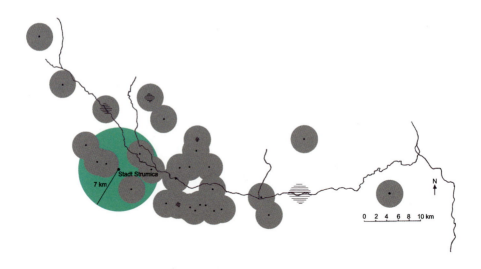

Abb. 11   Die durchschnittliche räumliche Ausdehnung der Dörfer

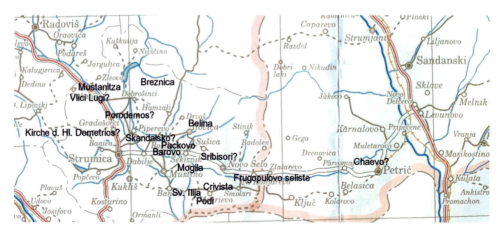

Abb. 12   Schematische Übersicht der Fluren und Wüstungen

Tabelle 1

Ort / Jahr	1152	1250	1255	1259	1270/83 (?)	1283	1286
1. Banica	—	—	—	—	—	—	—
2. Bansko	—	—	—	—	—	—	—
3. Belina (F)	—	—	—	—	—	—	—
4. Borievo	—	—	—	—	—	—	—
5. Borisovo	—	—	—	—	—	—	—
6. Breznica	Brusnitza (F) (?)	—	—	—	—	—	—
7. Čanaklija	—	—	—	—	Münzhort	—	—
8. Gabrovo	—	—	—	—	—	—	—
9. Kalugjerica	—	—	—	—	—	—	—
10. Kolešino	—	—	—	—	—	—	—
11. Konjarevo, Staro/Novo	—	—	—	—	—	—	—
12. Kukliš	—	—	—	—	—	—	—
13. Manastir (F)	—	—	—	—	—	—	—
14. Mokrievo	—	—	—	—	—	—	—
15. Mokrino	—	—	—	—	—	—	—
16. Mustanitza (F)	Metochion Mostenitza	—	—	—	—	Dorf Mustanitza	—
17. Petrič	—	—	—	—	—	—	—
18. Pod (F)	—	—	—	—	—	—	—
19. Prosenikovo	—	—	—	—	—	—	—
20. Radoviš	Dorf Radobisdon	—	—	—	—	—	—
21. Robovo	—	—	—	—	—	—	—
22. Sekirnik	—	—	—	—	—	—	—
23. Strumica	Strumitza	Strumpitza	Strummitza	Strummitza	—	Strummitza	Unterstadt Strummitza
24. Štuka	—	—	—	—	—	—	—
25. Sušica	—	—	—	—	—	—	—
26. Turnovo	—	—	—	—	—	—	—
27. Veljusa	Dorf Palaiokastron	Dorf (chōrion)	—	—	—	—	—
28. Vodoča	—	—	—	—	—	—	—
29. Volno	—	—	—	—	—	—	—
30. Zubovo	—	—	—	—	—	—	—

Tabelle 1a

Tabelle 1

Ort / Jahr	1293	1303/04	1310	1320	1323	1326/27
1. Banica	—	—	—	—	—	—
2. Bansko	—	—	—	—	—	—
3. Belina (F)	—	—	—	—	—	—
4. Borievo	—	—	—	—	—	—
5. Borisovo	—	—	—	—	—	—
6. Breznica	Preasnitza (F) (?)	—	—	—	—	—
7. Čanaklija	—	—	—	—	—	—
8. Gabrovo	—	—	—	—	—	—
9. Kalugjerica	—	—	—	—	—	—
10. Kolešino	—	—	—	—	—	—
11. Konjarevo, Staro/Novo	—	Dorf Kunarjane (W)	—	—	—	—
12. Kukliš	—	—	—	Koklizion (D)	—	—
13. Manastir (F)	—	—	—	—	—	—
14. Mokrievo	—	—	—	—	—	—
15. Mokrino	—	—	—	—	—	—
16. Mustanitza (F)	—	—	Dorf Monstanitza	Mostheanitza (F)	—	—
17. Petrič	—	—	—	—	—	Dorf (kōmē) (?)
18. Pod (F)	—	—	—	—	—	—
19. Prosenikovo	—	—	—	—	—	—
20. Radoviš	—	—	—	—	Radobisdin (D)	—
21. Robovo	—	—	—	—	—	—
22. Sekirnik	—	—	—	—	—	—
23. Strumica	—	Strumica	Strummitza	Strummitza	—	Städtchen Strummitza
24. Štuka	—	—	—	—	—	—
25. Sušica	—	—	—	—	—	—
26. Turnovo	—	—	—	—	—	—
27. Veljusa	—	—	—	Dorf Palaiokastron	—	—
28. Vodoča	—	—	—	Bewohner (Bodetzēnōn)	—	—
29. Volno	—	—	—	—	—	—
30. Zubovo	—	—	—	—	—	—

Tabelle 1b

Tafel VIII

Tabelle 1

Ort / Jahr	1336	1340/41	1343	1346, Jänner	1346, April	1348	1347/48
1. Banica	—	—	—	—	—	—	—
2. Bansko	—	—	—	—	—	—	—
3. Belina (F)	Belina (F/D?)	—	—	—	—	—	—
4. Borievo	—	—	Dorf Boruevo	—	—	—	—
5. Borisovo	—	—	—	—	—	—	—
6. Breznica	—	Prasnitza (D)	—	—	—	—	—
7. Čanaklija	—	—	—	—	—	—	—
8. Gabrovo	—	—	—	—	—	—	—
9. Kalugjerica	Dorf Kalugerica	Kalograia (D)	—	—	—	—	—
10. Kolešino	—	—	—	—	—	—	—
11. Konjarevo, Staro/Novo	Kunarani (D)	Kunarianis (D)	—	—	—	Dorf Kunarani	—
12. Kukliš	—	—	—	—	—	—	—
13. Manastir (F)	Sveti Ilija (M)	—	—	—	—	—	—
14. Mokrievo	—	—	—	—	—	—	—
15. Mokrino	—	—	—	—	—	—	—
16. Mustanitza (F)	—	—	—	—	Mostenitza (F)	—	—
17. Petrič	—	—	—	—	—	—	—
18. Pod (F)	—	—	—	—	—	—	—
19. Prosenikovo	—	—	—	—	—	—	—
20. Radoviš	Radobosdion (D) (?)	—	—	—	—	—	—
21. Robovo	—	—	Wüstung Robovo	—	—	—	—
22. Sekirnik	Dorf Sěkirnykī	Weiler Sekrinikon	—	—	—	Dorf Sěkirnykī	—
23. Strumica	—	—	Oberstadt Strumica	Strummitza	Strummitza	Strumica	Strumica
24. Štuka	Wüstung Štuka	—	—	—	—	Dorf Štuka	—
25. Sušica	—	—	—	—	—	—	—
26. Turnovo	—	—	—	—	—	—	—
27. Veljusa	—	—	—	—	—	—	—
28. Vodoča	—	—	—	—	—	—	—
29. Volno	—	—	—	—	—	—	—
30. Zubovo	—	—	—	—	—	—	—

Tabelle 1c

Tabelle 1

Ort / Jahr	1349/53	1349	1351	1357	1369	1370	1371
1. Banica	—	—	—	—	—	—	
2. Bansko	—	—	—	—	—	—	
3. Belina (F)	—	—	—	—	—	—	Mpelina/Katō Mpelina (D)
4. Borievo	—	—	—	—	—	—	—
5. Borisovo	—	—	—	—	—		
6. Breznica	—	—	—	—	—	Landbesitz (topos/gě)	Presnitza (D)
7. Čanaklija	—	—	—	—	—		
8. Gabrovo	—	Gabrovo (D)	—	—	Gabrovo (D)	—	—
9. Kalugjerica	—	—	—	—	—		
10. Kolešino	—	—	—	—	—		
11. Konjarevo, Staro/Novo	Kunarach (F/D?)	—	—	—	—	—	—
12. Kukliš	—	—	—	—	—		
13. Manastir (F)	—	—	—	—	—		
14. Mokrievo	—	—	—	—	—		
15. Mokrino	—	—	—	—	—		
16. Mustanitza (F)	—	—	—	Mostenitza (F)	—	—	—
17. Petrič	—	—	—	—	—		
18. Pod (F)	—	Podī (F)	—	—	—	—	—
19. Prosenikovo	—	—	—	—	—		
20. Radoviš	Radovište (D)	—	—	—	—	—	—
21. Robovo	—	—	—	—	—		
22. Sekirnik	Sekirnik (D)	—	—	—	—	—	—
23. Strumica	—	—	Strummitza	Strummitza	—	—	—
24. Štuka	—	—	—	—	—	—	Stuka (D)
25. Sušica	—	—	—	—	—		
26. Turnovo	—	—	—	—	—		
27. Veljusa	—	—	—	—	—		
28. Vodoča	—	—	—	—	—		
29. Volno	—	—	—	—	—		
30. Zubovo	—	—	—	—	—		

Tabelle 1d

Tabelle 1

Ort / Jahr	1374	1375/76	1376/77	nach 1376/77 (?)	1381
1. Banica	—	—	—	Banja (D)	—
2. Bansko	—	—	—	Banska (D)	—
3. Belina (F)	—	—	—	—	—
4. Borievo	—	Boruevo (D)	—	—	—
5. Borisovo	—	—	Dorf Borisovo	Dorf Borisovo	—
6. Breznica	Dorf Mpresnitza	Stara Brěznica (D)	—	—	—
7. Čanaklija	—	—	—	—	—
8. Gabrovo	—	—	Dorf Gabrovo	Dorf Gabrovo	—
9. Kalugjerica	—	—	—	—	—
10. Kolešino	—	—	—	Kirche Hl. Nikolaus Kolešinï (?)	—
11. Konjarevo, Staro/Novo	—	—	—	—	—
12. Kukliš	—	—	—	—	—
13. Manastir (F)	—	—	—	—	—
14. Mokrievo	—	Makrijevo (D)	Dorf Makrijevo	Wüstung Makrijevo	—
15. Mokrino	—	Mokrane (D)	Dorf Mokrani	Dorf Mokrane	—
16. Mustanitza (F)	—	—	—	—	—
17. Petrič	—	—	—	Petrïči (D)	—
18. Pod (F)	—	—	—	Dorf Napodu	—
19. Prosěnikovo	—	Prosěnikovo (D)	—	—	—
20. Radoviš	—	—	—	—	—
21. Robovo	—	—	—	—	—
22. Sekirnik	—	Sekirnik (D)	—	—	—
23. Strumica	Strumpitza	Oberstadt Strumica	Oberstadt Strumica	Strumica	Oberstadt Strumica
24. Štuka	—	—	—	—	—
25. Sušica	—	—	—	Dorf Sušica	—
26. Turnovo	—	—	—	Dorf Tornjevo (?)	—
27. Veljusa	—	—	—	—	—
28. Vodoča	—	Vodoča (D)	—	—	—
29. Volno	—	—	—	Dorf Robovo in Zabrïdïje	—
30. Zubovo	—	Ubovo (D) (?)	Dorf Zubovce	Dorf Zubovo	—

Tabelle 1e

Tabelle 2		**Strumica**
1.	Banica	2,5 km
2.	Bansko	11 km
3.	Belina (F)	rund 16 km
4.	Borievo	11 km
5.	Borisovo	17 km
6.	Breznica	rund 10 km
7.	Čanaklija	11 km
8.	Gabrovo	15 km
9.	Kalugjerica	17 km
10.	Kolešino	16 km
11a.	Konjarevo, Novo	22 km
11b.	Konjarevo, Staro	27 km
12.	Kukliš	4 km
13.	Manastir (F)	rund 13 km
14.	Mokrievo	17 km
15.	Mokrino	18 km
16.	Mustanitza (F)	rund 10 km
17.	Petrič	47 km
18.	Pod (F)	rund 15 km
19.	Prosenikovo	5 km
20.	Radoviš	26 km
21.	Robovo	6 km
22.	Sekirnik	13,5 km
23.	Štuka	15 km
24.	Sušica	16 km
25.	Turnovo	11,5 km
26.	Veljusa	7,5 km
27.	Vodoča	4 km
28.	Volno	33 km
29.	Zubovo	17 km

Tabelle 2

Tabelle 3	1519	1570/73	1665
1. Banica	+	+	–
2. Bansko	–	+	–
3. Belina (F)	–	–	–
4. Borievo	+	+	–
5. Borisovo	+	+	–
6. Breznica	–	–	–
7. Čanaklija	–	–	–
8. Gabrovo	+	+	–
9. Kalugjerica	+	+	–
10. Kolešino	+	+	–
11. Konjarevo, Staro/Novo	+	+	+
12. Kukliš	+	+	–
13. Manastir (F)	–	–	–
14. Mokrievo	+	+	–
15. Mokrino	+	+	–
16. Mustanitza (F)	–	–	–
17. Petrič	•	+	+
18. Pod (F)	+	+	–
19. Prosenikovo	+	+	–
20. Radoviš	+	+	–
21. Robovo	+	+	–
22. Sekirnik	+	+	–
23. Strumica	+	+	–
24. Štuka	+	+	–
25. Sušica	+	+	–
26. Turnovo	+	+	–
27. Veljusa	+	+	–
28. Vodoča	+	+	–
29. Volno	•	–	–
30. Zubovo	+	+	–

Tabelle 3

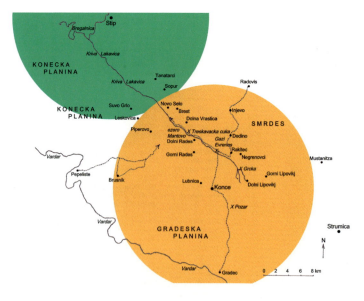

Abb. 13   Das Flußtal der Kriva Lakavica und angrenzende Gebiete

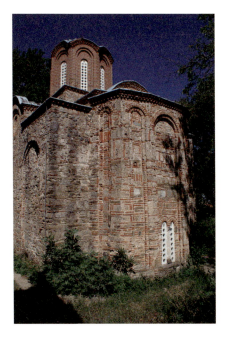

*Abb. 14   Die Kirche des Heiligen Stefan
in Konče von SO*

Abb. 15   Die Erhebung Treskavačka čuka von SO

Abb. 16   Die Türbe des Gazi Evrenos von SO

Abb. 17   Der Burgberg Isar von O und die Kirche Sv. Arhangel Mihail Fitijata (1) in Štip

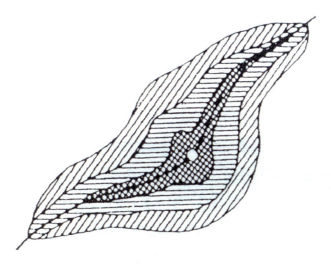

Abb. 18   Graphische Darstellung des Marktortes Konče

Abb. 19   Eine Furt durch den Fluß Kriva Lakavica

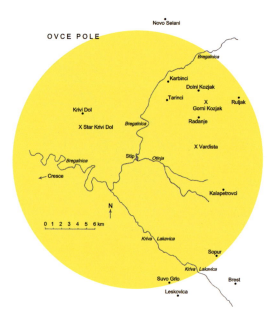

Abb. 20   Die Stadt Štip samt Umgebung

Abb. 21   Isar von SO, im Vordergrund Kirche Sveti Nikola

Abb. 22   Die neuzeitliche Kirche Sveti Nikola rechts der Otinja

Abb. 23   Die Kirche Sveti Gjorgji in Gorni Kozjak von NW

Abb. 24   Die Kirche des Hl. Johannes des Täufers auf dem SW-Abhang von Isar

Abb. 25   Die Kirche Sveti Arhangel Glavatov in Štip

Abb. 26   Die Kirche Sveti Spas links der Otinja

*Abb. 27   Die spätbyzantinischen Siedlungen und
die Grenzen der Nahiye Melnik*

Abb. 28   Die Sandsteinpyramiden rings um Melnik

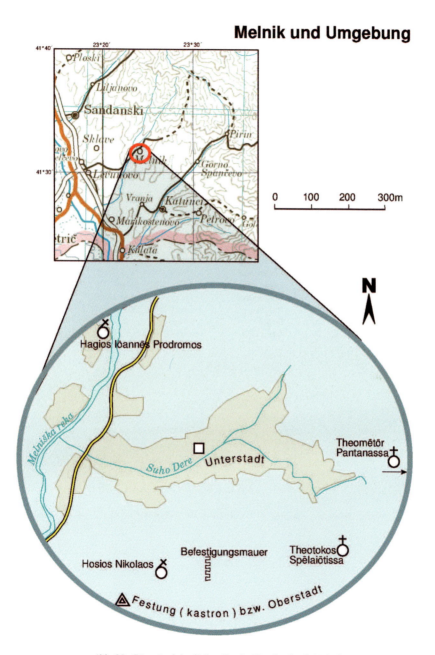

Abb. 29 Die mittelalterlichen Denkmäler der Stadt Melnik

Tabelle 4

Ort / Jahr	1303/04	1336 (1. Variante)	1336 (2. Variante)	ca. 1340/41	1366	nach 1366	vor 1417
1. Brest	Wüstung Brěstokī	Dorf Brěstovica	Brěstī (D)	Weiler Mproastotzin	—	—	—
2. Dedino	—	—	—	—	Dorf Dědino	—	—
3. Grčka (F) (?)	—	—	—	—	Dorf Grkovī Dolī	—	Dorf Krč'k (K'rč'k)
4. Konče	—	—	—	—	Dorf Konča	Koniče (D)	—
5. Leskovica	Wüstung Lěskovica	Dorf Lěskovica	Dorf Lěskovica	Dorf Leaskobitzon	—	—	—
6. Lubnica	—	—	—	—	Dorf Lubnica	Lubnica (D)	—
7. Negrenovci	—	—	—	—	Dorf Negronfoti	—	—
8. Rakitec	—	—	—	—	Dorf Rakit(ī)cī	Rakitīcī (D)	—
9. Šopur	—	Wüstung Še(p)šorovo	—	Dorf Srepsobos	—	—	—
10. Suvo Grlo	Wüstung Suchogrīlī	Dorf Suchogrī	Dorf Suchogrī(lī)	Dorf ..cho.i…	—	—	—

Tabelle 4

Tabelle 5		Konče	Štip
1.	Brest	13 km	18 km
2.	Dedino	9 km	25 km
3.	Grčka (F)	rund 6 km	rund 29 km
4.	Leskovica	15 km	16,5 km
5.	Lubnica	rund 1 km	26 km
6.	Negrenovci	7,5 km	rund 28 km
7.	Rakitec	rund 6 km	26 km
8.	Šopur	17 km	rund 14 km
9.	Suvo Grlo	rund 16 km	rund 15 km

Tabelle 5

Tabelle 6

Ort / Jahr	1303/04	1308	1330/31	1336 (1. Variante)	1336 (2. Variante)	1341	ca. 1340/41	1347
1. Creška	—	—	Burg Črěš'če	—	—	—	—	—
2. Gorni Kozjak (F)	—	—	—	—	—	—	—	—
3. Kalapetrovci	—	—	—	—	—	—	—	—
4. Karbinci	—	—	—	—	Weiler Kar'bincī	—	—	—
5. Novo Selani	—	—	—	—	—	—	—	Novoseljanī (D)
6. Radanje	—	—	—	—	—	—	—	—
7. Ruljak	—	—	—	—	—	—	—	—
8. Star Krivi Dol (F)	—	—	—	—	—	—	—	—
9. Štip	Stadt Štip	Festung Štip	Burg Štip	Stadt Štip	Stadt Štip	Štip	Marktplatz Stypon	Stadt Štip
10. Tarinci	—	—	—	—	—	—	—	—
11. Vardišta (F)	—	—	—	—	—	—	—	—

Tabelle 6a

Tabelle 6

Ort / Jahr	1348	1350	1355	nach 1376/77?	1377	1381	1388	1389
1. Creška	—	—	—	—	—	—	—	—
2. Gorni Kozjak (F)	—	—	Kozijak (D)	—	—	—	—	Dorf Kozijakĭ
3. Kalapetrovci	—	—	—	—	—	Dorf Kalopetrovci	—	—
4. Karbinci	Dorf Karbinci	—	—	—	—	—	—	—
5. Novo Selani	—	—	—	—	—	—	—	—
6. Radanje	—	—	Radan (D)	—	—	—	—	—
7. Ruljak	—	—	—	—	—	—	—	Dorf Rurakĭ
8. Star Krivi Dol (F)	—	—	—	—	—	—	—	Dorf Krivi Dolĭ
9. Štip	Stadt Štip	Stadt Štip	Štip	Štip	Stadt Štip	Stadt Štip	Stadt Štip	—
10. Tarinci	—	—	Tarachincĭ (D)	—	Tarachninci (F/W?)	—	—	—
11. Vardišta (F)	—	—	—	—	Dorf Vardišta	—	—	—

Tabelle 6b

Tabelle 7   **Štip**

1.	Brest	18 km
2.	Creška	rund 19 km
3.	Gorni Kozjak (F)	rund 11 km
4.	Kalapetrovci	rund 10 km
5.	Karbinci	rund 9 km
6.	Leskovica	16,5 km
7.	Novo Selani	16 km
8.	Radanje	8 km
9.	Ruljak	rund 13 km
10.	Šopur	rund 14 km
11.	Star Krivi Dol (F)	rund 8 km
12.	Suvo Grlo	rund 15 km
13.	Tarinci	rund 7 km
14.	Vardišta (F)	rund 7 km

Tabelle 7

Tabelle 8   **1570/73**

1.	Brest	+
2.	Creška	–
3.	Gorni Kozjak (F)	+
4.	Kalapetrovci	+
5.	Karbinci	+
6.	Leskovica	+
7.	Novo Selani	+
8.	Radanje	+
9.	Ruljak	+
10.	Šopur	–
11.	Star Krivi Dol (F)	+
12.	Štip	+
13.	Suvo Grlo	+
14.	Tarinci	+
15.	Vardišta (F)	–

Tabelle 8

Tabelle 9

Ort / Jahr	1216	1220	1333	1334/49	ca. 1345	1365	nach 1376/77	1378
1. Boždovo	—	—	—	—	—	Dorf Mpusdōbos	—	—
2. Debrene	—	—	—	—	—	Dorf Dempreanē	—	—
3. Doleni	—	—	—	—	—	—	—	Dolěne
4. Gradešnica	—	—	—	—	—	—	—	Gradečnica
5. Katunci	Dorf Katunitza	Dorf Katunitza	—	—	—	Dorf Katunitza	—	—
6. Pirin	—	—	Pheremai (B)	Pheremai (B)	Pheremai (B)	—	—	—
7. Rožen	—	—	—	—	—	Rōzeinos (D)	—	—
8. Sandanski	—	—	—	—	—	—	Svetychī Vračevy (D)	—

Tabelle 9

Tabelle 10   **Melnik**

1.	**Boždovo**	rund 9 km
2.	**Debrene**	rund 8 km
3.	**Doleni**	5,5 km
4.	**Gradešnica**	22 km
5.	**Katunci**	9 km
6.	**Pirin**	15 km
7.	**Rožen**	rund 3 km
8.	**Sandanski**	rund 10 km

Tabelle 10

Tabelle 11   **1570/73**

1.	**Boždovo**	+
2.	**Debrene**	+
3.	**Doleni**	+
4.	**Gradešnica**	+
5.	**Katunci**	•
6.	**Melnik**	+
7.	**Pirin**	—
8.	**Rožen**	+
9.	**Sandanski**	+

Tabelle 11

Abb. 30   Die Flußtäler der Strumica und Kriva Lakavica

Abb. 31   Altslawischer Graffito in der
Kirche Sveti Gjorgji

Abb. 32   Die neuzeitliche Kirche Vlaška cărkva

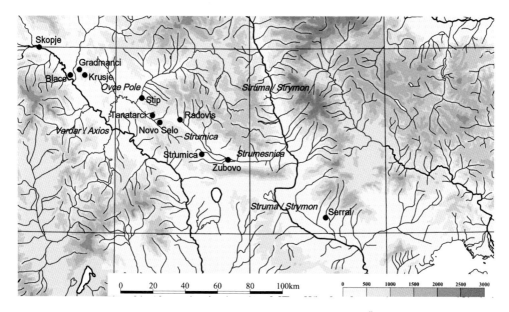

Abb. 33   Die Landverbindung zw. Skopje und Serrai (nach G. Škrivanić)

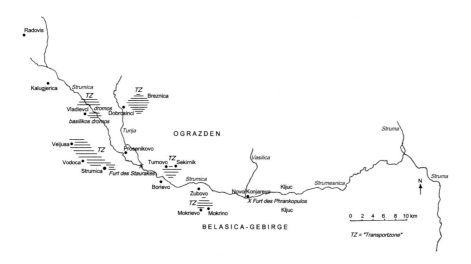

Abb. 34   Die "Transportzonen" im Tal der Strumica

Abb. 35a Schraffe des Marsches 28 von Štip nach Radoviš, 1. Hälfte

Abb. 35b Schraffe des Marsches 28 von Štip nach Radoviš, 2. Hälfte

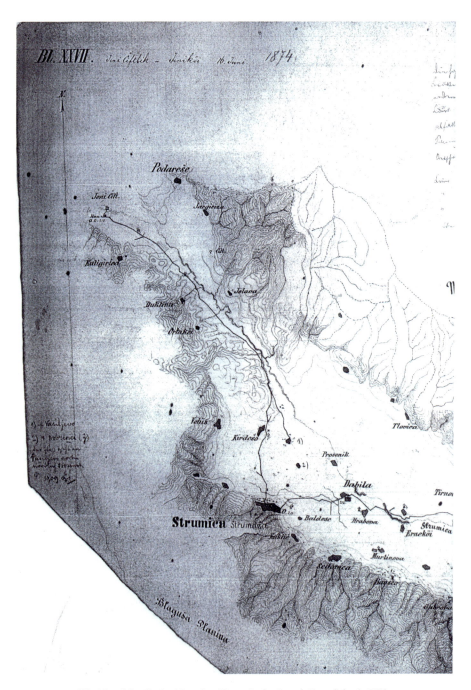

Abb. 36a   Schraffe des Marsches 29 von Radoviš nach Novo Selo, 1. Hälfte

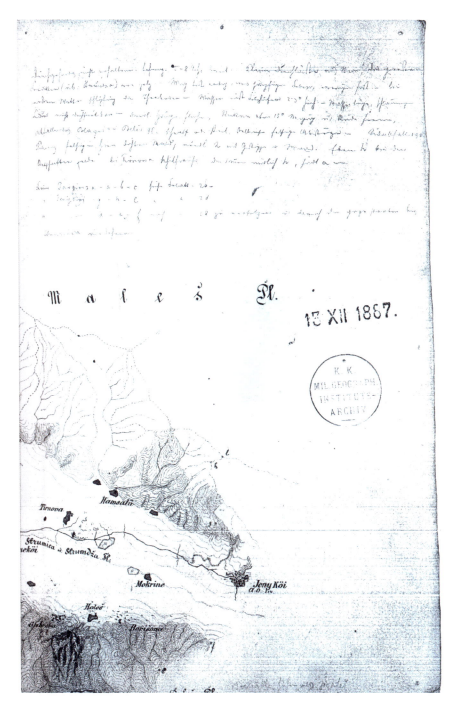

Abb. 36b   Schraffe des Marsches 29 von Radoviš nach Novo Selo, 2. Hälfte

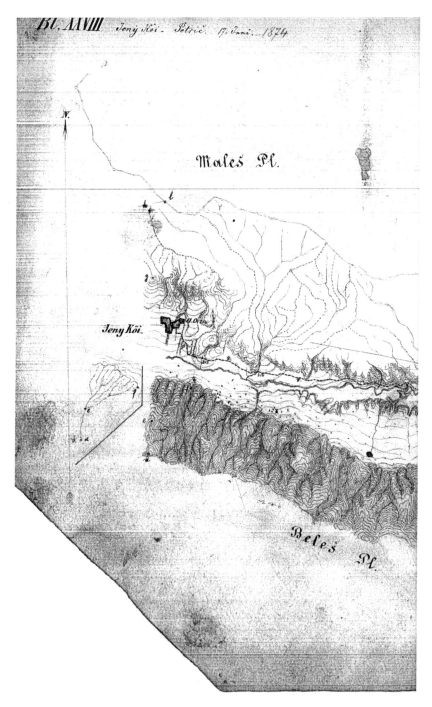

Abb. 37a   Schraffe des Marsches 30 von Novo Selo bis Petrič, 1. Hälfte

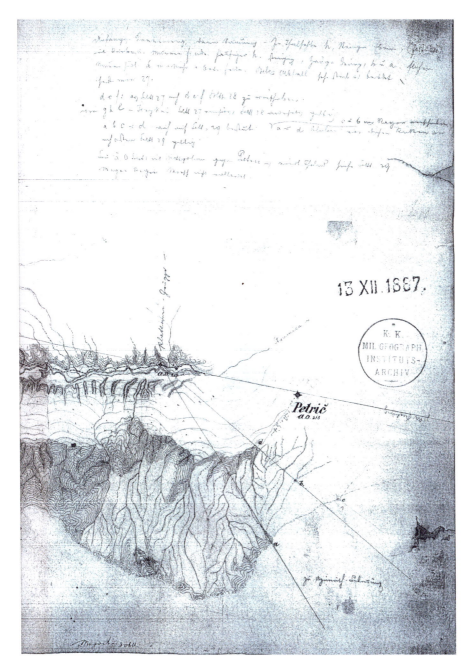

Abb. 37b   Schraffe des Marsches 30 von Novo Selo bis Petrič, 2. Hälfte

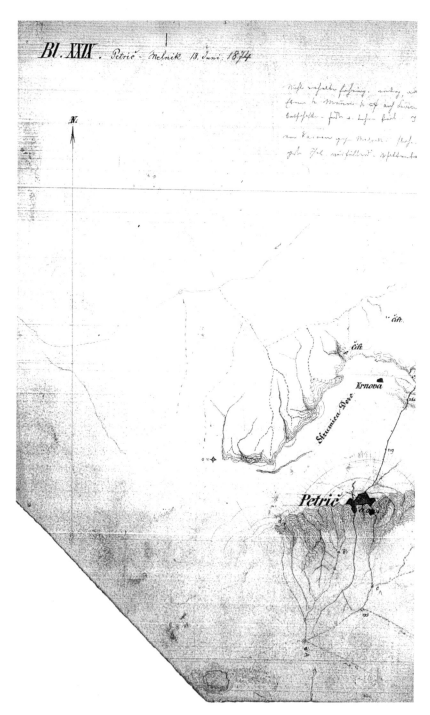

Abb. 38a   Schraffe des Marsches 31 von Petrič bis Melnik, 1. Hälfte

V. DAS SIEDLUNGSNETZ DER REGION MELNIK

Geographische Lage
Die Stadt Melnik gehört jetzt administrativ zum Bezirk Blagoevgrad und befindet sich 60 km ssö. der gleichnamigen Bezirkshauptstadt bzw. rund 10 km osö. von Sandanski. Sie liegt am westlichen Fuße des Pirin-Gebirges, in einem linken (östlichen) Seitental des Flusses Struma (Strymōn), das von der Melniška reka durchflossen wird.[1] Laut Violeta Neševa[2] erstreckte sich das Einzugsgebiet von Melnik ("Melnik i negovata oblast") im Mittelalter von Kresna im Norden bis zum Paß von Rupel (Rupelion[3]) im Süden. Im Osten wurde es vom Pirin-Gebirge, im Süden bzw. Südwesten von der Slavjanka (Ali Botuš) bzw. vom Belasica-Gebirge begrenzt. Seine westliche Abgrenzung bildeten der Ogražden und die Maleševska planina. Somit umfaßte besagtes Gebiet in etwa den Mittellauf der Struma (Strymōn) (siehe *Abb. 27*). Ob diese territoriale Definition im Spiegel der mittelalterlichen Quellen sowie unter dem Gesichtspunkt der modifizierten "Central Place Theory" haltbar ist, wird unter anderem im Zuge dieses Abschnitts erörtert.

Eine geologische Besonderheit der dortigen Landschaft sind die bizarren Sandsteinpyramiden aus grauweißem Sand. Diese sind durch Erdbeben, Erosion und Überschwemmung entstanden und nehmen eine Fläche von rund 50 km² ein (siehe dazu *Abb. 28*).[4]

Die Region Melnik in spätbyzantinischer Zeit (1216/1259-1395)
Zwischen 1014 und dem Ende des 12. / Beginn des 13. Jahrhunderts war Melnik byzantinisch. Danach fiel die Stadt an den bulgarischen Zaren Kalojan. Auf eine zwischenzeitliche Herrschaft des Dobromir Hrs in Melnik gibt es keine Hinweise.[5] Kalojan siedelte die griechischen Einwohner aus dem zerstörten Philippupolis höchstwahrscheinlich Ende 1205 nach Melnik um[6]

---

1   *Enciklopedija Bălgarija 4 (M-O)*. Sofija 1984, 184 (Melnik); Violeta NEŠEVA, *Melnik. Bogozidanijat grad*. Sofija 2008, 14-21; Petăr VĂLEV, Geologo-geografski obzor na rajona na Melnik, in: Sonja GEORGIEVA / Violeta NEŠEVA (Hgg.), *Melnik. Gradăt v podnožieto na Slavova krepost, Tom 1*. Sofija 1989, 14-17; Theodoros N. VLACHOS, *Die Geschichte der byzantinischen Stadt Melenikon*. Thessaloniki 1969 (Hetaireia Makedonikōn Spudōn, Hidryma Meletōn Chersonēsu tu Haimu, 112), 9-14. Vgl. zur Geschichte der Stadt die rezente Publikation: Elena KOSTOVA, *Medieval Melnik. From the End of the 12th to the End of the 14th Century. The Historical Vicissitudes of a Small Balkan Town*. Sofia 2013 (American Research Center in Sofia, Monograph Series I).
2   NEŠEVA, Melnik. Bogozidanijat grad, 14: " ... pak ima edno opredelenie, svărzano s tipičnija landšaft na Melnik i negovata oblast prez Srednovekovieto – porečieto na Sredna Struma, meždu Kresna i Rupel, ogradeno ot vsički strani s planinite Pirin, Slavjanka (Ali Botuš), Belasica, Ogražden, Maleševska planina." Eine ähnliche Definition bietet: Boris Hristov CVETKOV, *Selištnata mreža v dolinata na Sredna Struma prez Srednovekovieto IX-XVII vek (po arheologičeski danni)*. Sofija 2002, 44.
3   Ivan PETRINSKI, 837-1395 g., Srednostrumskijat ukrepen rajon: elementi na sistemata, in: *Pirinskijat kraj ot drevnostta do dnes*. Blagoevgrad 2003 (Izvestija, Istoričeski Muzej – Blagoevgrad, III), 50-58, 55; Peter SOUSTAL, *Makedonien, südlicher Teil*. Wien (Tabula Imperii Byzantini, 11), Lemma Rupelion [in Vorbereitung].
4   *Enciklopedija Bălgarija 4*, 187f. (Melniški piramidi); NEŠEVA, Melnik. Bogozidanijat grad, 17f. Dieser Umstand einer sich durch die genannten Faktoren konstant verformenden Landschaft stellt im Zusammenhang mit einer computergestützten Rekonstruktion bzw. Modellierung der mittelalterlichen Verkehrswege im Gebiet von Melnik eine besondere Herausforderung dar, auf die in Abschnitt VIII. separat eingegangen wird.
5   Kōnstantinos I. AMANTOS, *Ιστορία του Βυζαντινού Κράτους I-II (395-1204)*. Athēnai 1953-1957, 368; Friedrich HILD, Rezension der Monographie von Theodoros N. Vlachos (siehe oben, Anmerkung 1) in: *Jahrbuch der Österreichischen Byzantinistik* 20 (1971), 348; Radivoje RADIĆ, Oblasni gospodari u Vizantiji krajem XII i u prvim decenijama XIII veka, *Zbornik radova Vizantološkog instituta* 24-25 (1986), 151-289, 193, 197f.
6   August HEISENBERG / Peter WIRTH (Hgg.), *Georgii Acropolitae opera. Volumen I*. Stuttgart 1978, 76; vgl. dazu: Ivan DUJČEV, Melnik au Moyen Âge, *Byzantion* 38 (1968), 28-41, 31; Jordan IVANOV, *Bălgarski starini iz Makedonija*. Sofija 1931 (Nachdruck Sofija 1970), 213.

und übergab die Stadt möglicherweise zu dieser Zeit seinem Neffen Aleksij Slav.[1] Denkbar ist auch, daß Melnik erst 1208[2] oder Ende 1211[3] an Slav fiel.

An dieser Stelle sei auf zwei Urkunden hingewiesen, die zwar aus dem skizzierten zeitlichen Rahmen fallen, aber wichtige Belege zu Toponymen der Region Melnik beinhalten. Beide Dokumente stammen aus der Regierungszeit des erwähnten Lokalherrschers Aleksij Slav. Bei der ersten Urkunde handelt es sich um das Testament des Erzbischofs Paulos Klaudiupolitēs von Melnik[4] aus dem Jahre 1216.[5] Darin werden unter anderem die Stadt Melnik (*entos tu Meleniku*), ein Dorf namens Katunitza (*chōrion to legomenon Katunitzan*)[6], ein Erzengelkloster (*hē monē tu Asōmatu*)[7] und die Flur Kleiutzitos (*eis ton Kleiutziton*)[8] erwähnt.[9]

Die zweite Urkunde wurde im Jänner 1220 von Aleksij Slav für das Kloster Theotokos Spēlaiōtissa[10], das sich osö. der jetzigen Stadt Melnik auf der Erhebung Sveti Nikola befindet (siehe *Abb. 29*), ausgestellt.[11] Der Lokalherrscher befreite sowohl das Kloster als auch dessen Dorf Katunitza (*to chōrion to legomenon Katunitzan*) von allen Abgaben. Zwei Formulierungen sind in besagter Urkunde besonders bemerkenswert. Erstens erklärt Aleksij Slav darin, von (seiner Residenz) Tzepaina (*apo tēs Tzepenēs*)[12] in die Stadt Melnik (*pros tēn entautha politeian hēmōn tu Meleniku*) umgezogen zu sein. Der griechische Begriff *politeia* ist in diesem Falle

1 RADIĆ, Oblasni gospodari, 236, Anmerkung 4. Siehe zur Person des Aleksij Slav: Kosta ADŽIEVSKI, Despot Aleksij Slav – samostoen feudalen vladetel vo Makedonija, *Godišen Zbornik na Filozofskiot Fakultet na Univerzitetot "Sv. Kiril i Metodij"* 3 (29) (Skopje 1977), 79-92; Ivan BOŽILOV, *Familijata na Asenevci (1186-1460). Genealogija i prosopografija.* Sofija 1985, 95-98; Georgi N. NIKOLOV, Die Lateiner in Konstantinopel und der bulgarische Despot Aleksij Slav, *Bulgaria Mediaevalis* 3 (2012), 417-429; RADIĆ, Oblasni gospodari, 235-245.

2 Günter PRINZING, *Die Bedeutung Bulgariens und Serbiens in den Jahren 1204 – 1219 im Zusammenhang mit der Entstehung und Entwicklung der byzantinischen Teilstaaten nach der Einnahme Konstantinopels infolge des 4. Kreuzzuges.* München 1972 (Miscellanea Byzantina Monacensia, 12), 101.

3 RADIĆ, Oblasni gospodari, 239f. und Anmerkung 24a.

4 Vgl. zu seiner Person: Johannes PREISER-KAPELLER, *Der Episkopat im späten Byzanz. Ein Verzeichnis der Metropoliten und Bischöfe des Patriarchats von Konstantinopel in der Zeit von 1204 bis 1453.* Saarbrücken 2008, 259.

5 Jacques BOMPAIRE / Jacques LEFORT / Vassiliki KRAVARI / Christophe GIROS (Hgg.), *Actes de Vatopédi I. Des origines à 1329. Texte.* Paris 2001 (Archives de l'Athos, 21), 122f. (Nr. 12) (im folgenden: AVatop I). Zu den Urkunden des Klosters Batopedi: Nikos D. PAPADĒMĒTRIU-DUKAS, *Αγιορειτικοί Θεσμοί 843-1912/13.* Athēna, Komotēnē 2002 (Forschungen zur byzantinischen Rechtsgeschichte, Athener Reihe, 13), passim. Zu den Denkmälern der Stadt Melnik in spätbyzantinischer Zeit anhand der schriftlichen Quellen und des lokalen Befundes: Mihailo POPOVIĆ, Zur Topographie des spätbyzantinischen Melnik, *Jahrbuch der Österreichischen Byzantinistik* 58 (2008), 107-119.

6 Jetzt das Dorf Katunci [GPS 23 25 47; 41 26 38], 9 km ssö. von Melnik. Vgl. dazu: Petär PETROV, Selo Katunci – vladenie na manastira «Sv. Bogorodica Spileotisa», in: Violeta NEŠEVA (Hg.), *Melnik. Manastir «Sv. Bogorodica Spileotisa», Tom 2.* Sofija 1994, 110-113.

7 Dieses Kloster ist nicht lokalisiert.

8 *Kleiutzitos* ist höchstwahrscheinlich mit dem jetzigen Paß von Goljam Ključ zu identifizieren. Dieser befindet sich rund 1 km osö. der jetzigen Stadt Melnik. Siehe zu dieser Identifizierung: NEŠEVA, Melnik. Bogozidanijat grad, 17 und weiter unten, Abschnitt VIII.

9 AVatop I, 122 (Nr. 12).

10 Siehe zur Geschichte und zur Lage dieses Klosters: Ivan BOŽILOV, Novi danni za manastira Sv. Bogorodica Spileotisa v Melnik, *Istoričesko bădešte* 11 (2007), H. 1-2, 138-147; Violeta NEŠEVA, Melniškijat manastir "Sv. Bogorodica Spileotisa" ("Sv. Zona") v novi dokumenti, in: *Sbornik v pamet na profesor Velizar Velkov.* Sofija 2009, 519-531; POPOVIĆ, Zur Topographie, 115-118. M. E. ist es mit dem Kloster *Ipsilova*, das im Defter für den Sandžak *Köstendil* aus dem 16. Jahrhundert genannt wird, zu identifizieren. Vgl. dazu: Aleksandar STOJANOVSKI (Hg.), *Turski dokumenti za istorijata na Makedonskiot narod. Opširen popisen defter za Kjustendilskiot sandžak od 1570 godina. Tom V/Kniga 4.* Skopje 1985, 38.

11 AVatop I, 127f. (Nr. 13).

12 Siehe zu diesem Ort: Peter SOUSTAL, *Thrakien (Thrakē, Rodopē und Haimimontos).* Wien 1991 (Nachdruck Wien 2004) (Tabula Imperii Byzantini, 6), 488f.

wahrscheinlich mit dem lateinischen *civitas* gleichzusetzen[1], d. h. einer Stadt mit Umland. Zeugt dieser Ausdruck bereits von einer zentralen Bedeutung Melniks in jener Zeit, so offenbart dieselbe Urkunde mit den Formulierungen *en tini merei tu Meleniku* bzw. *eis ta Zagoria* eindeutig die Existenz eines zum Zentrum in Relation stehenden Gebiets, was für die folgenden Ausführungen und das daraus resultierende Siedlungsmodell ausschlaggebend ist.[2]

Nach der Niederlage des Theodōros von Epirus gegen Ivan Asen II. bei Klokotinitza[3] im Jahre 1230 fiel Melnik wahrscheinlich an den letzteren, welcher die Stadt zusammen mit Serrai[4] dem Bulgaren Dragōtas[5] überantwortete.[6] 1246 kapitulierte Dragōtas vor Kaiser Iōannēs III. Batatzēs in Serrai und übergab ihm daraufhin auch Melnik mit Hilfe eines gewissen Nikolaos Manklabitēs.[7] Im Dezember 1246 wurde Michaēl Komnēnos Palaiologos – der spätere byzantinische Kaiser Michaēl VIII.[8] – Gouverneur von Melnik sowie von Serrai und blieb in dieser Funktion bis 1253.[9] Während er ebendort sein Kommando versah, wurde gegen ihn Anklage wegen Hochverrats erhoben.[10]

Nach dem Tode des Kaisers Iōannēs III. Batatzēs (1254) rebellierte der obenerwähnte Dragōtas, der Truppen um Melnik befehligte – *tu Melenikiōtiku proexarchōn strateumatos* – gegen den neuen Kaiser Theodōros II. Laskaris und begann mit der Belagerung der Stadt Melnik – *parekathise tu Meleniku tō astei*, die jedoch von den byzantinischen Befehlshabern Theodōros Nestongos und Iōannēs Angelos erfolgreich verteidigt wurde. Daraufhin rückte Theodōros II. Laskaris im Jahre 1255 mit einem Heer bis Serrai vor, überwand die bulgarischen Truppen am Paß von Rupel (Rupelion) mit Hilfe eines Umgehungsmanövers, entsetzte die Stadt und wurde von der byzantinischen Garnison freudig empfangen. Dragōtas erlitt auf der Flucht tödliche Verletzungen. Der Kaiser verbannte die Frauen und Kinder der Aufständischen aus der Stadt und ließ ihre Habe beschlagnahmen.[11] Danach zog er mit seinem Heer von Melnik nach Thessalonikē und dann nach Westen, um schließlich in einem weiten Bogen über Strumica *dia tōn tu Meleniku chōrōn* wieder nach Serrai zu gelangen.[12]

Im Jahre 1274 entsandte ein gewisser *Carentanus Zannis Venetus* seinen Diener zwecks Handels mit Tuch nach Melnik (*de X yperperis acceptis famulo suo, quem miserat Melinicum cum sua draparia*).[13] Ende des 13. / Anfang des 14. Jahrhunderts beschenkte die Nonne Annēsia

---

1   Vgl. zu den grundlegenden Bedeutungen des Wortes: Henry George LIDDELL / Robert SCOTT / Henry Stuart JONES, *A Greek-English Lexicon*. Oxford 1996, 1434. Weitere Literaturhinweise in: Claudia RAPP, The Christianization of the Idea of the *Polis* in Early Byzantium, in: Iliya ILIEV (Hg.), *Proceedings of the 22nd International Congress of Byzantine Studies. Volume I, Plenary Papers. Sofia, 22-27 August 2011*. Sofia 2011, 263-284.

2   AVatop I, 127 (Nr. 13); siehe zu ähnlichen Belegen weiter unten, Abschnitt V, und: NEŠEVA, Melnik. Bogozidanijat grad, 14.

3   SOUSTAL, Thrakien, 310.

4   DERS., Makedonien, südlicher Teil, Lemma Serrai.

5   Siehe zu Dragōtas: Michel LASCARIS, Cinq notes à la πρόνοια de M. Ostrogorski. 1. – Qui est Dragota?, *Byzantion* 21 (1951), 265-268.

6   Über das weitere Schicksal des Lokalherrschers Aleksij Slav, der zum letzten Mal 1228/29 erwähnt wird, schweigen die Quellen. Siehe: ADŽIEVSKI, Despot Aleksij Slav, 90f.; RADIĆ, Oblasni gospodari, 244.

7   HEISENBERG / WIRTH (Hgg.), Georgii Acropolitae opera, 74-80.

8   Erich TRAPP (Hg.), *Prosopographisches Lexikon der Palaiologenzeit, Fasz. 1-12*. Wien 1976-1996, Nr. 21528 (im folgenden: PLP).

9   HEISENBERG / WIRTH (Hgg.), Georgii Acropolitae opera, 84.

10   Ebd. 92f.

11   Ebd. 114-117. Besagte Textstelle wurde eingehend analysiert in: Mihailo POPOVIĆ, Did Dragōtas Conquer Melnik in 1255?, *Glasnik Institut za Nacionalna Istorija* 51 (2007), H. 1, 15-24.

12   HEISENBERG / WIRTH (Hgg.), Georgii Acropolitae opera, 117f. Vgl. dazu weiter oben, Abschnitt *Der Talkessel von Strumica*.

13   Gottlieb Lucas Friedrich TAFEL / Georg Martin THOMAS (Hgg.), *Urkunden zur älteren Handels- und*

(Anysia) zum Andenken an ihren verstorbenen Gatten Megas Drungarios Theodōros Komnēnos Kantakuzēnos, der als Mönch Theodosios im Kloster Theotokos Spēlaiōtissa gelebt hatte, das besagte Kloster mit einem Platz mit einer Mühle (*mylōnotopion*) bei der Unterstadt von Melnik (*en tō emporiō Meleniku*) und einem Weinberg (*ampelion*) im Dorf Dragnitza[1] (*chōrion hēmōn tēn Dragnitzan*).[2] Ebenfalls in diesem Zeitraum schenkte Sebastos Michaēl Elaiodōritēs Spanopulos demselben Kloster einen Platz mit einer Mühle (*mylōnotopion*) bei der Unterstadt von Melnik (*en tō emporiō Meleniku*).[3]

Im 14. Jahrhundert setzte ein namentlich nicht genannter Patriarch von Konstantinopel den Hieromonachos Meletios zum Abt des in der von Gott beschützten Festung – d. h. Oberstadt – von Melnik gelegenen Klosters Theotokos Spēlaiōtissa ein (*tēs en tō theosōstō kastrō tu Meleniku diakeimenēs sebasmias monēs tēs hyperagnu despoinēs kai Theomētoros kai epikeklēmenēs tu Spēlaiu*).[4] 1304 wurde dem besagten Kloster der widerrechtlich weggenommene kleine Besitz (*ktēma mikron*) Hagios Geōrgios im Gebiet von Hostrobos (*eis tēn periochēn heuriskomenon tu Hostrobu epilegōmenon*) mit einem Umfang von zwei Joch (*zeugaria*) zurückerstattet. Dieser gehörte nämlich dem Kloster laut Aufzeichnungen des Thema Mellenikos (*tu Melleniku thematos*). Die Grenzen des Besitzes wurden im Beisein des Abtes Gerasimos, der Einwohner des Dorfes Hostrobos (*apo to chōrion tu Hostrobu andres axiopistoi*) und derjenigen des Dorfes Hagios Geōrgios (*apo ton Hagion Geōrgion*) überprüft. Im Zuge der Grenzbegehung werden die Fluren Potokos, wo die Struma (Strymōn) durchfloß, und Philippu genannt (*heōs ton legomenon Potokon, entha diērcheto ho Strymmōn, kai ap' autu dierchetai tēn ammon mechri tu legōmenu Philippu*).[5]

Im April des Jahres 1304 hatte Theodōros Tzimpeas[6], aus Melnik kommend (*erchomenon* […] *apo tōn Melainikōn*), nach Longos[7] auf der Chalkidikē zu reisen, um dem Athōs-Kloster Megistē Laura ebendort Grundbesitz zu überantworten.[8] Im Dezember 1309 schenkte Geōrgios

---

Staatsgeschichte der Republik Venedig mit besonderer Beziehung auf Byzanz und die Levante. Vom neunten bis zum Ausgang des fünfzehnten Jahrhunderts. III. Theil. (1256-1299.). Wien 1857 (Nachdruck Amsterdam 1964), 280 (Nr. 370).

1   Jetzt existiert keine Siedlung dieses Namens in der Region. Im Defter für den Sandžak *Köstendil* (1570/73) wird eine *Mezra Draganova* erwähnt, wobei die Lesung seitens des Herausgebers nicht gesichert ist. Laut Defter erfolgte die Bewirtschaftung dieser *Mezra* durch die Dörfer Kromidovo [GPS 23 21 48; 41 27 25], Pripečene [GPS 23 17 14; 41 27 17] und Marikostinovo [GPS 23 20 02; 41 25 57]. Siehe: STOJANOVSKI (Hg.), Turski dokumenti V/4, 109. Sollten *Dragnitza* und *Mezra Draganova* identisch sein, wäre das mittelalterliche Dorf Dragnitza links (östlich) der Struma im Dreieck der besagten Dörfer zu suchen. Vgl. zum Begriff *Mezra*: Jelena MRGIĆ, Transition from Late Medieval to Early Ottoman Settlement Pattern. A Case Study on Northern Bosnia, *Südost-Forschungen* 65/66 (2006/2007), 50-86, 81, Anmerkung 112.

2   AVatop I, 174 (Nr. 20).

3   Ebd., 176 (Nr. 21).

4   Ebd., 213 (Nr. 34).

5   Ebd., 220f. (Nr. 36). Beide in der Urkunde genannten Dörfer existieren jetzt nicht. Einen Hinweis auf die Lokalisierung bietet die Flur *Potokos* (von altslaw. *potokъ* für "Bach, Wildbach"). Diese befand sich laut Grenzbegehung an den Ufern der Struma (Strymōn). Ein Bach, der auf der Höhe des Dorfes Levunovo [GPS 23 18 12; 41 29 23] in die Struma mündet, trägt jetzt den Namen *Potoka*. Möglicherweise befanden sich sowohl die besagten Dörfer als auch die Flur an der Mündung dieses Baches in den Fluß. Siehe dazu: Karte 1:200.000, Wien 1942, Blatt Saloniki (Thessaloniki); Karte 1:55.000, Turističeska karta, Pirin, Sofija [10]2006; Kommentar in: AVatop I, 220.

6   PLP, Nr. 27967.

7   SOUSTAL, Makedonien, südlicher Teil, Lemma Longos (2).

8   Paul LEMERLE / André GUILLOU / Nicolas SVORONOS / Denise PAPACHRYSSANTHOU (Hgg.), *Actes de Lavra II. De 1204 à 1328. Texte*. Paris 1977 (Archives de l'Athos, 8), 131 (Nr. 97) (im folgenden: ALavra II).

Kontostephanos ho Kalameas[1] mit seiner Frau Eirēnē Kontostephanina hē Kapantritissa[2] dem Athōs-Kloster Ibērōn das von ihm errichtete Kloster Hagios Geōrgios tu Kalamea als Metochion. In besagter Urkunde wird die Stadt Melnik mehrmals genannt (*tu kastru Meleniku* bzw. *tēs agiōtatēs mētropoleōs Meleniku* bzw. *tis agiotatēs mitropoleōs Melainiku*).[3]

Im Juni 1309 bestätigte der byzantinische Kaiser Andronikos II. Palaiologos[4] dem Kloster Hagios Iōannēs Prodromos[5] den Besitz des Metochion Hagios Dēmētrios tu Krilatu in der Flur Platanai (*en tē topothesia tōn Platanōn*) in der Umgebung der Stadt Melnik (*peri ton Melenikon*).[6] Michaēl IX. Palaiologos[7] ließ eine Bestätigung der Besitzungen und Privilegien des Athōs-Klosters Ibērōn im August 1310 ausstellen. Darunter befand sich das Metochion Hagios Geōrgios tu Kalamea (s. o.) in der Flur Malesta in der Umgebung von Melnik (*peri ton Melenikon eis tēn topothesian tēs Malestēs*).[8] Im Jahre 1315 wurde die Ehe des Kōnstantinos Palatēs[9] und der Tochter der Alamanina[10], die alle drei aus der Gegend von Melnik stammten (*hē ek tēs autēs autō chōras usa tu Meleniku*), geschieden.[11] 1316 wird in einer Urkunde für das Kloster Theomētōr Spēlaiōtissa[12] im Katepanikion Popolia ein *stratiōtēs* aus Melnik namens Hekatidēs[13] erwähnt (*para stratiōtu tu apo tu Meleniku tu Hekatidē*).[14] Im März des Jahres 1319 schenkte der byzantinische Kaiser Andronikos II. Palaiologos dem Athōs-Kloster Chelandariu eine Bergweide[15] namens Matzista zusammen mit Hagios Dēmētrios tu Pterōtu[16] in der Umgebung der Stadt Melnik (*hē peri ton Melenikon dēmosiakē planēnē hē Matzista syn tē tu Hagiu Dēmētriu tu Pterōtu kalumenē*).[17] Diese Schenkung bestätigten sowohl Michaēl IX.

---

1 PLP, Nr. 93685.

2 Ebd., Nr. 93764.

3 Jacques LEFORT / Nicolas OIKONOMIDÈS / Denise PAPACHRYSSANTHOU / Vassiliki KRAVARI / Hélène MÉTRÉVÉLI (Hgg.), *Actes d'Iviron III. De 1204 à 1328. Texte*. Paris 1994 (Archives de l'Athos, 18), 178f. (Nr. 71) (im folgenden: AIvir III). Siehe zu den Vertretern der Metropolis von Melnik und des benachbarten Klosters Theotokos Spēlaiōtissa, die als Zeugen fungierten: Christof Rudolf KRAUS, *Kleriker im späten Byzanz. Anagnosten, Hypodiakone, Diakone und Priester 1261-1453*. Wiesbaden 2007 (Mainzer Veröffentlichungen zur Byzantinistik, 9), 211f. Das Kloster Hagios Geōrgios tu Kalamea ist nicht lokalisiert.

4 PLP, Nr. 21436.

5 SOUSTAL, Makedonien, südlicher Teil, Lemma H. Iōannēs Prodromos (1).

6 André GUILLOU (Hg.), *Les Archives de Saint-Jean-Prodrome sur le mont Ménécée*. Paris 1955 (Bibliothèque Byzantine, Documents, 3), 46 (Nr. 4). Das Metochion Hagios Dēmētrios tu Krilatu ist nicht lokalisiert.

7 PLP, Nr. 21529.

8 AIvir III, 186 (Nr. 72).

9 PLP, Nr. 21561.

10 Ebd., Nr. 539.

11 Ediert in: Herbert HUNGER / Otto KRESTEN (Hgg.), *Das Register des Patriarchats von Konstantinopel. 1. Teil: Edition und Übersetzung der Urkunden aus den Jahren 1315-1331*. Wien 1981 (Corpus Fontium Historiae Byzantinae, 19/1), 176-181 (Nr. 11) (im folgenden: PRK I).

12 SOUSTAL, Makedonien, südlicher Teil, Lemma Theomētōr Spēlaiōtissa.

13 PLP, Nr. 5983.

14 ALavra II, 305 (Appendice VIII).

15 Vgl. zu den Bergweiden weiter unten, Abschnitt VI., und: Miloš BLAGOJEVIĆ, Planine i pašnjaci u srednjovekovnoj Srbiji (XIII i XIV vek), Istorijski glasnik 2-3 (1966), 3-95; DERS., Srednjovekovni zabel, Istorijski časopis 14-15 (1966), 1-17; DERS., Zabel, in: Sima ĆIRKOVIĆ / Rade MIHALJČIĆ (Hgg.), *Leksikon srpskog srednjeg veka*. Beograd 1999, 202; DERS., Planine, in: Ebd. 519f.

16 Für besagtes Metochion ist sowohl die Bezeichnung Hagios Dēmētrios tu Krilatu als auch Hagios Dēmētrios tu Pterōtu überliefert. Bemerkenswert ist die Parallelität des slawischen und griechischen Beinamens des Heiligen in der Bedeutung "geflügelt" (von altslaw. *krilatъ* bzw. griech. *pterōtos*). Möglicherweise ist dieses Metochion mit dem Kloster *Ajo Dimitri* identisch, das sich laut dem Defter für den Sandžak *Köstendil* aus dem 16. Jahrhundert in der Nähe von Melnik befand. Vgl. dazu: STOJANOVSKI (Hg.), Turski dokumenti V/4, 36.

17 Mirjana ŽIVOJINOVIĆ / Vassiliki KRAVARI / Christophe GIROS (Hgg.), *Actes de Chilandar I. Des origines à 1319. Texte*. Paris 1998 (Archives de l'Athos, 20), 269 (Nr. 42) (im folgenden: AChil); siehe auch: Louis PETIT / Basile KORABLEV (Hgg.), *Actes de Chilandar. Deuxième partie. Actes slaves (Actes de l'Athos)*. St. Petersbourg 1915

Palaiologos als auch Andronikos III. Palaiologos[1] mit demselben Wortlaut in demselben Jahr.[2] 1321 mußte Andronikos II. Palaiologos eingreifen, da ein gewisser Pululon[3] dem Kloster Chelandariu die Bergweide Matzista *peri ton Melenikon* streitig machte.[4]

1323 bestätigte Kaiser Andronikos II. Palaiologos dem Großgrundbesitzer Iōannēs Orestēs[5] seine Güter, darunter Häuser in der Stadt Melnik (*entos tu kastru Meleniku* bzw. *eis to emporion tu eirēmenu kastru Meleniku*).[6] Im September 1324 faßte die Synode in Konstantinopel den Beschluß, jährliche Zahlungen von verschiedenen Metropolien und Erzbistümern für das Patriarchat von Konstantinopel einzuheben.[7] Die heiligste Metropolis von Melnik (*apo de tēs hagiōtatēs mētropoleōs Meleniku*) hatte in diesem Zusammenhang 36 Hyperpyra zu entrichten.[8]

Zwischen 1326 und 1328 war Michaēl Laskaris Metochitēs[9] – ein Sohn des Megas Logothetēs Theodōros Metochitēs[10] – *epitropos Meleniku*, das zusammen mit der Stadt Strumica den *poleōn Makedonikōn* zugeordnet wurde.[11] 1327 erhielt das Athōs-Kloster Zōgraphu die Bergweide (*planēnē*) Lakteba in Lestia in der Umgebung der Stadt Melnik (*peri ton Melenikon*) von Andronikos II. Palaiologos als Besitz bestätigt.[12] Im Jahre 1328 gab Andronikos III. Palaiologos dem Kloster Zōgraphu statt Lakteba die Bergweide Tzerkbista *peri ton topon tu Meleniku*.[13] Während des byzantinischen Bürgerkrieges zwischen Andronikos II. Palaiologos und Andronikos III. Palaiologos (1328) schloß sich Nikēphoros Basilikos[14] – der Nachfolger des Michaēl Laskaris Metochitēs als Statthalter von Melnik – keinem der beiden Kaiser offen an. Er blieb im *phrurion*, hielt Andronikos II. bis zu dessen Tode (1332) die Treue und einigte sich erst danach mit Andronikos III.[15]

(Nachdruck Amsterdam 1975) (Vizantijskij vremennik, 17/1), 108 (Nr. 41) (im folgenden: AChil sl).

1 PLP, Nr. 21437.
2 AChil, 273 (Nr. 43); Ebd., 275 (Nr. 44); vgl. dazu: AChil sl, 113 (Nr. 43).
3 PLP, Nr. 23635.
4 AChil sl, 135 (Nr. 56).
5 PLP, Nr. 21100.
6 AVatop I, 325 (Nr. 60); siehe dazu auch die Edition von: Michaēl GUDAS, Βυζαντιακὰ ἔγγραφα τῆς ἐν Ἄθῳ ἱερᾶς Μονῆς Βατοπεδίου, Ἐπετηρὶς Ἑταιρείας Βυζαντινῶν Σπουδῶν 4 (1927), 211-248, 226.
7 Ediert in: PRK I, 502-509 (Nr. 88). Vgl. dazu auch die Edition von: Vasil GJUZELEV, *Izvori za srednovekovnata istorija na Bǎlgarija (VII-XV v.) v avstrijskite rǎkopisni sbirki i arhivi. I. Bǎlgarski, drugi slavjanski i vizantijski izvori*. Sofija 1994, 134-136.
8 PRK I, 508 (Nr. 88). Die Hierarchie der in diesem Dokument erwähnten Metropolien und Erzbistümer wurde anhand ihrer Abgaben untersucht in: Johannes PREISER-KAPELLER / Ekaterini MITSIOU, Hierarchies and Fractals: Ecclesiastical Revenues as Indicator for the Distribution of Relative Demographic and Economic Potential within the Cities and Regions of the Late Byzantine Empire in the Early 14th Century, *Byzantina Symmeikta* 20 (2010), 245-308, unter <http://www.byzsym.org/index.php/bz/article/view/993/937>, 4.6.2014.
9 PLP, Nr. 17985.
10 Ebd., Nr. 17982.
11 Ludwig SCHOPEN (Hg.), *Ioannis Cantacuzeni Eximperatoris Historiarum Libri IV. Volumen I.* Bonn 1828 (Corpus Scriptorum Historiae Byzantinae, 20/1), 209-211; vgl. dazu: Franjo BARIŠIĆ / Božidar FERJANČIĆ (Hgg.), *Vizantijski izvori za istoriju naroda Jugoslavije VI.* Beograd 1986 (Vizantološki institut, Posebna izdanja, 18), 314-317.
12 Wilhelm REGEL / Edouard KURTZ / Basile KORABLEV (Hgg.), *Actes de Zographou (Actes de l'Athos, 4).* St. Petersbourg 1907 (Nachdruck Amsterdam 1969) (Vizantijskij vremennik, 13/1), 60 (Nr. 26) (im folgenden: AZog).
13 Ebd. 62f. (Nr. 27).
14 PLP, Nr. 2470.
15 SCHOPEN (Hg.), Ioannis Cantacuzeni Eximperatoris Historiarum Libri I, 285; DERS. (Hg.), *Nicephori Gregorae Byzantina Historia. Volumen I.* Bonn 1829 (Corpus Scriptorum Historiae Byzantinae, 19/1), 413f.; siehe auch: BARIŠIĆ / FERJANČIĆ (Hgg.), Vizantijski izvori VI, 333.

1333 schenkte Bischof Kyprianos[1] von Pheremai[2] (*Ho tapeinos episkopos Pheremōn Kyprianos*) dem Kloster Hagios Iōannēs Prodromos im Menoikeōs-Gebirge bei Serrai das Kloster Theotokos tu Bempelakē / Dempelakē[3] mit zwei Metochien[4], wobei Pheremai als Bistum der Metropolis von Melnik unterstand (*autos ho despotēs mu ho hierōtatos Meleniku*).[5] Im Jahre 1333 bestätigte Kaiser Andronikos III. Palaiologos diese Schenkung[6], 1334 oder 1349 dann auch Metropolit Mētrophanēs[7] von Melnik.[8]

Laut einem Praktikon aus dem Zeitraum 1339 bis 1342 besaß das Kloster Hagios Iōannēs Prodromos Land in Libobistos[9] (*hetera gē eis ton Libobiston*).[10] Im Jänner 1342 bestätigte Kaiser Iōannēs V. Palaiologos[11] dem Kloster Zōgraphu die Urkunden seines Vaters Andronikos III. (s. o.) bezüglich der Bergweiden Lakteba und Tzerkbista in der Umgebung von Melnik (*peri ton Melenikon*).[12]

Im Frühling 1342 herrschte Stefan Hrelja Dragovol[13] über die "Vorstadt" von Melnik – *en tō Meleniku proasteiō*[14] – und machte die Eroberung von Melnik seitens Iōannēs' VI. Kantakuzēnos zu einer Vorbedingung für seine Unterstützung. Da Kantakuzēnos dies aufgrund der Lage und der Befestigung für unmöglich hielt, ließ er mit seinen Freunden in der Stadt

---

1   PLP, Nr. 13915.
2   Eleutherios Gr. Tapeinos identifiziert den Bischofssitz Pheremai mit dem jetzigen Ort Pirin [GPS 23 33 37; 41 32 37], was meines Erachtens plausibel scheint: Eleutherios Gr. TAPEINOS, Περί της επισκοπής Φερεμών, *Εκκλησιαστική Αλήθεια* 3 (1883), H. 23, 344-346, 345.
3   SOUSTAL, Makedonien, südlicher Teil, Lemma Theotokos Dempelakē.
4   GUILLOU (Hg.), Les Archives de Saint-Jean-Prodrome, 102f. (Nr. 30); vgl. dazu: Ebd. 182f. (App. V); Lisa BÉNOU (Hg.), *Le codex B du monastère Saint-Jean-Prodrome (Serrès), A (XIIIe - XVe siècles)*. Paris 1998 (Textes. Documents. Études sur le monde byzantin, néohellénique et balkanique, 2), 224f. (Nr. 133), 225-228 (Nr. 134). Eine kritische Analyse der Edition von Lisa Bénou in: Otto KRESTEN / Martin SCHALLER, Diplomatische, chronologische und textkritische Beobachtungen zu Urkunden des Chartulars B des Ioannes Prodromos-Klosters bei Serrhai, in: Christian GASTGEBER / Otto KRESTEN (Hgg.), *Sylloge Diplomatico-Palaeographica I. Studien zur byzantinischen Diplomatik und Paläographie*. Wien 2010, 179-232.
5   Siehe dazu: PREISER-KAPELLER, Der Episkopat, 261.
6   GUILLOU (Hg.), Les Archives de Saint-Jean-Prodrome, 181 (App. IV); siehe dazu: BÉNOU, Le codex B, 236f. (Nr. 138).
7   PLP, Nr. 18061.
8   GUILLOU (Hg.), Les Archives de Saint-Jean-Prodrome, 109f. (Nr. 33); vgl. dazu: BÉNOU, Le codex B, 230-232 (Nr. 136).
9   André Guillou hat das Toponym *Libobistos* mit dem jetzigen Dorf Ljuboviště [GPS 23 26 32; 41 31 38], rund 3 km ostsüdöstlich der Stadt Melnik, identifiziert [siehe dazu die Karte in: GUILLOU (Hg.), Les Archives de Saint-Jean-Prodrome, 6f.]. Peter Soustal verortet es in der Nähe von Serrai (vgl. SOUSTAL, Makedonien, südlicher Teil, Lemma Libobistos), was meines Erachtens aufgrund des Kontextes der erhaltenen Belege in den Quellen zutreffend ist. Siehe zu diesen Belegen: Ebd.
10   GUILLOU (Hg.), Les Archives de Saint-Jean-Prodrome, 115 (Nr. 35); siehe dazu: BÉNOU, Le codex B, 294 (Nr. 167).
11   PLP, Nr. 21485.
12   AZog, 77 (Nr. 33). Möglicherweise handelt es sich bei dieser Urkunde um eine Fälschung: Iōakeim Ath. PAPANGELOS, Η ιστορία της περιοχής της Ορμύλιας, in: *Ορμύλια. Πατριαρχικόν και Σταυροπηγιακόν Ιερόν Κοινόβιον Ευαγγελισμού της Θεοτόκου Μετόχιον Ιεράς Μονής Σίμωνος Πέτρας Αγίου Όρους*. Athēnai 2003, 49-67, 55, Anmerkung 61; vgl. auch: AZog, 81 (Nr. 34).
13   PLP, Nr. 30989.
14   Siehe zur Übersetzung des Wortes *proasteion*: Erich TRAPP (Hg.), *Lexikon zur byzantinischen Gräzität besonders des 9.-12. Jahrhunderts, 6. Faszikel*. Wien 2007 (Veröffentlichungen der Kommission für Byzantinistik, VI/6), 1377 (im folgenden: LBG); LIDDELL / SCOTT / JONES, A Greek-English Lexicon, 1469. In diesem Falle handelt es sich bei der "Vorstadt" um eine dörfliche (zeitweilige?) Siedlung von Stadtbewohnern von Melnik außerhalb des städtisch befestigten Bereiches. Möglicherweise ist sie mit dem jetzigen Stadtviertel *Sveti Joan Predteča* zu identifizieren, das nordwestlich des Zentrums von Melnik am westlichen (rechten) Ufer der *Meliniška reka* liegt. Siehe dazu: POPOVIĆ, Zur Topographie, 112, 119.

heimlich über eine Übergabe verhandeln.[1] Mit Hilfe dieser Freunde fiel Melnik an Iōannēs VI. Kantakuzēnos, der Iōannēs Asanēs[2] zum *archōn* der Stadt bestimmte und ihm eine ausreichende Garnison zur Verfügung stellte.[3] Im Juni 1342 herrschte eine schlechte Versorgungslage in Melnik.[4] Daraufhin fiel die Stadt – möglicherweise durch freiwillige byzantinische Übergabe – im Juli 1342 an Stefan Hrelja Dragovol und nach dessen Tode Ende 1342 an Stefan Uroš IV. Dušan.[5]

1344 wird das *kastron Meleniku* unter einer Reihe von Orten genannt, die bei der Erstellung eines Verzeichnisses der Besitzungen des Klosters Ibērōn berücksichtigt wurden.[6] Dasselbe war beim Athōs-Kloster Docheiariu, ebenfalls im Jahre 1344, der Fall.[7] Im April 1344 verkauften Dēmētrios Dukas Sulumpertēs und seine Frau Theodōra dem Kloster Theomētōr Pantanassa[8] bei Melnik Ackerland (*arōsimon gēn*) in der Flur Slataritzos (*kata ton Slataritzon*) um zwanzig Hyperpyra.[9] Um 1345 erhielt der Statthalter (*kephalē*) Rajko[10] seitens des serbischen Königs Stefan Uroš IV. Dušan die Weisung, dem Bischof Kyprianos von Pheremai 25 Hyperpyra auszuzahlen und ihn vor jedweder Belästigung zu bewahren.[11] 1346 ließ derselbe Herrscher eine Bestätigung des Besitzes des Klosters Ibērōn ausstellen, worunter das Metochion Hagios Geōrgios tu Kalamea (s. o.) in Melnik (*eis ton Melenikon*), dessen Weinberge, Felder, (Wasser)Mühlen flußaufwärts von Melnik (*eis to anapotamon Meleniku*) und dessen Häuser in der Stadt (*entos tu kastru Meleniku*) zu finden sind.[12] In demselben Jahr bestätigte Stefan Uroš IV. Dušan dem Athōs-Kloster Philotheu unter anderem den Besitz des Metochion Hagios Dēmētrios im Dorf Rakistianis (*eis to chōrion tēn Rakistianin*)[13] *eis tēn chōran tōn Bunōn*[14] *tu*

1 Ludwig SCHOPEN (Hg.), *Ioannis Cantacuzeni Eximperatoris Historiarum Libri IV. Volumen II*. Bonn 1831 (Corpus Scriptorum Historiae Byzantinae, 20/2), 228; vgl. BARIŠIĆ / FERJANČIĆ (Hgg.), Vizantijski izvori VI, 366-368.

2 PLP, Nr. 1499, 91373.

3 SCHOPEN (Hg.), Ioannis Cantacuzeni Eximperatoris Historiarum Libri II, 232; DERS. (Hg.), *Nicephori Gregorae Byzantina Historia. Volumen II*. Bonn 1830 (Corpus Scriptorum Historiae Byzantinae, 19/2), 633; siehe: BARIŠIĆ / FERJANČIĆ (Hgg.), Vizantijski izvori VI, 368-370.

4 SCHOPEN (Hg.), Ioannis Cantacuzeni Eximperatoris Historiarum Libri II, 252; vgl. BARIŠIĆ / FERJANČIĆ (Hgg.), Vizantijski izvori VI, 374f.

5 SCHOPEN (Hg.), Ioannis Cantacuzeni Eximperatoris Historiarum Libri II, 274-276, 324; DERS. (Hg.), Nicephori Gregorae Byzantina Historia II, 654; siehe auch: BARIŠIĆ / FERJANČIĆ (Hgg.), Vizantijski izvori VI, 244f., 403-406, 420-423; Mihailo DINIĆ, Relja Ohmućević. Istorija i predanje, *Zbornik radova Vizantološkog instituta* 9 (1966), 95-118, 103-105; DUJČEV, Melnik, 40. Zur Person Stefan' Uroš IV. Dušan: PLP, Nr. 21182.

6 Jacques LEFORT / Nicolas OIKONOMIDÈS / Denise PAPACHRYSSANTHOU / Vassiliki KRAVARI / Hélène MÉTRÉVÉLI (Hgg.), *Actes d'Iviron IV. De 1328 au début du XVIe siècle. Texte*. Paris 1995 (Archives de l'Athos, 19), 111 (Nr. 88) (im folgenden: AIvir IV).

7 Nicolas OIKONOMIDÈS (Hg.), *Actes de Docheiariou*. Paris 1984 (Archives de l'Athos, 13), 164 (Nr. 22).

8 Siehe zu diesem Kloster: Violeta NEŠEVA / Cvetana KOMITOVA / Zdravka KORKUTOVA, Manastir "Sv. Bogorodica Pantanasa" v gr. Melnik, terenno arheologičesko proučvane 2009 g., in: *Arheologičeski otkritija i razkopki prez 2009 g*. Sofija 2010, 581-584; POPOVIĆ, Zur Topographie, 114f.
Der Defter für den Sandžak Köstendil (1570/73) verzeichnet ein Dorf namens *Pandanos*. Dieses ist in byzantinischer Zeit nicht bezeugt und könnte nigals um besagtes Kloster entstanden sein, jedoch existiert es jetzt nicht mehr. Siehe: STOJANOVSKI (Hg.), Turski dokumenti V/4, 144f.

9 Jacques LEFORT / Vassiliki KRAVARI / Christophe GIROS / Kostis SMYRLIS (Hgg.), *Actes de Vatopédi II. De 1330 à 1376. Texte*. Paris 2006 (Archives de l'Athos, 22), 187f. (Nr. 88) (im folgenden: AVatop II).

10 PLP, Nr. 24037.

11 GUILLOU (Hg.), Les Archives de Saint-Jean-Prodrome, 121f. (Nr. 37); siehe dazu: BÉNOU, Le codex B, 238f. (Nr. 139). Vgl. auch: Dragić M. ŽIVOJINOVIĆ, Regesta grčkih povelja srpskih vladara, *Mešovita gradja / Miscellanea N. S.* 27 (2006), 57-99, 65f. (Nr. 4).

12 AIvir IV, 121 (Nr. 90).

13 Dieses Dorf ist nicht lokalisiert.

14 Diese Bezeichnung dürfte auf die Sandsteinpyramiden rings um Melnik zu beziehen sein und ist auf der Basis der vorliegenden Edition als konkretes Toponym zu verstehen.

Meleniku im Katepanikion Balabista[1].[2] Im März 1350 erließ derselbe Herrscher in Melnik (*u Mel'niče*) ein Chrysobull zugunsten des Klosters der Heiligen Erzengel Michael und Gabriel in Jerusalem.[3]

Basierend auf byzantinisch-serbischen Friedensverhandlungen Ende 1350 sollte Melnik im Verband des serbischen Herrschaftsbereichs verbleiben.[4] Nichtsdestoweniger bestätigte Kaiser Iōannēs VI. Kantakuzēnos[5] mit einem Chrysobull die Besitzungen des Klosters Ibērōn im Jahre 1351, darunter auch das Kleinkloster Hagios Geōrgios tu Kalamea (s. o.) *kata ton Melenikon*, um auf diese Weise den Anspruch auf dieses vormals byzantinische Gebiet geltend zu machen.[6] Diese Entscheidung unterstützte Patriarch Kallistos I. von Konstantinopel[7] mit einer eigenen Urkunde in demselben Jahre, worin ebenfalls das besagte Kleinkloster aufscheint (*Kata ton Melenikon monydrion eis onoma timōmenon tu Hagiu endoxu megalomartyros kai tropaiophoru Geōrgiu meta tēs nomēs autu*).[8] Im Jahre 1355 verkaufte Theodōros Kalochairetēs[9] an Basileios Borontrizēdas[10] ein Feld in der Flur Chomnos Stolos (*tō choraphiō hēmōn to eis ton Chomnon Stolon diakeimenō*), das höchstwahrscheinlich in der Nähe von Melnik lag, da Vertreter der Metropolis von Melnik als Zeugen fungierten.[11]

Nach dem Tode Stefan' Uroš IV. Dušan (1355) übernahm offensichtlich sein Sohn Stefan Uroš V.[12] die Kontrolle über Melnik, da er 1356 ein Chrysobull erließ, worin er dem dortigen Metropoliten Kirilъ (Kyrillos)[13] den Besitz über die Kirche *Svetago Nikoli Čudotvor'ca Stožьskoga*[14] in der Stadt (*u Mělnicě u gradu*) mit dem dazugehörigen Kellion und Turm, allen Rechten, einem Dorf, das namentlich nicht genannt wird und das sich bereits zuvor im Besitz der Kirche befand (*sь selomь što si estь drьžala tazi crьkvь*), mit einer Bergweide (*s planinomь*), dem Besitz in den Fluren Psalině und Grьdali sowie dem Dorf Smilovo (*selo Smilovo*)[15] bestätigte.[16] 1357 besaß das Kloster Ibērōn laut einem Chrysobull Iōannēs' V. Palaiologos unter

---

1   Jetzt die Stadt Sidērokastron im Norden Griechenlands. Siehe: SOUSTAL, Makedonien, südlicher Teil, Lemma Balabista.

2   Wilhelm REGEL / Edouard KURTZ / Basile KORABLEV (Hgg.), *Actes de Philothée (Actes de l'Athos, 6)*. St. Petersbourg 1913 (Nachdruck Amsterdam 1975) (Vizantijskij Vremennik, 20/1), 25 (Nr. 9) (im folgenden: APhiloth); vgl. dazu: Vassiliki KRAVARI, Nouveaux documents du monastère de Philothéou, *Travaux et Mémoires* 10 (1987), 261-356, 283.

3   Stojan NOVAKOVIĆ (Hg.), *Zakonski spomenici srpskih država srednjega veka*. Beograd 1912, 708f.

4   Ludwig SCHOPEN (Hg.), *Ioannis Cantacuzeni Eximperatoris Historiarum Libri IV. Volumen III*. Bonn 1832 (Corpus Scriptorum Historiae Byzantinae, 20/3), 156; vgl. BARIŠIĆ / FERJANČIĆ (Hgg.), Vizantijski izvori VI, 536f.

5   PLP, Nr. 10973.

6   AIvir IV, 128 (Nr. 91).

7   PLP, Nr. 10478.

8   AIvir IV, 134 (Nr. 92).

9   PLP, Nr. 10741.

10 Ebd., Nr. 2995.

11 Louis PETIT / Basile KORABLEV (Hgg.), *Actes de Chilandar. Première partie. Actes grecs (Actes de l'Athos)*. St. Petersbourg 1911 (Nachdruck Amsterdam 1975) (Vizantijskij vremennik, 17/1), 303-305 (Nr. 144).

12 PLP, Nr. 21183.

13 Ebd., Nr. 14039; PREISER-KAPELLER, Der Episkopat, 260.

14 Siehe zu dieser Kirche: POPOVIĆ, Zur Topographie, 113f.; DERS., Neue Überlegungen zu der alten Metropolitankirche Sveti Nikola in Melnik als Ergänzung zur Forschung des Vladimir Petković, in: Mihailo POPOVIĆ / Johannes PREISER-KAPELLER (Hgg.), *Junge Römer – Neue Griechen. Eine byzantinische Melange aus Wien. Beiträge von Absolventinnen und Absolventen des Instituts für Byzantinistik und Neogräzistik der Universität Wien, in Dankbarkeit gewidmet ihren Lehrern Wolfram Hörandner, Johannes Koder, Otto Kresten und Werner Seibt als Festgabe zum 65. Geburtstag*. Wien 2008, 179-185.

15 Dieses Dorf existiert jetzt nicht mehr. Es scheint als Dorf *Smilevo* im Defter für den Sandžak *Köstendil* (1570/73) auf und lag vermutlich nw. von Melnik. Vgl. dazu: STOJANOVSKI (Hg.), Turski dokumenti V/4, 103-105.

16 Rade MIHALJČIĆ, Hrisovulja cara Uroša melničkom mitropolitu Kirilu, *Stari srpski arhiv* 2 (2003), 85-97, 86-89.

anderem das Metochion Hagios Geōrgios tu Kalamea (s. o.) in Melnik (*Eis ton Melenikon metochion tu Hagiu Geōrgiu tu Kalamea*), weiters Weinberge, Felder und (Wasser)Mühlen flußaufwärts von Melnik (*peri to anapotamon Meleniku*) und Häuser *entos tu kastru Meleniku*.[1]

Zu einem unbekannten Zeitpunkte fiel Melnik an den serbischen Despoten Jovan Uglješa[2] und nach der Schlacht an der Maritza (Tzernomianu polis)[3] im Jahre 1371 an den serbischen Lokalherrscher Konstantin Dragaš.[4] Am Beginn des Jahres 1365 erhielt das Athōs-Kloster Batopedi von Jovan Uglješa das in der Umgebung von Melnik (*peri ton Melenikon*) gelegene Kloster Theotokos Spēlaiōtissa samt Weinland und Garten rings um das Kloster (*ampeloperibolon kyklothen tu monastēriu*), dem Dorf Tzukarades (*Chōrion oi Tzukarades*)[5], dem Land vom Tor der Unterstadt von Melnik (*apo tēn portan tu emporiu*) bis zur Flur Tripētē (*eōs tēn Tripētēn*), das Stefan Hrelja Dragovol dem Kloster geschenkt hatte, zwölf Menschen innerhalb der Festung von Melnik (*entos tu kastru*), dem Dorf Katunitza (*chōrion hē Katunitza*), dem Kleinkloster (*monēdrion*) Hagios Geōrgios Aliserēs[6], dem Dorf Hagia Kyriakē (*chōrion hē Hagia Kyriakē*)[7], samt dem Dorf Dempreanē (*chōrion hē Dempreanē*)[8], dem Dorf Mpusdōbos (*chōrion o Mpusdōbos*)[9], samt vier Mühlen in der Festung von Melnik (*mylones tesares eis to kastron*) und zwei Mühlen in Katunitza, samt Land in den Fluren Birōbētza (*eis tēn legōmenēn Birōbētzan*), Slatina (*eis tēn Slatinan*) und Smēlaiu (*eis tu Smēlaiu*), Land außerhalb von Klēsuritza (*exo apo tēn legōmenēn Klēsuritzan*), in den Fluren Psesta (*eis tu Psesta*) und Pesōsnētza (*eis tēn Pesōsnētza*), samt der alten Kirche (*palaiōklēsin*) des Hagios Iōannēs Prodromos innerhalb der Unterstadt von Melnik (*entos tu emporiu*)[10], Land im Dorf Rōzeinos[11] und in der Flur Analēpsis (*eis ton Rōzeinon kai tēn Analēpsin*) und schließlich samt dem alten (verlassenen?) Dorf Maximu[12] (*palaiōchōrin hē Maximu*).[13]

Im Jahre 1371 erklärte Patriarch Philotheos Kokkinos[14] das von dem Mönch Kallistos Angelikudēs[15] gegründete Kleinkloster (*monydrion*) Theotokos Kataphygion *en tois kata ton*

---

1   Alvir IV, 144 (Nr. 94).

2   PLP, Nr. 21150.

3   SOUSTAL, Thrakien, 347f., 489.

4   Georgije OSTROGORSKI, *Serska oblast posle Dušanove smrti*. Beograd 1965 (Posebna izdanja Vizantološkog instituta, 9), 23f., 41; vgl. dazu die Besprechung von: Hélène MIAKOTINE, Analyse de l'ouvrage de G. Ostrogorski sur la principauté serbe de Serres, *Travaux et Mémoires* 2 (1967), 569-573. Zur Person des Konstantin Dragaš: PLP, Nr. 5746.

5   Dieses Dorf ist nicht lokalisiert. Siehe dazu und im folgenden den Kommentar zur Urkunde in: BOŽILOV, Novi danni, 144f.

6   Besagtes Kleinkloster ist ebenfalls nicht lokalisiert.

7   Die Lage dieses Ortes ist unbekannt.

8   Das Dorf *Dempreanē* ist im Defter für den Sandžak *Köstendil* (1570/73) als *Debreni* verzeichnet. Siehe dazu: STOJANOVSKI (Hg.), Turski dokumenti V/4, 92-96. Es ist identisch mit dem jetzigen Dorf Debrene [GPS 23 18 50; 41 34 31], rund 8 km nw. von Melnik. Vgl. zu dieser Lokalisierung auch: BOŽILOV, Novi danni, 144.

9   Das Dorf *Mpusdōbos* scheint im Defter für den Sandžak *Köstendil* (1570/73) als *Boždovo* auf. Siehe: STOJANOVSKI (Hg.), Turski dokumenti V/4, 96-98. Es handelt sich um das jetzige Dorf Boždovo [GPS 23 21 36; 41 36 05], rund 9 km nnw. von Melnik. Siehe zu dieser Lokalisierung auch: BOŽILOV, Novi danni, 144.

10 Siehe zu dieser Kirche: POPOVIĆ, Zur Topographie, 112. Möglicherweise ist sie mit dem Kloster *Porodim* (*Prodrom*) identisch, das laut dem Defter für den Sandžak *Köstendil* in Melnik existierte. Vgl. dazu: STOJANOVSKI (Hg.), Turski dokumenti V/4, 38.

11 Mit dem jetzigen Dorf Rožen [GPS 23 26 01; 41 31 57] zu identifizieren, das sich rund 3 km onö. von Melnik befindet. Möglicherweise wird es im Defter für den Sandžak *Köstendil* unter dem Namen *Rugorče* genannt. Siehe dazu: Ebd. 100 und Anmerkung 102. Vgl. zu dieser Lokalisierung auch: BOŽILOV, Novi danni, 144f.

12 Dieses Dorf ist nicht lokalisiert.

13 A Vatop II, 303f. (Nr. 120).

14 PLP, Nr. 11917.

15 Ebd., Nr. 145.

Melenikon meresin zu einem patriarchalen Stauropēgion. Zu den Besitzungen des Kleinklosters zählten unter anderem je ein Weinberg (*ampelion*) in Malesta (*peri ton topon heuriskomenon ton kalumenon Malestan*) und in Bitzanklaba (*peri tēn Bitzanklaban*).[1] Zwischen 1377 und 1394 kam es zu einer Auseinandersetzung um eine Mühle bei Melnik zwischen dem Kloster Theotokos Spēlaiōtissa und dem Kloster Theotokos Kataphygion[2] bzw. einem gewissen Gabalas.[3]

In den siebziger Jahren des 14. Jahrhunderts (nach 1376/77?)[4] bestätigten der serbische Despot Jovan Dragaš[5] und sein Bruder Konstantin Dragaš dem Athōs-Kloster Hagios Panteleēmōn den Besitz der Kirche der Heiligen Ärzte[6] (*Svetychь Vračevy*).[7] 1378 ließ der bulgarische Zar Ivan III. Šišman[8] eine Urkunde für das Kloster Rila ausstellen, in welcher unter anderem die Dörfer Dolěne[9] (*selo Dolěne*) und Gradečnica[10] (*selo Gradečnica*) erwähnt werden.[11] Im Oktober 1393 schenkte Konstantin Dragaš, der zu diesem Zeitpunkte über Melnik herrschte, dem Athōs-Kloster Batopedi das Kloster Theomētōr Pantanassa samt allen Gebäuden (*meta kai pantōn tōn ktismatōn*), Mühlen (*mylōnas*), fruchttragenden und fruchtlosen Obstbäumen (*dendra opōrophora enkarpa te kai akarpa*), Paröken (*paroikus*) und samt einem Landgut (*zeugēlation*). Mit Einkünften des dadurch neu entstandenen Metochion war die Versorgung eines Spitals für die Kranken von Melnik und seiner Umgebung zu gewährleisten

---

1   Franz MIKLOSICH / Joseph MÜLLER (Hgg.), *Acta et diplomata graeca medii aevi sacra et profana I.* Wien 1860, 570f. (Nr. 312). Diese Urkunde wird im vierten Band des Registers des Patriarchats von Konstantinopel unter der Nummer 394 neu ediert. Das Kleinkloster Theotokos Kataphygion ist nicht lokalisiert.

2   Hristo MATANOV, Edin neizvesten dokument za Melnik ot arhiva na Svetogorskija Manastir Vatoped, in: *Svetogorska Obitel Zograf* 2 (1996), 103-108, 103. Die betreffenden Urkunden werden nach derzeitigem Stand unter den Nummern 158, 164 und 171 in den Actes de Vatopédi III (Paris) ediert.

3   Ebd. 104-108.

4   Die Datierung dieser Urkunde ist umstritten: Paul LEMERLE / Gilbert DAGRON / Sima ĆIRKOVIĆ (Hgg.), *Actes de Saint-Pantéléèmôn. Texte.* Paris 1982 (Archives de l'Athos, 12), 169-172 (Actes Serbes, Nr. 6); Radoslav M. GRUJIĆ, Lična vlastelinstva srpskih crkvenih pretstavnika u XIV i XV veku, *Glasnik Skopskog Naučnog Društva* 13 (1934), 47-68, 61f.; Hristo MATANOV, *Knjažestvoto na Dragaši. Kăm istorijata na Severoiztočna Makedonija v predosmanskata epoha.* Sofija 1997, 102-106; Evgenij P. NAUMOV, Darbenite gramoti na Dejanovikji (Kon analizata na istoriskite izvori od krajot na XIV vek), *Istorija* 20 (1984), H. 2, 219-237, 221; Mihailo POPOVIĆ, Continuity and Change of Byzantine and Old Slavonic Toponyms in the Valley of the River Strumica (FYROM), in: Peter JORDAN / Hubert BERGMANN / Catherine CHEETHAM / Isolde HAUSNER (Hgg.), *Geographical Names as a Part of the Cultural Heritage.* Wien 2009 (Wiener Schriften zur Geographie und Kartographie, 18), 173-175, 175.

5   PLP, Nr. 5745.

6   Hristo Matanov äußert die Vermutung, daß sich rings um diese Kirche die jetzige Stadt Sandanski [GPS 23 16 28; 41 34 07], rund 10 km wnw. der Stadt Melnik, entwickelt haben könnte, die bis 1949 den Namen *Sveti Vrač* trug. Siehe: MATANOV, Knjažestvoto, 165, 201, Anmerkung 10. Bereits vor ihm mit derselben Vermutung: Jordan IVANOV, *Sěverna Makedonija. Istoričeski izdirvanъja.* Sofija 1906, 128. Zur Namensänderung: Petăr KOLEDAROV / Nikolaj MIČEV (Hgg.), *Promenite v imenata i statuta na selištata v Bălgarija 1878-1972 g.* Sofija 1973, 218. Im 16. Jahrhundert existierte laut dem Defter für den Sandžak *Köstendil* bereits ein Dorf namens *Sveti Vrač.* Vgl. dazu: STOJANOVSKI (Hg.), Turski dokumenti V/4, 47-49.

7   NOVAKOVIĆ, Zakonski spomenici, 513.

8   PLP, Nr. 25402.

9   Jetzt das Dorf Doleni [GPS 23 24 50; 41 34 17], 5,5 km nnö. von Melnik. Es scheint im Defter für den Sandžak *Köstendil* (1570/73) als *Dolani* auf. Vgl. dazu: STOJANOVSKI (Hg.), Turski dokumenti V/4, 112.

10 Das Dorf (Gorna) Gradešnica befand sich ursprünglich 22 km nw. von Melnik (siehe dazu: Karte 1:200.000, Wien 1940, Blatt Džumaja) und wurde im Defter für den Sandžak *Köstendil* registriert [STOJANOVSKI (Hg.), Turski dokumenti V/4, 123-126]. Aus diesem Gradešnica sind die Dörfer Gorna und Dolna Gradešnica hervorgegangen (KOLEDAROV / MIČEV, Promenite, 71, 92). Jetzt existiert nur noch das Dorf Dolna Gradešnica [GPS 23 11 04; 41 40 50], das mit dem ursprünglichen Gradešnica nicht identisch ist.

11 Ediert in: IVANOV, Bălgarski starini, 598; Angelina DASKALOVA / Marija RAJKOVA (Hgg.), *Gramoti na Bălgarskite care. Uvod. Tekstove. Rečnik. Bibliografija.* Sofija 2005, 44.

(*eis tēn tōn ekeise asthenōn tu nosokomeiu kybernēsin*).[1] Aus einem unedierten Teil der besagten Urkunde geht hervor, daß sich das Kloster in der Nähe der Unterstadt von Melnik befand (*peri to tu Meleniku emporion*).[2] 1395 kam es zu einer Auseinandersetzung zwischen dem Athōs-Kloster Batopedi und einer gewissen Sophia aus Melnik um eine Mühle. Patriarch Antōnios[3] und die Synode entschieden zugunsten Sophias, sodaß ein Brief an sie nach Melnik erging (*eis dikaiōma eis Melenikon*).[4] Melnik wurde höchstwahrscheinlich nach dem Tode des Konstantin Dragaš im Jahre 1395 osmanisch.[5]

Die Region Melnik in osmanischer Zeit (1395-1600)

Nach der endgültigen osmanischen Einverleibung der Region Melnik um 1395 haben die urkundlichen Belege zur Stadt und ihrer Umgebung keine abrupte Unterbrechung erfahren. Vielmehr ermöglichen die in den Archiven der Athōs-Klöster Pantokratōr und Batopedi erhaltenen Dokumente Einblicke in die Siedlungsstruktur der osmanischen Zeit.

1471/72 nahm der Metropolit von Melnik (*tu Meleniku*) an einer Synode in Konstantinopel teil, in welcher Metropolit Dōrotheos von Athen zum neuen Metropoliten von Trapezunt gewählt wurde.[6]

Im November des Jahres 1480[7] wurde dem Hieromonachos Grēgorios, dem Oikonomos des Klosters Batopedi, die Leitung des Metochion Theotokos Spēlaiōtissa (*kata ton Melenikon euriskomenon metochion hēmōn kai eis onoma timomenon tēs hyperagnu despoinēs hēmōn kai Theotoku kai epikeklēmenon to Spēlaion*) samt den Besitzungen in der Flur Lēmpochōba (*kai tēs Lēmpochōbas*) sowie dem Kleinkloster Theomētōr Pantanassa (*to monēdrion meta te tēs Pantanasēs*) übertragen.[8] Vor 1486 schenkten die Brüder Manuēl und Nikēphoros Chrysaphēs dem Kloster Batopedi das Kleinkloster Zōodochos Pēgē[9] in der Umgebung von Melnik

---

1   Vitalien LAURENT, Un acte grec inédit du despote serbe Constantin Dragaş (sic!), *Revue des Études Byzantines* 5 (1947), 171-184, 183f.

2   Siehe dazu den Kommentar in: A Vatop I, 173 (Nr. 20). Die genaue Lage des Klosters, ö. der Unterstadt von Melnik, verdeutlicht der Plan des Wilhelm von Chabert aus dem Jahre 1832. Vgl. zu diesem Plan im Detail weiter unten, Abschnitt IX.

3   PLP, Nr. 1113.

4   Franz MIKLOSICH / Joseph MÜLLER (Hgg.), *Acta et diplomata graeca medii aevi sacra et profana II*. Wien 1862, 246-248 (Nr. 490). Vgl. dazu die Edition in: GJUZELEV, Izvori, 228f. Diese Urkunde wird nach derzeitigem Stand unter der Nummer 173 in den Actes de Vatopédi III (Paris) ediert.

5   Zdravko St. PLJAKOV, Die Stadt Sandanski und das Gebiet von Melnik und Sandanski im Mittelalter, *ByzantinoBulgarica* 4 (1973), 175-201, 197.

6   Vassiliki KRAVARI (Hg.), *Actes du Pantocrator. Texte*. Paris 1991 (Archives de l'Athos, 17), 178f. (Nr. 27).

7   Siehe zur Datierung: Cyril PAVLIKIANOV, *The Athonite Monastery of Vatopedi from 1480 to 1600. The Philological Evidence of Twenty-Eight Unknown Post-Byzantine Documents from its Archive*. Sofia 2006 (Monumenta Slavico-Byzantina et Mediaevalia Europensia, 19), 30-33; weiters: DERS., The Athonite Monastery of Vatopedi from 1485 to 1499. The Evidence of Five Unknown Post-Byzantine Documents from its Archive, *Bollettino della Badia Greca di Grottaferrata* III (2005), H. 2, 89-116, 90-100; DERS., *The Athonite Monastery of Vatopedi from 1462 to 1707. The Archive Evidence*. Sofia 2008 (Universitetska Biblioteka, 481), 42-53.

8   Ediert in: PAVLIKIANOV, The Athonite Monastery of Vatopedi from 1480 to 1600, 89-91; vgl. auch: DERS., The Athonite Monastery of Vatopedi from 1485 to 1499, 107f.; DERS., The Athonite Monastery of Vatopedi from 1462 to 1707, 141f.

9   Eine Kirche *Zōodochos Pēgē* wird in der Auflistung des Paul Perdrizet vom Beginn des 20. Jahrhunderts genannt. Siehe: Paul PERDRIZET, Melnic et Rossno, *Bulletin de Correspondance Hellénique* 31 (1907), 20-37, 21; vgl. dazu: VLACHOS, Die Geschichte, 59. Eine Lokalisierung dieser Kirche auf der Erhebung *Sveti Nikola*, s. der Stadt Melnik, ermöglicht der Stadtplan des Wilhelm von Chabert aus dem Jahre 1832. Siehe dazu weiter unten, Abschnitt IX.

     Zur Mission des Paul Perdrizet: Gustave SCHLUMBERGER, Note sur une mission de MM. Perdrizet et Chesnay en Macédoine, dans le cours de l'été de 1901, *Comptes-rendus des séances de l'Académie des Inscriptions et Belles-Lettres* 46 (1902), H. 1, 33-37, 36f.

(*monydrion peri tu Meleniku to eis onōma tēmomenon tēs Zōodochu Pēgēs*). Im Zuge der Grenzbeschreibung wird ein Fluß namens Rachoeias[1] genannt (*eis ton potamōn tu Rachoeia*).[2]

Im Dezember 1599 bestätigte Patriarch Matthaios II. von Konstantinopel alle Rechte und Besitzungen des Klosters Theotokos Spēlaiōtissa (*kata tēn eparchian tēs mētropoleōs Meleniku sebasmia monē tu Spēlaiu tēs panagnu kai theomētoros metochion*) als Metochion des Athōs-Klosters Batopedi, da Metropolit Sōphronios von Melnik die Kirche Hagia Paraskeuē[3] (*ekklēsian tēs Hagias Paraskeuēs*), die zu den Besitzungen des Metochion zählte, widerrechtlich beansprucht hatte.[4]

Die wichtigste osmanische Quelle des 16. Jahrhunderts ist jedoch ohne Zweifel der vielzitierte Defter für den Sandžak *Köstendil* (jetzt Kjustendil), der zwischen 1570 und 1573 entstanden ist. Dieser listet insgesamt 67 Siedlungen – die Stadt Melnik und 66 Dörfer – in der Nahiye Melnik auf.[5]

Siedlungsbefund und -entwicklung in spätbyzantinischer Zeit (1216/1259-1395)

Auf der Basis der Analyse der schriftlichen Quellen im Zeitraum 1216 bis 1395 ist zu erkennen, daß insgesamt siebzehn Siedlungen in der Region Melnik bezeugt sind. Von diesen siebzehn Siedlungen lassen sich neben Melnik acht weitere lokalisieren. Diese sind: Dempreanē (Debrene), Dolĕne (Doleni), Gradečnica (Gradešnica), Katunitza (Katunci), Mpusdōbos (Boždovo), Pheremai (Pirin), Rōzeinos (Rožen) und die Kirche / das Dorf Svetychь Vračevy (Sandanski). Nicht lokalisiert werden konnten die acht Dörfer Dragnitza, Hostrobos, Hagios Geōrgios, Maximu, Rakistianis, Smilovo, Tzukarades und Hagia Kyriakē.

Die acht lokalisierten Siedlungen weisen eine Siedlungskontinuität auf, da sie in osmanischer Zeit existierten und in der Gegenwart weiterexistieren, wie weiter unten noch zu sehen sein wird. Diese Siedlungen werden in der *Tabelle 9*, die chronologisch den verwendeten Quellen von 1216 bis 1395 folgt, präsentiert. Melnik selbst scheint in der Tabelle nicht gesondert auf, weil die große Anzahl von Belegen aus unterschiedlicher Zeit beredtes Zeugnis der Siedlungskontinuität *per se* ist. Eingetragen wurden die jeweils in den Quellen bezeugten Namensformen der acht verbleibenden Toponyme in Transkription samt der überlieferten Siedlungsform in deutscher Übersetzung, z. B. "Dorf Katunitza". Wenn z. B. das Attribut "Dorf" in den Quellen nicht explizit bei der jeweiligen Siedlung aufscheint, sondern lediglich der Kontext der Quelle eine gewisse Siedlungsform – auch im Hinblick auf den Gesamtkontext späterer Quellen – nahelegt, steht eine Abkürzung in runden Klammern nach dem jeweiligen Toponym, z. B. "Rōzeinos (D)".[6]

---

1   Diese Bezeichnung läßt sich jetzt keinem Fluß der Region zuweisen.

2   Ediert in: PAVLIKIANOV, The Athonite Monastery of Vatopedi from 1480 to 1600, 91-94; siehe auch: DERS., The Athonite Monastery of Vatopedi from 1485 to 1499, 108-110; DERS., The Athonite Monastery of Vatopedi from 1462 to 1707, 143-145. Vgl. dazu: Nikolaos D. PAPADĒMĒTRIU-DUKAS, Νέες πηγές της ιστορίας του Αγίου Όρους (Μέσα 15ου - τέλη 16ου αι.). Από το αρχείο της I. Μεγίστης Μονής Βατοπαιδίου, *Γρηγόριος ο Παλαμάς* 84 (2001), H. 789, 509-580, 517f.

3   Laut Paul Perdrizet gab es zwei Kirchen dieser Heiligen in Melnik. Siehe: PERDRIZET, Melnic et Rossno, 21; VLACHOS, Die Geschichte, 59. Der Defter für den Sandžak *Köstendil* aus dem 16. Jahrhundert verzeichnet ein Kloster *Aja Paraskeva* in Melnik. Vgl. dazu: STOJANOVSKI (Hg.), Turski dokumenti V/4, 38.

4   Ediert in: PAVLIKIANOV, The Athonite Monastery of Vatopedi from 1480 to 1600, 136-138; vgl. dazu auch: DERS., Byzantine and Early Post-Byzantine Documentary Evidence for the City of Melenikon in the Archive of the Athonite Monastery of Vatopedi, *Starobălgarska literatura* 33-34 (2005), 494-505; DERS., The Athonite Monastery of Vatopedi from 1462 to 1707, 178f.

5   STOJANOVSKI (Hg.), Turski dokumenti V/4, 17-20.

6   Aufgrund des spärlichen Quellenbefundes gibt es lediglich zwei Abkürzungen, nämlich: B = Bischofssitz, D = Dorf.

Analyse der ermittelten Daten auf der Basis der modifizierten "Central Place Theory"
Die Analyse der Daten orientiert sich an jenen Schemata, die bereits weiter oben *in extenso*
beschrieben wurden (siehe Abschnitt II). Die Hypothese, von der an dieser Stelle ausgegangen
wird, umfaßt die Frage, ob dieses modifizierte Schema der "Central Place Theory" auf die
Region Melnik appliziert werden kann und ob das theoretische Denkmodell der damaligen
quellenbasierenden Siedlungsrealität entspricht.

Die Einteilung der neun lokalisierten Siedlungen der Region Melnik im Sinne CMT+IMT
oder SMT läßt sich eindeutig vornehmen. Die Stadt Melnik ist ohne Zweifel als CMT+IMT,
d. h. als administratives Zentrum, anzusprechen. Sie wurde von einem byzantinischen Statthalter
verwaltet (z. B. Michaēl Komnēnos Palaiologos, Michaēl Laskaris Metochitēs, Nikēphoros
Basilikos) und war in eine Ober- (*kastron*) und eine Unterstadt (*emporion*) mit Marktfunktion[1]
gegliedert. Zudem war Melnik Sitz eines Metropoliten.[2] All diese Faktoren zeugen von Melnik
als militärischem, administrativem, wirtschaftlichem und kirchlichem Zentrum der Region.

Neben der Stadt Melnik dürfte es keine weitere Siedlung im Rang CMT+IMT in
spätbyzantinischer Zeit ebendort gegeben haben. Abgesehen davon, daß sich Sandanski und
Petrič, die jetzt bedeutende Zentren sind, in einer Distanz von Melnik befinden, die unter dem
Bereich von 39 bis 46 km liegt[3], fehlen weiters aussagekräftige Daten zu beiden Städten in den
spätbyzantinischen Quellen. Das nächstgelegene Zentrum, das sowohl die Anforderung
CMT+IMT erfüllt als auch die zu erwartende Distanz aufweist, ist Nikopolis im Flußtal der
Mesta (Nestos).[4]

Daraus resultiert, daß die Stadt Melnik als einziges Zentrum der Region anzusprechen ist
und die verbleibenden acht Siedlungen in Relation zu dieser Stadt zu stellen sind, woraus sich
Tabelle 10 mit den jeweiligen Kilometerangaben ableitet.[5]

Lediglich der vormalige Bischofssitz Pheremai (Pirin) ist zwischen 13 und 15 km von
Melnik entfernt und folglich als SMT zu identifizieren. Die verbleibenden sieben Siedlungen
fallen aus dem Schema der modifizierten "Central Place Theory". Eine zusätzliche Problematik
stellt die Tatsache dar, daß acht Siedlungen (s. o.) *a priori* nicht lokalisiert werden konnten.
Zwar ist anzunehmen, daß sie sich aufgrund des Kontextes der verwendeten Quellen in
unmittelbarer Umgebung der Stadt Melnik befanden, aber es lassen sich keine weiteren
Aussagen hinsichtlich ihrer Einbettung in die Siedlungsstruktur der Region treffen. Dadurch
ergeben sich nennenswerte Lücken in der Rekonstruktion der besagten Struktur.

Bereits an anderer Stelle konnte gezeigt werden[6], daß in Anlehnung an die Erkenntnisse von
Sima Ćirković zur Stadt Štip im 14. Jahrhundert die unmittelbare Umgebung von urbanen
Zentren als "städtisches Metochion" definiert sein konnte, das der Versorgung der Stadt diente
und in einem Radius von annähernd 7 km angelegt war.[7] Auch wenn ein solches Metochion
für die Stadt Melnik in den spätbyzantinischen Quellen nicht explizit erwähnt wird, ist dessen
Existenz durchaus denkbar. Folglich könnten die sechs Dörfer Dempreanē (Debrene), Dolĕne

---

1 Vgl. zu dieser Gliederung: POPOVIĆ, Zur Topographie, 108-112.
2 PREISER-KAPELLER, Der Episkopat, 258-261.
3 Die Stadt Sandanski befindet sich rund 10 km wnw. der Stadt Melnik, die Stadt Petrič rund 20 km sw. von
   Melnik.
4 Siehe zu Nikopolis: SOUSTAL, Thrakien, 376f. Nikopolis liegt rund 35 km onö. der Stadt Melnik.
5 Die Distanz zwischen der Stadt Melnik und den acht verbleibenden Siedlungen wurde auf der Basis folgender
   Landkarten gemessen: Karte 1:200.000, Wien 1940, Blatt Džumaja; Karte 1:200.000, Wien 1942, Blatt Saloniki
   (Thessaloniki); Karte 1:375.000, International Travel Maps, Bulgaria, Vancouver, B.C. 2005; Karte 1:55.000,
   Turističeska karta, Pirin, Sofija [10]2006.
6 Vgl. dazu weiter oben, Abschnitt II.
7 Sima ĆIRKOVIĆ, Štip u XIV veku, in: Makedonska Akademija na Naukite i Umetnostite (Hg.), *Zbornik na trudovi
   posveteni na akademikot Mihailo Apostolski po povod 75-godišninata od život*. Skopje 1986, 25-37, 31f.

(Doleni), Katunitza (Katunci), Mpusdōbos (Boždovo), Rōzeinos (Rožen) und die Kirche / das Dorf Svetychь Vračevy (Sandanski) der direkten Versorgung von Melnik gedient haben. Zur Gänze außerhalb des Schemas befindet sich das Dorf Gradečnica (Gradešnica), wofür es allerdings ebenfalls eine plausible Erklärung geben könnte (s. u.).

Aufgrund der geringen Anzahl von lokalisierbaren Siedlungen in der Region Melnik ist eine Berechnung der jeweiligen räumlichen Ausdehnung dieser dörflichen Strukturen nach Vassiliki Kravari[1] nicht zielführend. Vielmehr ist die Frage nach deren Siedlungskontinuität in osmanischer Zeit zu stellen.

Zur Siedlungskontinuität in osmanischer Zeit

Die Ausgangsbasis für einen Vergleich zwischen der spätbyzantinischen und der frühosmanischen Siedlungswirklichkeit und die Frage nach einer Siedlungskontinuität bildet der obenerwähnte Defter für den Sandžak *Köstendil* (jetzt Kjustendil), der in der Nahiye Melnik insgesamt 67 Siedlungen registriert. Die Auswertung dieser Quelle ermöglicht das Zusammenstellen der *Tabelle 11*, wobei die darin enthaltenen Symbole wie folgt zu deuten sind: + = im jeweiligen Defter verzeichnet; – = im jeweiligen Defter nicht verzeichnet; • = im jeweiligen Defter nicht enthalten, weil die vorliegende Publikation den betreffenden Abschnitt der Quelle nicht wiedergibt oder ein anderer Defter heranzuziehen ist.

Tabelle 11 zeigt, daß die Siedlungen Boždovo, Debrene, Doleni, Gradešnica, Melnik, Rožen und Sandanski eine Kontinuität in osmanischer Zeit aufweisen.[2] Das Dorf Katunci befand sich in der Nahiye Demir Hisar und ist sowohl 1454/55[3] als auch 1569/70[4] bezeugt. Lediglich der Ort Pirin scheint weder in einem der osmanischen Defter des 16. Jahrhunderts noch im Register von Stefan Andreev[5] auf.

Bemerkenswert ist die große Diskrepanz zwischen der Anzahl spätbyzantinischer (9) und osmanischer (67) Siedlungen. Selbst, wenn die nicht lokalisierbaren acht spätbyzantinischen Siedlungen in den Bestand aufgenommen werden, bleibt der Unterschied in den jeweiligen Strukturen beachtlich (17 zu 67). Aufgrund der begrenzten Belege in den spätbyzantinischen Quellen ist zudem eine Analyse der Entwicklung von Wüstungen nicht möglich. Unter den acht erwähnten Orten, die nicht mehr existieren und somit zu einem unbekannten Zeitpunkte wüstgefallen sind, läßt sich möglicherweise nur eine einzige eindeutig als Wüstung

---

1 Vassiliki KRAVARI, L'habitat rural en Macédoine occidentale (XIIIe–XIVe siècles), in: Klaus BELKE / Friedrich HILD / Johannes KODER / Peter SOUSTAL (Hgg.), *Byzanz als Raum. Zu Methoden und Inhalten der historischen Geographie des östlichen Mittelmeerraumes*. Wien 2000 (Veröffentlichungen der Kommission für die Tabula Imperii Byzantini, 7), 83-94, 88f. Vassiliki Kravari hat anhand von Fallbeispielen errechnet, daß die durchschnittliche räumliche Ausdehnung von Dörfern in der historischen Landschaft Makedonien rund 15 km² betragen haben dürfte.

2 Ihre türkischen Namen lauten wie folgt: *Bojdova* (Boždovo), *Debrane, Debrene* (Debrene), *Dolyan* (Doleni), *Gorna Gradešniça* (Gradešnica), *Menlik* (Melnik), *Rojene* (Rožen), *İsveti Virac, İsveti Viraca* (Sandanski). Siehe dazu: Stefan ANDREEV, *Rečnik na selištni imena i nazvanija na administrativno-teritorialni edinici v Bălgarskite zemi prez XV-XIX vek*. Sofija 2002, 33, 52, 58, 61, 98, 122, 124.

3 Aleksandar STOJANOVSKI (Hg.), *Turski dokumenti za istorijata na Makedonskiot narod. Opširen popisen defter od XV vek. Tom IV*. Skopje 1978, 107f.; vgl. zur Datierung: Evangelia BALTA, *Les vakifs de Serrès et de sa région (XVe et XVIe s.)*. Athènes 1995 (Centre de recherches néo-helléniques de la fondation nationale de la recherche scientifique, 53), 25f.; Michael URSINUS, An Ottoman Census Register for the Area of Serres of 859 H. (1454-1455)? A Reconsideration of the Date of Composition of Tahrir Defteri TT 3, *Südost-Forschungen* 45 (1986), 25-36.

4 Aleksandar STOJANOVSKI (Hg.), *Turski dokumenti za istorijata na Makedonskiot narod. Opširen popisen defter za Paša sandžakot (kazite Demir Hisar, Jenidže Karasu, Gjumuldžina i Zihna) od 1569/70 godina. Tom X/Kniga 1*. Skopje 2004, 119.

5 ANDREEV, Rečnik, passim.

identifizieren. Es ist dies das alte (verlassene?) Dorf Maximu (*palaiōchōrin hē Maximu*) des Jahres 1365 (s. o.). Allerdings ist in diesem Zusammenhang die Deutung des Begriffes *palaiochōrion*[1] in Ermangelung zusätzlicher Informationen aus den folgenden Jahren schwierig, da es durchaus Belege in mittelalterlichen Urkunden gibt, wonach "alte Dörfer" sehr wohl besiedelt waren.[2]

Meines Erachtens führen die obigen Erkenntnisse zwangsläufig zu einer Neubewertung der Grenzen bzw. der territorialen Erstreckung der Region Melnik in spätbyzantinischer Zeit.

Zusammenfassung

Zunächst ist festzustellen, daß in den verwendeten Quellen zahlreiche Formulierungen aufscheinen, welche die Existenz eines zur Stadt Melnik gehörenden Einzugsgebiets nahelegen. So wird in der Urkunde des Lokalherrschers Aleksij Slav für das Kloster Theotokos Spēlaiōtissa aus dem Jahre 1220 "ein Teil des Gebietes von Melnik" (*en tini merei tu Meleniku*) erwähnt. Im Jahre 1255 zog Kaiser Theodōros II. Laskaris mit seinem Heer "durch die Gebiete von Melnik" (*dia tōn tu Meleniku chōrōn*). Eine Urkunde des Jahres 1304 beruft sich auf Aufzeichnungen des "Thema" Mellenikos (*tu Melleniku thematos*). Im Zuge einer Ehescheidung im Jahre 1315 wird festgestellt, daß die beteiligten Personen "aus der Gegend von Melnik" (*hē ek tēs autēs autō chōras usa tu Meleniku*) stammten. 1328 gab Kaiser Andronikos III. Palaiologos dem Kloster Zōgraphu statt der Bergweide *Lakteba* diejenige namens *Tzerkbista* "im Gebiet von Melnik" (*peri ton topon tu Meleniku*).[3]

1342 stand Stefan Hrelja Dragovol offensichtlich vor den Toren der Stadt, weil er bereits "über die *Vorstadt* von Melnik" (*en tō Meleniku proasteiō*) herrschte. In einer Urkunde Stefan' Uroš IV. Dušan für das Athōs-Kloster Philotheu aus dem Jahre 1346 wird das Dorf Rakistianis "im Gebiet der *Berge* Melniks" (*eis tēn chōran tōn Bunōn* [sic!] *tu Meleniku*) im Katepanikion Balabista erwähnt. Schließlich geht aus einer Urkunde des Patriarchen Philotheos Kokkinos aus dem Jahre 1371 hervor, daß sich das Kleinkloster Theotokos Kataphygion "in der Gegend von Melnik" (*en tois kata ton Melenikon meresin*) befand.

Die Stadt Melnik verfügte also laut den zitierten Belegen in spätbyzantinischer Zeit zweifellos über ein Einzugsgebiet, dessen Umfang jedoch zur Diskussion gestellt werden muß. Hierbei möchte ich feststellen, daß besagtes Gebiet bei weitem nicht so groß war, wie es von Violeta Neševa definiert wurde.

Für diese Überlegung sind meines Erachtens folgende Gründe anzuführen. Zunächst zeigt die Verteilung der in den Quellen bezeugten spätbyzantinischen Siedlungen, daß sie sich alle am linken (östlichen) Ufer des Flusses Struma (Strymōn) in einem Radius von maximal 22 km von der Stadt Melnik entfernt befanden (siehe *Abb. 27*). Auch jene acht Orte, die nicht lokalisiert werden konnten, dürften in Anbetracht des Kontextes der Quellen in diesem Bereich zu suchen sein.

Weiters hat Ivan Petrinski festgestellt, daß das von Violeta Neševa definierte Gebiet im 13. / 14. Jahrhundert von einem ausgeklügelten System an Befestigungen gesichert wurde, dessen integralen Bestandteil unter anderem die Stadt Melnik darstellte.[4] Allerdings ist dieses System im Laufe des 14. Jahrhunderts zerfallen, weshalb Melnik zu einer Enklave der Adelsfamilie

---

1   LBG 5, 1177.
2   Siehe dazu im Detail: Rade MIHALJČIĆ, Selišta. Prilog istoriji naselja u srednjovekovnoj srpskoj državi, *Zbornik Filozofskog Fakulteta* 9 (Beograd 1967), H. 1, 173-224, 183; DERS., Selište, in: Sima ĆIRKOVIĆ / Rade MIHALJČIĆ (Hgg.), *Leksikon srpskog srednjeg veka*. Beograd 1999, 664f.
3   Dieser Beleg wird auch erwähnt in: NEŠEVA, Melnik. Bogozidanijat grad, 14.
4   PETRINSKI, 837-1395 g., Srednostrumskijat ukrepen rajon, 50-58, besonders 53.

Dejanović am linken (östlichen) Ufer der Struma (Strymōn) wurde.[1] Die Urkunde des bulgarischen Zaren Ivan III. Šišman für das Kloster Rila aus dem Jahre 1378 ermöglicht die Rekonstruktion der Grenze zwischen dem Herrschaftsbereich von Tărnovo im Norden und demjenigen der Adelsfamilie Dejanović im Süden. Sie lief vom jetzigen Ort Strumjani[2] am Fluß Struma (Strymōn) nach Nordosten zum Dorf Gradešnica und danach in einem Schwenk nach Südosten bis zum Dorf Doleni.[3]

Dies erklärt meines Erachtens die Tatsache, daß Gradešnica außerhalb des Schemas der modifizierten "Central Place Theory" liegt (s. o.), da das Dorf nicht mehr zum Einzugsbereich von Melnik gehörte, sondern bereits zu einer nördlich davon gelegenen Siedlungsstruktur (z. B. dem Territorium des bulgarischen Zarenreichs von Tărnovo).

Die soeben skizzierten Faktoren legen nahe, daß die der Stadt Melnik im 14. Jahrhundert zuzuordnende Region bedeutend kleinräumiger war als bisher angenommen. Vielmehr ist meines Erachtens strikt zwischen der geographischen Eingrenzung des Mittellaufes der Struma (Strymōn) und der siedlungshistorischen Ausdehnung im Sinne der modifizierten "Central Place Theory" zu unterscheiden, die bei weitem nicht deckungsgleich sind. Das Einzugsgebiet der Stadt dürfte einen Radius von 15 km nicht überschritten haben, was für ihre Versorgung ausreichte. Sie behielt sicherlich im 14. Jahrhundert sowohl ihre strategische[4] als auch durch die Metochia der Athōs-Klöster ihre wirtschaftliche Bedeutung auf dieser kleinräumigen Ebene bei, wie anhand der jeweiligen mittelalterlichen Urkunden nachvollziehbar ist.[5] Erst in osmanischer Zeit (1570/73) zeugt die Verteilung der 67 Siedlungen der Nahiye Melnik davon, daß jene Erstreckung in der Verwaltungsstruktur mit dem Zentrum Melnik erreicht wurde (siehe *Abb. 27*), wie sie bisher unbestätigterweise auch für die mittelalterliche Zeit angenommen wurde.

---

1   Ivan PETRINSKI, Graničnata krepost *Vrab-. Kăm văprosa za văznikvaneto na Bălgarskite srednovekovni gradove prez XII-XIV v., *Izvestija na Istoričeski Muzej Kjustendil* 14 (2006), 37-55, 42f.
2   GPS 23 12 00; 41 38 00.
3   PETRINSKI, Graničnata krepost, 43.
4   U. a. als Verkehrsknotenpunkt: Melnik war über die Rhodopenstraße an die Flußtäler der Strumica (Strumešnica), der Struma (Strymōn) und der Mesta (Nestos) angebunden. Siehe dazu: *Militär-Geographie. Macedonisches Becken mit dem albanesischen Küstengebiete. Mit 7 Tafeln und 6 Beilagen.* Wien 1886, 176; Michael WENDEL, *Karasura III. Untersuchungen zur Geschichte und Kultur des alten Thrakien. Die Verkehrsanbindung in frühbyzantinischer Zeit (4.-8. Jh. n. Chr.).* Langenweißbach 2005 (Schriften des Zentrums für Archäologie und Kulturgeschichte des Schwarzmeerraumes, 6), 141f., 159. Vgl. zu diesem Aspekt weiter unten, Abschnitt VIII.
5   Siehe zu der neuzeitlichen Geschichte und Bedeutung von Melnik: Petros Th. PENNAS, Συμβολή εις την ιστορίαν του Μελενίκου, *Σερραϊκά Χρονικά* 2 (1957), 67-125; DERS., Συμβολή εις την ιστορίαν του Μελενίκου, *Σερραϊκά Χρονικά* 5 (1969), 89-128; DERS., Το Κοινόν Μελενίκου και το σύστημα διοικήσεώς του, *Σερραϊκά Χρονικά* 15 (2004), 305-345; VLACHOS, Die Geschichte, 95-103.

VI. SPÄTBYZANTINISCHE SIEDLUNGEN UND WLACHISCHE TRANSHUMANZ IN DEN FLUSSTÄLERN DER STRUMICA UND KRIVA LAKAVICA

Einleitung

Bei siedlungstheoretischen Überlegungen, wie sie im folgenden anhand des oben beschriebenen, regional umrissenen Fallbeispiels angestellt werden, ist einer der immanenten Aspekte, die Berücksichtigung zu erfahren haben, das Verhältnis der seßhaften zu den mobilen Gruppen der Bevölkerung.[1] Das hierbei berücksichtigte Zielgebiet umfaßt zum einen das Tal des Flusses Strumica (Strumešnica), zum anderen das Flußtal der Kriva Lakavica, das als linker Zubringer in den Fluß Bregalnica einmündet. Während sich die bisherige Beschreibung an den angelsächsischen geographischen Begriff des *space* angelehnt hat, kann man in Gegenüberstellung unter Zuhilfenahme der Kategorie *place* die Städte Štip bzw. Melnik als nordwestlichen bzw. östlichen Grenzpunkt der Region ansprechen (*Abb. 30*).[2]

Auf der Basis der bisher verwendeten Quellen – der byzantinischen und altslawischen Urkunden des 13./14. Jahrhunderts sowie der osmanischen Steuerregister (*Defter*) des 16. Jahrhunderts – wird synoptisch ein Überblick über die Weideaktivitäten in der beschriebenen Region im allgemeinen und über dortige wlachische Präsenz im speziellen geschaffen, der zu weiteren vergleichbaren Studien für andere Regionen anregen soll.

Bereits weiter oben konnte gezeigt werden[3], daß für die gesamte Region im Zeitraum 1152 bis 1395 insgesamt 60 lokalisierte bzw. lokalisierbare Siedlungen in den obenerwähnten schriftlichen Quellen bezeugt sind, die auch eine Siedlungskontinuität in osmanischer Zeit aufweisen. Ausgehend von Berechnungen, wonach die durchschnittliche räumliche Ausdehnung von Dörfern (d. h. Dorfgebieten) in der historischen Landschaft Makedonien rund 15 km^2 betragen haben dürfte[4], stellen sich die folgenden zwei Fragen: Wurde das "Niemandsland"[5] zwischen den Siedlungen bzw. an den Grenzen der Siedlungen in jener Zeit für Weidewirtschaft (seitens der Wlachen) genutzt? Hat diese Nutzung in den schriftlichen bzw. toponomastischen Quellen ihren Niederschlag gefunden?

---

1 Vgl. dazu mit weiterführender Sekundärliteratur: Johannes KODER, Land Use and Settlement: Theoretical Approaches, in: John F. HALDON (Hg.), *General Issues in the Study of Medieval Logistics: Sources, Problems and Methodologies*. Leiden, Boston 2006 (History of Warfare, 36), 159-183, 161f.

2 Siehe zu den Begriffen *space* und *place*: Christopher TILLEY, *A Phenomenology of Landscape. Places, Paths and Monuments*. Oxford, Providence/Ri. 1994, 7-34.

3 Siehe dazu oben, die Abschnitte II, III, IV und V.

4 Vassiliki KRAVARI, L'habitat rural en Macédoine occidentale (XIIIe–XIVe siècles), in: Klaus BELKE / Friedrich HILD / Johannes KODER / Peter SOUSTAL (Hgg.), *Byzanz als Raum. Zu Methoden und Inhalten der historischen Geographie des östlichen Mittelmeerraumes*. Wien 2000 (Veröffentlichungen der Kommission für die Tabula Imperii Byzantini, 7), 83-94, 88f.

5 "In between there may be 'no man's land', frequented by stock-farming nomads. In this case, von Thünen's theory may help to explain 'isolated' regional structures." (KODER, Land Use, 162). Siehe zu den Grenzen mittelalterlicher Dörfer: Miloš BLAGOJEVIĆ, Sporovi oko srednjovekovnih međa, *Zbornik Matice srpske za istoriju* 71-72 (2005), 7-28; Stanoje BOJANIN, Krst u seoskom ataru: sakralna topografija i njena društvena funkcija u parohiji srednjovekovne Srbije, *Istorijski časopis* 56 (2008), 311-352; Snežana BOŽANIĆ, Vinogradi u pograničnom sistemu srpskog srednjovekovnog društva: ekonomski, pravni i religiozni aspekt, *Spomenica Istorijskog arhiva "Srem"* 9 (2010), 87-99; Miodrag PURKOVIĆ, Odredjivanje međa, *Etnologija* 1 (Skoplje 1940), H. 2, 65-84.

Allgemeine Hinweise auf Weidewirtschaft in den schriftlichen Quellen

An dem nordwestlichen Ende des Flußtales der Strumica, d. h. im Gebiet rings um Štip, wird in der Kirche Sveti Gjorgji beim Dorf Dolni Kozjak bzw. in der Flur Gorni Kozjak in einem altslawischen Graffito (Ende 13. Jh. / Anfang 14. Jh.) ein nicht lokalisierter "Tetev" oder "Tutev Katun" genannt (*azъ gramatikъ Voichna ot T[e]teva katuna*) (*Abb. 31*).[1] Vuk Stefanović Karadžić (1787-1864) setzte das Wort "katun" mit den Begriffen "bačija" bzw. "mandra" in seinem *Lexicon Serbico-Germanico-Latinum* gleich und übersetzte alle drei spezifisch mit "Sennerei".[2]

Allerdings handelt es sich beim Katun im breitesten Sinne des Wortes um eine saisonal – d. h. auf die Sommer- oder Wintermonate – begrenzte Siedlung wlachischer, albanischer oder anderer Hirten. Die innere Organisation eines mittelalterlichen Katun läßt sich aufgrund spärlicher Quellen nicht einwandfrei rekonstruieren. An seiner Spitze stand jedenfalls ein Oberhaupt, das "katunar" oder "čelnik" genannt wurde. Ob dessen Name für den gesamten Katun namensgebend war und ob innerhalb eines Katun stets miteinander verwandte Groß-familien organisiert waren, bleibt in der Sekundärliteratur umstritten. Die Größe eines Katun schwankte im Mittelalter zwischen 10 und 105 Haushalten.[3] Die besondere Problematik liegt darin, daß von nomadischen Organisationsformen, die im 20. Jahrhundert in Südosteuropa dokumentiert wurden, nicht automatisch auf Zustände im Mittelalter geschlossen werden kann.

Südöstlich von Štip befindet sich das bereits erwähnte Flußtal der Kriva Lakavica. Ebendort hatte der Großvojvode Nikola Stanjević die Kirche des Heiligen Stefan im Dorf Konče errichtet, die er dem Athōs-Kloster Chelandariu zusammen mit Bergweiden (*s planinami*) schenkte, was durch den Zaren Stefan Uroš V. mit einer Urkunde des Jahres 1366 bestätigt wurde.[4]

---

1 Zitiert nach: Zagorka RASOLKOSKA-NIKOLOVSKA, Crkvata Sv. Gjorgji vo Goren Kozjak vo svetlinata na novite ispituvanja, in: Haralampie POLENAKOVIKJ (Hg.), *Simpozium 1100-godišnina od smrtta na Kiril Solunski. Kniga 1, 23-25 maj 1969, Skopje – Štip*. Skopje 1970, 219-226, 222. Vgl. zu den möglichen Lesarten: Ebd. 224.

2 Vuk Stef. KARADŽIĆ (Hg.), *Srpski rječnik istumačen njemačkijem i latinskijem riječima (Lexicon Serbico-Germanico-Latinum)*. Beograd ⁴1935, 19, 276, 357. Vgl. dazu: Milenko S. FILIPOVIĆ, Struktura i organizacija srednjovekovnog katuna, in: Milenko S. FILIPOVIĆ (Hg.), *Simpozijum o srednjovjekovnom katunu održan 24. i 25. novembra 1961 g.* Sarajevo 1963 (Naučno društvo SR Bosne i Hercegovine, Posebna izdanja Knjiga 2, Odjeljenje Istorijsko-filoloških nauka Knjiga 1), 45-120, 54. Demgemäß kennzeichnet der Begriff *katunište* den Platz eines aufgelassenen bzw. verlassenen Katun. Siehe dazu: Jovan F. TRIFUNOSKI, Geografske karakteristike srednjovekovnih katuna, in: Ebd. 19-43, 36f.

3 Siehe zu einer Zusammenfassung der älteren Forschung über den Katun: Milenko S. FILIPOVIĆ, Katun u našoj istoriografiji, in: Ebd. 9-17; zum Katun im Mittelalter: Miloš BLAGOJEVIĆ, Planine i pašnjaci u srednjovekovnoj Srbiji (XIII i XIV vek), *Istorijski glasnik* 2-3 (1966), 3-95, 18-23; Sima ĆIRKOVIĆ, Albanci u ogledalu južnoslovenskih izvora, in: Milutin GARAŠANIN (Hg.), *Iliri i Albanci. Serija predavanja održanih od 21. maja do 4. juna 1986. godine*. Beograd 1988 (Srpska Akademija Nauka i Umetnosti, Naučni skupovi Knjiga 39, Odeljenje istorijskih nauka Knjiga 10), 323-339; FILIPOVIĆ, Struktura i organizacija, 47f., 65, 81-91; Desanka KOVAČEVIĆ-KOJIĆ, Katun / Katunar, in: Sima ĆIRKOVIĆ / Rade MIHALJČIĆ (Hgg.), *Leksikon srpskog srednjeg veka*. Beograd 1999, 286f.; TRIFUNOSKI, Geografske karakteristike, 29-37. Zu den Behausungen und Zweckbauten mit zahlreichen Abbildungen: Thede KAHL, *Hirten in Kontakt. Sprach- und Kulturwandel ehemaliger Wanderhirten (Albanisch, Aromunisch, Griechisch)*. Wien, Berlin 2007 (Balkanologie. Beiträge zur Sprach- und Kulturwissenschaft, 2), 46, 269-279. Vgl. auch: Claudia CHANG, The Ethnoarchaeology of Pastoral Land Use in the Grevena Province of Greece, in: Jaqueline ROSSIGNOL / LuAnn WANDSNIDER (Hgg.), *Space, Time, and Archaeological Landscapes*. New York 1992, 65-89; Claudia CHANG / Perry A. TOURTELLOTTE, Ethnoarchaeological Survey of Pastoral Transhumance Sites in the Grevena Region, *Journal of Field Archaeology* 20 (1993), H. 3, 249-264.

4 Urkunde ediert in: Stanoje BOJANIN, Povelja cara Stefana Uroša kojom potvrdjuje dar velikog vojvode Nikole Stanjevića manastiru Hilandaru, *Stari srpski arhiv* 1 (2002), 103-115, 106; vgl. dazu: BLAGOJEVIĆ, Planine i pašnjaci, 30; Tomo TOMOSKI, Katunsko stočarenje po planinite na Makedonija vo sredniot vek, in: Cvetan GROZDANOV / Kosta ADŽIEVSKI / Aleksandar STOJANOVSKI (Hgg.), *Makedonija niz vekovite. Gradovi – tvrdini – komunikacii*. Skopje 1999, 449-462, 452.

Der Terminus technicus "planina" bezeichnet in den serbischen mittelalterlichen Urkunden üblicherweise Bergweiden, die auf mehr als 1000 m über Normalnull lagen. Es handelte sich hierbei vorwiegend um Sommerweiden, die jährlich von Frühling bis Herbst genutzt wurden. Ebendort entstanden in derselben Zeit die saisonal begrenzten Katune. Fallbeispiele in der Sekundärliteratur, die anhand von serbischen mittelalterlichen Urkunden erarbeitet wurden, verdeutlichen, daß der König bzw. Zar, Klöster, Adelige, Dörfer oder Katune über Bergweiden verfügen konnten.[1] Das altslawische Wort "planina"[2] wurde als "πλανηνά" in den byzantinischen Wortschatz übernommen, wovon im folgenden anschauliche Zitate aus den verwendeten Quellen zeugen.[3]

Eine Urkunde über Schenkungen von Landbesitz im Flußtal der Strumica seitens des Feudalherrn Stefan Hrelja Dragovol an das Athōs-Kloster Chelandariu, die auf eine Urkunde des serbischen Königs Stefan Uroš II. Milutin aus den Jahren 1303/04 Bezug nimmt, nennt als Besitz des besagten Klosters das Gebirge Ogražden (*planina Ograždenь*).[4]

Im Jahre 1336 erließ der serbische König Stefan Uroš IV. Dušan eine Urkunde, in welcher das Gebirge Belasica (*planina Belasica*), das Gebirge Ogražden und die Bergweide Draguljevo samt unmittelbarer Umgebung (*I planina Ograždeno i Draguljevo i podplaninije sь vseju oblastiju i megja imь*) als Besitz desselben Klosters aufscheinen.[5] Die zweite Variante dieser Urkunde nennt ebenfalls die Gebirge Belasica sowie Ogražden und die Bergweide Draguljevo in demselben Wortlaut bzw. Kontext.[6]

Ca. 1340/1341 bestätigte der byzantinische Kaiser Andronikos III. Palaiologos dem Athōs-Kloster Chelandariu den Besitz des Dorfes Staro/Novo Konjarevo in der Engstelle Ključ mit einer Bergweide des Gebirges Ogražden (*eis to Kladion tēn Kunarianin, meta tēs planēnēs tēs Grasdenas*).[7]

Im April 1346 erließ Stefan Uroš IV. Dušan eine Urkunde zugunsten des Athōs-Klosters Ibērōn, worin unter den Besitzungen des Metochion Theotokos Eleusa (Veljusa) bei der Stadt Strumica unter anderem eine (nicht lokalisierte) Bergweide namens Hagioi Theodōroi (*kai tēs planēnas tēs legomenēs tōn Hagiōn Theodōrōn*) genannt wird.[8] 1357 scheint dieselbe Bergweide

1   Siehe dazu die ausgezeichnete Studie von: BLAGOJEVIĆ, Planine i pašnjaci, 8-39. Vgl. dazu auch: DERS., Srednjovekovni zabel, *Istorijski časopis* 14-15 (1966), 1-17; DERS., Planine, in: Sima ĆIRKOVIĆ / Rade MIHALJČIĆ (Hgg.), *Leksikon srpskog srednjeg veka*. Beograd 1999, 519f.

2   Franz VON MIKLOSICH, Lexicon Palaeoslovenico-Graeco-Latinum emendatum auctum. Wien 1862-1865 (Nachdruck Aalen 1977), 569.

3   Erich TRAPP (Hg.), *Lexikon zur byzantinischen Gräzität besonders des 9.-12. Jahrhunderts, 6. Faszikel*. Wien 2007 (Veröffentlichungen der Kommission für Byzantinistik, VI/6), 1309 (im folgenden: LBG). Vgl. dazu: BLAGOJEVIĆ, Planine i pašnjaci, 5f., Anmerkung 6.

4   Siehe die Edition von: Franz MIKLOSICH (Hg.), *Monumenta Serbica spectantia historiam Serbiae Bosnae Ragusii*. Wien 1858 (Nachdruck Graz 1964), 64.

5   Ediert in: Louis PETIT / Basile KORABLEV (Hgg.), *Actes de Chilandar. Deuxième partie. Actes slaves (Actes de l'Athos)*. St. Petersbourg 1915 (Nachdruck Amsterdam 1975) (Vizantijskij vremennik, 17/1), 460 (Nr. 27) (im folgenden: AChil sl). Vgl. dazu auch: BLAGOJEVIĆ, Planine i pašnjaci, 12f., 29; TOMOSKI, Katunsko stočarenje, 451. Eine Karte zu dieser Urkunde beschriebenen Besitzes des Klosters ist zu finden in: Mirjana ŽIVOJINOVIĆ, Strumički metoh Hilandara, *Zbornik radova Vizantološkog instituta* 45 (2008), 205-221, 219 (б).

6   Vgl. die Edition von: Stojan NOVAKOVIĆ (Hg.), *Zakonski spomenici srpskih država srednjega veka*. Beograd 1912, 400f. Siehe dazu auch: BLAGOJEVIĆ, Planine i pašnjaci, 29; TOMOSKI, Katunsko stočarenje, 451, 453.

7   Ediert in: Louis PETIT / Basile KORABLEV (Hgg.), *Actes de Chilandar. Première partie. Actes grecs (Actes de l'Athos)*. St. Petersbourg 1911 (Nachdruck Amsterdam 1975) (Vizantijskij vremennik, 17/1), 276 (Nr. 131) (im folgenden: AChil gr).

8   In der Edition: Jacques LEFORT / Nicolas OIKONOMIDÈS / Denise PAPACHRYSSANTHOU / Vassiliki KRAVARI / Hélène MÉTRÉVÉLI (Hgg.), *Actes d'Iviron IV. De 1328 au début du XVIe siècle. Texte*. Paris 1995 (Archives de l'Athos, 19), 121 (Nr. 90) (im folgenden: AIvir IV). Vgl. dazu den Lokalisierungsversuch in: Petar MILJKOVIKJ-PEPEK, *Veljusa. Manastir Sv. Bogorodica Milostiva vo seloto Veljusa kraj Strumica*. Skopje 1981 (Posebni

(*kai tēs planēnēs tēs legomenēs tōn Hagiōn Theodōrōn*) in einer Urkunde des byzantinischen Kaisers Iōannēs V. Palaiologos für dasselbe Kloster auf.[1]

Im Zuge einer Begehung zur Beschreibung der Grenzen des Landbesitzes des Klosters Chelandariu in der Gegend Breznica[2] seitens des Richters Michalis Ioskulēs, die auf Geheiß des serbischen Despoten Jovan Uglješa stattfand, wird in der betreffenden Urkunde unter anderem die Bergweide Draguljevo (*tēn planinēn tēn Draguleban*) erwähnt.[3] Dieselbe Bergweide scheint in einer Urkunde aus dem Jahre 1375/76 auf (*ot planine Draguljeva*).[4]

Ebenfalls 1376/77 schenkte Evdokija mit ihren Söhnen, den Lokalherrschern Jovan und Konstantin Dragaš, dem Athōs-Kloster Hagios Panteleēmōn die Dörfer Mokrino (*selo Mokrani*) mit einer Bergweide (*sь planinomь*), Mokrievo (*selo Makrijevo*) mit einer Bergweide (*sь planinomь*), Zubovo (*selo Zubovce*) mit einer Bergweide (*sь planinomь*), Borisovo (*selo Borisovo*) mit einer Bergweide (*sь planinomь*) und Gabrovo (*selo Gabrovo*) mit einer Bergweide (*sь planinomь*).[5]

Ein letzter Schwerpunkt an allgemeinen Quellenbelegen zur Weidewirtschaft bzw. nicht lokalisierten Bergweiden ist rings um die Stadt Melnik am östlichen Ende des Strumica (Strumešnica) Tales zu erkennen: In einer Urkunde des byzantinischen Kaisers Andronikos II. Palaiologos für das Kloster Chelandariu im Jahre 1319 werden eine "Bergweide in Gemeinnutzung"[6] mit Namen Matzista und eine weitere namens Hagios Dēmētrios Pterōtos genannt (*hē peri ton Melenikon dēmosiakē planēnē hē Matzista syn tē tu Hagiu Dēmētriu tu Pterōtu kalumenē*).[7] Diese Schenkung bestätigten sowohl dessen Sohn Michaēl IX. Palaiologos[8] als auch dessen Enkel Andronikos III. Palaiologos[9] mit demselben Wortlaut in demselben Jahre. 1321 mußte Kaiser Andronikos II. Palaiologos eingreifen, da ein gewisser Pululon dem Kloster

izdanija na Oddelenieto za naučna dejnost na N.N.S.G. Istorija na umetnosta so arheologija pri Filozofskiot Fakultet vo Skopje, Kniga 1), 50.

1   Alvir IV, 144 (Nr. 94).
2   Vgl. zu dieser Gegend weiter unten, Anmerkungen 41 und 42.
3   Vladimir MOŠIN / Anton SOVRE (Hgg.), *Dodatki h grškim listinam Hilandarja. Supplementa ad acta graeca Chilandarii*. Ljubljana 1948, 32 (Nr. 8).
4   Aleksandar V. SOLOVJEV (Hg.), *Odabrani spomenici srpskog prava (od XII do kraja XV veka)*. Beograd 1926, 170.
5   NOVAKOVIĆ, Zakonski spomenici, 511. Vgl. dazu: TOMOSKI, Katunsko stočarenje, 451f.
6   Schwierig gestaltet sich die Übersetzung des byzantinischen Begriffes *dēmosiakē planēnē*. Die Herausgeber der Urkunde übersetzen ihn mit "le pâturage d'été du fisc", was am ehesten mit "Sommerweide der Staatskasse / des Fiskus" wiederzugeben ist. Vgl. dazu den Kommentar in: Mirjana ŽIVOJINOVIĆ / Vassiliki KRAVARI / Christophe GIROS (Hgg.), *Actes de Chilandar I. Des origines à 1319. Texte.* Paris 1998 (Archives de l'Athos, 20), 266 (im folgenden: AChil). Keinen Aufschluß zu dieser spezifischen Frage geben folgende, sonst ausgezeichnete Publikationen: Angeliki E. LAIOU / Cécile MORRISSON, *The Byzantine Economy.* Cambridge 2007, 103; Angeliki E. LAIOU (Hg.), *The Economic History of Byzantium. From the Seventh through the Fifteenth Century. Volumes 1–3.* Washington/DC 2002 (Dumbarton Oaks Studies, 39), passim. Systematische Untersuchungen zur Weidewirtschaft im Byzantinischen Reich anhand von Passagen aus den einschlägigen Urkunden der Athōs-Klöster gibt es nicht in der Form, wie sie Miloš Blagojević (BLAGOJEVIĆ, Planine i pašnjaci, passim) für das serbische mittelalterliche Reich vorgelegt hat. Meine Übersetzung des byzantinischen Begriffes mit "Bergweide in Gemeinnutzung" basiert zum einen auf den Überlegungen von Miloš Blagojević, zum anderen auf dem Eintrag in: Henry George LIDDELL / Robert SCOTT / Henry Stuart JONES, *A Greek-English Lexicon.* Oxford 1996, 387 (*dēmosios*).
7   AChil, 269 (Nr. 42); siehe dazu auch die ältere Edition: AChil gr, 108 (Nr. 41). Vgl. zu den spätmittelalterlichen Denkmälern in sowie rings um die Stadt Melnik: Mihailo POPOVIĆ, Zur Topographie des spätbyzantinischen Melnik, *Jahrbuch der Österreichischen Byzantinistik* 58 (2008), 107–119.
8   AChil, 273 (Nr. 43). In der älteren Edition: AChil gr, 111 (Nr. 42).
9   AChil, 275 (Nr. 44). Vgl. dazu die ältere Edition in: AChil gr, 113 (Nr. 43).

Chelandariu die besagte Bergweide Matista streitig machte (*hē peri ton Melenikon planēnē hē Matista*).[1]

Im Jahre 1327 wurde dem Athōs-Kloster Zōgraphu die "Bergweide in Gemeinnutzung" Lakteba in der Flur Lestia in der Umgebung der Stadt Melnik von Andronikos II. Palaiologos als Besitz bestätigt (*tēn peri ton Melenikon eis ta Lestia dēmosiakēn planēnēn tēn Lakteban*).[2] Bereits ein Jahr später (1328) nahm Andronikos III. Palaiologos dem Kloster Zōgraphu die Bergweide Lakteba und gab ihm diejenige von Tzerkbista an ihrer statt (*anti tēs planēnēs tēs legomenēs Laktebas tēs katechomenēs para tōn dēlōthentōn monachōn epilabesthai kai katechein to meros autōn tēn peri ton topon tu Meleniku dēmosiakēn heteran planēnēn tēn legomenēn Tzerkbistan*[3]).[4] 1342 bestätigte Kaiser Iōannēs V. Palaiologos, der Sohn Andronikos' III., dem Kloster Zōgraphu den Tausch der Bergweiden Lakteba und Tzerkbista in der Umgebung von Melnik (*peri ton Melenikon dēmosiakēs planēnēs tēs hutō kalumenēs Laktebas […] tēn peri ton auton topon ton Melenikon heteran dēmosiakēn planēnēn tēn legomenēn Tzerkbēstan*).[5]

Schließlich erließ der serbische Zar Stefan Uroš V. eine Urkunde im Jahre 1356, worin er Kirilъ (Kyrillos), dem Metropoliten von Melnik, den Besitz über die Kirche *Svetago Nikoli Čudotvor'ca Stožъskoga* in der Stadt Melnik (*u Mělnicě u gradu*) samt einer Bergweide (*s planinomъ*) bestätigte.[6]

Wie bisher ersichtlich wurde, existieren zahlreiche Belege zu Bergweiden in den Flußtälern der Strumica und Kriva Lakavica in den schriftlichen Quellen der spätbyzantinischen Zeit, die beredtes Zeugnis einer funktionierenden Weidewirtschaft sind. Allerdings können die besagten Weiden zumeist nur großräumig lokalisiert und nicht zweifelsfrei mit wlachischen Nomaden bzw. Hirten in Verbindung gebracht werden. Dies trifft auch auf die nunmehr folgenden toponomastischen Hinweise zu, die zunächst allgemein einen Rückschluß auf weidewirtschaftliche Aktivitäten im Bearbeitungsgebiet erlauben.

Allgemeine Hinweise auf Weidewirtschaft in der Toponomastik

Zu Beginn des 20. Jahrhunderts berichtete der serbische Geograph Jovan Cvijić (1865-1927) von der Existenz von Sommersiedlungen (*bačije* bzw. *jazle*) und Weideflächen in der Konečka planina, welche das Flußtal der Kriva Lakavica im Südwesten begrenzt.[7] Rund 10 km osö. des

---

1   AChil gr, 135 (Nr. 56). *Matzista* bzw. *Matista* sind Namensvarianten, die ein- und dieselbe Bergweide bezeichnen.

2   Wilhelm REGEL / Edouard KURTZ / Basile KORABLEV (Hgg.), *Actes de Zographou (Actes de l'Athos, 4)*. St. Petersbourg 1907 (Nachdruck Amsterdam 1969) (Vizantijskij vremennik, 13/1), 60 (Nr. 26) (im folgenden: AZog).

3   Das Toponym *Tzerkbista* ist aus dem slawischen Wort *crkvište* herzuleiten. Der Begriff *crkvište* kennzeichnet einen Platz, an dem sich ehemals eine Kirche befunden hat. Siehe dazu: KARADŽIĆ, Srpski rječnik, 842; Siniša MIŠIĆ, Crkvine i crkvišta – nemi svedoci prošlosti, *Crkvene studije* 4 (2007), H. 4, 297-302.

4   AZog, 62f. (Nr. 27).

5   Ebd. 77 (Nr. 33).

6   Ediert in: Rade MIHALJČIĆ, Hrisovulja cara Uroša melničkom mitropolitu Kirilu, *Stari srpski arhiv* 2 (2003), 88f. Vgl. dazu: BLAGOJEVIĆ, Planine i pašnjaci, 33; Mihailo POPOVIĆ, Neue Überlegungen zu der alten Metropolitankirche Sveti Nikola in Melnik als Ergänzung zur Forschung des Vladimir Petković, in: Mihailo POPOVIĆ / Johannes PREISER-KAPELLER (Hgg.), *Junge Römer – Neue Griechen. Eine byzantinische Melange aus Wien. Beiträge von Absolventinnen und Absolventen des Instituts für Byzantinistik und Neogräzistik der Universität Wien, in Dankbarkeit gewidmet ihren Lehrern Wolfram Hörandner, Johannes Koder, Otto Kresten und Werner Seibt als Festgabe zum 65. Geburtstag*. Wien 2008, 179-185.

7   "Po vencu Konečke Planine ima slabih paša na kojima su bačije sa letnjim kolibama, koje zovu jazle." Siehe: Jovan CVIJIĆ (Hg.), *Osnove za geografiju i geologiju Makedonije i Stare Srbije s promatranjima u južnoj Bugarskoj, Trakiji, susednim delovima Male Azije, Tesaliji, Epiru i severnoj Arbaniji. Knjiga prva*. Beograd

Ortes Konče liegt in demselben Flußtal eine Erhebung, welche den Namen "Katunski Rid" trägt.[1]

Ein weiteres toponomastisches Zeugnis befindet sich am östlichen Ende des Tales der Strumica (Strumešnica). Es handelt sich um den Ort Katunci am rechten (w.) Ufer des Flusses Pirinska Bistrica bzw. 9 km ssö. von Melnik. Dieser wird zum ersten Mal unter dem Namen *Katunitza* im Testament des Erzbischofs Paulos Klaudiupolitēs von Melnik im Mai 1216 erwähnt (*edōrēthē de tē toiautē monē chōrion to legomenon Katunitzan*).[2] Sein Name ist ohne Zweifel vom Begriff "katun" abzuleiten.[3] Des weiteren befindet sich die Flur "Mandrata" rund 10 km nö. von Melnik im Pirin-Gebirge.[4]

Quellenbasierte und toponomastische Zeugnisse wlachischer Präsenz in den Flußtälern der Strumica und Kriva Lakavica

Neben zahlreichen allgemeinen Hinweisen auf Weidewirtschaft im Bearbeitungsgebiet lassen sich in den schriftlichen Quellen der spätbyzantinischen Zeit auch einschlägige zu wlachischer Bevölkerung bzw. Hirten finden. So werden in einer Urkunde des serbischen Zaren Stefan Uroš IV. Dušan für den Edelmann Ivanko Probištitović im Mai 1350 unter den der Kirche des Heiligen Johannes des Täufers (*crъkvъ Svetago Ioana Krъstitelja*) in der Stadt Štip zugeteilten Untergebenen (*otroke*)[5] neben einem Albaner (*Ginъ Arbanasinъ*) und einem Serben (*Dragoslavъ Srъblinъ*) explizit auch zwei Wlachen – *Manoo Vlachъ* und *Dragoslavъ Vlachъ* – genannt.[6]

Im Mittellauf des Flusses Strumica existieren zwei spezifische Hinweise auf Wlachen in den spätbyzantinischen Quellen. 1293 stellte Kaiser Andronikos II. Palaiologos eine Urkunde aus, mit der er den Grundbesitz des Leōn Koteanitzēs in der Gegend Preasnitza (*tēn eis tēn Preasnitzan heuriskomenēn gēn*) als Dank für seine militärischen Leistungen bestätigte. Ursprünglich hatte sich dieses Land im Besitz von verschiedenen Wlachen befunden und war ebendiesen entzogen worden (*apespasthē apo diaphorōn Blachōn*).[7]

  1906, 219. Vgl. zum Begriff *bačija* weiter oben, Anmerkung 7.

1 Auf folgender Karte zu finden: Karte 1:100.000, Beograd 1955, Blatt Strumica.

2 Jacques BOMPAIRE / Jacques LEFORT / Vassiliki KRAVARI / Christophe GIROS (Hgg.), *Actes de Vatopédi I. Des origines à 1329. Texte.* Paris 2001 (Archives de l'Athos, 21), 122 (Nr. 12).

3 Vgl. dazu die Ausführungen von: Ljubica STANKOVSKA, *Toponimite so sufiksot -ica vo Makedonija.* Skopje, Prilep 2001, 195. Zahlreich sind die Toponyme im heutigen Griechenland, die auf den Begriff *katun* zurückzuführen sind, wie zum Beispiel: *Katun, Katuna, Katuna Rema, Katunakia, Katunari, Katunes, Katuni, Katunia, Katunitsa Rema, Katunoi.* Siehe dazu: Michaēl STAMATELATOS / Phōteinē BAMBA-STAMATELATU, *Epítomo geōgraphikó lexikó tēs Elládos.* Athēna 2001, 322f.; *Geōgraphikó lexikó ellēnikón topōnymíōn. Tómos 2os.* Athēna 1998, 54.

4 Auf folgender Karte eingetragen: Karte 1:55.000, Turističeska karta, Pirin, Sofija [10]2006. Siehe zum Begriff *mandra* weiter oben, Anmerkung 7.

5 Vgl. zum Begriff *otrok*: Djordje BUBALO, Otrok, in: Sima ĆIRKOVIĆ / Rade MIHALJČIĆ (Hgg.), *Leksikon srpskog srednjeg veka.* Beograd 1999, 483-485.

6 Ediert von: Vladimir ALEKSIĆ, Povelja cara Stefana Dušana vlasteličiću Ivanku Probištitoviću, *Stari srpski arhiv* 8 (2009), 73. Siehe zu dieser Textstelle auch: Sima ĆIRKOVIĆ, Štip u XIV veku, in: Makedonska Akademija na Naukite i Umetnostite (Hg.), *Zbornik na trudovi posveteni na akademikot Mihailo Apostolski po povod 75-godišninata od životot.* Skopje 1986, 25-37, 36; FILIPOVIĆ, Struktura i organizacija, 58; Boban PETROVSKI, Kategorii zavisno naselenie i razvoj na stopanstvoto vo Štipskata oblast vo XIV-ot vek, *Godišen Zbornik Filozofski Fakultet na Univerzitetot "Sv. Kiril i Metodij" - Skopje* 56 (2003), 57-73, 62f., 68f.; TOMOSKI, Katunsko stočarenje, 459; DERS., Zapisi za Vlasite vo Makedonija vo sredniot vek (Od krajot na VI do krajot na XIV vek), in: Cvetan GROZDANOV / Kosta ADŽIEVSKI / Aleksandar STOJANOVSKI (Hgg.), *Makedonija niz vekovite. Gradovi – tvrdini – komunikacii.* Skopje 1999, 419-438, 421, 437.

7 Ediert in: AChil, 147 (Nr. 12); zu der Echtheit dieser Urkunde und zu dem historischen Kontext: Ebd. 145f.; Paul LEMERLE / Gilbert DAGRON / Sima ĆIRKOVIĆ (Hgg.), *Actes de Saint-Pantéléèmōn. Texte.* Paris 1982 (Archives de l'Athos, 12), 174 (Actes Serbes, Nr. 7); Mirjana ŽIVOJINOVIĆ, Le conflit entre Chilandar et Saint-Pantéléèmōn au sujet du village de Breznica, *Byzantinoslavica* 56 (1995), 237-244, 238; vgl. auch die Edition in: AChil gr,

Das Toponym "Preasnitza" geht auf das slawische Wort "breza" – für "Birke" – zurück[1] und lautete daher ursprünglich wohl "Breznica" (s. o.). Es konnte nicht einwandfrei lokalisiert werden, dürfte aber entlang des ebenfalls in den Quellen bezeugten gleichnamigen Flusses gelegen sein, der auf der Höhe des jetzigen Ortes Dobrošinci in den Fluß Turija mündet (*Abb. 30*).[2] Daraus ergibt sich eine ungefähre Lokalisierung rund 10 km nnö. der Stadt Strumica, d. h. an den westlichen Ausläufern des Ogražden-Gebirges.

Über großen Landbesitz in diesem Flußabschnitt verfügte unter anderem das Athōs-Kloster Chelandariu, das weite Teile des Ogražden-Gebirges besaß (s. o.). Dieses Kloster hatte vom Zaren Stefan Uroš IV. Dušan Bergweiden (*planinach*)[3] und weitere Weideflächen (*zabelech*)[4] in der Gegend "Kunarach" oberhalb des Ortes Sekirnik (*u Kunarachъ više Sekirnika*), an den südwestlichen Ausläufern des Ogražden-Gebirges, erhalten. Zwischen 1349 und 1353 wurde der Abt des Klosters namens Ioanъ mit einer Abordnung von Mönchen beim Zaren vorstellig, da ihrem Eigentum seitens der Feudalherren, Edelmänner und Katune der Wlachen des Kaisers Schaden zugefügt worden sei (*kako ich obide vlastele i vlasteličiki i katuni Vlachъ carъstva mi*). Daraufhin entsandte der Zar seinen Edelmann Branilo, um die Grenzen des Klosterbesitzes vor Zeugen nochmals festzuschreiben.[5]

Neben den zitierten schriftlichen Quellen bezeugen zahlreiche Toponyme die Präsenz von Wlachen im Flußtal der Strumica (Strumešnica). Tomo Tomoski identifiziert das Dorf Šopur und die Flur Turtel(a) als wlachischen Ursprungs.[6]

In der Umgebung von Melnik bzw. an der Grenze zwischen den historischen Landschaften Makedonien und Thrakien[7] im Pirin-Gebirge begegnen die Flurnamen "Vlaška čerkva", "Vlaškija pǎt" und der Brunnen "Vlaškata češma" (rund 11 km nö. der Stadt Melnik) sowie die Reste einer neuzeitlichen Kirche namens "Vlaška cǎrkva" in der Gegend Popovi livadi (rund 22 km onö. von Melnik; *Abb. 32*).[8]

Das osmanische Steuerverzeichnis (*Defter*) für den Sandžak *Köstendil* (jetzt Kjustendil) aus den Jahren 1570 bis 1573 verzeichnet in der Nahiye Melnik bei dem nicht lokalisierten Dorf Mala Bogorodica eine "Mezra Eflaklar".[9] Noch heute ist unter dem türkischen Wort "Eflak" die Walachei zu verstehen.[10] "Mezra" ist ein Terminus technicus der osmanischen Verwaltung für das Siedlungsgebiet eines verlassenen Dorfes (einer Wüstung), dessen Rechte und Grenzen

28f. (Nr. 11).

1   Siehe dazu: Vladimír ŠMILAUER, *Handbuch der slawischen Toponomastik*. Praha 1970, 38.

2   Zur Lokalisierung: ŽIVOJINOVIĆ, Le conflit, 239; Hristo MATANOV, *Jugozapadnite bălgarski zemi prez XIV vek*. Sofija 1986, 118.

3   Siehe dazu im Detail weiter oben, Anmerkung 10.

4   Zum Begriff *zabel*: BLAGOJEVIĆ, Srednjovekovni zabel, 1-17; DERS., Zabel, in: Sima ĆIRKOVIĆ / Rade MIHALJČIĆ (Hgg.), *Leksikon srpskog srednjeg veka*. Beograd 1999, 202.

5   Urkunde ediert in: Sima ĆIRKOVIĆ, Hreljin poklon Hilandaru, *Zbornik radova Vizantološkog instituta* 21 (1982), 116. Kommentiert in: BLAGOJEVIĆ, Planine i pašnjaci, 37f.; DERS., Sporovi, 18.

6   TOMOSKI, Zapisi za Vlasite, 424. Vgl. zur Flur *Turtel*: Olga IVANOVA, *Rečnik na toponimite vo oblasta po slivot na Bregalnica*. Skopje 1996, 662 (Turtel').

7   Siehe zu dieser Grenze: Peter SOUSTAL, *Thrakien (Thrakē, Rodopē und Haimimontos)*. Wien 1991 (Nachdruck Wien 2004) (Tabula Imperii Byzantini, 6), 47-52.

8   Karte 1:55.000, Turističeska karta, Pirin, Sofija [10]2006. Die "Vlaška cǎrkva" hat folgende GPS-Koordinaten: 23 38 58; 41 33 10.

9   In Übersetzung bei: Aleksandar STOJANOVSKI (Hg.), *Turski dokumenti za istorijata na Makedonskiot narod. Opširen popisen defter za Kjustendilskiot sandžak od 1570 godina. Tom V/Kniga 4*. Skopje 1985, 146.

10 Siehe dazu: Ebd. 146, Anmerkung 151; Karl STEUERWALD, *Türkisch-Deutsches Wörterbuch*. Wiesbaden, İstanbul 1972, 257 (Eflak).

trotz des verlassenen Zustandes erhalten blieben, sodaß eine Wiederbesiedlung jederzeit erfolgen konnte.[1]

Zusammenfassung

In Anbetracht der quellenbasierten sowie toponomastischen Zeugnisse ist es offensichtlich, daß es in dem sogenannten "Niemandsland" des Flußtales der Strumica (Strumešnica) eine funktionierende Weidewirtschaft in spätbyzantinischer Zeit gab. Im konkreten lebten wlachische Nomaden bzw. Hirten an den westlichen und südwestlichen Ausläufern des Ogražden-Gebirges sowie an den westlichen Ausläufern des Pirin-Gebirges. Weiters läßt sich am Beispiel des Ogražden-Gebirges belegen, daß ebendort wlachische Transhumanz in spätbyzantinischer Zeit existierte, weil wlachische Katune explizit in den Quellen aufscheinen.

Offensichtlich mußten sich die wlachischen Nomaden unter den politisch und militärisch stark wechselnden Verhältnissen – im Zuge der Expansion des serbischen mittelalterlichen Reiches nach Südosten durch das Flußtal der Strumica (Strumešnica) in der ersten Hälfte des 14. Jahrhunderts und den damit verbundenen territorialen Umschichtungen von byzantinischen zu serbischen Grundbesitzern bzw. zu den Athōs-Klöstern – neu orientieren, was mitunter Verletzungen von Besitzgrenzen zur Folge hatte (wie z. B. 1293 oder 1349/53). Inwieweit dies in einem größeren Zusammenhang der Bevölkerungsentwicklung in der historischen Landschaft Makedonien zu sehen ist, kann im Zuge der vorliegenden Fragestellung nicht behandelt werden.[2]

Abschließend sei darauf hingewiesen, daß die Formulierung "von verschiedenen Wlachen" (*apo diaphorōn Blachōn*) in der Urkunde des Jahres 1293 den Rückschluß auf die Existenz mehrerer transhumanter Gruppen von Wlachen in diesem Gebiet erlaubt. Aus dieser Perspektive betrachtet nimmt es nicht wunder, daß noch in den dreißiger bzw. sechziger Jahren des 20. Jahrhunderts Forscher auf transhumante Nomaden in besagtem Bearbeitungsgebiet stießen und deren Lebensweise dokumentierten.[3]

---

1   Vgl. zum Begriff *Mezra* u. a. Jelena MRGIĆ, Transition from Late Medieval to Early Ottoman Settlement Pattern. A Case Study on Northern Bosnia, *Südost-Forschungen* 65/66 (2006/2007), 50-86, 81, Anmerkung 112.

2   Siehe dazu z. B. die umfassende Studie mit weiterführender Literatur von: Zorica ĐOKOVIĆ, Stanovništvo istočne Makedonije u prvoj polovini XIV veka, *Zbornik radova Vizantološkog instituta* 40 (2003), 97-244.

3   Milenko S. FILIPOVIĆ, Nomadski Cincari na Ograždenu, *Glasnik Geografskog Društva* 24 (1938), 59-72; Jovan F. TRIFUNOSKI, Današnji vlaški katuni u Makedoniji, in: Milenko S. FILIPOVIĆ (Hg.), *Simpozijum o srednjovjekovnom katunu održan 24. i 25. novembra 1961 g.* Sarajevo 1963 (Naučno društvo SR Bosne i Hercegovine, Posebna izdanja Knjiga 2, Odjeljenje Istorijsko-filoloških nauka Knjiga 1), 171-202. In der Zwischenzeit hat der Verfasser dieser Monographie zwei weitere Artikel zu dieser Thematik vorgelegt: Mihailo St. POPOVIĆ, Vlachen in der historischen Landschaft Mazedonien im Spätmittelalter und in der Frühen Neuzeit, in: Wolfgang HAUBRICHS / Walter POHL / Ingrid HARTL (Hgg.), *Romanen und ihre Fremdbezeichnungen im Mittelalter: Walchen, Vlachen, Waliser* [in Druck]; DERS., Das Kloster Hilandar und seine Weidewirtschaft in der historischen Landschaft Mazedonien im 14. Jahrhundert, in: *ΠΕΡΙΒΟΛΟΣ – Mélanges offerts à Mme Mirjana Živojinović, membre de l'Académie* [in Druck].

VII. ALTSTRASSENFORSCHUNG AM BEISPIEL DES FLUSSTALES DER STRUMICA (STRUMEŠNICA) IN SPÄTBYZANTINISCHER ZEIT

Einleitung

Seit der Veröffentlichung der grundlegenden Monographie zu den Wegen in dem mittelalterlichen Serbien durch Gavro Škrivanić im Jahre 1974[1] ist keine weitere einschlägige Studie zu den Verkehrswegen im Tal der Strumica bzw. Strumešnica in spätbyzantinischer Zeit erschienen. Das Verdienst von Škrivanić liegt in einem kombinierten Forschungsansatz, der Belege aus mittelalterlichen schriftlichen Quellen – hier vor allem byzantinischen und altslawischen Urkunden – mit Erkenntnissen auf der Basis von Geländebegehungen verbindet.[2]

Im deutschsprachigen Raum hat Dietrich Denecke für diese Art der Forschung den Begriff der "Altstraßenforschung" bzw. "Altwegeforschung" wesentlich geprägt.[3] "Die Geländeaufnahme und Untersuchung erhaltener Wegespuren ist nur einer der Forschungsansätze der Altwegeforschung. Nur bei einer integrierenden Zusammenschau mit Forschungsergebnissen anderer Disziplinen kann letztlich die übergeordnete Fragestellung, die historische Entwicklung alter Verkehrswege und Straßennetze, zufriedenstellend gelöst werden."[4]

Dieser Abschnitt hat das Ziel, die mittelalterlichen griechischen und altslawischen Urkunden zum Tal der Strumica bzw. Strumešnica nach Belegen zu Straßen, Wegen und Furten zu sichten, ebendiese je nach Bezeichnung und Kontext bestimmten Kategorien zuzuordnen[5], mit unpubliziertem Archivmaterial zum besagten Flußtal aus den siebziger Jahren des 19. Jahrhunderts zu vergleichen und schließlich auf einer Karte zu verorten. Die zweite Säule der "Altstraßenforschung" – d. h. die Erkundigung nach Toponymen, die Identifizierung und Lokalisierung von Altwegerelikten sowie Furten anhand von Geländebegehungen und die Einmessung von GPS-Wegpunkten – wurde im Zuge einer Bereisung im August / September 2010 nach Maßgabe der Möglichkeiten durchgeführt.

Die Stadt Strumica lag in der spätbyzantinischen Zeit an einer Langstreckenverbindung, die in Beograd an der Donau ihren Anfang nahm, über Skopje nach Serrai führte und schließlich in die bedeutende Transversale der *Via Egnatia* mündete. Gavro Škrivanić konnte anhand einiger ausgewählter mittelalterlicher Quellen zeigen, daß eine Route von Skopje, über das Dorf

1 Gavro Škrivanić, *Putevi u srednjovekovnoj Srbiji.* Beograd 1974. Zur Stadt Strumica und ihrer Verkehrsanbindung: Ebd. 100f. Siehe auch folgende, methodologisch vergleichbare Arbeit: ders., Mreža puteva prema Svetostefanskoj (1313-1318), Gračaničkoj (1321), Dečanskoj (1330) i Svetoarhandjelovskoj (1348-1352) povelji, *Istoriski časopis* 5 (1954-1955), 387-397.

2 Dieser Ansatz wird von Dietrich Denecke in seinen Publikationen entschlossen eingefordert. Siehe dazu: Dietrich Denecke, Methoden und Ergebnisse der historisch-geographischen und archäologischen Untersuchung und Rekonstruktion mittelalterlicher Verkehrswege, in: Herbert Jankuhn / Reinhard Wenskus (Hgg.), *Geschichtswissenschaft und Archäologie. Untersuchungen zur Siedlungs-, Wirtschafts- und Kirchengeschichte.* Sigmaringen 1979 (Vorträge und Forschungen, 22), 433-483, 433-436; ders., *Wege der Historischen Geographie und Kulturlandschaftsforschung. Ausgewählte Beiträge.* Wiesbaden, Stuttgart 2005, 190-194. Vgl. auch: Friedrich Hild, *Meilensteine, Straßen und das Verkehrsnetz der Provinz Karia.* Wien 2014 (Veröffentlichungen zur Byzanzforschung, 33)

3 ders., Methoden und Ergebnisse, 434.

4 Ebd. 435.

5 Die in diesem Beitrag verwendeten Kategorien orientieren sich an den Ausführungen von Klaus Belke, Roads and Travel in Macedonia and Thrace in the Middle and Late Byzantine Period, in: Ruth Macrides (Hg.), *Travel in the Byzantine World.* Aldershot 2002, 73-90, 86-90; Škrivanić, Putevi, 16-19. Siehe im Detail weiter unten, Abschnitt *Kategorisierung der Belege.*

Blace[1], das Dorf Gradmanci[2], das Dorf Krušje[3] und das Becken von Ovče Pole[4] in die Stadt Štip[5] führte. Von dort lief sie nach Südosten weiter über die Dörfer Tanatarci[6], Novo Selo[7], Radoviš[8] und Zubovo[9] in das Tal des Flusses Struma (Strymōn) und schließlich nach Süden bis Serrai (*Abb. 33*).[10] Die Vorgangsweise von Škrivanić ist darauf ausgerichtet, lediglich eine grobe Rekonstruktion des großräumigen Verlaufes von Verkehrsverbindungen zu erstellen. Gerade im Falle des Tales der Strumica bzw. Strumešnica existieren allerdings in den byzantinischen und altslawischen Urkunden Belege, die zu einer detaillierten Bereicherung des Gesamtbildes des Verkehrsnetzes in besagtem Abschnitt beitragen können.

Belege in den schriftlichen Quellen

Die ersten Belege zum Straßennetz im Flußtal der Strumica bzw. Strumešnica lassen sich im vorliegenden Kontext einer Urkunde aus dem Jahre 1152 entnehmen, die zwar aus dem zeitlichen Rahmen dieser Fragestellung fällt, aber als nützlicher Ausgangspunkt zu dienen vermag. Es handelt sich um ein Praktikon für das Kloster Theotokos Eleusa[11] aus dem Jahre 1152.[12] Im Zuge von Grundstücksbegehungen wird zunächst ein *basilikos dromos* beim Metochion Mostenitza im Tal der Strumica erwähnt[13], der von der Stadt Strumica nach Skopje führte (*eiserchetai ton basilikon dromon ton apo Strumitzēs hōs pros ta Skopia aperchomenon*).[14] In ebendiesen mündete ein Fahrweg (*hamaxikos*[15]), der vom Metochion kam (*entha kai ho apo tu rēthentos metochiu katerchomenos hamaxikos enutai*).[16] Ein zweiter Beleg zu demselben *basilikos dromos* lautet wie folgt: *... perikoptei ton basilikon dromon ton hōs pros ta Skopia aperchomenon ...*[17] Daneben gab es in diesem Abschnitt des Tales einen *dromos*, welcher die Stadt Strumica mit dem Dorf Radoviš verband (*perikoptei ton dromon ton apo Strumitzēs hōs pros to Radobisdon aperchomenon* [...] *to on epanō tu dromu ton hōs pros to Radobisdon aperchomenon* [...] *perikoptei ton dromon ton hōs pros to chōrion Radobisdon aperchomenon*).[18]

---

1   Blace liegt rund 24 km osö. von Skopje, links (ö.) des Flusses Vardar (Axios).
2   Gradmanci befindet sich rund 6 km nö. von Blace.
3   Krušje liegt 4,5 km osö. von Gradmanci.
4   Siehe zur Charakterisierung des Ovče Pole: Jovan CVIJIĆ (Hg.), *Osnove za geografiju i geologiju Makedonije i Stare Srbije s promatranjima u južnoj Bugarskoj, Trakiji, susednim delovima Male Azije, Tesaliji, Epiru i severnoj Arbaniji. Knjiga prva.* Beograd 1906, 200-228.
5   GPS 22 11 10; 41 44 18
6   Tanatarci [GPS 22 16 48; 41 39 03] befindet sich 12 km sö. von Štip, rechts (ö.) des Flusses Kriva Lakavica.
7   Novo Selo [GPS 22 18 15; 41 36 36] liegt 5 km ssö. von Tanatarci, rechts (ö.) des Flusses Kriva Lakavica.
8   Radoviš [GPS 22 27 55; 41 38 13] befindet sich rund 13 km onö. von Novo Selo.
9   Zubovo [GPS 22 51 00; 41 24 00] liegt rund 40 km sö. von Radoviš.
10 ŠKRIVANIĆ, Putevi, 99-101.
11 Jetzt das Kloster Veljusa [GPS 22 33 53; 41 28 30] mit dem gleichnamigen Dorf, 7,5 km nw. der Stadt Strumica.
12 Ediert in: Jacques LEFORT / Nicolas OIKONOMIDÈS / Denise PAPACHRYSSANTHOU / Vassiliki KRAVARI / Hélène MÉTRÉVÉLI (Hgg.), *Actes d'Iviron III. De 1204 à 1328. Texte.* Paris 1994 (Archives de l'Athos, 18), 76- 82 (Nr. 56) (im folgenden: AIvir III).
13 Dieses Metochion befand sich nö. des jetzigen Dorfes Vladevci [GPS 22 36 43; 41 31 10], rund 10 km nnw. der Stadt Strumica. Siehe dazu auch: Petar MILJKOVIKJ-PEPEK, *Veljusa. Manastir Sv. Bogorodica Milostiva vo seloto Veljusa kraj Strumica.* Skopje 1981 (Posebni izdanija na Oddelenieto za naučna dejnost na N.N.S.G. Istorija na umetnosta so arheologija pri Filozofskiot Fakultet vo Skopje, Kniga 1), 50.
14 AIvir III, 79, Zeile 158-159 (Nr. 56).
15 Erich TRAPP (Hg.), *Lexikon zur byzantinischen Gräzität besonders des 9.-12. Jahrhunderts, 1. Faszikel.* Wien 2001 (Veröffentlichungen der Kommission für Byzantinistik, VI/1), 64 (im folgenden: LBG).
16 AIvir III, 79, Zeile 159-160 (Nr. 56).
17 Ebd. 80, Zeile 222-223 (Nr. 56).
18 Ebd. 80, Zeile 179-180, 197-198, 211-212 (Nr. 56).

Auf der Basis des Kontextes der Urkunde haben die Herausgeber im Kommentar zur Edition eine Skizze der Grenzen des Metochion Mostenitza publiziert und beide *dromoi* verortet.[1] Daraus geht hervor, daß der *basilikos dromos* zwischen Strumica und Skopje rechts (sw.) des Flusses Strumica lag, der *dromos* zwischen Strumica und Radoviš hingegen links (nö.) des Flusses (*Abb. 34*).

Eine Urkunde über Schenkungen von Landbesitz seitens des Feudalherrn Stefan Hrelja Dragovol[2] im Flußtal der Strumica an das Athōs-Kloster Chelandariu, die auf eine Urkunde des serbischen Königs Stefan Uroš II. Milutin[3] aus den Jahren 1303/04 Bezug nimmt, nennt den *Breznički put* (*na Brěznič_bsky put_b*) und einen *drum* bei Zubovo (*ta na drum_b i na Zubovo Krušnje niz rěku do trapa srb_bskago*).[4]

Das Fragment eines Praktikon des Athōs-Klosters Ibērōn aus dem März des Jahres 1320 zählt dessen Besitzungen im Dorf Palaiokastron (*chōrion Palaiokastron*)[5] samt Umgebung auf.[6] Eine Vielzahl von nicht ubizierten Mikrotoponymen, die in Verbindung mit Straßen genannt werden, erschweren jedwede Lokalisierung. Im allgemeinen ist festzustellen, daß in der Umgebung dieses Dorfes, des Dorfes Vodoča[7], und der Stadt Strumica zahlreiche *hodoi* und zwei Furten (*poroi*) in Verwendung waren.[8]

Im Jahre 1336 erließ der serbische König Stefan Uroš IV. Dušan[9] eine Urkunde für das Athōs-Kloster Chelandariu, mit welcher er die Schenkungen des Feudalherrn Stefan Hrelja Dragovol in der Stadt Štip und im Flußtal der Strumica bestätigte.[10] Darin wird zunächst ein *put* bei Ključ[11] erwähnt (*a megja jei kako grede put_b ot_b Ključa u planinu, pravo putem_b na*

---

1 Ebd. 75.

2 Erich TRAPP (Hg.), *Prosopographisches Lexikon der Palaiologenzeit, Fasz. 1-12*. Wien 1976-1996, Nr. 30989 (im folgenden: PLP).

3 PLP, Nr. 21184.

4 Franz MIKLOSICH (Hg.), *Monumenta Serbica spectantia historiam Serbiae Bosnae Ragusii*. Wien 1858 (Nachdruck Graz 1964), 64 (Nr. 62). Das Dorf Zubovo [GPS 22 51 00; 41 24 00] befindet sich 17 km osö. der Stadt Strumica.

5 Jetzt das Dorf Veljusa. Zur Bezeichnung Palaiokastron für Veljusa: Mihailo POPOVIĆ, Continuity and Change of Byzantine and Old Slavonic Toponyms in the Valley of the River Strumica (FYROM), in: Peter JORDAN / Hubert BERGMANN / Catherine CHEETHAM / Isolde HAUSNER (Hgg.), *Geographical Names as a Part of the Cultural Heritage*. Wien 2009 (Wiener Schriften zur Geographie und Kartographie, 18), 173-175, 173f.

6 Ediert in: AIvir III, 243-251 (Nr. 77).

7 Besagtes Dorf [GPS 22 35 26; 41 27 05] befindet sich 4 km wnw. der Stadt Strumica.

8 Die diesbezüglichen Belege lauten wie folgt: ... *eis ton Poglenton plēsion tu Mesitu kai tēs hodu* ... [AIvir III, 244, Zeile 20]; ... *eis tēn Kumistan plēsion tēs hodu* ... [Ebd. 249, Zeile 151]; ... *eis ton Hagion Athanasion plēsion tu Halyattu kai tēs hodu* ... [Ebd. 250, Zeile 180]; ... *plēsion tu Hagiu Iōannu, tēs hodu kai* ... [Ebd. 250, Zeile 183]; ... *eis ton poron tēs Keraseas meson tu potamu Strummitzēs* ... [Ebd. 250, Zeile 185]; ... *eis tus Hagius Dekapente meson tōn b' hodōn* ... [Ebd. 250, Zeile 186]; ... *eis ton poron tu Syrmanu* ... [Ebd. 251, Zeile 208-209]; ... *eis ton Magulēnon plēsion tēs hodu* ... [Ebd. 251, Zeile 209].

9 PLP, Nr. 21182.

10 Diese Urkunde liegt in zwei Varianten vor. Die eine wurde ediert in: Louis PETIT / Basile KORABLEV (Hgg.), *Actes de Chilandar. Deuxième partie. Actes slaves (Actes de l'Athos)*. St. Petersbourg 1915 (Nachdruck Amsterdam 1975) (Vizantijskij vremennik, 17/1), 458-461 (Nr. 27) (im folgenden: AChil sl). Die andere wurde nur in einer partiellen Edition durch Stojan Novaković unter Auslassung der Besitzgrenzen publiziert: Stojan NOVAKOVIĆ (Hg.), *Zakonski spomenici srpskih država srednjega veka*. Beograd 1912, 399-401. Siehe zur umstrittenen Datierung beider Varianten: Sima ĆIRKOVIĆ, Hreljin poklon Hilandaru, *Zbornik radova Vizantološkog instituta* 21 (1982), 103-117, 106-108; Mirjana ŽIVOJINOVIĆ, Strumički metoh Hilandara, *Zbornik radova Vizantološkog instituta* 45 (2008), 205-221, 206, Anmerkung 5.

11 Es handelt sich um eine Engstelle bei dem jetzigen Dorf Ključ [GPS 23 01 17; 41 21 40], wo sich das Belasica-Gebirge von Süden und die Ogražden von Norden in Richtung des Flusses Strumica bzw. Strumešnica vorschieben.

vrъchъ na Mutnicu)[1], gefolgt von einem *put* beim Dorf Sekirnik[2] (*konь Sěkirnika odъ potoka i više puta i podъ putь i niže krъsta*)[3]. Weiters scheinen in dieser Urkunde sowohl die Furt des Stavrak (*brodъ Stavrakъ nizъ Veliju rěku*[4]) als auch die Furt des Frangopul (*na Frugopulovъ brodь pravo uzъ Vasilicu*[5]) am Fluß Strumica auf.[6] Ein *put* wird in der Flur Glodьnь genannt (*prěs-putь u Glodьnь i na Bukovu ravnь*)[7] und ein weiterer bei Kalugerica[8] (*putemь na Gubiněgъ, na Kalugericu*)[9]. Der bereits erwähnte *Brezničьski put* (*na putь Brězničьski*) ist in dieser Urkunde ebenfalls bezeugt. Schließlich werden ein *veliki put* und mehrere andere Wege in einem genannt (*na Črъveni brěgъ prěz rěku velimь putemь niz brъdo obъ desnu stranu něže pravo na Mogilu*[10], *putemь na Pronijarevo krušije, putemь na Mutnь. I prěs putь na desno gde upada Brěznica u Turiju*[11]).[12]

Die zweite Variante dieser Urkunde überliefert je einen *put* im Belasica-Gebirge (*I planina Belasica, a megja jei kako grede putь otъ Ključa u planinu, ...*) und beim Dorf Sekirnik (*konь Sěkir'nika do potoka, i više puta, i podъ putь, i niže krъsta*).[13]

Zwischen 1349 und 1353 erließ Stefan Uroš IV. Dušan ein Prostagma, mit dem er den Besitz des Athōs-Klosters Chelandariu im Tal des Flusses Strumica bestätigte.[14] Darin werden die Furt des Stavrak (*brodъ Stavrakъ*), ein *put* in der Flur Glodьnь (*na putь u Glodьnь*), der *Breznički put* (*na Bjelinь putemь Brězničkimь*) und ein *put* zum Roten Hügel (*na Črъvni brěg putem prězъ rěku*) erwähnt.[15]

1371 hatte der Richter Michalis Ioskulēs[16] auf Geheiß des serbischen Despoten Jovan Uglješa[17] in einen Rechtsstreit zwischen den Athōs-Klöstern Chelandariu und Hagios Panteleēmōn um Landschenkungen der Familie Koteanitzēs[18] im Flußtal der Strumica einzugreifen und die Grenzen jenes Landbesitzes des Klosters Chelandariu zu beschreiben, der vom Kloster Hagios Panteleēmōn beansprucht wurde.[19]

---

1   AChil sl, 460, Zeile 51-52 (Nr. 27).
2   Dieses Dorf [GPS 22 47 37; 41 26 16] befindet sich 13,5 km ö. der Stadt Strumica.
3   AChil sl, 460, Zeile 56-57.
4   Mit dieser Bezeichnung (zu Deutsch "Großer Fluß") ist die Strumica gemeint.
5   Bei der Vasilica handelt es sich um einen linken (nördlichen) Nebenfluß des Flusses Strumica, der unmittelbar westlich des Dorfes Novo Konjarevo [GPS 22 56 22; 41 23 42] in ebendiesen mündet. Siehe dazu auch: ŽIVOJINOVIĆ, Strumički metoh, 214f.
6   AChil sl, 460, Zeile 58-59.
7   Ebd. 460, Zeile 60-61.
8   Jetzt das Dorf Kalugjerica [GPS 22 30 54; 41 34 22], 9 km ssö. des Ortes Radoviš.
9   AChil sl, 460, Zeile 64.
10 Jetzt befindet sich die Flur Mogila rund 13 km osö. der Stadt Strumica bzw. 1,5 km s. des Dorfes Sekirnik. Siehe dazu: Karte 1:100.000, Beograd 1955, Blatt Strumica; ĆIRKOVIĆ, Hreljin poklon, 112f. (Karte).
11 Der Fluß Turija ist ein linker (nördlicher) Nebenfluß des Flusses Strumica.
12 AChil sl, 460, Zeile 66-69.
13 NOVAKOVIĆ, Zakonski spomenici, 400f.
14 Ediert in: ĆIRKOVIĆ, Hreljin poklon, 116f.
15 Ebd. 116.
16 PLP, Nr. 8220.
17 Ebd., Nr. 21150.
18 Siehe zu Mitgliedern dieser Familie: Ebd., Nr. 14527, 14543, 14544.
19 Ediert in: Vladimir MOŠIN / Anton SOVRE (Hgg.), *Dodatki h grškim listinam Hilandarja. Supplementa ad acta graeca Chilandarii*. Ljubljana 1948, 32f. (Nr. 8). Vgl. zum Rechtsstreit im Detail: Mirjana ŽIVOJINOVIĆ, Le conflit entre Chilandar et Saint-Pantéléèmôn au sujet du village de Breznica, *Byzantinoslavica* 56 (1995), 237-244.

Erwähnt werden im Zuge der Grenzbegehungen eine *palaia hodos*[1], mehrere *hodoi*[2], eine *basilikē hodos* (*aperchetai eis tēn basilikēn hodon, en hē lithos synoron·klinei tēn autēn hodon tēn basilikēn pros dysin kai mikron katōthen tēs hodu lithos*)[3] und die Furt des Staurakēs bzw. Phrankopulos (*kratei ton potamon heōs tu Staurakē kai ex autu heōs tu Phrankopulu ton poron*)[4].

Im Jahre 1375/76[5] schlichteten die Bischöfe Danilь von Vodoča[6] und Strumica bzw. Grigorije von Banьska (Velbužd, Kjustendil)[7] auf Geheiß des Feudalherrn Konstantin Dragaš[8] eine erneute Auseinandersetzung zwischen den Athōs-Klöstern Chelandariu und Hagios Panteleēmōn. Im Rahmen der Grenzbegehung scheinen in der Umgebung der Dörfer Makrijevo[9] und Mokrane[10] mehrere Wege, darunter ein *preki put*, auf (*i u srědnjem lugu niva, i pod lugom us putь nive* […]; *i okolo crkve od Krьnače*[11] *vode polovinu i nizь rěčište Krьnaču do više Makrijeva tere na kamenь gde putь ulazi u Gabrь, i prězь Gabrь prěkim putem koi grede u Mokrane; i više puta bělěgь na kameni*).[12] Ein *put* und ein weiterer *preki put* begegnen bei Barovo[13] und Stara Brěznica[14] (*i na putь koi grede prěko Barova, mimo studenьc Barovski, putem prěkim u Staru Brěznicu*)[15], Wege sind zudem bei Sekirnik und Boruevo[16] bezeugt, wobei hier ein *veliki carski put* genannt wird (*ukazaše putь koi grede ot Sekirnika posrědě Borueva, i vse putem us polje tere prěko velikoga carskoga puta us putь koi grede u Nežičino* […] *I tu postavismo tri kamene sinore ot puta do luga.*)[17], und schließlich bei Prosenikovo[18] (*prěko luga gornim putemь na Vlasovo dubije* […] *tere prěs putь na veliku kupinu* […] *i nis putь, i ot puta na desno više male topole u lugь*)[19].

---

1   … *tēn planinēn tēn Draguleban, aperchetai horōn pros mesēmbrian eis tēn palaian hodon tēs Presnitzas* [...] *aperchetai hutō tēn autēn hodon katōthen tēs megalēs petras eis tēn palaian hodon* [...] *katerchetai hutō tēn autēn palaian hodon kai akumbizei eis ton potamon tēn Presnitzan* … [MOŠIN / SOVRE (Hgg.), Dodatki, 32f., Zeilen 28-29, 37-38 und 40-42]. Siehe dazu auch: ŽIVOJINOVIĆ, Strumički metoh, 216.

2   … *entha eisi treis hodoi, entha etethē par'hēmōn lithos* […] *aperchetai tēn autēn hodon eis tēn tumbēn* […] *dexia tēn autēn hodon kai katerchetai eis tēn hodon* … [MOŠIN / SOVRE (Hgg.), Dodatki, 33, Zeilen 43-44, 45, 47-48].

3   Ebd. 33, Zeile 50-52.

4   Ebd. 33, Zeile 56-57.

5   Zur Datierung: Hristo MATANOV, *Knjažestvoto na Dragaši. Kъm istorijata na Severoiztočna Makedonija v predosmanskata epoha*. Sofija 1997, 102.

6   Jetzt das Dorf Vodoča [GPS 22 35 26; 41 27 05], 4 km wnw. der Stadt Strumica.

7   Siehe zu beiden Bischöfen: Marija JANKOVIĆ, *Episkopije i mitropolije Srpske crkve u srednjem veku*. Beograd 1985, 81; MOŠIN / SOVRE (Hgg.), Dodatki, 31, Anmerkung 3.

8   PLP, Nr. 5746.

9   Jetzt das Dorf Mokrievo [GPS 22 50 03; 41 22 39], 17 km osö. der Stadt Strumica.

10   Jetzt das Dorf Mokrino [GPS 22 51 12; 41 22 42], 18 km osö. der Stadt Strumica.

11   Es handelt sich um den Bach Krnjača, der ein rechter (südlicher) Zubringer des Flusses Strumica ist und nördlich von Mokrino liegt. Vgl. dazu: Karte 1:200.000, Wien 1942, Blatt Saloniki (Thessaloniki).

12   Aleksandar V. SOLOVJEV (Hg.), *Odabrani spomenici srpskog prava (od XII do kraja XV veka)*. Beograd 1926, 169f. (Nr. 84).

13   Die Flur Barovo befindet sich rund 3 km wnw. des Dorfes Sekirnik bzw. rund 10 km onö. der Stadt Strumica. Vgl. dazu: Karte 1:100.000, Beograd 1955, Blatt Strumica; ĆIRKOVIĆ, Hreljin poklon, 112f. (Karte).

14   Dieses Dorf konnte nicht einwandfrei lokalisiert werden, dürfte aber entlang des ebenfalls in den Quellen belegten gleichnamigen Flusses gelegen sein, der auf der Höhe des jetzigen Ortes Dobrošinci [GPS 22 40 33; 41 31 27] in den Fluß Turija mündet. Daraus ergibt sich eine ungefähre Lokalisierung rund 10 km nnö. der Stadt Strumica. Siehe zur Lokalisierung die Karte in: ŽIVOJINOVIĆ, Le conflit, 239.

15   SOLOVJEV (Hg.), Odabrani spomenici, 170.

16   Jetzt das Dorf Borievo [GPS 22 45 51; 41 25 16], 11 km osö. der Stadt Strumica.

17   SOLOVJEV (Hg.), Odabrani spomenici, 171. Siehe dazu auch: ŽIVOJINOVIĆ, Strumički metoh, 218.

18   Jetzt das Dorf Prosenikovo [GPS 22 40 54; 41 27 44], 5 km nö. der Stadt Strumica.

19   SOLOVJEV (Hg.), Odabrani spomenici, 171.

1376/77[1] brachte Evdokija mit ihren Söhnen Jovan Dragaš[2] und Konstantin Dragaš dem Athōs-Kloster Hagios Panteleēmōn mit einer Urkunde, die in der Oberstadt von Strumica (*u Strumici gradu*) ausgestellt wurde, das Dorf Mokrani (*selo Mokrani*) mit den Furten (*zь brodovi*) und dem Fluß (*sь rekomь*), das Dorf Makrijevo (*selo Makrijevo*) mit dem Fluß (*sь rekomь*) und mit den Furten (*zь brodovi*), das Dorf Zubovce[3] (*selo Zubovce*), das Dorf Borisovo[4] (*selo Borisovo*) mit dem Fluß (*sь rekomь*) und mit den Furten (*sь brodovi*) und das Dorf Gabrovo[5] (*selo Gabrovo*) mit dem Fluß (*sь rekomь*) und mit den Furten (*sь brodovi*) dar.[6]

Die zitierten Belege aus den schriftlichen Quellen ermöglichen sowohl eine Klassifizierung der Wege nach ihrer jeweiligen Bezeichnung als auch eine ungefähre Lokalisierung, die wiederum Schwerpunktsetzungen an bestimmten neuralgischen Punkten des Tales der Strumica bzw. Strumešnica erkennen läßt.

Kategorisierung der Belege: Landwege

Die benützten Quellen zeigen ein breites Spektrum an unterschiedlichen Wegen. An erster Stelle ist anhand seiner Bedeutung der *basilikos dromos* des Jahres 1152 zu nennen. Laut Klaus Belke wurden in frühbyzantinischer Zeit jene Straßen mit dieser Bezeichnung versehen, für welche der byzantinische Kaiser in gewissem Ausmaße eine Verantwortung hinsichtlich Organisation bzw. Erhaltung trug.[7] Die Vermutung, wonach in spätbyzantinischer Zeit jedwede wichtige Verkehrsverbindung diesen Namen innehatte, läßt sich nicht bestätigen.[8] Vielmehr fußten in dieser Periode die meisten der *basilikoi dromoi* auf alten – jedoch nicht zwangsläufig römischen – Langstreckenverbindungen.[9]

Dies dürfte auch auf den *basilikos dromos* im Tal der Strumica bzw. Strumešnica zutreffen, der nicht nur 1052, sondern auch 1336 als *veliki put*, 1371 als *basilikē hodos* und schließlich 1375/76 als *veliki carski put*[10] bezeugt ist. Alle vier Belege beziehen sich meines Erachtens auf ein- und dieselbe Langstreckenverbindung (*Abb. 34*), die allerdings in dem vorliegenden Falle bisher nicht mit einer römischen Straße als Vorgängerbau in Verbindung gebracht werden kann.[11]

Die Feststellung von Frank Vermeulen, wonach "major Roman roads" und "secondary and local roads" als Kategorien in der *GIS*-Analyse berücksichtigt werden sollten[12], läßt sich gerade

---

1 Zur Datierung: MATANOV, Knjažestvoto, 102.

2 PLP, Nr. 5745.

3 Jetzt das Dorf Zubovo [GPS 22 51 00; 41 24 00], 17 km osö. der Stadt Strumica.

4 Jetzt das Dorf Borisovo [GPS 22 49 41; 41 22 42], 17 km osö. der Stadt Strumica.

5 Jetzt das Dorf Gabrovo [GPS 22 47 43; 41 22 34], 15 km osö. der Stadt Strumica.

6 Stojan NOVAKOVIĆ (Hg.), *Zakonski spomenici srpskih država srednjega veka*. Beograd 1912, 511f.

7 BELKE, Roads, 87.

8 Besagte Vermutung wurde von Paul Lemerle geäußert. Siehe dazu den Kommentar in: Paul LEMERLE (Hg.), *Actes de Kutlumus. Texte*. Paris 1988 (Archives de l'Athos, 2/2), 43. Dagegen: BELKE, Roads, 87, 90.

9 Ebd. 90: "… it is apparent that the majority of the *basilikai hodoi* are real, old long-distance roads."

10 Unter den slawischen mittelalterlichen Bezeichnungen für Wege listet Gavro Škrivanić die Kombination von *veliki* ("groß") und *carski* ("kaiserlich") nicht auf. Vielmehr führt er ausschließlich den Terminus *veliki put* ins Treffen. Vgl. ŠKRIVANIĆ, Putevi, 16-18.

11 Jedenfalls sind keine Belege für die Existenz einer römischen Vorgängerstraße durch das Tal der Strumica bzw. Strumešnica zu finden in: Konrad MILLER, *Itineraria Romana. Römische Reisewege an der Hand der Tabula Peutingeriana dargestellt. Mit 317 Kartenskizzen und Textbildern*. Stuttgart 1916 (Nachdruck Roma 1964), passim; Ekkehard WEBER (Hg.), *Tabula Peutingeriana. Codex Vindobonensis 324. Vollständige Faksimile-Ausgabe im Originalformat*. Graz 1976, Segment VI und Segment VII.

12 Frank VERMEULEN, Understanding Lines in the Roman Landscape: A Study of Ancient Roads and Field Systems Based on GIS Technology, in: Mark W. MEHRER / Konnie L. WESCOTT (Hgg.), *GIS and Archaeological Site Location Modeling*. Boca Raton, London, New York 2006, 291-316, 301.

für das Tal der Strumica bzw. Strumešnica in dieser zweigeteilten Form nicht aufrechterhalten. Hier zeigt sich nämlich ein überaus differenziertes Bild an Verkehrsverbindungen.

Neben dem erwähnten *basilikos dromos* (*veliki put, basilikē hodos, veliki carski put*) begegnet in den Quellen mit dem *Breznički put* eine Verkehrsverbindung, welche den Namen eines Flusses (Breznica) trägt.[1] Der Kategorie der "Wege mit einer bestimmten Funktion" ("po nameni")[2] gehört der *preki put* an, der in den benützten Quellen zwei Mal begegnet und anhand des Kontextes von Grenzbegehungen am ehesten als der "kürzeste Weg" – im Sinne einer "Abkürzung" – zu übersetzen ist.[3]

Eine weitere Kategorie, die in den Quellen zum Tal der Strumica bzw. Strumešnica bezeugt ist, umfaßt die *palaia hodos*. Diese bezeichnet laut Klaus Belke "a more or less unfunctioning road".[4] Allerdings wohnt diesem Terminus in altslawischen Urkunden eine weitere Bedeutung inne, die mit *stari put*, was das griechische *palaia hodos* wörtlich wiedergibt, eine "alte", oft also ursprünglich römische Straße kennzeichnet.[5] Im vorliegenden Falle ist die erstgenannte Interpretation wohl die zutreffende, da aufgrund des Kontextes der Urkunde des Jahres 1371 ersichtlich wird, daß es sich um ein Gebiet handelte, welches über einen längeren Zeitraum an der byzantinisch-serbischen Grenze lag und Wüstungsprozessen ausgesetzt war.[6]

An einer Stelle wird in den obenzitierten Urkunden der Begriff *hamaxikos* verwendet, welcher nach Klaus Belke als "local carriageable road for the farmers' oxen carts" anzusprechen ist.[7] In altslawischen Quellen begegnet der Begriff *kolnik*, der zwar der Wortbedeutung nach dem griechischen Begriff entspricht, jedoch im Gegensatz zu *hamaxikos* für wichtige überregionale Routen für Wägen verwendet wird.[8]

Zahlreich sind die Belege für lokale Straßen, welche die Bezeichnung *dromos / drum* bzw. *hodos / put* tragen. Nur ein Bruchteil aller genannten Verkehrsverbindungen läßt sich annähernd verorten. Die meisten Belege in den Quellen vermögen lediglich Anhaltspunkte für eine erhöhte Konzentration von Verkehrsverbindungen in einem bestimmten Gebiet zu geben, die in *Abb. 34* clusterartig dargestellt sind.

Als Teil des Verkehrsnetzes und als Geldeinnahmequelle spielten Furten eine nicht zu unterschätzende Rolle. Insgesamt werden vier mit Namen in den verwendeten Urkunden genannt. Während zwei Furten (*poros tēs Keraseas, poros tu Syrmanu*), die für das Jahr 1320 bezeugt sind, lediglich grob in der Umgebung des Dorfes Palaiokastron (Veljusa) verortet werden können, gelang im Falle der zwei verbliebenen – der Furt des Staurakēs (*poros tu Staurakē, brodь Stavrakь*) und der Furt des Phrankopulos (*poros tu Phrankopulu, Frugopulovь brodь*) – eine Lokalisierung aufgrund des Kontextes der Grenzbegehungen in den Quellen. Laut Mirjana Živojinović befand sich die Furt des Staurakēs bei der Mündung des Flusses Turija in den Fluß Strumica, rund 11 km ö. der Stadt Strumica bzw. sw. des Ortes Turnovo.[9] Die Furt des Phrankopulos lag rund 24 km osö. der Stadt Strumica, unmittelbar südlich des Dorfes Novo

1   Siehe zu dieser Kategorie von Wegen: ŠKRIVANIĆ, Putevi, 17.
2   Ebd. 17f.
3   Von *prijeki* ("gerade, nächste, kürzeste") bzw. *priječac* ("der gerade, nächste, kürzeste Weg"). Vgl. dazu: Vuk Stef. KARADŽIĆ (Hg.), *Srpski rječnik istumačen njemačkijem i latinskijem riječima (Lexicon Serbico-Germanico-Latinum)*. Beograd ⁴1935, 608f. Allerdings ist auch eine Interpretation als der "schnellste Weg" prinzipiell nicht auszuschließen, der in "least-cost path"-Modellen berechnet wird (siehe dazu Abschnitt VIII.).
4   Vgl. dazu mit Belegen aus Urkunden der Klöster des Heiligen Berges Athōs: BELKE, Roads, 87.
5   ŠKRIVANIĆ, Putevi, 18.
6   Siehe zur Geschichte dieses Gebietes in spätbyzantinischer Zeit: ŽIVOJINOVIĆ, Le conflit, 237-244.
7   BELKE, Roads, 86.
8   ŠKRIVANIĆ, Putevi, 16f. *Kolnik* ist von *kola* ("Wagen") abzuleiten. Vgl. dazu: KARADŽIĆ, Srpski rječnik, 294.
9   Siehe dazu die Karte in: ŽIVOJINOVIĆ, Strumički metoh, 219.

Konjarevo (*Abb. 34*).[1] Nach beiden wurde anläßlich der Bereisung im August / September 2010 gezielt gesucht (siehe dazu weiter unten, Abschnitt *Wasserwege*). Eine unbekannte Anzahl namenloser Furten begegnet in der Urkunde des Jahres 1376/77 im Zusammenhang mit den Orten Mokrani, Makrijevo, Zubovce, Borisovo und Gabrovo.

Die verwendeten Termini technici geben keinen eindeutigen Hinweis auf die Beschaffenheit der Furten. Generell entspricht dem byzantinischen Terminus *poros*[2] der altslawische *brodъ*[3]. Prinzipiell werden Furten heute – wie wohl auch damals – folgendermaßen definiert: "Bestimmte Stellen eines fließenden Gewässers, die bei normalem Wasserstand von Fußgängern oder mit Fahrzeugen durchquert werden können. Beim Durchfurten sind Strömungs- geschwindigkeit, Gewässertiefe und Beschaffenheit des Grundes zu berücksichtigen. Die Durchquerung einer Furt zu Fuß ist bei festem Grund möglich: – bis zu Kniehöhe bei reißendem Wasser, – bis zu Bauchhöhe bei mittlerer Strömungsgeschwindigkeit, – bis zu Brusthöhe bei träge fließendem Wasser."[4]

Bereits Gavro Škrivanić hat die Schwierigkeit der Übersetzung der Begriffe *poros / brodъ* betont. Ob es sich um eine begehbare Furt oder um eine Fährverbindung über den Fluß handelte, ließe sich laut ihm am ehesten anhand der Größe bzw. Breite des betreffenden Flusses beantworten.[5] Diese Problematik bleibt allerdings im Angesichte der Flußregulierungen des 20. und 21. Jahrhunderts bestehen, die stichhaltige Lokalisierungen und Einschätzungen größtenteils verhindern (vgl. dazu weiter unten, Abschnitt *Wasserwege*).

Schließlich sei darauf hingewiesen, daß drei der vier namentlich bezeugten Furten die Vor- bzw. Nachnamen ihrer Eigentümer / Nutznießer tragen (Syrmanos[6], Staurakēs[7], Phrankopulos[8]). Die vierte beschreibt mit dem Wort *kerasea* ("Kirschbaum") offensichtlich ein naturräumliches Charakteristikum in der Nähe der Furt.[9]

Wasserwege

Noch schwieriger als die Verortung lokaler Straßen gestaltet sich die Beantwortung der Frage nach einer etwaigen Nutzung von Wasserwegen im Tal der Strumica bzw. Strumešnica. Für die Schiffbarkeit des Flusses Strumica bzw. Strumešnica liegen keine eindeutigen Beweise in den Quellen vor.[10] Da die Furt des Staurakēs (*poros tu Staurakē, brodъ Stavrakъ*) in Verbindung

---

1 Vgl. dazu die Karte in: Ebd. 219.

2 *Poros* kann u. a. wie folgt übersetzt werden: "ford, ferry, bridge" [vgl. Henry George LIDDELL / Robert SCOTT / Henry Stuart JONES, *A Greek-English Lexicon*. Oxford 1996, 1450f.] bzw. "Furtgebühr, Furtmaut" [LBG 6, 1353].

3 Franz VON MIKLOSICH, *Lexicon Palaeoslovenico-Graeco-Latinum emendatum auctum*. Wien 1862-1865 (Nachdruck Aalen 1977), 45. Vgl. dazu auch den Lexikonbeitrag von: Siniša MIŠIĆ, Brod, in: Sima ĆIRKOVIĆ / Rade MIHALJČIĆ (Hgg.), *Leksikon srpskog srednjeg veka*. Beograd 1999, 64f.; weiters: DERS., *Korišćenje unutrašnjih voda u srpskim zemljama srednjeg veka*. Beograd 2007, 155-172.

4 August ZEWEDIN, *Geländekunde*. Wien ⁴1991 (Truppendienst-Taschenbuch, Band 5), 54.

5 ŠKRIVANIĆ, Putevi, 23. Vgl. dazu Beispiele aus der Antike: Jochen BRIEGLEB, Brücken im Straßenverkehr der antiken Welt, in: Eckart OLSHAUSEN / Holger SONNABEND (Hgg.), *Zu Wasser und zu Land. Verkehrswege in der antiken Welt (Stuttgarter Kolloquium zur historischen Geographie des Altertums, 7, 1999)*. Stuttgart 2002 (Geographica Historica, 17), 105-108; Jost KNAUSS, Furt oder Brücke. Hydrotechnische Aspekte des mykenischen Straßenbaus in der Argolis, in: Ebd. 323-359.

6 PLP, Nr. 94564.

7 Dieser Staurakēs scheint im PLP nicht auf, jedoch andere Personen desselben Namens: Ebd., Nr. 26696-26698.

8 Auch er ist im PLP nicht erfaßt, dafür weitere gleichnamige Personen: Ebd., Nr. 30131-30133.

9 Ein derartiger Personenname existiert nicht. Siehe: Ebd., passim.

10 Vgl. dazu: Elisaveta TODOROVA, River Trade in the Balkans during the Middle Ages, *Études balkaniques* 20 (1984), H. 4, 38-50. Elisaveta Todorova erwähnt den Fluß Strumica in ihren Ausführungen nicht. Schiffbar waren in der Region der Fluß Vardar / Axios und wohl auch der Fluß Struma / Strymōn (Ebd. 47). Siehe zur Bewässerung und zu den landwirtschaftlichen Kanälen im Tal der Strumica: Mirjana ŽIVOJINOVIĆ, L'irrigation

mit der Furt des Phrankopulos (*poros tu Phrankopulu*, *Frugopulovь brodь*) einen langen Abschnitt des Flusses blockiert (*Abb. 34*), ist anzunehmen, daß Lastboote nicht durchgehend verkehren konnten.[1]

Kartographisches Archivmaterial aus den siebziger Jahren des 19. Jahrhunderts

Von unschätzbarem Wert für die Rekonstruktion mittelalterlicher Verkehrsverbindungen sind Reiseberichte, die Zustände aus vorindustrieller Zeit und vor dem Chausseebau beschreiben. Zur historischen Landschaft Makedonien existiert in diesem Zusammenhang eine überaus wichtige Monographie, welche den Titel "Militär-Geographie. Macedonisches Becken mit dem albanesischen Küstengebiete"[2] trägt und über das Flußtal der Strumica bzw. Strumešnica berichtet: "Von Stiplje [d. i. Štip] bis Topolnica Saumweg, sehr schlecht, doch von Karren benützt. Von Topolnica bis Jenikiöj [d. i. Novo Selo] Fahrweg, stellenweise sehr breit. Von Jenikiöj bis Petrić [d. i. Petrič] Saumweg, anfänglich gut, dann schlechter."[3]

Dem Verfasser ist es gelungen, im Österreichischen Staatsarchiv (Kriegsarchiv) jene unpublizierten Materialien zu finden, welche die Grundlage für die soeben zitierte Monographie bildeten. Es handelt sich hierbei um Rekognoszierungsskizzen zu Südosteuropa[4], die von

---

des terres en Serbie médiévale, *Zbornik radova Vizantološkog instituta* 39 (2001/2002), 183-196, 192f.

1   Für eine etwaige Nutzung des Flusses Struma / Strymōn – und damit wohl auch des Flusses Strumica / Strumešnica als Nebenfluß – zu Transportzwecken liegen zwei in den Quellen mangelhaft belegte Hinweise aus dem 14. bzw. 16. Jahrhundert vor, welche der Vollständigkeit halber an dieser Stelle erwähnt seien.

  Als es in den siebziger und achtziger Jahren des 14. Jahrhunderts zu Engpässen in der Getreideversorgung der Republik Ragusa (Dubrovnik) kam, schickten die Ragusaner Schiffe in die Levante aus, um Vorräte zu erwerben. Im Jahre 1377 erhielt der Ragusaner Junije Bunić den Auftrag herauszufinden, ob die Adelsfamilie Dejanović (Dragaš) bereit war, Getreide an das Ägäische Meer zu liefern. Die weitere Entwicklung in dieser Causa ist in den Quellen nicht überliefert [vgl. Bariša KREKIĆ, *Dubrovnik i Levant (1280-1460)*. Beograd 1956 (Srpska Akademija Nauka, Posebna izdanja 256, Vizantološki institut 4), 66; siehe dazu auch: MATANOV, Knjažestvoto, 106f.]. Aufgrund der Lage des Herrschaftsgebietes der besagten Adelsfamilie zum damaligen Zeitpunkt – u. a. in den Regionen um Melnik, Petrič und Strumica – hätte man diesen Transport über die genannten Flüsse vollziehen können, um die Ware effizient und zeitsparend bis zum Ägäischen Meer zu bringen. Siehe zum Herrschaftsgebiet: John V. A. FINE, Jr., *The Late Medieval Balkans. A Critical Survey from the Late Twelfth Century to the Ottoman Conquest*. Ann Arbor 1994, 381; Patrick LECAQUE, Constantin Dragaš and the Principality of Velbužd during the XIVth Century, *Macedonian Studies* 8 (1991), N.S. 2, 3-25, 8; Hristo MATANOV, *Jugozapadnite bălgarski zemi prez XIV vek*. Sofija 1986, 55-133; MATANOV, Knjažestvoto, 102, 107-112; Evgenij P. NAUMOV, Darbenite gramoti na Dejanovikji (Kon analizata na istoriskite izvori od krajot na XIV vek), *Istorija* 20 (1984), H. 2, 219-237; Georgije OSTROGORSKI, *Serska oblast posle Dušanove smrti*. Beograd 1965 (Posebna izdanja Vizantološkog instituta, 9), 20-25.

  Der zweite Hinweis bezieht sich auf das Jahr 1582. Damals sollten auf Befehl des osmanischen Sultans jene Bauern aus der Region Strumica bestraft werden, die ihr Getreide zu höheren Preisen in Thessaloniki verkauften [vgl. Aleksandar MATKOVSKI, Strumica i Strumičko od XIV-XIX vek, in: Aleksandar CICIMOV (Hg.), *Zbornik na trudovi*. Strumica 1989, 117-129, 120]. Auch in diesem Falle ist es denkbar, daß das landwirtschaftliche Produkt über die Flüsse Strumica / Strumešnica bzw. Struma / Strymōn transportiert wurde.

2   *Militär-Geographie. Macedonisches Becken mit dem albanesischen Küstengebiete. Mit 7 Tafeln und 6 Beilagen.* Wien 1886.

3   Ebd. 176 (Nr. 62) und Beilage Nr. 5.

4   Die für die vorliegenden Ausführungen relevante Sammlung an Rekognoszierungsskizzen trägt den Titel: *Recognoscierungs - Skizzen in der Türkei. Reise in Rumelien 1874. Von A. Magdeburg. 1:144.000. Schichten und Schraffen.* Wien 1874, 41 Blatt. Sie umfaßt den Südwesten Bulgariens, das nördliche Griechenland und Thrakien. Leider hat der Verfasser im Archiv keine weiterführenden Aufzeichnungen über die personelle Zusammensetzung der Expeditionen und über etwaige Abkommen zwischen Österreich-Ungarn und dem Osmanischen Reich hinsichtlich einer Kooperation auf dem Gebiet der Kartographie gefunden. Lediglich der Name A. Magdeburg begegnet auf manchen der Schraffen. Vgl. dazu: Österreichisches Staatsarchiv (im folgenden: OeStA) / Kriegsarchiv (im folgenden: KA) B III c 19-04. Siehe bezüglich eines Abkommens zwischen beiden Großmächten die Publikation von: Béla KOVÁCS / Gábor TIMÁR, The Austro-Hungarian

österreichisch-ungarischen Offizieren des k. k. Militär-Geographischen Instituts[1] in den siebziger Jahren des 19. Jahrhunderts angefertigt wurden. Damals wurden auf Expeditionen Marschrouten zwischen Siedlungen aufgenommen und Schraffen[2] des Terrains gezeichnet, welche der Vorbereitung der berühmten Generalkarte im Maßstab 1 : 200.000 dienten.[3]

Vinzenz Karl Haardt von Hartenthurn (1843-1914), Vorstand der ersten Abteilung des k. k. Militär-Geographischen Instituts von 1897 bis 1914[4], beschreibt die Bedeutung der Expeditionen wie folgt: "Als feste und unveränderliche Linien bei dem Entwurfe der vorerwähnten Generalkartenblätter [scilicet im Maßstab 1 : 200.000] galten vor allem die Skizzen, welche sich aus den 1871–1875 von Officieren des militär-geographischen Institutes durchgeführten astronomischen Ortsbestimmungen und topographischen Routen-Aufnahmen ergaben."[5]

Aus der Sammlung an Rekognoszierungsskizzen sind für das Flußtal der Strumica bzw. Strumešnica die Beschreibungen der Marschrouten zwischen Štip und Melnik (Marsch 28 bis 31) und die dazugehörigen Routen-Aufnahmen (Blatt XXVI. bis XXIX.; siehe dazu im Detail *Abb. 35a* bis *Abb. 38b*) relevant. Besagte Aufzeichnungen sind im Zeitraum 15. Juni bis 18. Juni 1874 entstanden und werden hier erstmals publiziert[6]:

Marsch 28

Triangulations in the Balkan Peninsula (1855-1875), in: Georg GARTNER / Felix ORTAG (Hgg.), *Cartography in Central and Eastern Europe. Selected Papers of the 1st ICA Symposium on Cartography for Central and Eastern Europe*. Berlin, Heidelberg 2010 (Lecture Notes in Geoinformation and Cartography), 535-544.

Gemäß dem Kais. Königl. Militär-Schematismus war Albert Freiherr von Magdeburg Oberlieutenant des Pionnier-Regiments und im Jahre 1874 dem k. k. Militär-Geographischen Institut zum Dienst zugeteilt. Siehe: *Kais. Königl. Militär-Schematismus für 1874*. Wien 1874, 525. Vgl. zur Familie Magdeburg im allgemeinen: Constant von WURZBACH, *Biographisches Lexikon des Kaiserthums Oesterreich. Sechzehnter Theil: Londonio – Marlow*. Wien 1867 (Nachdruck Bad Feilnbach 2001), 260-262.

1   Siehe zur Geschichte des k. k. Militär-Geographischen Instituts: Franz ALMER, Das k.u.k. militärgeographische Institut, *Communications in Asteroseismology* 149 (2008), 75-82; Robert MESSNER, Das Wiener Militärgeographische Institut. Ein Beitrag zur Geschichte seiner Entstehung aus dem Mailänder Militärgeographischen Institut, *Jahrbuch des Vereines für Geschichte der Stadt Wien* 23/25 (1967/1969), 206-292; DERS., *Das kaiserlich-königliche Militärgeographische Institut zu Mailand. L'imperiale regio Istituto Geografico Militare a Milano. 1814-1839. 25 Jahre österreichische Militärgeographie in Italien*. Wien 1986; Michael PONSTINGL, "Der Soldat benötigt sowohl Pläne als auch Karten." Fotografische Einsätze im k. (u.) k. Militärgeographischen Institut zu Wien. Teil I/Teil II, *Fotogeschichte. Beiträge zur Geschichte und Ästhetik der Fotografie* 81 (2001), 39-56 und 83 (2002), 53-82.

2   Vgl. zu den Arten von Schraffen: Werner HERISZT, *Kartenkunde*. Wien ⁵2001 (Truppendienst-Taschenbuch, Band 9), 430f., 444f.

3   Siehe dazu folgende Berichte: Vincenz [sic!] HAARDT VON HARTENTHURN, Begleitworte zu den Blättern der Generalkarte 1 : 200.000, welche die Balkan-Halbinsel betreffen, *Mittheilungen des kaiserl. und königl. Militär-Geographischen Institutes* 17 (1897), 80-86; Vinzenz HAARDT VON HARTENTHURN, *Die Tätigkeit des k. u. k. Militärgeographischen Institutes in den letzten 25 Jahren (1881 bis Ende 1905.)*. Wien 1907, 291-312; Johann LEVAČIĆ, Die Schreibung der geographischen Namen auf der Balkan-Halbinsel, *Mittheilungen des kaiserl. und königl. Militär-Geographischen Institutes* 17 (1897), 67-74; *Mittheilungen des kaiserl. königl. Militär-Geographischen Institutes* 7 (1887), 22-30; *Mittheilungen des kaiserl. und königl. Militär-Geographischen Institutes* 22 (1902), 476-489. Vgl. zur Technik der militärischen Kartographie: HERISZT, Kartenkunde, passim; Jove Dimitrija Talevski, *Voena Topografija*. Bitola 1999, passim.

4   Siehe seine Biographie unter, <http://www.deutsche-biographie.de/sfz24904.html>, 4.6.2014. Weiters: Österreichische Akademie der Wissenschaften (Hg.), *Österreichisches biographisches Lexikon: 1815-1950, 2. Band*. Wien 1959, 116f.

5   HAARDT VON HARTENTHURN, Begleitworte, 82.

6   OeStA / KA B III c 19-04, Marsch 28 bis 31 bzw. Blatt XXVI. bis XXIX.

Von Isib [sic!] *(Stiplje) – Radowič 3½ Meilen*[1]

Beschaffenheit:	*Karrenweg über die Höhen, anfangs sehr schlecht.*
	In der Thalebene nicht erhaltener Landweg.
Terrain:	*Mittelgebirge, flache zumeist kahle Rücken, mäßig*
	geböschte Bahnen, eingerißene Gewässer.
	fester, steiniger Boden.
	Hutweide[2] *mit Gestrüpp – Hauptbodenbedeckung – Gegen*
	die Plačkavica Pl:[anina] *zu Wald. – gegen Stiplje Obstgärten.*
	Thalebene fest, und trocken bebaut
Brücken:	–
Orte und Lager-:	*Stiplje –*
plätze	*(Kaimakam)*[3]
	Radovič 400 H:[äuser][4]
	(Mudir)[5]
	Wassermangel bes:[onders] *im Sommer. – Lagerbed*[ür]*f:*[nisse]
	nicht vorhanden.
Miltärisch wichtig:	*Kleine Haltpunkte am ersten Theil des Marsches*
Seitenwege:	*Terrain seitl:*[ich] *da bes:*[onders] *gegen Plačkavica Pl:*[anina] *hier*
	zerstreute Häuser und selbst Ortschaften liegen, gewiß von
	vielen Wegen durchzogen.[6]

---

1   Eine österreichische (Post-)Meile = 7,585936 km. 3,5 Meilen entsprechen 26,550776 km. Diese Zahl ist
    zutreffend, da die Entfernung Štip-Radoviš laut den Karten 1:100.000, Beograd 1962, Blatt Štip bzw. 1:100.000,
    Beograd 1958, Blatt Plačkovica rund 25 km (Luftlinie) beträgt.
    Das metrische System wurde in Österreich-Ungarn am 23. Juli 1871 eingeführt und war seit dem 1. Jänner 1876
    verbindlich. Aus diesem Grunde haben die Offiziere im Rahmen ihrer Expeditionen des Jahres 1874 noch
    österreichische Meilen verwendet. Vgl. dazu: *Reichsgesetzblatt für die im Reichsrathe vertretenen Königreiche
    und Länder, VI. Stück, Ausgegeben und versendet am 2. März 1872: 16. Gesetz vom 23. Juli 1871, womit eine
    neue Maß- und Gewichtsordnung festgestellt wird*, 29-34.
2   In diesem Kontext bezeichnet der Begriff "Hutweide" eine landwirtschaftliche Fläche, die dazu diente, Nutztiere
    unter der Aufsicht eines Hirten zu weiden. Siehe dazu: Hans BLESKEN u. a. (Hgg.), *Deutsches Rechtswörterbuch.
    Wörterbuch der älteren deutschen Rechtsprache. Sechster Band (Hufenwirt bis Kanzelzehnt)*. Weimar 1961-
    1972, 134 ("Weideplatz"), 186.
3   Im 19. Jahrhundert bezeichnete *Kaimakam* einen Oberstleutnant der osmanischen Armee oder den Gouverneur
    eines Sandžak bzw. einer Kaza. Vgl. dazu: Emeri VAN DONZEL u. a. (Hgg.), *Encyclopédie de l'Islam. Nouvelle
    Édition. Tome IV, Iran-Kha*. Leiden, Paris 1978, 482; Martijn Theodor HOUTSMA u. a. (Hgg.), *E.J. Brill's First
    Encyclopaedia of Islam 1913-1936, Volume IV*. Leiden u. a. 1987, 642; Karl STEUERWALD, *Türkisch-Deutsches
    Wörterbuch*. Wiesbaden, İstanbul 1972, 506 (*kaymakam*).
4   Die Abkürzung "H." ist mit "Häuser" aufzulösen, was aus einem Vergleich mit den übrigen Beschreibungen der
    Marschrouten hervorgeht.
5   *Mudir* bezeichnet einen leitenden Verwaltungsbeamten oder den Gouverneur einer Provinz. Siehe: Clifford
    Edmund BOSWORTH u. a. (Hgg.), *Encyclopédie de l'Islam. Nouvelle Édition. Tome VII, Mif-Naz*. Leiden, Paris
    1993, 292; HOUTSMA u. a. (Hgg.), *E.J. Brill's First Encyclopaedia of Islam*, 624; STEUERWALD, Türkisch-
    Deutsches Wörterbuch, 664 (*müdür*).
6   Vgl. zu Marsch 28 die dazugehörige Schraffe (Blatt XXVI.) in *Abb. 35a* und *Abb. 35b*.

Marsch 29

Von Radovič über Strumica nach Jeny-Köi[1] 3¼ u.[nd] 3½ = 6¾ Meilen[2]

Beschaffenheit:	*Nicht erhaltener, stellenweise breiter Landweg.*
Terrain:	*In der Thalebene fester, bei trockener Jahreszeit auch an vielen Stellen trockener Boden, der sonst moorig und naß ist – bei Tirnova[3] auch den Sommer über Moorboden mit sumpfigen Wasseradern.*

Wässer hier (bes.:[onders] Strumica) tief eingerissenes, erdiges Bett mit Bruchufern – träger Lauf – bis Strumica niedriges Bergland. Wald im Süden – nördl.:[ich] Fortsetz:[ung] der Plačkavica Pl:[anina] und mit gl:[eichem] Kharakter Maleš Pl:[anina] – lange gewölbte Rücken, tiefe Einschnitte, steile Füße – Wald dicht am Rücken an Bestand gegen Thalebene abnehmend.

Beleš Pl:[anina][4] steiler Abstieg gegen Thal 35-45° Böschungen Wald /:dicht und hochstämmig:/ – Mit Fels Abstieg gegen Rücken. – Thalebene bebaut auch viel Hutweiden.

Brücken:	*Durchläße; bei Erneköi[5] schmale Brücke über Strumica. – Holz nur für Saumthiere, baufällig. – Strumica der hohen Bruchufer und erdigen Grundes wegen nicht zu durchfurten.*
Orte und Lagerplätze:	*Trinkwassermangel bes.:[onders] im Sommer fühlbar Lagerbedürfniße aller Art fehlen überall.* *Radovič* *Jeni-Čiftlik[6] 2 H:[äuser]*

1 Es handelt sich um den jetzigen Ort Novo Selo [GPS 22 52 52; 41 24 50], rund 20 km osö. der Stadt Strumica. Novo Selo ist die wörtliche Übersetzung des türk. Ortsnamens *Jeny-Köi* ("Neues Dorf"). Siehe zu den Dörfern in der Ebene von Strumica im Jahre 1884: Panos D. TZIOBAS, Έκθεση εξεταστικής επιτροπής Στρωμνίτσης του έτους 1884 για επτά σχολεία της επαρχίας της, *Ιστορικογεωγραφικά* 11-12 (2005-2008), 79-89.
2 3,25 österreichische Meilen entsprechen 24,654292 km, 3,5 österreichische Meilen entsprechen 26,550776 km. 6,75 österreichische Meilen sind demgemäß 51,205068 km. Die Entfernung Radoviš-Strumica-Novo Selo beträgt laut den Karten 1:200.000, Wien 1940, Blatt Kriva Palanka bzw. 1:200.000, Wien 1925, Blatt Edessa rund 44 km (Luftlinie). Demgemäß ist die Angabe in der Marschroute realistisch.
3 Jetzt das Dorf Turnovo [GPS 22 46 26; 41 26 18], 11,5 km onö. der Stadt Strumica.
4 Damit ist das Belasica-Gebirge gemeint.
5 Jetzt das Dorf Ednokukjevo [GPS 22 43 59; 41 25 56], 8 km ö. der Stadt Strumica. Möglicherweise handelt es sich bei der Toponymform *Erneköi* um eine fehlerhafte Schreibung des Namens *Erenköi*, der als Ortsname *Erenköy* in der heutigen Türkei gängig ist. Vgl. dazu: *Turkey. Official Standard Names Approved by the United States Board on Geographic Names*. Washington/DC. 1960 (Gazetteer, No. 46), 212. Unklar ist die Deutung dieses Toponyms.
6 Hierbei handelte es sich um ein osmanisches Landgut. Siehe allgemein zum *çiftlik*: Jovan CVIJIĆ, *La péninsule balkanique. Géographie humaine*. Paris 1918, 222f., 249f.
Die jugoslawische Karte 1:100.000, Beograd 1958, Blatt Plačkovica verzeichnet rund 6 km ssö. von Radoviš eine unbenannte Siedlung, die aufgrund des Vergleiches mit den Schraffen (Blatt XXVI. und Blatt XXVII.) mit dem erwähnten *Jeni-Čiftlik* identisch ist.

Kirdešo[1] *50 ″* [Häuser]
Strumica 2000 H:[äuser]
(Kaimakam)
Dabila[2]
Erneköi
Tirnova
Jeny-Köi 150 H:[äuser]
Bulgarische Bevölkerung vorherschend [sic!]

Mil[i]*t:*[ärisch] *wichtig*   –

Seitenwege Ebene gangbar[3]

Marsch 30

Von Jeny-Köi bis Petrič – 3½ Meilen[4]

Beschaffenheit: *Von Jeny-Köi ab Karrenweg, der bald in Saumweg*
                          übergeht. –

Terrain: *flache Murren*[5] *steinig. –*
                          Beleš Pl:[anina] *behält gleichen Kh*[ara]*kt*[er]*:, nimmt an Höhe zu.*
                          – Males Pl:[anina]*[6] lange, flache Rücken mit steilen Bahnen u:*[nd]
                          Füßen gegen Thalsohle.
                          In der Thalebene wenig Felder, sonst allgem:[ein] *Bedeckung*
                          „Wald" Murre vor Petrič mit Feldern bedeckt

Brücken: *Strumica schottriges Bett 30-50 Schritt breit*[7]*, bis 4' tief*[8]*, 5'*
                          Geschwindigkeit[9]
Orte und Lager-   *Trinkwassermangel*
plätze: *Jeny Köi*
                          Petrič 1500 H:[äuser]
                          (Kaimakam)

---

1   Jetzt das Dorf Angelci [GPS 22 36 40; 41 28 35], rund 5 km nnw. der Stadt Strumica.
2   Jetzt das Dorf Dabilje [GPS 22 41 26; 41 26 34], rund 4 km onö. der Stadt Strumica.
3   Siehe zu Marsch 29 die dazugehörige Schraffe (Blatt XXVII.) in *Abb. 36a* und *Abb. 36b*.
4   3,5 österreichische Meilen entsprechen 26,550776 km. Die Entfernung Novo Selo-Petrič beträgt laut der Karte
    1:200.000, Wien 1942, Blatt Saloniki (Thessaloniki) rund 28 km (Luftlinie). Somit ist die in der Marschroute
    genannte Zahl ohne Zweifel richtig.
5   Die *Murre* geht wohl auf den Ausdruck *Mur* zurück, der wie folgt definiert wird: "Die Mur, (Gebirg)Sand und
    losgebrochenes, zerstückeltes Gestein, welches von den Höhen in die Thal-Ebenen niedergerollt (truckene Mur),
    oder auch von Wetterbächen herabgeschwemmt worden ist (naße Mur)." Vgl. dazu: Johann Andreas SCHMELLER,
    Bayerisches Wörterbuch. Sammlung von Wörtern und Ausdrücken. Vier Theile, I 3. München ²1872, 1642.
6   Es handelt sich um die Maleševska Planina.
7   Ein Schritt wird zwischen 70 und 80 cm veranschlagt. Bei einem Schritt von 75 cm entsprechen 30-50 Schritt
    folglich 22,5-37,5 m. Siehe dazu: ZEWEDIN, Geländekunde, 106.
8   4 Schritt entsprechen 3 m.
9   5 Schritt sind umgerechnet 3,75 m. Laut August Zewedin wird eine Strömungsgeschwindigkeit über 2,5 m/s als
    sehr stark bezeichnet. Vgl. dazu: Ebd. 53.

Militärisch wichtig   –

Seitenwege   –[1]

Marsch 31

Von Petrič bis Melnik 3¼ Meilen[2]

Beschaffenheit: *Nicht erhaltener, breiter Fahrweg bis Dzekveli[3], dann*
                        Saumweg im Bett der Melnik Torrente[4].

Terrain: *Von Petrič ab und in Thalebene, dann auf flachen Abfäl-*
                        len bis Dzekveli erdiger fester Boden. – Bei Strumica sum-
                        pfiger Boden. – Hier bei naßem Wetter unpraktikabel. –
                        Hutwei-
                        den bis Karasu[5], dann Felder. – Von Dzekveli ab 100-200
                        Schr:[itt][6] breites Feld und Schotterbett des Melnik Dere[7]
                        mit 50-80° hohen senkrechten Thonwänden. Mehrere kleine
                        Nebenflüße, die alle denselben schluchtartigen Kharacter
                        haben. – Hier Schotter und Felsblöcke, bei heißer Jah-
                        reszeit wenig Wasser, das sich in viele Arme theilt:

Brücken: *Überfuhr über Struma, schlechte Fähre für 10 Pferde.*
                        Struma 200 Schr:[itt][8] breit erdige Ufer, schlammiger
                        Boden,
                        4-5' Tiefe[9], an einer Stelle 3-4' Gesch:[windigkeit][10], sonst
                        träger Lauf. Nicht durchfurtbar. –

Orte u.[nd] Lager-   *Petrič*
platze: *Mehrere Maierhöfe*
                        Dzekveli 50-60 H:[äuser]
                        Dere Čiftlik K:[11] ″ ″ [50-60 Häuser]

---

1   Siehe zu Marsch 30 die dazugehörige Schraffe (Blatt XXVIII.) in *Abb. 37a* und *Abb. 37b*.
2   3,25 österreichische Meilen entsprechen 24,654292 km. Laut Karte 1:55.000, Turistíčeska karta, Pirin, Sofija
    [10]2006 beträgt die Entfernung Petrič-Melnik rund 20 km (Luftlinie).
3   Jetzt das Dorf Zornica [GPS 23 22 04; 41 29 17], 4,5 km ssw. von Melnik.
4   Damit ist die Melniška reka gemeint.
5   *Kara-Sou Strumitja* ist der türk. Name für den Fluß Struma (Strymōn). Vgl. dazu: Peter SOUSTAL, *Makedonien,*
    südlicher Teil. Wien (Tabula Imperii Byzantini, 11), Lemma Strymōn [in Vorbereitung].
6   Bei einem Schritt von 75 cm entsprechen 100-200 Schritt folglich 75-150 m.
7   Es handelt sich um die Melniška reka.
8   200 Schritt entsprechen 150 m.
9   4-5 Schritt sind umgerechnet 3-3,75 m.
10 3-4 Schritt entsprechen 2,25-3 m. Die Strömungsgeschwindigkeit war in diesem Bereich zum damaligen
    Zeitpunkte stark bis sehr stark (ZEWEDIN, Geländekunde, 53).
11 Jetzt das Dorf Lozenica [GPS 23 23 00; 41 30 00], rund 3 km ssw. von Melnik. Lozenica hieß in osmanischer
    Zeit unter anderem *Dere-i müslim*. Siehe dazu: Stefan ANDREEV, *Rečnik na selištni imena i nazvanija na*

Melnik
(Kaimakam)
Wassermangel

Mil[i]*t:*[ärisch] *wichtig:*   –

Seitenwege: –[1]

Zusammenfassung

Wie bereits erwähnt, erlauben die meisten Belege aus den verwendeten Quellen lediglich eine clusterartige Darstellung auf der beigefügten Karte (*Abb. 34*). Ausnahmen bilden in diesem Zusammenhang der *basilikos dromos* (*veliki put, basilikē hodos, veliki carski put*), der *dromos* zwischen Strumica und Radoviš und die zwei anhand der Quellen lokalisierbaren Furten.

Diese Problematik erfordert zunächst einige theoretische Überlegungen zur "Altstraßenforschung" anhand des Diskurses in der rezenten Sekundärliteratur. Dietrich Denecke betont in seinen Ausführungen die Notwendigkeit, von der vormals üblichen Konstruktion optimaler Linienführungen zur Darstellung mittelalterlicher Routen abzugehen.[2] Des weiteren wird in der rezenten Forschung hervorgehoben, daß im Mittelalter "Steinstraßen" selten waren und diese am ehesten in innerstädtischen Bereichen, als kurze Abschnitte von Ausfallstraßen oder an einzelnen schwer passierbaren Stellen gebaut wurden.[3]

Ausschlaggebend für den archäologischen Befund ist die Art des Transportes in einem bestimmten Gebiet. Prinzipiell werden drei unterschiedliche Transportarten unterschieden: zu Fuß[4], mit Reit- und Lasttieren sowie mit Fahrzeugen (d. h. mit Karren und Wägen)[5]. Da für die

---

administrativno-teritorialni edinici v Bălgarskite zemi prez XV-XIX vek. Sofija 2002, 92; Petär KOLEDAROV / Nikolaj MIČEV (Hgg.), *Promenite v imenata i statuta na selištata v Bălgarija 1878-1972 g.* Sofija 1973, 156.

1   Vgl. zu Marsch 31 die dazugehörige Schraffe (Blatt XXIX.) in *Abb. 38a* und *Abb. 38b*.

2   Dietrich DENECKE, Mitteleuropäische Verkehrsachsen. Entstehung, Wandel und Verfall vom Mittelalter bis zum 18. Jahrhundert, in: Thomas SZABÓ (Hg.), *Die Welt der europäischen Straßen. Von der Antike bis in die Frühe Neuzeit.* Köln, Weimar, Wien 2009, 279-303, 284: "Die Versuche, unter den Maßgaben einer modernen Straßenbautechnik, vor allem des Autobahnbaus, frühe optimale Linienführungen zu konstruieren und diese als vormittelalterliche Durchgangsrouten anzunehmen, sind methodisch wie auch in ihrem Ergebnis für die Rekonstruktion früher Fernstraßen – wie z. B. der Bernsteinstraße von der Ostsee zum Mittelmeer – nicht haltbar." Ähnliche Überlegungen bei: Céline PEROL, Les réseaux routiers de la France médiévale. Ambitions et limites d'un champ d'investigation historique, in: Ebd. 69-84, 73: "Les représentations cartographiques ne correspondent donc pas à un espace réel qui aurait pu être parcouru et vécu à une époque donnée." Vgl. auch: Brian Paul HINDLE, *Roads, Tracks and Their Interpretation.* London 1993 (Know the Landscape); DERS., *Medieval Roads and Tracks.* Princes Risborough ³1998 (Shire Archaeology, 26); DERS., *Roads and Tracks for Historians.* Chichester 2001; Céline PEROL, Comment penser la route?, in: Bernard DOMPNIER (Hg.), *Faire la route IIIe-XXe siècle.* Clermont-Ferrand 2007 (Siècles, Cahiers du Centre d'Histoire "Espaces et Cultures", 25), 3-14, 5; Thomas SZABÓ, Der Übergang von der Antike zum Mittelalter am Beispiel des Straßennetzes, in: Uta LINDGREN (Hg.), *Europäische Technik im Mittelalter 800 bis 1400. Tradition und Innovation. Ein Handbuch.* Berlin 1996, 25-43; Josiane TEYSSOT, La rue médiévale : un espace nommé et délimité, in: Jean-Luc FRAY / Céline PEROL (Hgg.), *L'historien en quête d'espaces.* Clermont-Ferrand 2004, 317-328.

3   DENECKE, Mitteleuropäische Verkehrsachsen, 288.

4   Die Bedeutung der Fußwege im Lokalverkehr wird in folgendem Beitrag anhand von österreichischen Beispielen besonders hervorgehoben: Robert SIEGER, Selbständige Kleinverkehrsnetze, in: Pavle VUJEVIĆ (Hg.), *Zbornik radova posvećen Jovanu Cvijiću povodom tridesetpetogodišnjice naučnog rada od prijatelja i saradnika.* Beograd 1924, 27-38.

5   Vgl. zu den Transportmitteln in der historischen Landschaft Makedonien in der zweiten Hälfte des 19. Jahrhunderts: Militär-Geographie (Wien 1886), 161-163; John HALDON, Roads and Communications in the Byzantine Empire: Wagons, Horses, and Supplies, in: John H. PRYOR (Hg.), *Logistics of Warfare in the Age of the Crusades. Proceedings of a Workshop held at the Centre for Medieval Studies, University of Sydney, 30*

ersten beiden Arten keine Fahrbahn, sondern nur Pfade und Brücken (Stege) erforderlich waren, sind diese archäologisch kaum nachweisbar. Lediglich bei Transporten mit Fahrzeugen ist von einer Fahrbahn mit einer normierten Achsbreite und einer gewissen Ebenheit auszugehen. Diese Transportart hat mitunter Eintiefungen von Rädern in der Landschaft in Form von Hohlwegen hinterlassen, die jetzt überwiegend in Waldgebieten erhalten sind. Somit ist in der Landschaft eine Landverbindung vor allem anhand von Hohlwegen, Furten und Brücken greifbar.[1]

"Die häufige Ausbildung paralleler Linienführungen mit gleicher Zielrichtung ließ Verkehrskorridore mit zeitlich unterschiedlicher aber auch gleichzeitiger Nutzung alternativer Trassen entstehen, was durchaus als ein charakteristisches Phänomen bedeutender Verkehrs-achsen gelten kann. Dies bedeutet, daß die großen Verkehrsachsen keineswegs nur auf eine Linienführung und bei der Bedingung als Naturweg schon gar nicht auf nur eine Trassenführung beschränkt sein müssen."[2]

Besagte parallele Linienführungen bzw. Fahrbahnen bildeten eine sogenannte "Trans-portzone" ("couloir de circulation, espace-route"[3]). Trafen solche Linienführungen auf einen "Zwangspunkt" – d. h. Pässe oder Querungen von Wasserläufen bzw. von Feuchtgebieten (Brücken, Furten), wurden die unterschiedlichen Fahrbahnen gebündelt, um danach wiederum fächerförmig auseinanderzulaufen.[4]

Schließlich ist die Elastizität dieser "Transportzonen" zu betonen, was bedeutet, daß in den meisten Fällen nicht jedes einzelne Bündel an Linienführungen bzw. Fahrbahnen rekonstruierbar ist. Vielmehr sollte die Zone an sich erfaßt und verortet werden.[5]

Welche Konsequenz ist aus diesen theoretischen Überlegungen für das Tal der Strumica bzw. Strumešnica zu ziehen? In dem vorliegenden Falle lassen sich auf der Basis der Quellen sowohl Transportzonen als auch lokalisierbare Punkte in der Landschaft annehmen (*Abb. 34*). Im Nordwesten des Tales der Strumica befindet sich zunächst die "Transportzone Mostenitza" (nö. des Dorfes Vladevci), die wiederum zwei lokalisierbare Punkte aufweist – den *basilikos dromos* und den *dromos* zwischen Strumica und Radoviš, die anhand einer Skizze zur Edition der Urkunde verortet wurden. Östlich davon liegt die "Transportzone Breznica" in der Umgebung des Dorfes Dobrošinci. Südwestlich von Breznica befindet sich die "Transportzone Palaiokastron (Veljusa)-Vodoča-Strumica", östlich davon die Furt des Staurakēs als Punkt und

---

September to 4 October 2002. Aldershot 2006, 131-158.

1 Ingolf ERICSSON, Wege, Wegbegleiter, Furten und Brücken. Straßen des Mittelalters im archäologischen Befund, in: Thomas SZABÓ (Hg.), *Die Welt der europäischen Straßen. Von der Antike bis in die Frühe Neuzeit*. Köln, Weimar, Wien 2009, 155-171, 156f. Siehe auch: Dietrich DENECKE, Linienführung und Netzgestalt mittelalterlicher Verkehrswege – eine raumstrukturelle Perspektive, in: Rainer Christoph SCHWINGES (Hg.), *Straßen- und Verkehrswesen im hohen und späten Mittelalter*. Ostfildern 2007 (Vorträge und Forschungen, 66), 49-70, 56; Heinz E. HERZIG, Die antiken Verkehrswege der Schweiz. Neuere Forschungen zu den römischen Straßen, in: Eckart OLSHAUSEN / Holger SONNABEND (Hgg.), *Zu Wasser und zu Land. Verkehrswege in der antiken Welt (Stuttgarter Kolloquium zur historischen Geographie des Altertums, 7, 1999)*. Stuttgart 2002 (Geographica Historica, 17), 9-16; Hans LOHMANN, Antike Straßen und Saumpfade in Attika und der Megaris, in: Ebd. 109-147.

2 DENECKE, Mitteleuropäische Verkehrsachsen, 282; siehe dazu auch: PEROL, Les réseaux routiers, 74, 80-82; DIES., Cheminement médiéval : l'homme, l'historien et la route, in: Jean-Luc FRAY / Céline PEROL (Hgg.), *L'historien en quête d'espaces*. Clermont-Ferrand 2004, 91-107.

3 PEROL, Les réseaux routiers, 81.

4 DENECKE, Mitteleuropäische Verkehrsachsen, 282f.; ERICSSON, Wege, 157f.; PEROL, Les réseaux routiers, 81-83. Den Begriff der "Zwangspunkte" hat Denecke geprägt: DENECKE, Methoden und Ergebnisse, 456f.; DERS., Linienführung, 52: "Weiträumig wie auch regional leitend waren dabei Talränder und Gebirgszüge, vor allem aber natürliche Zwangspunkte einer Passage, Gebirgseinschnitte und Passzonen wie auch praktikable Überführungen durch Niederungen und Flüsse (Furten, Flussübergänge)."

5 PEROL, Les réseaux routiers, 81.

noch weiter östlich die "Transportzone Sekirnik". Südöstlich von Sekirnik liegt die "Transportzone Mokrievo-Mokrino" und schließlich östlich davon die Furt des Phrankopulos als Punkt.

Dies sind die wesentlichen Zonen / Punkte im Verkehrssystem des Tales der Strumica bzw. Strumešnica, die auf der Basis der verwendeten Quellen erfaßt werden können. Da Landverbindungen vor allem anhand von Hohlwegen, Furten und Brücken greifbar sind[1], ist ein Rückgriff auf archäologische Befunde zur betreffenden Region unabdingbar. Allerdings wurden bisher weder im Bezirk Strumica noch im Bezirk Radoviš Altwegerelikte entdeckt und dokumentiert.[2]

Wertvolle Hinweise auf die Verkehrsrouten im Flußtal der Strumica bzw. Strumešnica in vorindustrieller Zeit vermögen die publizierten kartographischen Archivmaterialien zu bieten. Die abgebildeten Schraffen zeigen deutlich, daß die österreichisch-ungarischen Offiziere in der "Transportzone Mostenitza" rechts (sw.) des Flusses Strumica – d. h. auf der ursprünglichen Trasse des *basilikos dromos* – gezogen sind. Bei ihrem Schwenk nach Südosten bzw. Süden in Richtung der Stadt Strumica blieben sie stets rechts des gleichnamigen Flusses (*Abb. 36a*). Meiner Meinung nach befand sich der *basilikos dromos* in demselben Bereich, zumal er ohne Zweifel über die Stadt Strumica als zentralen Ort des Flußtales führte. Wahrscheinlich wurde auch in mittelalterlicher Zeit in diesem Abschnitt der Ebene ein "stellenweise breiter Landweg" benutzt (siehe Marsch 29). Noch heute verläuft die moderne Autostraße auf derselben Route.[3]

1874 überquerten die Offiziere den Fluß Strumica nicht bei der Furt des Staurakēs (sw. von Turnovo), sondern auf einer rund 5 km weiter westlich gelegenen Holzbrücke – nordwestlich von Ednokukjevo bzw. westlich von Bosilovo (*Abb. 3a*), was der jetzigen Straßenführung entspricht. Der Fluß war "der hohen Bruchufer und erdigen Grundes wegen nicht zu durchfurten" (siehe Marsch 29).

Auf ihrer Marschroute hielten sie sich nunmehr links (n.) des Flusses Strumica und durchquerten dabei die "Transportzone Sekirnik" (*Abb. 36b*). In diesem Bereich ist in spätbyzantinischer Zeit ein *veliki put* bzw. *veliki carski put* bezeugt. Meiner Ansicht nach handelt es sich hierbei um die Fortführung des *basilikos dromos* der "Transportzone Mostenitza". Die Nennung einer Reihe von Furten in einer Urkunde des Jahres 1376/77 in der "Transportzone Mokrievo-Mokrino" deutet darauf hin, daß die Hauptverkehrsader in spätbyzantinischer Zeit links (n.) des Flusses Strumica lag und besagte Furten eine Zubringerfunktion für das rechte (s.) Flußufer hatten. Schließlich gelangten die österreichisch-ungarischen Offiziere auf einer Route nach Novo Selo, welcher die zeitgenössische Straße im wesentlichen folgt. Unberührt blieb auf dem weiteren Marsch in Richtung Petrič die Furt des Phrankopulos, deren etwaige Existenz zur damaligen Zeit auf den Schraffen nicht dokumentiert wurde (*Abb. 37a*).

Bereits für das Jahr 1874 existiert ein deutlicher Hinweis in den Archivmaterialien auf die Unmöglichkeit eines Durchfurtens des Flusses Strumica. Dieser schriftliche Vorbote für die bevorstehenden Schwierigkeiten auf der Suche nach den Furten des Staurakēs bzw. des Phrankopulos im Gelände hat sich bei der Bereisung im August / September 2010 bewahrheitet. Die grundlegende Problematik besteht in der Regulierung des Flusses Strumica, deren genauer

---

1   ERICSSON, Wege, 156.
2   Dimče KOCO u. a. (Hgg.), *Arheološka karta na Republika Makedonija. Tom II*. Skopje 1996, 594-598, 620-625. Auch in der neueren Sekundärliteratur gibt es keine Hinweise auf entsprechende Funde. Die Bezirke Strumica und Radoviš gliedern sich nach der Verwaltungsreform des Jahres 2004 in die Bezirke Radoviš, Vasilevo, Strumica, Bosilovo und Novo Selo.
3   Vgl. dazu z. B. die Karten 1:100.000, Beograd 1958, Blatt Plačkovica und 1:100.000, Beograd 1955, Blatt Strumica.

Zeitpunkt trotz eingehender Recherchen nicht festzustellen war, jedoch aufgrund der Aufzeichnungen des vorliegenden Kartenmaterials jedenfalls vor 1955 erfolgt sein muß.[1]

Im Zuge der erwähnten Bereisung erfolgte die Suche nach der Furt des Staurakēs, die aufgrund der Begradigung des Flusses und des starken Schilfbewuchses ergebnislos blieb (*Abb. 6*). Denkbar ist, daß sich die Furt unterhalb der Mündung des Flusses Turija in die Strumica befand. Den Bewohnern des angrenzenden Ortes Turnovo ist allerdings ebendort keine Furt bekannt, zumal jetzt eine Brücke zur Querung der Strumica verwendet wird.[2]

Ähnlich ernüchternd verlief die Suche nach der Furt des Phrankopulos südwestlich des Ortes Novo Konjarevo, die aufgrund der Regulierung der Strumica und ihrer Nebenflüsse in diesem Bereich kein Ergebnis brachte. Nachfragen bei den Bewohnern des Ortes Dobrošinci in der "Transportzone Breznica" nach der Lokalisierung des Toponyms Breznica und nach etwaigen Altwegerelikten haben gezeigt, daß die Einheimischen über beide Aspekte keine Kenntnis besitzen. Schließlich hat sich der Verfasser bei den Bewohnern des Ortes Zleovo in der "Transportzone Mostenitza" nach der Existenz von Altwegerelikten erkundigt. Ebendort gab es ursprünglich Kopfsteinpflaster auf dem Dorfplatz, das vor kurzem durch Asphalt ersetzt wurde. Zu Straßenresten rings um den Ort ist jedoch nichts bekannt.

Obwohl die im Gelände angestrebten Lokalisierungen in der erhofften Form nicht zu erbringen waren, was einmal mehr den Wettlauf der historischen Geographie gegen die Zeit und deren infrastrukturelle Maßnahmen offenbart, zeigen die dargelegten Ergebnisse, daß eine Verfeinerung der von Gavro Škrivanić beschriebenen Langstreckenverbindung durch das Flußtal der Strumica bzw. Strumešnica im Abschnitt zwischen Radoviš und Novo Selo auf der Basis einer fundierten Analyse mittelalterlicher Urkunden sowie unpublizierter kartographischer Archivalien aus vorindustrieller Zeit möglich ist.

Die Sinnhaftigkeit von Surveys im Rahmen der "Altstraßenforschung" zwecks Sammelns von Datensätzen in Form von GPS-Wegpunkten und GPS-Tracks, um durch deren computergestützte Verarbeitung in "Least-Cost Path"-Modellen zu neuen Erkenntnissen über Verkehrsverbindungen auf der Mikroebene zu gelangen, veranschaulicht ein mittlerweile publiziertes Modell auf der Basis der oben präsentierten Daten und von LiDAR bzw. ASTER DEM (*Abb. 39*)[3] sowie der folgende Abschnitt (VIII.) anhand einer Fallstudie zur Region Melnik.

---

1   Siehe: Karte 1:100.000, Beograd 1955, Blatt Strumica. Keine Angaben gibt es dazu in: Miroslav KRLEŽA u. a. (Hgg.), *Enciklopedija Jugoslavije 8, Srbija-Ž.* Zagreb 1971, 199f. (Strumica).

2   Diese Brücke hat folgende GPS-Koordinaten: 22 46 15; 41 26 07.

3   Mihailo St. POPOVIĆ / Markus BREIER, Tracing Byzantine Routes – Medieval Road Networks in the Historical Region of Macedonia and Their Reconstruction by Least-Cost Paths, in: *Proceedings of the "16th International Conference on Cultural Heritage and New Technologies"*. Wien 2011, 464-475, unter <http://www.stadtarchaeologie.at/wp-content/uploads/eBook_CHNT16_Part4.pdf>, 4.6.2014.

VIII. ZUR NÜTZLICHKEIT VON "LEAST-COST PATH"-MODELLEN IN DER HISTORISCHEN GEOGRAPHIE ANHAND DER FALLSTUDIE DER ROUTE MELNIK-ZLATOLIST (BULGARIEN)

Einleitung

Die Rekonstruktion des urbanen Charakters von Melnik in spätbyzantinischer Zeit sowie die Lokalisierung von Denkmälern in der Stadt selbst ermöglichen die schriftlichen griechischen und altslawischen Quellen – im besonderen die Urkunden des 13. und 14. Jahrhunderts, welche die Existenz einer "Oberstadt" und einer "Unterstadt" in dieser Periode bezeugen (*Abb. 29*).[1] Dieselben Quellen erlauben es uns, das Siedlungsnetz der Region Melnik in spätbyzantinischer und osmanischer Zeit durch Anwendung der modifizierten "Central Place Theory" zu begreifen (siehe Abschnitt V.).

Was weder in den erwähnten mittelalterlichen Quellen noch in den osmanischen Steuerregistern (Defter) des 16. Jahrhunderts[2] zu finden ist, sind Belege über Straßen und Routen[3] in der Region Melnik. Dieser Umstand wirft umgehend die Frage auf, ob die bestehende Lücke hinsichtlich des mittelalterlichen Straßensystems in der Region durch archäologische Erkenntnisse geschlossen werden kann.

Zum archäologischen Befund

Laut archäologischer Sekundärliteratur existierten zwei Routen in der betreffenden Region, die vom Tal des Flusses Struma (Strymōn) über das Pirin-Gebirge zum Tal des Flusses Mesta (Nestos) führten (*Abb. 40*). Die erste verband Drangovo, Katunci und Gorno Spančevo, die zweite Marikostinovo, Katunci und Gorno Spančevo. Eine weitere Route über Damjanica und Melnik vereinigte sich mit diesen beiden bei Gorno Spančevo. Von dort durchquerten alle drei als eine einzige Route vereint das Pirin-Gebirge und erreichten die Stadt *Nikopolis ad Nestum*.[4]

---

1   Dieser Ansatz wurde exemplarisch ausgearbeitet von: Violeta NEŠEVA, *Melnik. Bogozidanijat grad*. Sofija 2008, 49-70; Mihailo POPOVIĆ, Did Dragōtas Conquer Melnik in 1255?, *Glasnik Institut za Nacionalna Istorija* 51 (2007), H. 1, 15-24; DERS., Zur Topographie des spätbyzantinischen Melnik, *Jahrbuch der Österreichischen Byzantinistik* 58 (2008), 107-119; DERS., Neue Überlegungen zu der alten Metropolitankirche Sveti Nikola in Melnik als Ergänzung zur Forschung des Vladimir Petković, in: Mihailo POPOVIĆ / Johannes PREISER-KAPELLER (Hgg.), *Junge Römer – Neue Griechen. Eine byzantinische Melange aus Wien. Beiträge von Absolventinnen und Absolventen des Instituts für Byzantinistik und Neogräzistik der Universität Wien, in Dankbarkeit gewidmet ihren Lehrern Wolfram Hörandner, Johannes Koder, Otto Kresten und Werner Seibt als Festgabe zum 65. Geburtstag*. Wien 2008, 179-185. Weitere Hinweise auf Sekundärliteratur zu Melnik in: Alexander KAZHDAN, Melnik, in: *The Oxford Dictionary of Byzantium 2*. New York, Oxford 1991, 1337; Günter PRINZING, Melnik, in: *Lexikon des Mittelalters 6*. München, Zürich 1993, 501.

2   In slawischer Übersetzung herausgegeben von: Aleksandar STOJANOVSKI (Hg.), *Turski dokumenti za istorijata na Makedonskiot narod. Opširen popisen defter za Kjustendilskiot sandžak od 1570 godina. Tom V/Kniga 4*. Skopje 1985, 13-148.

3   Siehe zu den Termini, die für Straßen und Routen in spätbyzantinischen Urkunden angewandt werden, und zu deren Kategorisierung weiter oben, Abschnitt VII.

4   Dieser Überblick ist zu finden bei: Michael WENDEL, *Karasura III. Untersuchungen zur Geschichte und Kultur des alten Thrakien. Die Verkehrsanbindung in frühbyzantinischer Zeit (4.-8. Jh. n. Chr.)*. Langenweißbach 2005 (Schriften des Zentrums für Archäologie und Kulturgeschichte des Schwarzmeerraumes, 6), 141f., 159. Die Reste von *Nikopolis ad Nestum* befinden sich rund 7 km nö. der Stadt Goce Delčev (des vormaligen Nevrokop). Siehe: Peter SOUSTAL, *Thrakien (Thrakē, Rodopē und Haimimontos)*. Wien 1991 (Nachdruck Wien 2004) (Tabula Imperii Byzantini, 6), 376f.

Bemerkenswert ist in diesem Zusammenhang, daß keine frühbyzantinischen Altwegerelikte von Michael Wendel dokumentiert wurden.[1] Auch Paul Meinrad Strässle erwähnt keine Straßenreste aus mittelbyzantinischer Zeit.[2] Weiters hat es den Anschein, daß keine rezenten Surveys in der Region Melnik mit dem Ziel durchgeführt wurden, das Netzwerk von Routen auf der Mikroebene zu rekonstruieren. Jedenfalls wurden diesbezüglich keine Berichte verfaßt bzw. vorgelegt. Die einzige Ausnahme bildet ein Bericht des 19. Jahrhunderts, der weiter unten (*Zu den durchgeführten Surveys*) publiziert und kommentiert wird.

Das Fehlen von Belegen in den mittelalterlichen Quellen und von archäologischem Befund führt zu der Feststellung, daß ein kohärentes Bild der Routen rings um die Stadt Melnik in spätbyzantinischer und osmanischer Zeit bis jetzt nicht existiert.

Zu den durchgeführten Surveys

Der erste Survey von Routen der Region Melnik wurde am 14. Juni 2007 von Peter Soustal und vom Verfasser gemeinsam durchgeführt. Dieser fußte auf Informationen zweier Einwohner von Melnik namens Asen und Vanja Miluševi.

Laut deren Aussage existierte eine Route zwischen der Stadt Melnik und dem Dorf Zlatolist, die über den Paß Goljam Ključ führte. Auf dem Paß selbst befand sich ein verlassener Beobachtungsposten (Turm). Diese Route wurde im 20. Jahrhundert von den Schulkindern aus Zlatolist jeden Tag als Schulweg nach Melnik verwendet, bis die Schule in Melnik geschlossen wurde. Weiters zeichnete Vanja Miluševa eine Skizze der besagten Route (*Abb. 41*).[3]

Den Anfangspunkt des Surveys am 14. Juni 2007 bildete das Haus des Kordopulov (Kordopulova kǎšta) (*Abb. 42*)[4] am SO-Rand von Melnik. Peter Soustal und der Verfasser wandten sich von dort nach Südosten und betraten eine Forststraße, die zur Kirche Sveta Petka (Sveta Paraskeva) auf einer Erhebung führte (*Abb. 43, Abb. 44* und *Abb. 45*).[5] Diese Kirche wird in die erste Hälfte des 13. Jahrhunderts datiert und wurde höchstwahrscheinlich auf einem Vorgängerbau des 6. Jahrhunderts errichtet (*Abb. 46*).[6] Sie ist dreischiffig und hat eine Dachkonstruktion aus Holz, die von Holzpfeilern getragen wird.

Ab dieser Stelle nahm die Steigung der Route beträchtlich zu und führte durch dichten Bewuchs in Form von Bäumen und Gestrüpp (*Abb. 47*). Hierbei wechselte der Charakter der Route auf dem N-Abhang in Richtung Melnik von einem Saumpfad (*Abb. 48*) zu einem breiteren Weg – bis zu 2,5 m – in unmittelbarer Nähe des Passes Goljam Ključ (*Abb. 49*), der

---

1 Wendel, Karasura III, 282, 289, 298, 309, 323-325.

2 Paul Meinrad Strässle, *Krieg und Kriegführung in Byzanz. Die Kriege Kaiser Basileios' II. gegen die Bulgaren (976-1019).* Köln, Weimar, Wien 2006, 187-189.

3 Meine Erklärungen zu dieser Skizze sind in eckige Klammern gesetzt.

4 GPS 23 23 53; 41 31 22. Dieser und die folgenden GPS-Wegpunkte werden auf der Basis von *Google Earth* in *Abb. 44* sowie *Abb. 47* veranschaulicht.
   Das Haus des Kordopulov wurde im Jahre 1754 errichtet und ist jetzt ein Museum: Tchavdar Marinov, De la « ville grecque » au musée bulgare : l'invention d'un patrimoine national à Melnik, *Revue des Études Sud-Est Européennes* 47 (2009), H. 1-4, 239-271, 262-267; Theodoros N. Vlachos, *Die Geschichte der byzantinischen Stadt Melenikon.* Thessaloniki 1969 (Hetaireia Makedonikōn Spudōn, Hidryma Meletōn Chersonēsu tu Haimu, 112), 57f. Der geringe Unterschied zwischen dem Anfangspunkt der Route zwischen Melnik und Zlatolist, die am 16. Juni 2010 aufgezeichnet wurde, und dem Anfangspunkt des "Least-Cost Path" liegt darin begründet, daß die Aufzeichnung der Route am Fuße des Hauses des Kordopulov begann, während der GPS-Wegpunkt des Hauses selbst für das Modell verwendet wurde.

5 GPS 23 24 05; 41 31 14.

6 Neševa, Melnik. Bogozidanijat grad, 69, 292; Violeta Neševa / Cvetana Komitova, Cǎrkvata "Sv. Paraskeva" (Sv. Petka) v Melnik, *Arheologija* 46 (2005), H. 1-4, 100-108.

im Falle einer umfangreichen Bereinigung dieses Bereiches auch von Wägen bzw. Fuhrwerken benützt werden könnte. Spuren von Pflasterung waren auf dem N-Abhang nicht wahrzunehmen.

Wie von Asen und Vanja Miluševi beschrieben, befanden sich die Reste eines rechteckigen Gebäudes unmittelbar beim südlichen Ausgang des Passes (*Abb. 44* und *Abb. 50*).[1] Es blickt nach Süden und überwacht teilweise die Route zwischen Goljam Ključ und Zlatolist (*Abb. 51* und *Abb. 52*).[2] Das Gebäude wurde von bulgarischen Archäologen dokumentiert[3] und als Turm mit einer Länge von 6,55 m und einer Breite von 4,18 m identifiziert. Seine Höhe wird auf 10 bis 12 m geschätzt, was bedeutet, daß er mindestens drei Geschoße gehabt haben muß. Der Turm wurde in das 6. Jahrhundert datiert[4], was meines Erachtens aufgrund des Mangels an einschlägigen archäologischen Funden in Frage zu stellen ist. Der Paß Goljam Ključ und sein Turm bildeten einen Teil des äußeren Befestigungssystems der Stadt Melnik. Sie waren eine strategische Engstelle und gleichzeitig die einzige Verbindung der Stadt nach Südosten und in der Folge nach Osten.[5]

Weiters begegnet das Toponym Goljam Ključ mit großer Wahrscheinlichkeit im Testament des Paulos Klaudiupolitēs, des Erzbischofs von Melnik, im Jahre 1216, worin er dem Kloster Theotokos Spēlaiōtissa in der "Oberstadt" von Melnik einen Weinberg in *Kleiutzitos (kai heteron ampelion eis ton Kleiutziton)* schenkte.[6] Diese Identifizierung wird durch die Ähnlichkeit des griechischen Wortes *kleis / kleidion*[7] und des altslawischen Wortes *ključъ*[8], die beide mit "Schlüssel" zu übersetzen sind, zusätzlich gestützt, was wiederum auf den Paß als Engstelle Bezug nimmt.[9]

Beim Abstieg auf dem S-Abhang in Richtung Zlatolist stießen Peter Soustal und der Verfasser auf Spuren von Pflasterung mit einer Gesamtlänge von circa 75 m, die Charakteristika eines befestigten Saumpfades aufweisen (*Abb. 51, Abb. 53* und *Abb. 54*).[10] Danach ging die Steigung sanft in ein Tal über, das mit Gras bewachsen ist – gleich einer Alm (*Abb. 55*) – und

---

1   GPS 23 24 24; 41 31 06.
2   GPS 23 24 36; 41 30 50. Dieser GPS-Wegpunkt markiert die Sichtverbindung zwischen einem Reisenden, der von Süden (d. h. von Zlatolist) kommt, und dem Beobachtungsposten bei Goljam Ključ.
3   Boris Hristov CVETKOV, *Selištnata mreža v dolinata na Sredna Struma prez Srednovekovieto IX-XVII vek (po arheologičeski danni)*. Sofija 2002, 57, 197-199; Cvetana KOMITOVA, Arheologičesko proučvane na obekt "Krepostna kula" v m. Ključ kraj gr. Melnik, in: *Arheologičeski otkritija i razkopki prez 2003 g*. Sofija 2004, 199f.; NEŠEVA, Melnik. Bogozidanijat grad, 62, 70f.; Georgi STOJANOV, Naprečna krepostna stena iztočno ot cărkva "Sv. Nikola" – etap ot krepostnoto stroitelstvo na Melnik XIII-XIV vek, *Prinosi kăm bălgarskata arheologija* 1 (1992), 158-163, 159.
4   Vgl. zu weiteren Details und einem Plan: Violeta NEŠEVA, Melnik pri car Samuil v kraja na X - načaloto na XI vek (po arheologičeski danni), in: *Vizantija, Balkanite, Evropa. Izsledvanija v čest na Prof. Vasilka Tăpkova-Zaimova*. Sofija 2006 (Studia Balcanica, 25), 605-622, 615f., 622; DIES., Melnik. Bogozidanijat grad, 70.
5   CVETKOV, Selištnata mreža, 57; STOJANOV, Naprečna krepostna stena, 159.
6   Sein Testament wurde ediert in: Jacques BOMPAIRE / Jacques LEFORT / Vassiliki KRAVARI / Christophe GIROS (Hgg.), *Actes de Vatopédi I. Des origines à 1329. Texte*. Paris 2001 (Archives de l'Athos, 21), 122f. (Nr. 12). Siehe dazu auch: Violeta NEŠEVA, Melniškijat manastir "Sv. Bogorodica Spileotisa" ("Sv. Zona") v novi dokumenti, in: *Sbornik v pamet na profesor Velizar Velkov*. Sofija 2009, 519-531; POPOVIĆ, Zur Topographie, 113, 115. Vgl. zur Lokalisierung dieses Toponyms: NEŠEVA, Melnik. Bogozidanijat grad, 17.
7   Henry George LIDDELL / Robert SCOTT / Henry Stuart JONES, *A Greek-English Lexicon*. Oxford 1996, 956f.
8   Franz VON MIKLOSICH, *Lexicon Palaeoslovenico-Graeco-Latinum emendatum auctum*. Wien 1862-1865 (Nachdruck Aalen 1977), 292.
9   Goljam Ključ darf an dieser Stelle nicht mit Malăk Ključ verwechselt werden. Malăk Ključ liegt rund 800 m osö. von Goljam Ključ (siehe: Karte 1:55,000, Turističeska karta, Pirin, Sofija [10]2006) und wurde auch von Vanja Miluševa in ihrer Skizze eingezeichnet. Vgl. dazu *Abb. 40* und *Abb. 41*.
10 Sowohl der Anfangs- als auch der Endpunkt der Pflasterung wurden mit je einem GPS-Wegpunkt eingemessen [GPS 23 24 29; 41 31 01 bzw. GPS 23 24 29; 41 30 58].

auf einem Feldweg nach Süden führte, bis es zunächst die Kirche Sveti Georgi (*Abb. 56* und *Abb. 57*)[1] und danach das Dorf Zlatolist (*Abb. 56* und *Abb. 58*)[2] erreichte.

Unmittelbar nach diesem ersten Survey begann ein Projekt mit dem Titel "Melnik – God Created Town from Demolition to a Raise" im Juli 2007. Es wurde von der Europäischen Union im Rahmen des Phare CBC Programmes zwischen Bulgarien und Griechenland unter dem Aspekt der "Promotion of Nature Protection Actions and Sustainable Development across the Border" finanziert.[3] Eines der Projektziele bestand im Anlegen von Ökowegen im Dreieck zwischen der Stadt Melnik, dem Kloster Rožen[4] und dem Dorf Zlatolist im Zeitraum 18. Juli 2007 bis 15. November 2007. Sichtbare Maßnahmen, die im Zuge des erwähnten Projektes gesetzt und auf einem zweiten Survey am 16. Juni 2010 von Peter Soustal und dem Verfasser dokumentiert wurden, war die Errichtung von Rastplätzen, Bänken und Holzgeländern entlang steiler Abschnitte des Weges.

In der Zwischenzeit hat der Verfasser durch Studium von Archivalien im Österreichischen Staatsarchiv zu Wien entdeckt, daß sein Survey der Route zwischen Melnik und Zlatolist im Jahre 2007 nicht der erste seiner Art gewesen ist. Wie bereits weiter oben dargelegt wurde (siehe Abschnitt VII), haben österreichisch-ungarische Offiziere des k. k. Militär-Geographischen Instituts auf Expeditionen im Osmanischen Reich Marschrouten zwischen Siedlungen aufgenommen und Schraffen des Terrains gezeichnet, so auch jener Route zwischen Melnik und Šušica (Zlatolist) am 19. Juni 1874.[5]

Deren Zeichnung (*Abb. 59, Abb. 60* und *Abb. 61*)[6] zeigt deutlich, daß sie in einem Tag von Melnik über Šušica (Zlatolist) und Čerešnica[7] nach Ispanča[8] gereist sind und schließlich Perim Köi (*Abb. 62*)[9] erreicht haben. Des weiteren haben die Offiziere eine Beschreibung der Marschroute zwischen der Stadt Melnik und dem Dorf Pirin angefertigt, die folgendermaßen lautet[10]:

---

1   GPS 23 24 56; 41 29 55. Basierend auf einer Jahreszahl außen auf der O-Mauer oberhalb der Apsis ist die Kirche in das Jahr 1857 zu datieren. Die Fresken stammen aus dem Jahre 1876.

2   GPS 23 25 11; 41 29 43. Ursprünglich hieß dieses Dorf Dolna Sušica. Es wurde im Jahre 1951 in Zlatolist umbenannt. Siehe dazu: Petăr KOLEDAROV / Nikolaj MIČEV (Hgg.), *Promenite v imenata i statuta na selištata v Bălgarija 1878-1972 g.* Sofija 1973, 115.

3   Die Nummer des Projektes lautet: BG 2004/016-782.01.03.03.09-08. Für weitere Informationen im Internet, unter <http://ec.europa.eu/enlargement/fiche_projet/document/2004-016-782.01.03%20Nature.protection.pdf>, 12.2.2014.

4   Vgl. zur Geschichte des Klosters: Georgi GEROV u. a., *Stenopisite na Roženskija manastir.* Sofija 1993; Zoe KAZAZAKI u. a., *Monasteries of the Via Egnatia. Cultural - Tourist guide. 2. Central and Eastern Macedonia, Thrace - Southern FYROM - Southern Bulgaria.* Heraklion 1999, 128-132; Sōtērios KISSAS, Contribution to the History of Rožen Monastery near Melnik, *Cyrillomethodianum* 11 (1987; ersch. 1989), 195-213; Ljuben PRAŠKOV / Elka BAKALOVA / Stefan BOJADŽIEV, *Manastirite v Bălgarija.* Sofija 1992, 244-252.

5   Österreichisches Staatsarchiv (im folgenden: OeStA) / Kriegsarchiv (im folgenden: KA) B III c 19-04, Marsch 32 und Blatt XXX.

6   OeStA / KA B III c 19-04, Blatt XXX.

7   Sie verwendeten eine Route zwischen Šušica (Zlatolist) und Čerešnica, die jetzt *Čerešniški pǎt* genannt wird (siehe: Karte 1:55,000, Turističeska karta, Pirin, Sofija [10]2006 und *Abb. 40*). Dies wird anhand eines minutiösen Vergleiches zwischen der Zeichnung und der erwähnten Wanderkarte augenscheinlich. Čerešnica [GPS 23 27 31; 41 29 42] liegt rund 6 km osö. der Stadt Melnik.

8   Ispanča ist identisch mit Gorno Spančevo [GPS 23 30 06; 41 30 08] und befindet sich ca. 9 km osö. von Melnik.

9   Jetzt das Dorf Pirin [GPS 23 33 37; 41 32 37], rund 14 km onö. der Stadt Melnik. Das türk. Wort "köy" bedeutet "Dorf".

10 OeStA / KA B III c 19-04, Marsch 32.

Marsch 32

Von Melnik bis Perim Köi 2½ Meilen[1]

Beschaffenheit: Saumpfad mit kurzer Unterbrechung durch nicht erh.[scilicet -
                                altenen] *Fahrweg im Bistrica*[2] *Thale.*

Terrain: Erdiger, fester Boden bis Ispanča, dann steinig und
                                felsig.
                                Bis Ispanča Felder und Hutweide[3] – dann Wald und Ge-
                                strüpp.
                                Steile Abfälle, schluchtartig eingerißene Wässer.
                                Bistrica reißender Fluß – großes Gefälle, felsiges,
                                schottriges Bett.

Brücken: Kleine gewölbte Brücke über die Wässer.
                                Bei Ispanča Bogenbrücke ohne Mittelpfeiler.

Orte und Lagerplätze: Melnik –
                                Šušica –
                                Čerešnica –
                                Ispanča –
                                Perim Köi – 100 [scilicet Häuser[4]]
                                hier etwas Eisengewinnung

Mil[i]*tär.*[scilicet -isch] *wichtig:*   –

Seitenwege: –

Dieser Umstand hat den Verfasser dazu bewogen, die Erforschung der Routen in der Region
Melnik zu intensivieren. Aus diesem Grunde wurden zusätzliche Surveys im Zeitraum 16. Juni
2010 bis 18. Juni 2010 durchgeführt, um alle existierenden Routen im Dreieck Melnik-Kloster
Rožen-Zlatolist mit GPS-Tracks aufzuzeichnen (*Abb. 63*).
    Die erste, auf diese Art und Weise am 16. Juni 2010 dokumentierte Route war jene bereits

---

1   Eine österreichische (Post-)Meile = 7,585936 km. 2,5 Meilen entsprechen demgemäß 18,96484 km. Das
     metrische System wurde in Österreich-Ungarn am 23. Juli 1871 eingeführt und war seit dem 1. Jänner 1876
     verbindlich. Aus diesem Grunde haben die Offiziere im Rahmen ihrer Expeditionen des Jahres 1874 noch
     österreichische Meilen verwendet. Vgl. dazu: *Reichsgesetzblatt für die im Reichsrathe vertretenen Königreiche
     und Länder, VI. Stück, Ausgegeben und versendet am 2. März 1872: 16. Gesetz vom 23. Juli 1871, womit eine
     neue Maß- und Gewichtsordnung festgestellt wird*, 29-34.
2   Bei der Bistrica handelt es sich in diesem Falle um die Pirinska Bistrica, die ein linker (ö.) Zubringer des Flusses
     Struma (Strymōn) ist und eine Gesamtlänge von 53 km aufweist. Siehe dazu: *Enciklopedija Bălgarija 1, A-V.*
     Sofija 1978, 290.
3   In diesem Kontext bezeichnet der Begriff "Hutweide" eine landwirtschaftliche Fläche, die dazu diente, Nutztiere
     unter der Aufsicht eines Hirten zu weiden. Vgl. dazu: Hans BLESKEN u. a. (Hgg.), *Deutsches Rechtswörterbuch.
     Wörterbuch der älteren deutschen Rechtsprache. Sechster Band (Hufenwirt bis Kanzelzehnt).* Weimar 1961-
     1972, 134 ("Weideplatz"), 186.
4   Diese Interpretation geht aus einem Vergleich mit den übrigen Beschreibungen der Marschrouten hervor. Siehe
     dazu weiter oben, Abschnitt VII.

bekannte und im Jahre 2007 begangene zwischen Melnik und Zlatolist (in rot).[1] Der zweite GPS-Track umfaßt die Route zwischen Melnik und dem Kloster Rožen, der am 17. Juni 2010 aufgezeichnet wurde (in blau).[2] Die dritte und letzte Route war diejenige zwischen dem Kloster Rožen und Zlatolist, die am 18. Juni 2010 dokumentiert wurde (in türkis).[3] Alle drei Routen bilden in Zusammenschau mit den landschaftlichen Merkmalen das Dreieck Melnik-Kloster Rožen-Zlatolist (*Abb. 63*).[4]

Zur Arbeitshypothese

An dieser Stelle ist es erforderlich, die bisher erwähnten Daten überblicksartig zusammenzufassen. Obwohl ein Mangel an Zeugnissen zu den Straßen rings um Melnik sowohl in den mittelalterlichen schriftlichen Quellen als auch in der archäologischen Dokumentation vorliegt, ist es nichtsdestoweniger möglich, folgende Fakten bezüglich der Route zwischen Melnik und Zlatolist darzulegen, auf die nunmehr das Hauptaugenmerk gelegt wird:

Ein Hinweis in einem Testament des Jahres 1216, in welchem das Toponym *Kleiutzitos* erwähnt wird, das höchstwahrscheinlich mit dem Paß Goljam Ključ zu identifizieren ist. Ein isolierter archäologischer Befund in Form eines Turmes bei der Engstelle Goljam Ključ und Spuren von Pflasterung auf dem S-Abhang in Richtung Zlatolist. Ein ausgezeichnet dokumentierter Survey österreichisch-ungarischer Offiziere des k. k. Militär-Geographischen Instituts aus dem Jahre 1874, der beweist, daß diese Route im 19. Jahrhundert in Verwendung war. Eine lokale Überlieferung über die Nutzung der Route im 20. Jahrhundert (vgl. dazu den Bericht von Asen und Vanja Miluševi).

All diese Fakten vervollständigen das Bild, wonach die Route zwischen Melnik und Zlatolist mit großer Wahrscheinlichkeit ihren Ursprung zumindest in mittelalterlicher Zeit hat, obwohl die mittelalterlichen schriftlichen Quellen zu dieser Verkehrsverbindung ausnahmslos schweigen. Um diesen Ansatz zielführend weiterzuentwickeln, werden im folgenden die Resultate von Berechnungen im Rahmen eines "Least-Cost Path"-Modells vorgestellt und interpretiert.

Zu "Least-Cost Path"-Modellen

Das Ziel und die Funktion eines "Least-Cost Path"-Modells werden am anschaulichsten durch folgendes Zitat aus der Sekundärliteratur verdeutlicht: "Archaeologists, however, often do not know the exact route of transportation links because for much of history transport did not involve the construction of specialised infrastructure such as roads and artificial waterways. Even where it did, such infrastructure may not have been preserved. Under these circumstances GIS [scilicet Geographic Information System] can be used to predict transport routes by deriving least-cost paths from an appropriate accumulated cost-surface. Of course, prediction of 'lost'

---

1   Die technischen Daten der aufgezeichneten Route lauten: Durchschnittsgeschwindigkeit: 2,0 km/h; Maximale Geschwindigkeit: 8,2 km/h; Gesamtzeit: 02:07:47; Kartographische Länge = 4,184 km. Die Gesamtzeit ist auf rund 90 Minuten zu korrigieren, weil die verbleibende Zeit von 37:47 Minuten zur Dokumentation der Route mit digitalen Photographien und zur Anfertigung von Notizen benutzt wurde.

2   Durchschnittsgeschwindigkeit: 1,6 km/h; Maximale Geschwindigkeit: 6,3 km/h; Gesamtzeit: 02:24:24; Kartographische Länge = 3,813 km. Wiederum ist die Gesamtzeit aus den obenerwähnten Gründen auf rund 90 Minuten zu reduzieren.

3   Durchschnittsgeschwindigkeit: 3,5 km/h; Maximale Geschwindigkeit: 5,6 km/h; Gesamtzeit: 01:30:02; Kartographische Länge = 5,297 km. Hinsichtlich der Gesamtzeit muß zwischen circa 75 Minuten Wegzeit bergab bzw. circa 95 Minuten Wegzeit bergauf unterschieden werden.

4   Das klar umrissene Gebiet dieses Dreiecks wird weiter unten (Abschnitt IX.) für die Anwendung der *Historic Landscape Characterisation* (*HLC*) exemplarisch herangezogen.

routes is not the only use for least-cost paths: they can be compared to known routes in order to help understand the location of those routes."[1]

Auf die Route zwischen Melnik und Zlatolist wurde in erster Linie die Technik der Reproduktion ("replication") – nicht der Vorhersage ("prediction") – angewandt[2], wobei diese Route ganz bewußt für ein "Least-Cost Path"-Modell ausgewählt wurde, weil sie mehrere dafür notwendige Faktoren vereint.

Zunächst verbindet sie keine Siedlungen in einer Ebene, wo eine unendliche Anzahl von möglichen Routen durch ein Modell berechnet werden kann. Sowohl Melnik als auch Zlatolist sind von Sandsteinformationen umgeben, die sich durch klimatische Einflüsse ununterbrochen verändern, was einerseits nur eine begrenzte Zahl von Verkehrsverbindungen in der Landschaft ermöglicht. Andererseits kompliziert dieser Umstand die Erstellung eines Modells bis zu einem gewissen Punkte, weil die jetzige Landschaft nicht in ihrem gesamten Erscheinungsbild der Realität der mittelalterlichen Zeit entspricht.[3] Schließlich sind sowohl der Anfangs- als auch der Endpunkt der Route – d. h. Melnik und Zlatolist – bekannt.

Durch Kombination all dieser Faktoren und der verfügbaren Datensätze wird deutlich, daß die Vorbedingungen für ein "Least-Cost Path"-Modell vollauf gegeben sind, weil ein "model is only as good as the input data and the ways in which those data are managed".[4] Die Hypothese, die sich aus den besagten Überlegungen ableitet, beinhaltet folgende Fragestellung: Wenn man die Route zwischen Melnik und Zlatolist als Verkehrsverbindung anspricht, die auf der Mikroebene des Verkehrssystems der Region Melnik im Mittelalter und in der Neuzeit benutzt wurde, ist diese gleichzeitig der idealste und beste Weg zwischen dem Anfangs- und dem Endpunkt? Hat der Mensch des Mittelalters den direktesten Weg gesucht / gefunden, welcher die geringste Aufwendung von Energie erfordert oder gibt es eine bessere Alternative?[5] Wird die durch das "Least-Cost Path"-Modell berechnete Route mit der historisch bezeugten identisch sein?

Der Verfasser hat sowohl die im Zuge des Surveys des Jahres 2007 eingemessenen GPS-Wegpunkte (s. o.) als auch den im Jahre 2010 aufgezeichneten GPS-Track (s. o.) mittels des Computerprogrammes *GPS TrackMaker Version 13.6* in *Google Earth* eingespielt, woraus ein Datensatz entstanden ist, welchen er dem Geoinformatiker Juilson J. Jubanski übergeben hat. Dieser hat unter Verwendung des Programmes *GRASS GIS*[6] ein "Least-Cost Path"-Modell berechnet, dessen Resultate auf *Abb. 64, Abb. 65* und *Abb. 66* zu sehen sind, wobei der GPS-

---

1   James CONOLLY / Mark LAKE, *Geographical Information Systems in Archaeology.* Cambridge u. a. 2006 (Cambridge Manuals in Archaeology), 252. Vgl. dazu auch: Timothy W. FORESMAN (Hg.), *The History of Geographic Information Systems: Perspectives from the Pioneers.* Upper Saddle River/NJ. 1998; Chaowei YANG u. a. (Hgg.), *Advanced Geoinformation Science.* Boca Raton/FL. 2011.

2   CONOLLY / LAKE, Geographical Information Systems, 255f.

3   Siehe zu den Grenzen von "Least-Cost Path"-Modellen: Henry CHAPMAN, *Landscape Archaeology and GIS.* Stroud 2006, 107-111; CONOLLY / LAKE, Geographical Information Systems, 252-255; Rupert GIETL / Michael DONEUS / Martin FERA, Cost Distance Analysis in an Alpine Environment: Comparison of Different Cost Surface Modules, in: Axel POSLUSCHNY / Karsten LAMBERS / Irmela HERZOG (Hgg.), *Layers of Perception. Proceedings of the 35th International Conference on Computer Applications and Quantitative Methods in Archaeology (CAA), Berlin, Germany, April 2-6, 2007.* Bonn 2008 (Kolloquien zur Vor- und Frühgeschichte, Volume 10), 342-350; Jacobus Wilhelmus Hermanus Philippus VERHAGEN / Axel POSLUSCHNY / Alžběta DANIELISOVÁ (Hgg.), *Go Your Own Least Cost Path. Spatial Technology and Archaeological Interpretation. Proceedings of the GIS Session at EAA 2009, Riva del Garda.* Oxford 2011 (BAR International Series, 2284).

4   CHAPMAN, Landscape Archaeology, 107.

5   Etwaige Gründe für eine alternative Route könnten z. B. Orte religiöser Verehrung oder Wasserstellen sein. Die Route zwischen Melnik und Zlatolist verfügt über beides (d. h. die Kirche Sveta Petka und die Kirche Sveti Georgi mit einem Brunnen).

6   Siehe dazu die Internetseite des Programmes unter, <http://grass.osgeo.org/>, 4.6.2014.

Track – d. h. die real existierende Route – in türkiser, der ideale, direkteste (d. h. "Least-Cost") Weg hingegen in gelber Farbe gehalten ist. Die rot markierte Zone südlich der Stadt Melnik kennzeichnet einen Bereich der Landschaft, der aufgrund der Sandsteinklippen in der Realität unpassierbar ist.[1]

Zusammenfassung

Die Zusammenführung aller Aspekte in dem vorliegenden Abschnitt ermöglicht es, folgende Schlüsse zu ziehen: Zuallererst ist festzustellen, daß der errechnete "Least-Cost"-Weg die Nützlichkeit der historisch bezeugten Route zwischen Melnik und Zlatolist untermauert. Sie zeigt, daß der ideale sowie direkteste Weg zwischen beiden Punkten ohne Zweifel über den Paß Goljam Ključ lief und weiterhin läuft. Folglich war sich der Mensch des Mittelalters sowohl der topographischen Bedingungen in der Umgebung von Melnik als auch seiner eigenen Leistungsfähigkeit wohl bewußt.

Nichtsdestoweniger sind einige Aspekte des Modells zu diskutieren und zu kommentieren. Die Tatsache, daß der kumulative Energieaufwand für die rot markierte Zone südlich der Stadt Melnik – d. h. südlich der Erhebung Sveti Nikola – im Modell als unendlich definiert wurde, ist mit der Realität der heutigen Landschaft zu rechtfertigen. Weder ist es jetzt möglich, von der Erhebung Sveti Nikola direkt nach Süden abzusteigen noch ein in west-östlicher Richtung verlaufendes Tal unmittelbar südlich dieser Erhebung zu durchqueren, das durch Erosion blockiert wurde. Beide Alternativen konnten auf der Basis der Surveys in den Jahren 2007 sowie 2010 ausgeschlossen werden.

Vergleicht man den ersten Teil der Route zwischen der Stadt Melnik und dem Paß Goljam Ključ (*Abb. 67*), ist ein geringfügiger Unterschied zwischen der real existierenden Route (in türkis) und dem errechneten "Least-Cost"-Weg (in gelb) festzustellen. Dieser Unterschied (rund 100 m) ist einerseits auf die Auflösung der *SRTM*[2]-Daten und deren altimetrische Genauigkeit (rund 10 m) zurückzuführen. Zusätzliche, teils kostenintensive Datensätze auf der Basis von *Light Detection and Ranging* (*LIDAR*), *Synthetic Aperture Radar* (*SAR*) und *TerraSAR-X* könnten zur Verfeinerung des vorliegenden Modells beitragen. Andererseits ist zu erkennen, daß der "Least-Cost"-Weg dazu neigt, entweder dem Fuß oder dem Grat der Sandsteinklippen zu folgen, was auf *Abb. 67* durch rosa Rechtecke hervorgehoben ist. Dies wäre tatsächlich der ideale Weg aus dem Blickwinkel computergestützter Berechnungen. Allerdings werden in diesem Falle nicht die geologischen Bedingungen auf der Mikroebene der Landschaft in Betracht gezogen, welche basierend auf der Auflösung der *SRTM*-Daten nicht wiedergegeben werden können. Ebenso spiegelt der "Least-Cost"-Weg nicht die Schwierigkeiten und den Energieaufwand wider, den man benötigen würde, um den dichten Bewuchs in diesen Zonen zu durchqueren.

In dem zweiten Teil der Route zwischen dem Paß Goljam Ključ und dem Dorf Zlatolist besteht der größte Unterschied zwischen der real existierenden Route (in türkis) und dem errechneten "Least-Cost"-Weg (in gelb) unmittelbar südlich des besagten Passes (siehe *Abb. 68*). Die Surveys vor Ort haben gezeigt, daß die computergestützten Berechnungen einen direkten Weg nach Süden, der durch eine Furche führt, vorziehen. Zwar könnte ein Mensch

---

1 Der mathematische Lösungsweg wird in folgender Publikation im Detail beschrieben und erklärt: Mihailo St. POPOVIĆ / Juilson J. JUBANSKI, On the Function of "Least-Cost Path" Calculations within the Project *Tabula Imperii Byzantini* (*TIB*) of the Austrian Academy of Sciences: a Case Study on the Route Melnik-Zlatolist (Bulgaria), *Anzeiger der philosophisch-historischen Klasse der Österreichischen Akademie der Wissenschaften*, 145. Jahrgang / 2. Halbband (2010), 55-87.

2 Diese Abkürzung steht für *Shuttle Radar Topography Mission*.

diese Furche mit erheblichen Schwierigkeiten zum Abstieg benützen, nicht jedoch Lasttiere wegen der Neigung und des dichten Bewuchses. Aus diesem Grunde schwenkt die real existierende Route zunächst nach Osten und danach in einem Bogen nach Süden, um auf diese Weise die Steigung / Neigung in dieser Zone zu neutralisieren. Schließlich erkennt man einen geringfügigen Unterschied zwischen beiden Routen im mit Gras bewachsenen Tal, das nach Zlatolist führt. Dieser ist deswegen zu vernachlässigen, weil das Terrain in diesem Abschnitt durchgehend flach ist und somit ein ungehindertes Vorankommen sowohl in der Mitte des Tales als auch zu Füßen der Sandsteinklippen ermöglicht.

Zusammenfassend ist festzustellen, daß dieser Abschnitt die historisch-geographische Erforschung des Byzantinischen Reiches auf der Basis schriftlicher Quellen und archäologischer Erkenntnisse, wie sie seitens der *Tabula Imperii Byzantini* (*TIB*) seit über vierzig Jahren erfolgreich betrieben wird, mit bisher unbekannten Archivalien des 19. Jahrhunderts aus dem Österreichischen Staatsarchiv und Anwendungen aus den Bereichen von *GPS* und *GIS* verbindet.[1] Die vorliegende Fallstudie bezeugt die Kontinuität eines Verkehrsweges auf der Mikroebene zwischen den Orten Melnik und Zlatolist im Mittelalter und in der Neuzeit basierend auf dessen Reproduktion in einem "Least-Cost Path"-Modell. Sie beweist, daß die historisch bezeugte und jetzt noch existierende Route, die vom Menschen genutzt wurde / wird, größtenteils mit den computergestützten Berechnungen übereinstimmt. Somit ist meines Erachtens die Nützlichkeit der angewandten Methode hinlänglich untermauert, deren zukunftsträchtiges Potential in weiteren systematischen (Fall-)Studien mit Datensätzen der *TIB* entfaltet werden sollte.

---

1   Spärlich sind die Beispiele wissenschaftlicher Arbeiten unter Anwendung von *GIS* in der Byzantinistik. Zu den Pionieren auf diesem Gebiet zählen John Haldon (Princeton) und Vince Gaffney (Birmingham). Vgl. folgende Publikationen: GAFFNEY / GAFFNEY, Modelling Routes, 86f.; Vince GAFFNEY / John HALDON / George THEODOROPOULOS / Phil MURGATROYD, Marching across Anatolia: Medieval Logistics and Modeling the Mantzikert Campaign, *Dumbarton Oaks Papers* 65-66 (2011-2012), 209-235; Philip MURGATROYD / Bart CRAENEN / Georgios THEODOROPOULOS / Vincent GAFFNEY / John HALDON, Modelling Medieval Military Logistics: an Agent-Based Simulation of a Byzantine Army on the March, *Journal of Computational and Mathematical Organization Theory* (2011), 1-19, unter <http://link.springer.com/article/10.1007%2Fs10588-011-9103-9>, 4.6.2014; Vince GAFFNEY / Philip MURGATROYD / Bart CRAENEN / Georgios THEODOROPOULOS, 'Only Individuals': Moving the Byzantine Army to Manzikert, in: Stuart DUNN / Simon MAHONY (Hgg.), *The Digital Classicist 2013*. London 2013 (Bulletin of the Institute of Classical Studies, Supplement 122), 25-43. Siehe auch folgende vergleichbare Publikation: Florin FODOREAN, *The Topography and the Landscape of Roman Dacia*. Oxford 2013 (BAR International Series, 2501). In der Zwischenzeit hat der Verfasser gemeinsam mit Markus Breier ein weiteres "Least-Cost Path"-Modell zur Verbindung Štip-Petrič vorgelegt: Mihailo St. POPOVIĆ / Markus BREIER, Tracing Byzantine Routes – Medieval Road Networks in the Historical Region of Macedonia and Their Reconstruction by Least-Cost Paths, in: *Proceedings of the "16th International Conference on Cultural Heritage and New Technologies"*. Wien 2011, 464-475, unter <http://www.stadtarchaeologie.at/wp-content/uploads/eBook_CHNT16_Part4.pdf>, 4.6.2014.

IX. *GLOBAL POSITIONING SYSTEM* UND *HISTORIC LAND-SCAPE CHARACTERISATION* ALS HILFSMITTEL DER REGRESSIVEN REKONSTRUKTION HISTORISCHER LANDSCHAFTEN AM BEISPIEL DER STADT UND REGION MELNIK

Einleitung

In seinem vor kurzem erschienenen Beitrag mit dem Titel "De la « ville grecque » au musée bulgare : l'invention d'un patrimoine national à Melnik" hat Tchavdar Marinov sowohl das historische als auch das zeitgenössische Bild der Stadt Melnik einer genauen Prüfung sowie partiellen Dekonstruktion unterzogen.[1] Während der Großteil seiner Ausführungen aus der Perspektive der historischen Geographie keine prioritäre, weiterführende Beschäftigung zur Folge haben kann, sollen seine Rekurse auf die urbane Entwicklung der Stadt Melnik[2] an dieser Stelle sehr wohl aufgegriffen werden.

Des öfteren wurden in der Sekundärliteratur Rekonstruktionen des mittelalterlichen Stadtbildes von Melnik auf der Basis archäologischer Grabungen bzw. schriftlicher Quellen durchgeführt.[3] Bildliche Quellen, d. h. im konkreten alte Stadtpläne, blieben bisher in den jeweiligen Rekonstruktionen größtenteils unberücksichtigt. Gerade diese Quellengattung vermag jedoch, in Verschränkung mit computergestützter Bearbeitung (Georeferenzierung) den gezielten Vergleich zwischen dem urbanen Charakter einer Siedlung in der Gegenwart und in der Vergangenheit zu ermöglichen. Die Grundvoraussetzungen für solch eine regressive Rekonstruktion bilden einerseits ein im Maßstabe geeigneter Stadtplan des jeweiligen Zielobjektes vor dem Einsetzen der Industrialisierung in Südosteuropa und andererseits Surveys vor Ort, um noch existierende Denkmäler mit *Global Positioning System* (*GPS*) einzumessen, was wiederum die Prämisse für jedwede Art der Georeferenzierung darstellt. Beide Aspekte konnten im Falle von Melnik nach eingehenden Recherchen erfolgreich zusammengeführt werden, wie weiter unten zu sehen ist.

Die Erfassung des historischen Charakters einer Landschaft, um nunmehr von der Mikro- auf die Makroebene zu schwenken, ermöglicht die ursprünglich in Großbritannien entwickelte Methode der *Historic Landscape Characterisation* (*HLC*).[4] Beiden Herangehensweisen widmen sich die nunmehr folgenden Zeilen im Detail, wobei die Stadt Melnik als Fallbeispiel auf der Mikro-, die Region Melnik hingegen als Fallbeispiel auf der Makroebene dienen möge.

Die regressive Rekonstruktion des Stadtgebietes von Melnik anhand des Plans des Wilhelm von Chabert aus dem Jahre 1832

Den Ausgangspunkt der folgenden Erörterungen bildet ein Stadtplan von Melnik aus der Kartensammlung des Kriegsarchivs zu Wien (Signatur G I b 155), der meines Wissens erstmals

---

1   Tchavdar MARINOV, De la « ville grecque » au musée bulgare : l'invention d'un patrimoine national à Melnik, *Revue des Études Sud-Est Européennes* 47 (2009), H. 1-4, 239-271.

2   Ebd. 244-247, 253.

3   Siehe unter anderem mit zahlreichen Hinweisen auf Sekundärliteratur: Elena KOSTOVA, *Medieval Melnik. From the End of the 12th to the End of the 14th Century. The Historical Vicissitudes of a Small Balkan Town.* Sofia 2013 (American Research Center in Sofia, Monograph Series I); Violeta NEŠEVA, *Melnik. Bogozidanijat grad.* Sofija 2008, passim; Mihailo POPOVIĆ, Did Dragōtas Conquer Melnik in 1255?, *Glasnik Institut za Nacionalna Istorija* 51 (2007), H. 1, 15-24; DERS., Zur Topographie des spätbyzantinischen Melnik, *Jahrbuch der Österreichischen Byzantinistik* 58 (2008), 107-119; DERS., Die Siedlungsstruktur der Region Melnik in spätbyzantinischer und osmanischer Zeit, *Zbornik Radova Vizantološkog Instituta* 47 (2010), 247-276.

4   Siehe zu dieser Methode im Detail weiter oben, Abschnitt I.

von Violeta Neševa erwähnt und publiziert wurde.[1] Auf der Reproduktion ist folgende Überschrift deutlich zu lesen: "Plan von Melenik in Macedonien, aufgenommen im Jahre 1832 von Wilh: von Chabert."[2] Diese Hinweise ermöglichten bereits eine umfassende Quellenrecherche in den Beständen des Österreichischen Staatsarchivs, die unpubliziertes Archivmaterial zutage förderte, welches an dieser Stelle erstmals veröffentlicht wird.

Zur Biographie des Wilhelm von Chabert

Der Autor des erwähnten Stadtplans, Wilhelm von Chabert, entstammte einer levantinischen Familie, die um 1750 in Galata-Pera bezeugt ist und deren Mitglieder unter anderem als Dragomane im Osmanischen Reich tätig waren.[3] In dieser Tradition stand auch Thomas Ritter von Chabert-Ostland (1766- ?), der Vater Wilhelms. Er war Absolvent der k. k. orientalischen Akademie zu Wien und Freund des bekannten Orientalisten Joseph Freiherr von Hammer-Purgstall (1774-1856)[4]. Seit 1785 war Thomas Ritter von Chabert-Ostland Professor der morgenländischen Sprachen an derselben Akademie. Im Jahre 1813 erhielt er den österreichischen erbländischen Adelstand, 1840 den österreichischen Ritterstand mit dem Prädikat "von Ostland". Schließlich wurde er k. k. Rat und niederösterreichischer Landrechtssekretär. Übereinstimmende Daten zu seinem Todesjahr sind in der Sekundärliteratur nicht zu finden (1841, 1847 oder 1856?). Thomas Ritter von Chabert-Ostland soll auf dem Wiener Friedhof Sankt Marx bestattet worden sein.[5] Aus seiner Ehe mit Marie von Zahlheim (1773-1849), die er im Jahre 1794 zu Sankt Stephan in Wien geschlossen hatte, stammten die Kinder Karoline (1798), Wilhelm (um 1800) und Thomas-Karl (1803).[6]

Spärlich sind die publizierten biographischen Daten zu Wilhelm von Chabert(-Ostland). Sein genaues Geburtsdatum ist nicht bekannt. 1813 begann er mit seiner Ausbildung an der k. k. orientalischen Akademie zu Wien.[7] Bereits im Jahre 1820/21 arbeitete er als *k. k. Dollmetsch*

---

1   Violeta Neševa, Melnik. Bogozidanijat grad, *Pametnici, restavracija, muzej* 3 (2004), 27-38; dies., Melnik. Bogozidanijat grad, 12f. (Abb. 3), 61, Anmerkung 31.

2   Ebd. 12f. (Abb. 3).

3   Siehe dazu die ausgezeichnete Studie von: Oliver Jens Schmitt, *Levantiner. Lebenswelten und Identitäten einer ethnokonfessionellen Gruppe im osmanischen Reich im "langen 19. Jahrhundert"*. München 2005 (Südosteuropäische Arbeiten, 122), 128, 180, 210, 226, 228, 231, 246f., 261, 395; des weiteren zur Familie Chabert: Marie de Testa / Antoine Gautier, *Drogmans et diplomates européens auprès de la Porte ottomane*. Istanbul 2003 (Analecta Isisiana, 71), 215-234. Vgl. zu den Dragomanen im Osmanischen Reich mit weiterführender Sekundärliteratur: Alexander H. de Groot, Die levantinischen Dragomanen. Einheimische und Fremde im eigenen Land. Kultur- und Sprachgrenzen zwischen Ost und West (1453-1914), in: Wolfdietrich Schmied-Kowarzik (Hg.), *Verstehen und Verständigung. Ethnologie, Xenologie, interkulturelle Philosophie*. Würzburg 2002, 110-127, 125f.

4   Siehe dazu die Erinnerungen Hammer-Purgstalls: Reinhart Bachofen von Echt (Hg.), *Josef Freiherr von Hammer-Purgstall: "Erinnerungen aus meinem Leben" 1774-1852*. Wien, Leipzig 1940 (Fontes rerum Austriacarum, Österreichische Geschichtsquellen, Zweite Abteilung, Diplomataria et acta, 70), 23, 25, 28, 131, 184, 250, 284.

5   Vgl. zu seinen biographischen Daten im Detail: Groot, Die levantinischen Dragomanen, 126; Friedrich Freiherr von Haan, Genealogische Auszüge aus den Sperr-Relationen des n.-ö. und k. k. n.-ö. Landrechtes 1762-1852, *Jahrbuch der k. k. heraldischen Gesellschaft Adler N. F.* 17 (1907), 1-129, 58; *Genealogisches Taschenbuch der Adeligen Häuser, 17. Band*. Brünn 1892, 48f.; Testa / Gautier, Drogmans et diplomates, 64, 221-227. Ein Lokalaugenschein auf dem Friedhof Sankt Marx zwecks Feststellung seines Todesjahres führte im November 2010 zu keinem Ergebnis, d. h. zu keinem Fund seiner Grablege.

6   Haan, Genealogische Auszüge, 58; Testa / Gautier, Drogmans et diplomates, 227.

7   Agenor Graf Gołuchowski von Gołuchowo (Hg.), *Die K. und K. Konsular-Akademie von 1754 bis 1904. Festschrift zur Feier des hundertfünfzigjährigen Bestandes der Akademie und der Eröffnung ihres neuen Gebäudes*. Wien 1904, 95. Vgl. dazu auch: Rudolf Agstner, Die Direktoren, Hörer und Hörerinnen der Orientalischen Akademie und der Konsularakademie 1754-1941, in: Oliver Rathkolb (Hg.), *250 Jahre. Von der*

gehuelfe für die österreichische Internuntiatur in Konstantinopel.[1] In dieser Funktion blieb er bis 1831.[2] In den Jahren 1831/32 war er zwar weiterhin *k. k. Dollmetschgehuelfe* in Konstantinopel, wurde aber gleichzeitig auch *provisorischer Consulats-Verweser* in Thessalonikē.[3] Seine Ernennung zum wirklichen Konsul in Thessalonikē erfolgte durch kaiserliche Entschließung vom 22. Jänner 1832[4], wobei der Konsularbezirk Mazedonien laut einer Note des Hofkammer-Präsidenten an die geheime Haus-, Hof- und Staatskanzlei vom 26. Dezember 1830 wie folgt definiert wurde:

... Was das Gebieth betrifft, auf welches sich die Wirksamkeit des Consulats von Salonique zu erstrecken hätte, so bin ich der Meinung, daß ihm die ganze Küste vom Ausflusse der Maritza bis zu der in den Meerbusen von Zeiton[5] auslaufenden Gränze des neuen griechischen Staates und im Inneren des Landes die Ländermasse bis an die Gränzen von Serwien, Albanien und Liwadien zuzutheilen wäre. ...[6]

Wilhelm von Chabert leitete das Hauptamt in Thessalonikē bis zu seiner Versetzung nach Smyrna im Jahre 1836.[7] Allerdings hatte Staatskanzler Fürst Klemens Wenzel Lothar von Metternich (1773-1859)[8] ihn bereits im Jahre 1833 für den Posten des Generalkonsuls im

---

Orientalischen zur Diplomatischen Akademie in Wien. Innsbruck u. a. 2004, 405-565, 433; TESTA / GAUTIER, Drogmans et diplomates, 65.

1 *Hof- und Staats-Schematismus des österreichischen Kaiserthums. I. Theil.* Wien 1821, 212. Siehe dazu: TESTA / GAUTIER, Drogmans et diplomates, 232.

2 Sein beruflicher Werdegang ist anhand folgender Schematismen nachvollziehbar: *Hof- und Staats-Schematismus des österreichischen Kaiserthums. I. Theil.* Wien 1822, 216; *Hof- und Staats-Schematismus des österreichischen Kaiserthums. I. Theil.* Wien 1823, 216; *Hof- und Staats-Schematismus des österreichischen Kaiserthums. I. Theil.* Wien 1824, 218; *Hof- und Staats-Schematismus des österreichischen Kaiserthums. I. Theil.* Wien 1825, 218; *Hof- und Staats-Schematismus des österreichischen Kaiserthums. I. Theil.* Wien 1826, 218; *Hof- und Staats-Schematismus des österreichischen Kaiserthums. I. Theil.* Wien 1827, 218; *Hof- und Staats-Schematismus des österreichischen Kaiserthums. I. Theil.* Wien 1828, 217; *Hof- und Staats-Schematismus des österreichischen Kaiserthums. I. Theil.* Wien 1829, 215; *Hof- und Staats-Schematismus des österreichischen Kaiserthums. I. Theil.* Wien 1830, 215. Vgl. dazu auch: TESTA / GAUTIER, Drogmans et diplomates, 232.
So hat Wilhelm von Chabert z. B. im Jahre 1826 zwei Listen von Handschriften der Klöster des Heiligen Berges Athos aus der griechischen in die deutsche Sprache übersetzt. Siehe dazu: Stanislaus HAFNER, Kopitar und die slawischen Handschriften der Athosklöster, *Südost-Forschungen* 18 (1959), 89-122, 98-100.

3 *Hof- und Staats-Schematismus des österreichischen Kaiserthums. I. Theil.* Wien 1831, 217, 220; *Hof- und Staats-Schematismus des österreichischen Kaiserthums. I. Theil.* Wien 1832, 215, 218.

4 Manfred SAUER, Zur Reform der österreichischen Levante-Konsulate im Vormärz, *Mitteilungen des Österreichischen Staatsarchivs* 27 (1974), 195-237, 227, Anmerkung 132. Unzutreffend ist die Behauptung von Vladimir Stojančević, wonach Wilhelm von Chabert bereits seit 24. Jänner 1828 das Amt des Konsuls in Thessalonikē innehatte. Vgl. dazu: Vladimir STOJANČEVIĆ, *Južnoslovenski narodi u Osmanskom carstvu od Jedrenskog mira 1829. do Pariskog kongresa 1856. godine.* Beograd 1971, 27 und Anmerkung 48.

5 Es handelt sich hierbei um den Malischen Golf (*Maliakos Kolpos*). Vgl. dazu: Johannes KODER / Friedrich HILD (Register von Peter SOUSTAL), *Hellas und Thessalia.* Wien 1976 (Nachdruck Wien 2004) (Tabula Imperii Byzantini, 1), 283f.

6 Österreichisches Staatsarchiv (im folgenden: OeStA) / Haus-, Hof- und Staatsarchiv (im folgenden: HHStA) MdÄ AR F4-50-12 (Chabert, Wilhelm; Nr. 14959). Siehe zu dieser Eingrenzung: SAUER, Zur Reform, 227.

7 *Hof- und Staats-Schematismus des österreichischen Kaiserthums. I. Theil.* Wien 1833, 218; *Hof- und Staats-Schematismus des österreichischen Kaiserthums. I. Theil.* Wien 1834, 221; *Hof- und Staats-Schematismus des österreichischen Kaiserthums. I. Theil.* Wien 1835, 208.
Während seiner Amtszeit in Thessalonikē verfaßte Chabert im Jahre 1834 eine Studie über "Das Richteramt, wie es von den k. k. Konsulaten in der Levante ausgeübt wird". Siehe dazu: Gerhard RILL, Zur Geschichte der österreichischen Konsulargerichtsbarkeit in Bosnien, *Mitteilungen des Österreichischen Staatsarchivs* 30 (1977), 153-190, 157. Siehe auch: STOJANČEVIĆ, Južnoslovenski narodi, 355.

8 Vgl. zu Staatskanzler Fürst Klemens Wenzel Lothar von Metternich die neueste Kurzbiographie mit zahlreichen

ägyptischen Alexandria vorgesehen, wovon ein bisher unpublizierter Brief Chaberts zeugt (s. u.). Der damalige Generalkonsul in Alexandria, Joseph von Acerbi (1773-1846)[1], hatte schon 1831 um seine Rückberufung nach Österreich angesucht und war schließlich mit dem Vizekönig von Ägypten, Mehmed Ali Pascha (1769-1849), vor Ort in Konflikt geraten. Der erwähnte Brief verdeutlicht, daß zunächst Wilhelm von Chabert mit seiner Funktion betraut werden sollte, sich jedoch mit einer bemerkenswerten Argumentation gegenüber Staatskanzler Metternich dieser Aufgabe entzog, sodaß schließlich Anton Laurin, der Generalkonsul in Palermo, durch kaiserliche Entschließung vom 18. März 1834 zum Nachfolger Acerbis bestimmt wurde.[2]

Chabert schrieb am 5. Oktober 1833 wie folgt an Staatskanzler Metternich[3]:

A S.[on] *A.*[ltesse] *M*[on]*s*[ei]*g*[neu]*r. le Prince de Metternich*

Salonique le 5. Octobre 1833.

Mon Prince,

Je paraitrai abuser des momens précieux de Votre Altesse en Lui parlant de moi, mais c'est le bien du service de Sa Majesté qui me porte à prendre cette liberté et j'ose compter sur Votre indulgence.

Votre Altesse a daigné me destiner au poste de Consul général en Egypte. Je ne trouve point de termes pour exprimer les sentimens dont m'a pénétré cette nouvelle marque de bonté ; la confiance de Votre Altesse a droit de m'en inspirer à moi-même ; une fausse modestie ne m'empêdrera pas d'avouer que je me crois capable de remplir cette tâche. Me sera-t-il pérmis, après cela, de supplier Votre Altesse de ne point m'accorder cette grace ?

Mon physique n'est pas fait pour la zone torride. L'expérience me l'a prouvé. C'est avec peine que je me soutiens contre les ardeurs du soleil macédonien ; je succomberais aux influences du ciel d'Afrique. Mes forces physiques n'égalent point mon zèle pour le service. Je suis prêt à me sacrifier pour lui, mais je suis sûr qu'il ne tirera point de profit de mon sacrifice. Je désire ardemment d'être utile, mais dans le climat Africain, je ne me sens pas les forces de l'être. Les dangers, les privations ne m'effraient point ; ils sont inséparables de ma carrière ; mais je lutterais en vain contre des influences physiques.

Hinweisen auf Sekundärliteratur von: Wolfram Siemann, *Metternich. Staatsmann zwischen Restauration und Moderne.* München 2010 (Beck'sche Reihe Wissen, 2484). Zur Nahostpolitik Metternichs: Vasilj Popović, *Meternihova politika na Bliskom istoku.* Beograd 1931, passim; Miroslav Šedivý, Metternich a Turecko, *Historický obzor* 15 (2004), H. 9-10, 194-206; ders., Austria and the Near East: Metternich's Foreign Policy during the Second Mehmed 'Alī Crisis, 1839-41, *Archiv orientální* 74 (2006), H. 1, 1-36; ders., Metternich and Mohammed Ali's Independence 1833-1838, *Prague Papers on the History of International Relations* 2007, 83-101; ders., Metternich and the French Expedition to Algeria (1830), *Oriental Archive* 76 (2008), H. 1, 15-37; ders., Damašská aféra roku 1840, *Nový Orient* 64 (2009), H. 1, 14-19; ders., Kníže Metternich a Orient, *Nový Orient* 64 (2009), H. 4, 27-30; ders., Metternich, islám a osmanské reformní hnutí, in: Ivo Budil / Miroslav Šedivý (Hgg.), *Metternich a jeho doba.* Plzeň 2010, 25-31; ders., Metternich and the Syrian Question: 1840-1841, *Austrian History Yearbook* 41 (2010), 88-116.

1   Österreichische Akademie der Wissenschaften (Hg.), *Österreichisches biographisches Lexikon: 1815-1950, 1. Band.* Wien 1957, 3.

2   Vgl. zu den Ereignissen um die Neubesetzung des Postens des Generalkonsuls in Alexandria die detaillierte Studie von: Sauer, Zur Reform, 213, 234. Der Brief Chaberts war Manfred Sauer zum damaligen Zeitpunkte unbekannt, sodaß er das oben beschriebene Intermezzo nicht darstellen konnte.

3   OeStA / HHStA StK Konsulate Karton 34. Ergänzungen bzw. Erklärungen des Verfassers stehen hier und im folgenden in eckigen Klammern.

Je dois m'appeler malheureux puisque je m'expose à déplaire à Votre Altesse. Cependant la même bonté avec laquelle Vous avez daigné faire choix de moi, mon Prince, Vous portera à exaucer ma prière. J'ose Vous demander en grace de ne pas m'envoyer à Alexandrie. Les motifs qui m'obligent de renoncer à une destination aussi honorable, ne rencontreront point Votre indignation. Votre Altesse daignera juger de ma situation ; il n'y en eut jamais de plus pénible ; je m'en remets entièrement à Votre clémence.

Daignez agréer, Monseigneur, l'expression de ma plus vive reconnaissance et de mon plus profond respect.

Guill :[aume] *de Chabert*

Dem Ansinnen Chaberts blieb der Erfolg offensichtlich nicht versagt, da er durch kaiserliche Entschließung vom 17. November 1835 zum Generalkonsul in Smyrna bestellt wurde und diesen neuen Posten im Jahre 1836 antrat.[1] Seine vormalige Stelle in Thessalonikē blieb 1836 noch unbesetzt[2], um ein Jahr später Carl Ritter von Steinsberg in der Funktion eines *provisorischen Consulats-Verwesers* zugeteilt zu werden.[3]

Wilhelm von Chabert wirkte als Generalkonsul in Smyrna von 1836 bis 1846.[4] Seit 1840 war er Ritter des großherzoglich toskanischen St. Joseph-Ordens[5] und seit 1843/44 Ritter des österreichisch kaiserlichen Ordens der eisernen Krone dritter Klasse.[6] Infolge einer Erkrankung zu Beginn des Jahres 1846 war Chabert nicht mehr in der Lage, seine Funktion als Generalkonsul wahrzunehmen. Er starb schließlich am 30. Oktober 1846 in Konstantinopel.[7]

Zum Stadtplan von Melnik aus dem Jahre 1832

Die einzelnen Etappen der Entstehung des Stadtplans von Melnik lassen sich anhand der Bestände des Haus-, Hof- und Staatsarchivs und des Kriegsarchivs zu Wien lückenlos rekonstruieren. Am 10. Jänner 1833 erging eine Note der Staatskanzlei[8] an das Hofkriegsratspräsidium[9], die folgenden Wortlaut hat[10]:

---

1 SAUER, Zur Reform, 217. Siehe dazu auch: *Hof- und Staats-Schematismus des österreichischen Kaiserthums. I. Theil.* Wien 1836, 212.

2 Ebd. 211.

3 *Hof- und Staats-Schematismus des österreichischen Kaiserthums. I. Theil.* Wien 1837, 215.

4 Ebd. 216; *Hof- und Staats-Schematismus des österreichischen Kaiserthums. I. Theil.* Wien 1838, 220; *Hof- und Staats-Schematismus des österreichischen Kaiserthums. I. Theil.* Wien 1839, 226; *Hof- und Staats-Schematismus des österreichischen Kaiserthums. I. Theil.* Wien 1840, 229; *Hof- und Staats-Schematismus des österreichischen Kaiserthums. I. Theil.* Wien 1841, 235; *Hof- und Staats-Schematismus des österreichischen Kaiserthumes. I. Theil.* Wien 1842, 201; *Hof- und Staats-Schematismus des österreichischen Kaiserthumes. I. Theil.* Wien 1843, 203; *Hof- und Staats-Handbuch des österreichischen Kaiserthumes. I. Theil.* Wien 1844, 205; *Hof- und Staats-Handbuch des österreichischen Kaiserthumes. I. Theil.* Wien 1845, 205; *Hof- und Staats-Handbuch des österreichischen Kaiserthumes. I. Theil.* Wien 1846, 207.

5 *Hof- und Staats-Schematismus des österreichischen Kaiserthums. I. Theil.* Wien 1840, 229; siehe auch: TESTA / GAUTIER, Drogmans et diplomates, 232.

6 *Hof- und Staats-Handbuch des österreichischen Kaiserthumes. I. Theil.* Wien 1844, 42; vgl. auch: TESTA / GAUTIER, Drogmans et diplomates, 232.

7 AGSTNER, Die Direktoren, 433; SAUER, Zur Reform, 218; TESTA / GAUTIER, Drogmans et diplomates, 232.

8 Siehe zur Staatskanzlei in jener Zeit: Ulrike TISCHLER, *Die habsburgische Politik gegenüber den Serben und Montenegrinern 1791-1822. Förderung oder Vereinnahmung?* München 2000 (Südosteuropäische Arbeiten, 108), 252-255.

9 Vgl. zum Hofkriegsrat: TISCHLER, Die habsburgische Politik, 249-251.

10 OeStA / Kriegsarchiv (im folgenden: KA) HKR Präs 1833 1-700 Nr. 177. Das Konzept dieser Note ist erhalten in: OeStA / HHStA StK Notenwechsel HKR Karton 51.

Wie das löbliche k. k. Hofkriegsrathspräsidium aus dem zur gefälligen Einsicht bei-geschlossenen Berichte vom 16: November v. J. [1832] zu ersehen belieben wird, hat der k. k. Konsul zu Salonich, v. Schabert die Gelegenheit einer Dienstreise in seinem Amtsbezirke benützt, um Situationspläne der vorzüglichsten Städte Mazedoniens, und zwar namentlich von Salonich, Seres, Cavalla, Melenik und Demirhissar aufzunehmen.

Die geheime Hof- und Staatskanzley hat die Ehre, besagte Pläne dem löblichem Hofkriegsrathspräsidium gegen nachmalige Rücksendung mitzutheilen, um, falls es dienlich befunden würde, Kopien davon für das Kriegsdepot zum etwaigen Gebrauche anfertigen lassen zu können.

Da übrigens der Konsul Chabert zugleich Materialien zur Abfaßung einer vollständigen Karte jener Länder gesammelt zu haben versichert, und nur einen Wink erwartet, um dieses Vorhaben in Ausführung zu bringen; so sieht man der erleuchteten Wohlmeinung des löblichen Hofkriegsraths-Präsidiums sowohl im Allgemeinen als auch insbesondere hinsichtlich der Frage entgegen, ob die verläßliche Vollführung eines solchen umfaßenden Werkes, zumal bey der anscheinenden Schwierigkeit genaue Messungen vorzunehmen, dem Einzelnen auch wohl möglich sey?
Wien am 10.ten Jänner 1833.

Zwei Tage später, am 12. Jänner 1833, richtete der Vizepräsident des Hofkriegsrats, Ignaz Graf von Hardegg-Glatz (1772-1848)[1], ein Schreiben an den Generalquartiermeisterstab[2]:

Aus der anliegenden Note der geheimen Haus- Hof- und Staatskanzley wird der General-quartiermeisterstab ersehen, daß der k. k. Konsul zu Salonich v:[on] Schabert die Gelegenheit seiner Dienstreisen im untenstehenden Amtsbezirke zur Sammlung von topographischen Notizen benützt, welche nach den beigebogenen Plänen der vorzüglichsten Städte Macedoniens zu schließen, mit einiger Sachkenntniß unternommen zu seyn scheint.

Der Generalquartiermeister-Stab hat sich demnach unter Rückschluß der obangezogenen Note demnächst gutächthig hieher zu äußern, in wie ferne die Aufforderung des Herrn v:[on] Schabert zur Fortsetzung seiner Bemühungen in Bezug auf die angebothene Zusammenstellung einer ganzen Karte jener Länder für deren detaillirtere Kenntniß Nutzen bringen könne, die 5 Städtepläne jedoch zur Hinterlegung ins Kriegs-Archiv copiern zu laßen, und die Originalien seiner Zeit zur Rückstellung an die geheime Haus- Hof- und Staatskanzley wieder hieher zu unterlegen. Wien den 12ten Jänner 1833.

Am 15. Jänner 1833 erging je ein Schreiben an die Zeichnungskanzlei und an das Kriegsarchiv.[3] Beide sind lediglich als Konzept auf einem gemeinsamen Bogen in den Beständen des Generalquartiermeisterstabs erhalten.[4] Die Zeichnungskanzlei erhielt folgende Weisung:

Beiliegend werden der Direktion 5, von dem k. k. Consul zu Salonik von Chabert aufgenommene Städtepläne Mazedoniens mit dem Auftrage zugestellt, diese Plane auf Öhlpapier copiern, und

---

1   Zu seiner Person: *Hof- und Staats-Schematismus des österreichischen Kaiserthums. I. Theil.* Wien 1833, 285; Constant VON WURZBACH, *Biographisches Lexikon des Kaiserthums Oesterreich. Siebenter Theil: Habsburg-Hartlieb.* Wien 1861 (Nachdruck Bad Feilnbach 2001), 359-362.
2   OeStA / KA AhOB GSt 31 Präs 1-122 (1833) Nr. 4. Vgl. zu den Abteilungen des Hofkriegsrats: *Hof- und Staats-Schematismus des österreichischen Kaiserthums. I. Theil.* Wien 1833, 285-341.
3   Siehe zu den Abteilungen des Generalquartiermeisterstabs: Ebd. 296f.
4   OeStA / KA AhOB GSt 31 Präs 1-122 (1833) Nr. 4.

dann auf gewöhnliches aufspannen zu laßen, wonach die Copien zur Hinterlegung ins Kriegsarchiv sammt den Originalien einzusenden sind.

Der Auftrag an das Kriegsarchiv lautete in diesem Zusammenhang wie folgt:

Nach einer an den hohen Hofkriegsrathe gerichteten und von diesem dem Generalquartier-meisterstabe zugewiesenen Note der geheimen Hof- und Staatskanzley, hat der k. k. Consul zu Salonik von Chabert, die 5 Städte Seres, Cavalla, Melenik, Demirhissar und Salonik aufgenommen, und die betreffenden Plane, – von welchen seiner Zeit Copien im Kriegsarchive werden hinterlegt werden; – eingesanndt. Nebst dem hat derselbe auch seine Dienstreisen zur Sammlung von Materialien benüzt [sic!], welche seiner Versicherung nach, zur Abfaßung einer vollständigen Karte Mazedoniens geeignet seyn sollen. Die Direktion erhält demnach den Auftrag, die im Kriegsarchiv über jene Provinz vorhandenen Karten, Pläne und sonstigen die dortige Landeskenntniß betreffenden Behelfe durchgehen zu laßen, und sich demnächst zu äußern, in wie fern die Aufforderung des H.[errn] v.[on] Chabert zur Fortsetzung seiner Bemühungen in Bezug auf die angebothene Zusammenstellung einer ganzen Karte jener Länder für deren detaillirte Kenntniß Nutzen bringen könnte.

Bereits am 19. Jänner 1833 antwortete der Direktor des Kriegsarchivs, Oberst Ferdinand Ernst[1], dem Chef des Generalquartiermeisterstabs Leonard Graf von Rothkirch und Panthen (1773-1842)[2]:

Zu Folge des Befehles vom 15. dM: [Jänner 1833] № 31[3] sind die im k: k: Kriegs Archiv befindlichen Materialien der Europäischen Türkey durchgesehen worden, ob sich darunter welche befinden, die Bezug auf die Provinz Macedonien haben.

Ich ermangle nicht, hierüber gehorsamst anzuzeigen, daß das k: k: Kriegs Archiv über diese Provinz gar keine Daten besitzt, und sich in dieser Hinsicht einzig auf die beiden Karten der Europaeischen Türkey von Lapie[4] in 15 Blättern und jene von Oberstl:[eutnant] Weiss[5] in 21 Blättern beschränken muß, in welchen die Provinz Macedonien unter allen übrigen Karten noch am besten dargestellt wird; doch muß bemerkt werden, daß in ersteren diesen Karten die Gegend von Caratova[6], als ein ganz unbekanntes Land angegeben ist.

---

1   Zu seiner Person: *Hof- und Staats-Schematismus des österreichischen Kaiserthums. I. Theil.* Wien 1833, 297.
2   OeStA / KA AhOB GSt 31 Präs 1-122 (1833) Nr. 4. Zur Person des Grafen von Rothkirch und Panthen: *Hof- und Staats-Schematismus des österreichischen Kaiserthums. I. Theil.* Wien 1833, 296; Österreichische Akademie der Wissenschaften (Hg.), *Österreichisches biographisches Lexikon: 1815-1950, 9. Band.* Wien 1988, 287.
3   Die Aktenzahl Nr. 31 wurde im Zuge der Bearbeitung auf Nr. 4 umnumeriert. Vgl. dazu: OeStA / KA AhOB GSt 31 Präs 1-122 (1833) Nr. 4.
4   Es handelt sich um die Karte von: Pierre M. LAPIE, *Carte Générale de la Turquie d'Europe en XV Feuilles.* Paris 1822. Vgl. dazu und zu Franz von Weiss: Nopi PLOUTOGLOU u. a., Franz von Weiss' Maps of SE Europe (1821, 1829) Issued in Two Crucial Dates Associated with the Establishment of the Modern Greek State in Early 19th Century: A Digital Comparative Approach, *e-Perimetron, International web journal on sciences and technologies affined to history of cartography and maps* 6 (2011), H. 1, 29-38, unter <http://www.e-perimetron.org/Vol_6_1/Ploutoglou_Boutoura_Livieratos_Pazarli.pdf>, 4.6.2014.
5   Die erwähnte Karte trägt folgende Bezeichnung: Franz VON WEISS, *Carte der Europaeischen Türkey nebst einem Theile von Kleinasien in XXI. Blaettern.* Wien 1829.
6   Es handelt sich um die heutige Stadt Kratovo im Nordosten der (ehemaligen jugoslawischen) Republik Mazedonien. Vgl. zur Stadt die Monographie von: Stefan KOCEVSKI, *Kratovo. Dreven grad.* Skopje ³2005, passim.

Dieß sind nun die einzigen Behelfe, welche ihrer Ausführlichkeit wegen, dem Herrn Consul von Chabert allenfalls dienen, und bei dieser Gelegenheit durch Ihn rectifizirt werden könnten.
Wien am 19. Jänner 1833.

Am 1. Februar 1833 richtete der Direktor der topographischen und lithographischen Anstalt, Joseph Freiherr von Skribanek (1788-1853)[1], ein Schreiben an den Generalquartiermeisterstab[2]:

Vermög den hohen Befehl vom 30: v. Mts [Jänner 1833] *№ 86 ist dem Lieutenant Seydl[3] in Bezug auf die Auszeichnung der Plane von den Städten Salonik, Melenik, Demir-hissar, Kavalla und Seres, für den k. k. Herrn Consul zu Salonik von Chabert, die Aeußerung abverlangt worden, worauf sich diese Auszeichnung basirt habe, welche ich hiemit im Originale gehorsamst unterlege.*

Aus dieser Aeußerung geht hervor, daß die eingesandten Brouillons[4] und Beschreibungen für die Auszeichnung dieser Umgebungs-Plane besonders für jene von Kavalla und Seres genügten, daß jedoch aus diesen Brouillons, welche nicht beschrieben waren umso weniger ein Urtheil in Bezug auf ihre Richtigkeit geschöpft werden konnte, indem sich Herr von Chabert ihre Beschreibung und Widmung nach vollendeter Zeichnung selbst vorbehalten hatte.

Diese Materialien dürften, nach der mir selbst verschafften Ueberzeugung, wohl zu dem bezeichneten Zweck, für Umgebungs-Plane, keineswegs aber, für eine größre Arbeit genügen, welche bedeutende Auslagen erfordert und die auf jeden Falle so viel als möglich zu basiren wäre.

Die schriftliche Stellungnahme des Leutnants Seydl zu den Karten Chaberts, die von Skribanek erwähnt wird (s. o.), ist ebenfalls in den Beständen des Österreichischen Staatsarchivs erhalten[5]:

Zu Folge löbl:[ichen] *Befehl vom 30ten Februar[6]* [1833]*, äußert sich gehorsamst Gefertigter, daß er auf Ansuchen die 5. Pläne für den k: k: Consul zu Salonik Herrn von Chabert in seinen Stubenstunden ins Reine gezeichnet hat.*

Die hizu von Selben erhaltenen Bruillons, waren besonders im Bereiche der nächsten Umgebung der Stadt ganz ausgezeichnet, und ließen ohne Schwierigkeit die Copien vollenden, da nebst den Bruillons, noch eine genaue Beschreibung, um jeden Zweifel zu heben dabei war.

---

1   Zu seiner Person: *Hof- und Staats-Schematismus des österreichischen Kaiserthums. I. Theil.* Wien 1833, 296; Österreichische Akademie der Wissenschaften (Hg.), *Österreichisches biographisches Lexikon: 1815-1950, 57. Lieferung.* Wien 2004, 335.

2   OeStA / KA AhOB GSt 31 Präs 1-122 (1833) Nr. 4.

3   Im Jahre 1830 war Joseph Seydl Oberleutnant im k. k. Linien-Infanterie-Regiment Nr. 11 (Böhmisches Infanterie-Regiment) und ebendort dem Stab zugeteilt. Siehe dazu: *Militär-Schematismus des österreichischen Kaiserthumes.* Wien 1830, 115f. Ein Jahr später (1831) scheint er im Schematismus nicht mehr auf, dürfte also bereits zu diesem Zeitpunkte in Pension gewesen sein.

4   Ein *Brouillon* ist unter anderem ein Meßblatt mit zeichnerischer Kartenaufnahme als Urbild einer Karte, d. h. eine Situationsskizze bzw. eine Mutterkarte. Vgl. dazu folgende Definition: "Le papier où l'on a figuré le terrain en levant. On le nomme aussi brouillon parce que le dessin y est brut, incorrect, l'expression encore imparfaite." (François DE DAINVILLE, *Le langage des géographes. Termes, signes, couleurs des cartes anciennes 1500-1800.* Paris 1964, 67).

5   OeStA / KA AhOB GSt 31 Präs 1-122 (1833) Nr. 4.

6   Hier liegt ein Fehler in der Datierung durch Leutnant Seydl vor. Der Befehl erging am 30. Jänner 1833. Seydls Gutachten ist auf den 31. Jänner 1833 zu datieren. Joseph von Skribanek verfaßte sein Schreiben an den Generalquartiermeisterstab am 1. Februar 1833.

Im übrigen war mir die größte Genauigkeit anempfohlen, und nur weiter entfernte Gegenstände von der Stadt, waren leicht skizzirt, jedoch die Beschreibung so, daß man das Fehlende leicht ersetzen konnte.

Die Pläne von Kaballa und Seres waren besonders vollkommen ausgezeichnet, und von mir blos mit reineren Strichen dargestellt.

Auf was die Aufnahme der Bruillons basirt, habe ich zu wenig berücksichtigt, weil die Bestimmung dieser Pläne mir nicht bekannt, ja selbst nicht wußte welche Städte ich zeichnete, indem selbe nicht beschrieben waren, und von dem Herrn Chabert erst revidirt und beschrieben wurden.

Folglich hatte Chabert aus seinen Situationsskizzen (*Brouillons*) von Seydl Reinzeichnungen anfertigen lassen, die Chabert seinerseits wiederum beschrieben und ergänzt hat. Die in den Akten genannten fünf Pläne der Städte *Salonik* (Thessalonikē), *Melenik* (Melnik), *Demir-hissar* (Sidērokastron), *Kavalla* (Kabala) und *Seres* (Serrai)[1] von Wilhelm von Chabert wurden in der Tat seitens der topographischen und lithographischen Anstalt kopiert. Aus einem "Arbeitsbericht vom 1. November 1832 bis letzten April 1833" dieser Anstalt an den Generalquartiermeisterstab geht hervor, daß unter den "außerordentlich gelieferten Arbeiten" folgende vollendet wurde[2]: *№. 5 Zu Folge hohen Präsidial Befehls Nr. 31. vom 15. Jänner d. J. [1833] – für das Kriegsarchiv – die vom k. k. Konsul in Salonik aufgenommenen 5 Städtepläne Mazedoniens: von Seres, Demirhißar, Salonik, Melenik und Kavalla – in ganzer und halber Sectionsgröße, auf Oehlpapier[3] kopirt und beschrieben, und selbe dann auf Basler Velinpapier[4] aufgezogen.*

Die Anfertigung der Kopien wurde laut Bericht von den Offizieren Oberleutnant Van der Nüll[5], Oberleutnant Stolz[6], Oberleutnant Roesgen[7], Oberleutnant Spielberger[8] und Unterleutnant Jungbauer[9] durchgeführt. Mit Ausnahme des Stadtplans von *Salonik* (Thessalonikē) sind die erwähnten Kopien im Kriegsarchiv des Österreichischen Staatsarchivs erhalten.[10] Bemerkens-

---

1   Thessalonikē, Sidērokastron, Kabala und Serrai befinden sich jetzt in Griechenland, die Stadt Melnik liegt in Bulgarien. Siehe zur Lage dieser Städte *Abb. 69.*

2   OeStA / KA AhOB GSt 30 Hauptreihe 1-E(nde) (1833) Nr. 465 (Aktenkonvolut).

3   Beim Ölpapier handelt es sich um ein zumeist holzfreies Papier, das in weißes Wachs, Paraffin, Ceresin, Schmalz oder Öl getränkt wurde.

4   Das Velinpapier ist ein hartes und glattes pergamentartiges Papier, d. h. ohne Rippung, Prägung oder sonstige strukturierte Oberfläche. Abzuleiten von lat. *vellum* bzw. franz. *vélin*. Auf Basler Velinpapier wurden in dieser Epoche zum Beispiel Darstellungen Franz' I. (1768-1835), des Kaisers von Österreich, gedruckt. Vgl. dazu: *Amtsblatt, Dienstag den 3. Jänner 1832*, № 1, 4.

5   Im Jahre 1833 war Gotthard Van der Nüll Fähnrich im k. k. Linien-Infanterie-Regiment Nr. 54 (Mährisches Infanterie-Regiment). Vgl. dazu: *Militär-Schematismus des österreichischen Kaiserthumes*. Wien 1833, 202.

6   Georg Stolz war zu dem damaligen Zeitpunkte Oberleutnant in der k. k. National-Gränz-Infanterie Nr. 8 (Slavonisches Mil. Gränz-Infanterie-Regiment). Siehe dazu: *Militär-Schematismus des österreichischen Kaiserthumes*. Wien 1833, 235.

7   Alexander Roesgen gehörte 1833 als Regiments-Cadet dem k. k. Feld-Artillerie-Regiment Nr. 2 (Nieder-Oester. Feld-Artillerie-Regiment) an. Vgl. dazu: *Militär-Schematismus des österreichischen Kaiserthumes*. Wien 1833, 342.

8   Eduard Spielberger war Unterleutnant im k. k. Linien-Infanterie-Regiment Nr. 3 (Mährisches Infanterie-Regiment). Siehe: *Militär-Schematismus des österreichischen Kaiserthumes*. Wien 1833, 102.

9   Im Jahre 1833 war Franz Jungbauer Unterleutnant im k. k. Linien-Infanterie-Regiment Nr. 35 (Böhmisches Infanterie-Regiment). Vgl. dazu: *Militär-Schematismus des österreichischen Kaiserthumes*. Wien 1833, 165. Unklar ist, warum bei drei Soldaten der im Militär-Schematismus aufscheinende Rang nicht mit demjenigen im "Arbeitsbericht" übereinstimmt.

10   Die entsprechenden Signaturen lauten: OeStA / KA KPS KS G I b, 112 (Demirhisar / Valavišta); OeStA / KA KPS KS G I b, 133 (Kavala); OeStA / KA KPS KS G I b, 155 (Melnik); OeStA / KA KPS KS G I b, 195 (Seres).

wert sind die erklärenden Beischriften zu den Plänen, die ebenfalls von den Originalvorlagen Chaberts kopiert wurden, weswegen sie an dieser Stelle *in extenso* zitiert seien. Auf dem Kartenblatt von *Demirhißar* (Sidērokastron) steht[1]:

Plan von Demirhißar in Macedonien, aufgenommen im Jahre 1832 von W. von Chabert. Bulgarisch Valavista[2] genannt. Am Fuße eisenhältiger Gebirge, am N. Ende der Sereser Ebene. Regenströme schwemmen Eisensand aus den Bergen in N.O. Eisenwerke daselbst. – 850 Häuser (:darunter das Christenquartier Warosch[3] mit 200 Häusern:) 4500 Einwohner (:3500 Türken, 1200 Griechen, Zigeuner:) – niedrige, steinerne Ringmauern zum Theil verfallen. Castell in Ruinen.

Zu *Kavalla* (Kabala) lautet die Beischrift wie folgt[4]:

Plan von Kavalla in Macedonien, aufgenommen im Jahre 1832 von Wilh. v. Chabert. Auf eiförmig-convexem Vorgebirge, dessen Gipfel der Pulverthurm (:ehmals Citadelle:) bildet. Steinerne Ringmauer – wie in Salonik; eine ähnliche scheidet Stadt und Vorstadt. – Wasserleitung, Schule, Moschee, und andere öffentliche Anstalten von Mehmed Ali Pascha, der in Kavalla gebürtig. – 1400 Häuser, 8000 Einwohner (:6000 Türken, 2000 Griechen oder Bulgaren:). –

Über *Melenik* (Melnik) vermerkt Chabert[5]:

Plan von Melenik in Macedonien, aufgenommen im Jahre 1832 von Wilh: von Chabert. Eigenthümliche Lage in der Tiefe zwischen senkrechten Abhängen von Sandstein, welche als 20-25 Klafter[6] hohe Wände die Stadt rings umgeben. Die Schluchten scheinen durch Erdbeben eingesunken. In S., O. und N. unzählige Schluchten und Sandsteinpÿramiden stundenweit. Die Stadt blosz auf 5 Fußsteigen zugänglich, die durch Felsendefilés laufen, jeder durch 2 Wachtthürme vertheidigt. Den Zugang auf der Höhe in NO. verwehrt ein Graben. – 1000. Häuser, 6500 Einwohner, darunter 1000. Türken, die übrigen Griechen. –

Schließlich wird die Stadt *Seres* (Serrai) wie folgt beschrieben[7]:

---

1 Die Beischriften verteilen sich bei allen Kartenblättern auf die Fläche der Umrahmung oberhalb bzw. unterhalb der eigentlichen Karte. Die Dimensionen dieser Karte betragen innen (d. h. ohne den erwähnten Rahmen) 37 x 24,3 cm. Nachträglich wurde der Kartenmaßstab (1:8.200) mit Bleistift eingetragen. Ursprünglich waren die Angaben ausschließlich in Wiener Klafter gehalten.

2 Zurückzuführen auf die slaw. Bezeichnung *Valoviště* für Sidērokastron. Die türk. Bezeichnung der Stadt lautete *Demirhisar, Demir hisar, Timurhisar, Temürhisar*. Vgl. dazu: Peter SOUSTAL, *Makedonien, südlicher Teil*. Wien (Tabula Imperii Byzantini, 11), Lemma Balabista [in Vorbereitung].

3 Abzuleiten von türk. *varoş* bzw. slaw. *varoš* in der Bedeutung "Stadt, Vorstadt, Außenbezirk".

4 Die inneren Maße dieses Blattes betragen 31 x 31,3 cm. Der nachträglich eingetragene Maßstab lautet 1:7.900.

5 Das Blatt hat die inneren Maße 48 x 34,8 cm mit einem Maßstab von 1:5.200.

6 Ein Wiener Klafter entspricht 1,896484 m. Demgemäß sind 20 bis 25 Wiener Klafter rund 38 bis 47 m. Vgl. zu dieser Maßeinheit und zu deren Umrechnung: *Reichsgesetzblatt für die im Reichsrathe vertretenen Königreiche und Länder, VI. Stück, Ausgegeben und versendet am 2. März 1872: 16. Gesetz vom 23. Juli 1871, womit eine neue Maß- und Gewichtsordnung festgestellt wird*, 29-34, 30.

7 Die inneren Maße dieses Kartenblattes betragen 44 x 33,8 cm. Der Maßstab lautet 1:11.900.

Plan von Seres in Macedonien, aufgenommen im Jahre 1832 von Wilh. v. Chabert. Am Anfang der großen Ebene gleichen Namens (:30 □Meilen:[1]), am Fuße von Granitgebirgen. Sümpfe in S. und W. – 4000 Häuser, 22.000 Einwohner (:11.000 Türken, 9000 Griechen /:meist Bulgaren:/, 1500 Juden, 500 Zigeuner:) – Schwache Ringmauer, 1½ bis 2 Klafter[2] hoch. Spuren bulgarischer Befestigung. – Der Hügel in NO. mit verfallener Citadelle, und der in NW. beherrschen die Stadt.

Auf der Basis der Gutachten bzw. Stellungnahmen seiner Unterabteilungen verfaßte Leonard Graf von Rothkirch und Panthen, Chef des Generalquartiermeisterstabs, seinerseits einen Bericht am 4. Februar 1833 für das Hofkriegsratspräsidium[3]:

Unter Rückschließung der mit dem hohen Präsidial-Erlaße vom 12. v. M. [Jänner] Zahl 32 herabgegebenen Note der hohen k: k: geheimen Haus- Hof- und Staatskanzlei gibt man sich die Ehre über die Nützlichkeit der von dem k: k: Konsul zu Salonich von Chabert begonnenen Sammlung von, die Provinz Macedonien betreffenden topographischen Materialien folgendes gehorsamst zu berichten: Das kk: Kriegs-Archiv besitzt über diese Provinz keine andern Materialien als die beiden, zum Theil auf unsicheren und mangelhaften Quellen basirten Karten der europaischen Türkei von Lapie in 15 Blättern, und jene vom Oberstlieutenant Weiß in 21 Blättern; in welchen Macedonien unter allen übrigen Karten noch am Besten dargestellt ist, obgleich sich in ersterer die Gegend von Cartowa als ein ganz unbekanntes Land angegeben findet. Dieser Mangel an verläßlichen Quellen für die genauere topographische Kenntnis einer der wichtigsten Provinzen der europäischen Türkei spricht hinlänglich für den Nutzen der weiteren Beiträge, welche Herr v Chabert bei jenen Dienstreisen in jenem Lande einzusammeln Gelegenheit hatte; und welche man, wenn sie dem General-Quartiermeister-Stabe auf hochgefällige Verwendung des hochlöblichen Hofkriegsraths-Präsidium mitgetheilt würden, dazu benützen könnte, um darnach die vorliegenden Karten zu vervollkommnen, die wenigen militärisch-statistischen Notizen über jenes Land zu bereichern, und zugleich dasjenige aufzufinden und zu bezeichnen, was in beider Beziehung noch lückenhaft ist, und bei sich ergebenden Gelegenheiten durch das k:k: Konsulat zu Salonich nachgetragen werden könnte. Für diesen Zweck erscheinen die Materialien des Herrn Konsul von Chabert ihrer Verläßlichkeit wegen, und da sie, wie man auf indirektem Wege erfahren, von der Art sind, daß die mit genauen Beschreibungen belegten Brouillons ohne Umstand durch eine andere Hand füglich ausgezeichnet werden können, von hohem Werthe; auch würde ihre Benützung keine besondern Auslagen verursachen, weil man dieselbe mit den hier vorhandenen Mitteln bestreiten könnte. Für eine ganz neue Karte dürften hingegen diese Quellen nicht hinreichend gefunden werden; weil eine solche jeden Falls durch einige, nur mit bedeutenden Auslagen zu bewirkenden astronomischen oder geodätischen Vermeßungen basirt sein müßte, außerdem

---

1   Mit dieser Abkürzung sind österreichische Quadratmeilen gemeint. Eine österreichische Meile entspricht 7,585936 km. Eine österreichische Quadratmeile beträgt demnach 57,546424 km², d. h. 30 österreichische Quadratmeilen rund 1726 km². Siehe zu dieser Umrechnung: Reichsgesetzblatt für die im Reichsrathe vertretenen Königreiche und Länder, 30f.
    Die Angabe von rund 1726 km² für die Größe der Ebene von Serrai entspricht in etwa eigenen Berechnungen in der Höhe von rund 1400 km² (bei einer NW-SO Länge von 74 km und einer durchschnittlichen Breite von rund 19 km). Vgl. dazu die Karte in: Paulos DRANDAKĒS u. a. (Hgg.), *Μεγάλη Ελληνική Εγκυκλοπαίδεια. Τόμος 21.* Athēnai 1926-1934, 702f. (Σέρραι).

2   Die Höhe der Mauern betrug damals rund 3 bis 4 m.

3   OeStA / KA HKR Präs 1833 1-700 Nr. 177. Das Konzept dieses Schreibens ist erhalten in: OeStA / KA AhOB GSt 31 Präs 1-122 (1833) Nr. 4.

auch örtliche Erhebungen in jenem Lande durch Einzelne, und in den Richtungen von Dienstreisen vorgenommen, für eine ganz gute Karte immer unzureichend bleiben. Von den der Note der hohen k:k: geheimen Haus- Hof- und Staatskanzlei beigeschloßenen und wieder gehorsamst unterlegten 5 Plänen der vorzüglichsten Städte Macedoniens wurden Kopien für das Kriegs-Archiv genommen, und demselben zur Aufbewahrung zugestellt.

Eine der Kopien im Kriegsarchiv – nämlich den Stadtplan von Melnik[1] – hat, wie bereits weiter oben erwähnt wurde, Violeta Neševa publiziert. Zu klären bleibt die zentrale Frage, ob abgesehen von den vier erhaltenen Kopien die fünf Originalpläne des Wilhelm von Chabert noch existieren?

Darüber gibt die Antwort des Vizepräsidenten des Hofkriegsrats, Ignaz Graf von Hardegg-Glatz, in Form einer Note vom 5. Februar 1833 an die Staatskanzlei einen wertvollen Anhaltspunkt[2]:

Von den mit geschätzter Note vom 10: Jänner d. J. [scilicet 1833] gefälligst hieher mitgetheilten Situations-Plänen der vorzüglichsten 5 Städte Macedoniens hat man Copien, zur Hinterlegung in das k. k. Kriegs-Archiv anfertigen lassen, und der Hofkriegsrath gibt sich die Ehre die Originalien sammt dem Berichte des k. k. Konsuls zu Salonich, von Chabert mit verbindlichen Dank hierueber zurückzustellen.

Macedonien, eine der wichtigsten Provinzen der europäischen Türkey ist unter allen hierorts gekannten Karten noch am besten in jener der europäischen Türkey von Lapie, in 15, und der von Oberstlieutenant Weiss, in 21 Blättern dargestellt.

Beyde diese Karten sind jedoch zum Theil auf unsichere und mangelhafte Quellen basirt, demnach es von unbezweifelten Interesse wäre, zur Berichtigung derselben die vom Herrn Chabert gelegenheitlich seiner Dienstreisen angefertigten Brouillons zu erhalten, und die wenigen vorhandenen militärisch-statistischen Notizen über diese Provinz durch seine bereits gesammelte Materialien zu bereichern.

Zu diesem Zwecke erlaubt man sich daher Euer löbl. geheime Hof- und Staatskanzley auch um fernere gefällige Mittheilung der vom k. k. Consulate in Salonich weiterhin eingesendet werdenden Behelfe dienstfreundlichst zu ersuchen, glaubt selbe jedoch keinenfalls hinreichend für eine ganz neue Karte, deren Zusammenstellung immer wenigstens auf einige, nur mit bedeutenden Auslagen zu bewirkende astronomische oder geodaetische Vermessungen basirt seyn müßte.
Wien am 5. Februar 1833.

Somit ist klar ersichtlich, daß der Hofkriegsrat die fünf Originalpläne Chaberts an die Staatskanzlei zurückgesandt hat. Recherchen im Haus-, Hof- und Staatsarchiv zu Wien haben schließlich ergeben, daß vier der ursprünglich fünf Pläne ebendort erhalten sind[3], nämlich derjenige von *Demir hissar*[4], von *Kavalla*[5], von *Seres*[6] und von *Melenik*[7]. Wie im Falle der Bestände des Kriegsarchivs ist auch hier das Kartenblatt Thessalonikē nicht auf uns gekommen.

---

1   OeStA / KA KPS KS G I b, 155 (Melenik).
2   OeStA / HHStA StK Notenwechsel HKR Karton 251. Das Konzept dieser Note wird aufbewahrt in: OeStA / KA HKR Präs 1833 1-700 Nr. 177.
3   OeStA / HHStA Ke 3-7/7, Festungen 1832, Mazedonien. Alle vier Kartenblätter befinden sich in einer Mappe.
4   Dieses Kartenblatt hat die inneren Maße 37,3 x 24,4 cm.
5   Die inneren Maße betragen 31,3 x 31,4 cm.
6   Die inneren Maße lauten 44,3 x 33,8 cm.
7   Dieses Blatt hat die inneren Maße 48,6 x 35 cm.

Abb. 38b   Schraffe des Marsches 31 von Petrič bis Melnik, 2. Hälfte

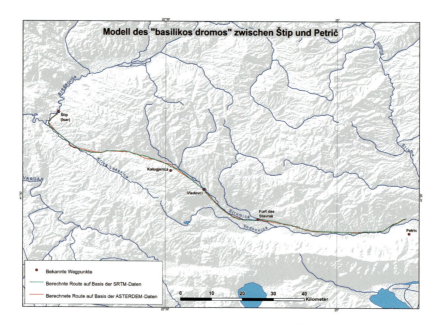

Abb. 39   Modell des "basilikos dromos" zwischen Štip und Petrič

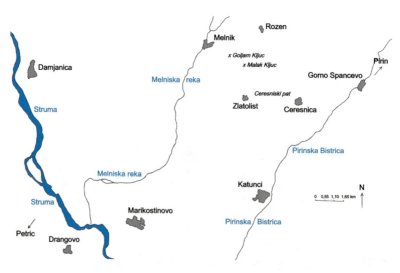

Abb. 40   Die Stadt Melnik und ihre Umgebung

[Malak Kljuc]

[Rozen]

[Katunci]

[Goljam Kljuc]

[Turm]

[Sveti Georgi]

[Zlatolist]

[Sveta Petka]

←— N

14.6.2007

Abb. 41   Die von Vanja Miluševa angefertigte Skizze (Melnik-Zlatolist)

Abb. 42   Das Haus des Kordopulov von SW

Abb. 43   Die Kirche Sveta Petka (Sveta Paraskeva)
von SO

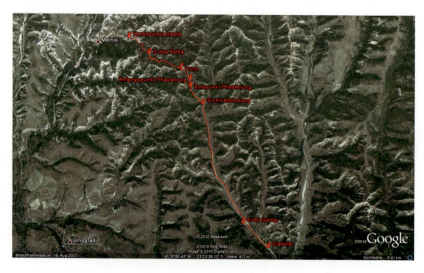

Abb. 44   GPS-Wegpunkte und GPS-Track zwischen Melnik und Zlatolist

Abb. 45   Die Kirche Sveta Petka (1), das Haus des Kordopulov (2),
das Kloster Theotokos Spēlaiōtissa (3)

Abb. 46   Die Kirche Sveta Petka und Fundamente des Vorgängerbaus

*Abb. 47   Dichter Bewuchs auf dem N-Abhang
der Route zwischen Melnik und Goljam Ključ*

*Abb. 48   Blick in Richtung Melnik, die Kirche Sveta Petka (1) und
das Haus des Kordopulov (2)*

Abb. 49   Der südliche Ausgang des Passes Goljam Ključ

Abb. 50   Die Reste des Turmes bei dem Paß Goljam Ključ

Abb. 51   Die Sichtverbindung zum Turm bei Goljam Ključ

Abb. 52   Die Sichtverbindung zum Turm bei Goljam Ključ im Gelände

*Abb. 53 Der Anfangspunkt der
Pflasterung auf dem S-Abhang*

*Abb. 54 Der Endpunkt der Pflasterung
auf dem S-Abhang*

Abb. 55   Das Tal in Richtung Zlatolist

Abb. 56   Die GPS-Wegpunkte auf dem S-Abhang Richtung Zlatolist

Abb. 57 Die Kirche Sveti Georgi von NO

Abb. 58 Das Dorf Zlatolist

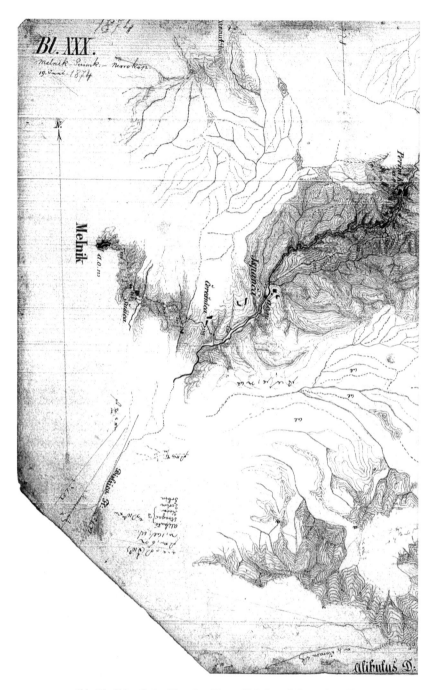

Abb. 59 Schraffe des Marsches 32 von Melnik nach Pirin, 1. Hälfte

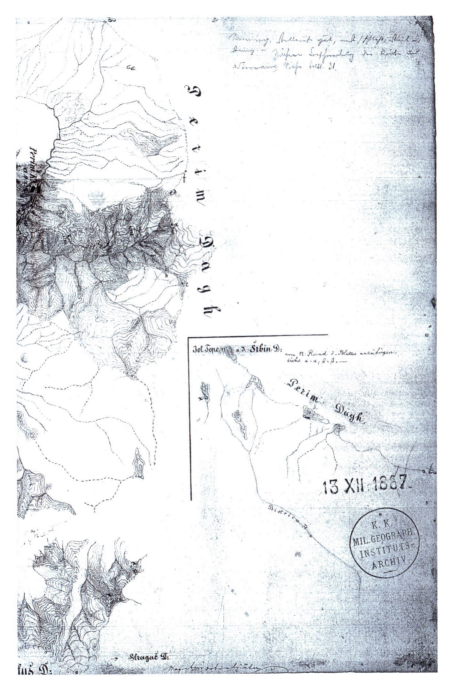

Abb. 60   Schraffe des Marsches 32 von Melnik nach Pirin, 2. Hälfte

Abb. 61   Detail der Schraffe des Marsches 32, die Kirche Sveti Georgi (1)

Abb. 62   Das Dorf Pirin von S

Abb. 63   Die drei GPS-Tracks im Dreieck Melnik-Kloster Rožen-Zlatolist

Abb. 64   Der "Least-Cost Path" zwischen Melnik und Zlatolist (in gelb)

Abb. 65   Der "Least-Cost Path" zwischen Melnik und Goljam Ključ (in gelb)

Abb. 66   Der "Least-Cost Path" zwischen Goljam Ključ und Zlatolist (in gelb)

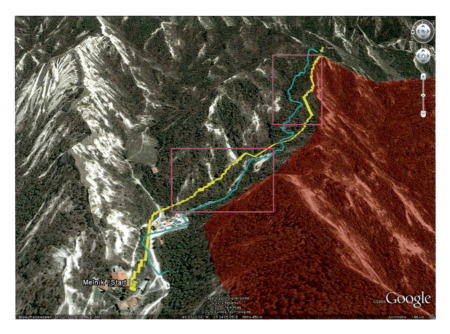

*Abb. 67   Die existierende Route (türkis) und der errechnete "Least-Cost Path" (gelb)
auf dem N-Abhang*

*Abb. 68   Die existierende Route (türkis) und der errechnete "Least-Cost Path" (gelb)
auf dem S-Abhang*

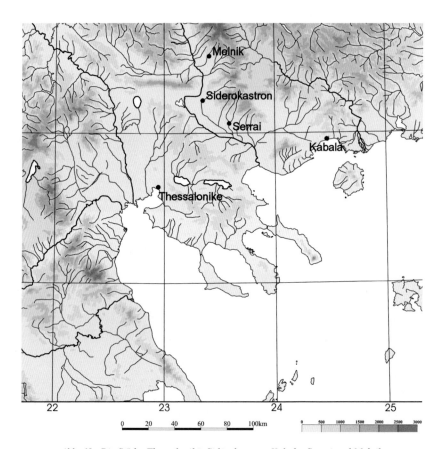

Abb. 69   Die Städte Thessalonikē, Sidērokastron, Kabala, Serrai und Melnik

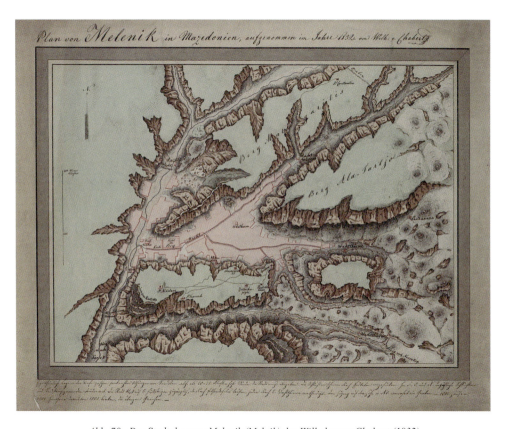

Abb. 70 Der Stadtplan von Melenik (Melnik) des Wilhelm von Chabert (1832)

Abb. 71 Die Zuweisung der Punkte P1 bis P4

Abb. 72 Die Einbettung des georeferenzierten Stadtplans in Google Earth

Abb. 73a   Der georeferenzierte Stadtplan samt GPS-Wegpunkten

Abb. 73b   Detail des georeferenzierten Stadtplans samt GPS-Wegpunkten

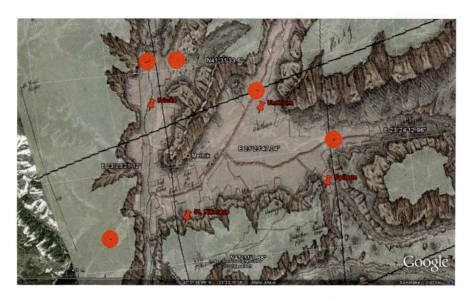

Abb. 74   Die Siedlungserstreckung der Stadt Melnik (GPS-Tracks in roten Kreisen)

Abb. 75   Das Bearbeitungsgebiet der HLC (Region Melnik)

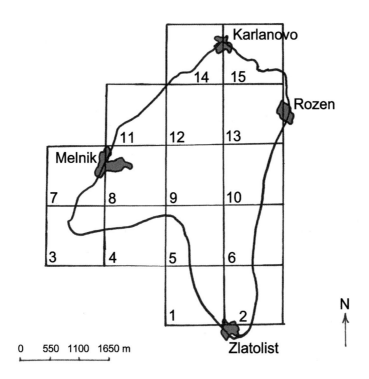

Abb. 76 Die Planquadrate der HLC im Bearbeitungsgebiet

Abb. 77   Die Kirche St. Constantin nach Wilhelm von Chabert

Abb. 78   Das Tal von Melnik von SW, die Erhebungen Sveti Nikola (1) und Sveti Konstantin (2)

Abb. 79   Die GPS-Wegpunkte im Flußtal der Strumica bzw. der Kriva Lakavica

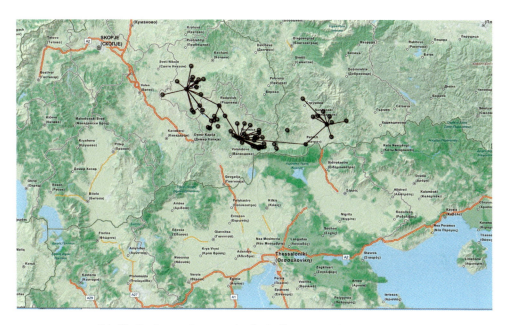

Abb. 80   Das historisch-geographische Siedlungsnetzwerk in GeoCommons

Planquadrat: 1

Datum:	16. Jun 10
Jetziger Charakter Stratigraphische Position 1 Charakter: **OPN; SET, ENC, FMB, RSB, GAR; WOO; WAT, STR; FIE; FMT**	Periodisierung: **Modern**
Vorheriger Historischer Charakter Stratigraphische Position 2 Charakter: **CHR; WEL**	Periodisierung: **Neuzeitlich**
Rodeland bzw. Lichtung	**Nein**

Planquadrat: 2

Datum:	18. Jun 10
Jetziger Charakter Stratigraphische Position 1 Charakter: **OPN; SET, ENC, FMB, RSB, GAR; WOO; WAT, STR; FIE; FMT**	Periodisierung: **Modern**
Rodeland bzw. Lichtung	**Nein**

Planquadrat: 3

Datum:	15. Jun 10
Jetziger Charakter Stratigraphische Position 1 Charakter: **COM, LRB; OPN, ELE, DIT; WOO, SPN**	Periodisierung: **Modern**
Rodeland bzw. Lichtung	**Nein**

Planquadrat: 4

Datum:	15. Jun 10
Jetziger Charakter Stratigraphische Position 1 Charakter: **OPN, ELE, DIT; WOO, SPN**	Periodisierung: **Modern**
Rodeland bzw. Lichtung	**Nein**

Tabelle 12a

Planquadrat: 5

Datum:	**16. Jun 10**
Jetziger Charakter Stratigraphische Position 1 Charakter: **REC; OPN, ELE, DIT; WOO, SPN; WAT, STR; FMT; FOT**	Periodisierung: **Modern**
Vorheriger Historischer Charakter Stratigraphische Position 2 Charakter: **TOW; AEX**	Periodisierung: **Mittelalterlich**
Rodeland bzw. Lichtung	**Nein**

Planquadrat: 6

Datum:	**18. Jun 10**
Jetziger Charakter Stratigraphische Position 1 Charakter: **REC; OPN, ELE, DIT; WOO, SPN; WAT, STR; FMT**	Periodisierung: **Modern**
Rodeland bzw. Lichtung	**Nein**

Planquadrat: 7

Datum:	**15.-16. Jun 10**
Jetziger Charakter Stratigraphische Position 1 Charakter: **REC; COM, LRB; OPN, ELE, DIT; SET, ENC, BRI, SHO, HOT, CHR, RSB, GAR; WOO, SPN; WAT, RIV**	Periodisierung: **Modern**
Vorheriger Historischer Charakter Stratigraphische Position 2 Charakter: **CHR; RSB**	Periodisierung: **Neuzeitlich**
Rodeland bzw. Lichtung	**Nein**

Tabelle 12b

Planquadrat: 8

Datum:	**15.-16. Jun 10**
Jetziger Charakter Stratigraphische Position 1 Charakter: **REC; COM, LRB; OPN, ELE, DIT, SPN, AEX; SET, ENC, BRI, SHO, HOT, CHR, MON, ADB, RSB, GAR; WOO; WAT, STR; FOT; FMT**	Periodisierung: **Modern**
Vorheriger Historischer Charakter Stratigraphische Position 2 Charakter: **CHR; ADB; RSB**	Periodisierung: **Neuzeitlich**
Vorheriger Historischer Charakter Stratigraphische Position 2 Charakter: **BAT; CHR; MON; TOW**	Periodisierung: **Mittelalterlich**
	JA oder NEIN
Rodeland bzw. Lichtung	**Nein**

Planquadrat: 9

Datum:	**16. Jun 10**
Jetziger Charakter Stratigraphische Position 1 Charakter: **REC; OPN, ELE, DIT, AEX; SET, ENC, BAT, SHO, HOT, CHR, RSB; WOO, GAR, SPN; CIV; FOT**	Periodisierung: **Modern**
Vorheriger Historischer Charakter Stratigraphische Position 2 Charakter: **CHR**	Periodisierung: **Mittelalterlich**
Rodeland bzw. Lichtung	**Ja**

Planquadrat: 10

Datum:	**18. Jun 10**
Jetziger Charakter Stratigraphische Position 1 Charakter: **REC; OPN, ELE, DIT; WOO, SPN; WAT, STR; FMT**	Periodisierung: **Modern**
Rodeland bzw. Lichtung	**Ja**

Tabelle 12c

Planquadrat: 11

Datum:	18. Jun 10
Jetziger Charakter Stratigraphische Position 1 Charakter: **COM, LRB; OPN, ELE, DIT, SPN; WOO; WAT, RIV; FIE**	Periodisierung: **Modern**
Rodeland bzw. Lichtung	**Ja**

Planquadrat: 12

Datum:	18. Jun 10
Jetziger Charakter Stratigraphische Position 1 Charakter: **OPN, ELE, DIT, SPN; WOO; FOT**	Periodisierung: **Modern**
Rodeland bzw. Lichtung	**Nein**

Planquadrat: 13

Datum:	17.-18. Jun 10
Jetziger Charakter Stratigraphische Position 1 Charakter: **REC; COM, LRB; OPN, ELE, DIT; SET, ENC, SHO, HOT, CHR, MON, FMB, RSB, GAR; WOO, SPN; WAT, STR; CIV; FIE; FOT; FMT**	Periodisierung: **Modern**
Vorheriger Historischer Charakter Stratigraphische Position 2 Charakter: **CHR; MON; RSB**	Periodisierung: **Neuzeitlich**
Vorheriger Historischer Charakter Stratigraphische Position 3 Charakter: **CHR; MON**	Periodisierung: **Mittelalterlich**
Rodeland bzw. Lichtung	**Ja**

Tabelle 12d

Planquadrat: **14**

Datum:	**18. Jun 10**
Jetziger Charakter Stratigraphische Position 1 Charakter: **COM, LRB; OPN, ELE, DIT, SPN; SET, ENC, RSB, GAR; WOO; WAT, RIV**	Periodisierung: **Modern**
Rodeland bzw. Lichtung	**Nein**

Planquadrat: **15**

Datum:	**18. Jun 10**
Jetziger Charakter Stratigraphische Position 1 Charakter: **COM, LRB; OPN, ELE, DIT, SPN; SET, ENC, RSB, GAR; WOO; WAT, RIV**	Periodisierung: **Modern**
Rodeland bzw. Lichtung	**Nein**

Tabelle 12e

Hiefür könnte folgende Hypothese ins Treffen geführt werden: Laut einer Liste[1] hat der Vizepräsident des Hofkriegsrats, Gustav Prinz zu Hohenlohe-Langenburg (1806-1861)[2], die Akte Nr. 177 im Jahre 1841 an sich genommen. Vielleicht hat er damals das Kartenblatt Thessalonikē – sowohl in der Kopie als auch im Original – aus beiden Beständen für weiterführende Zwecke entfernt.

Die Beischriften auf den Originalplänen weichen nur in einem Falle von denjenigen auf den Kopien ab: Auf dem Blatt von *Demir hissar* vermerkt das Original bei der Einwohnerzahl 3200 statt 3500 Türken.[3]

Besonderes Augenmerk sei im folgenden auf den Stadtplan von *Melenik* (Melnik) im Original des Wilhelm von Chabert gelegt.[4] Melnik spielte in der ersten Hälfte des 19. Jahrhunderts eine bedeutende wirtschaftliche Rolle, weil es an der wichtigen Handelsroute zwischen Thessalonikē und Zemun lag. Diese Route führte von Thessalonikē, über Kabala, Serrai, Sidērokastron, Melnik, Blagoevgrad, Dupnica, Radomir, Pirot, Niš und Beograd nach Zemun.[5]

Aus dieser Perspektive nimmt es nicht wunder, daß Wilhelm von Chabert einige Punkte der Route, die in seinem Amtsbezirk lagen, kartographiert hat. Der historische und künstlerische Wert dieses Stadtplanes – wie auch der übrigen drei – ist unumstritten. Der kartographische sei jedoch mit modernsten Technologien grundlegend evaluiert.

Zu Georeferenzierung und regressiver Rekonstruktion des Stadtgebietes von Melnik

Den Ausgangspunkt der Evaluierung bildet die Georeferenzierung des Kartenblattes von *Melenik* (Melnik) aus dem Jahre 1832 (*Abb. 70*). Zu diesem Zwecke wurde das Programm *Touratech QV 4.0.127 Test Version* herangezogen. Die Georeferenzierung erfolgte mit Hilfe von vier GPS-Wegpunkten (*P1* bis *P4*), die im Zuge zweier Forschungsreisen vor Ort (12. Juni bis 26. Juni 2007 bzw. 14. Juni bis 27. Juni 2010) eingemessen wurden und wie folgt lauten:

P1	MelnikBrueckeEckpunkt	23	23 27,6	41	31	28,7
P2	MelBoljk	23	23 47,8	41	31	26,4
P3	MelnSvNikalt	23	23 32,5	41	31	13,5
P4	MelnikSvZona	23	23 57,8	41	31	15,6

---

1   Diese ist zu finden im Karton: OeStA / KA HKR Präs 1833 1-700.
2   *Hof- und Staats-Schematismus des österreichischen Kaiserthums. I. Theil.* Wien 1841, 313.
3   Die Zahl 3200 stimmt ohne Zweifel, weil nur sie in Kombination mit 1200 Griechen sowie Roma eine Gesamteinwohnerzahl von 4500 ergibt.
4   Siehe dazu *Abb. 70*.
5   STOJANČEVIĆ, Južnoslovenski narodi, 27, 29. Teile dieser Route sind ebenfalls dokumentiert in: *Δρομοδείχτης τῆς Ἑλλάδος*. Ἐν Πέστῃ 1824, 32; *Δρομοδείκτης τῶν ἀκολούθων ὀκτώ μερῶν*. Ἐν Βενετίᾳ 1829, 27. Siehe zur Geschichte der Stadt Melnik im 19. und zu Beginn des 20. Jahrhunderts: Petros Th. PENNAS, Συμβολή εἰς τὴν ἱστορίαν τοῦ Μελενίκου, *Σερραϊκά Χρονικά* 2 (1957), 67-125; DERS., Συμβολή εἰς τὴν ἱστορίαν τοῦ Μελενίκου, *Σερραϊκά Χρονικά* 5 (1969), 89-128; DERS., Τὸ Κοινὸν Μελενίκου καὶ τὸ σύστημα διοικήσεώς του, *Σερραϊκά Χρονικά* 15 (2004), 305-345; Geōrgios PHURTUNAS / Eudokia PHURTUNA, *Μελένικο. Ἡ πορεία του ἀνὰ τοὺς αἰῶνες*. Sidērokastro 2002; Theodoros N. VLACHOS, *Die Geschichte der byzantinischen Stadt Melenikon.* Thessaloniki 1969 (Hetaireia Makedonikōn Spudōn, Hidryma Meletōn Chersonēsu tu Haimu, 112), 95-111.

Bei diesen vier Punkten handelt es sich um bedeutende Denkmäler der Stadt[1], die auf dem Plan Chaberts eingezeichnet sind, noch heute existieren und annähernd in einem Rechteck angeordnet sind, was wiederum eine ideale Voraussetzung für eine Georeferenzierung darstellt. Durch Zuweisung des Punktes *P1* zur Brücke über die Melniška reka auf dem Plan von Chabert, des Punktes *P2* zum "Uhrthurm", des Punktes *P3* zu "St. Nikolaus" und des Punktes *P4* zu "Spileon" wurde die Georeferenzierung komplettiert und anschließend in *Google Earth* eingespielt (*Abb. 71*).

Dabei zeigte sich, daß unter Bezugnahme auf das Kartendatum *WGS 84*[2] eine Magnetische Mißweisung von 3° 55' O entsteht, die sich in einer partiellen Verzerrung des Stadtplans manifestiert. Die Auswahl von *WGS 84* erfolgte nach dem Kriterium einer Konvention bei Georeferenzierungen, weil die Originalkarte weder über ein Kartengitter verfügt noch deren Kartenbezugssystem (Kartendatum) bekannt ist, die für eine einwandfreie computergestützte Verarbeitung notwendig sind. Während sich die NO-, O-, und SO-Bereiche der Karte in die real existierende Landschaft sehr gut einfügen, sind die Abweichungen im N-, NW-, W-, SW- und S-Bereich beträchtlich (*Abb. 72*). Der Grad der Verzerrung in den erwähnten Bereichen wird umso deutlicher, wenn man über die georeferenzierte Originalkarte eine zusätzliche Schicht mit den GPS-Wegpunkten (*P1* bis *P4*) legt (*Abb. 73a* und *Abb. 73b*). Es wird ersichtlich, daß die Punkte "Brücke" (*P1*) und "St. Nikolaus" (*P3*) durch die Verzerrung bemerkenswert nach Norden versetzt sind, die Punkte "Uhrthurm" (*P2*) und "Spileon" (*P4*) jedoch beinahe unverrückt geblieben sind. Dies bedeutet, daß im östlichen Bereich der Originalkarte eine verwertbare Einbettung in *Google Earth* gelungen ist.

Die Gründe für die beschriebene Verzerrung können nicht mit letzter Sicherheit beantwortet werden. Einerseits könnte Wilhelm von Chabert den westlichen Teil des Plans auf der Basis unzutreffender Distanzen und Messungen gezeichnet haben, andererseits wäre auch eine Unvereinbarkeit von *WGS 84* mit der Ausgestaltung des Originalplans denkbar.

Die soeben skizzierten Abweichungen treten unter Einbeziehung des nächsten Arbeitsschrittes noch deutlicher hervor. Eine Annäherung zu der regressiven Rekonstruktion der Erstreckung des Stadtgebietes von Melnik sowohl in der Gegenwart als auch in der Vergangenheit ermöglicht an dieser Stelle der gezielte Einsatz von GPS-Tracks, die im Zeitraum 14. Juni bis 27. Juni 2010 vor Ort aufgezeichnet wurden. Das Kriterium der Einmessung bildeten die jetzigen Siedlungsgrenzen der Stadt, d. h. das aktuell besiedelte Gebiet. In der Folge wurden fünf Tracks an den Grenzen des Ortes aufgezeichnet: einer im Südwesten der Stadt

---

1   Es sind dies die (römische?) Brücke über die Melniška reka im NW-Teil der Stadt, die Boljarskata kăšta im O-Teil der Stadt, die alte Metropolitankirche Hosios Nikolaos sowie das Kloster Theotokos Spēlaiōtissa auf der Erhebung *Sveti Nikola*, s. der Stadt. Siehe dazu im Detail: Neševa, Melnik. Bogozidanijat grad, 297-312; Popović, Zur Topographie, 113f., 115-118.

   Erste Ergebnisse der Georeferenzierung der Originalpläne des Wilhelm von Chabert wurden publiziert in: Mihailo St. Popović / Peter Soustal, Mapping 'Macedonia's Five Most Excellent Cities' – What do Byzantine Studies, Austrian Cartography from the 1830s and GIS have in Common?, in: *Proceedings of the 25th International Cartographic Conference, Paris, 3-8 July 2011*, CO-426, unter <http://icaci.org/files/documents/ICC_proceedings/ICC2011/Oral%20Presentations%20PDF/E1-History%20of%20cartography%20and%20GI%20science/CO-426.pdf>, 4.6.2014. Vergleichbare Untersuchungen wurden vorgelegt von: Florin Fodorean / Ioan Fodorean / Ciprian Moldovan, Recreating the Landscape of the Former Roman Dacia using Modern 19th Century Cartography, Digital Data and GIS, *e-Perimetron, International web journal on sciences and technologies affined to history of cartography and maps* 8 (2013), H. 1, 37-55, unter <http://www.e-perimetron.org/Vol_8_1/Vol8_1.htm>, 4.6.2014; Dimitrios Kaimaris u. a., Digital Processing of Historical Maps from Eastern Macedonia, Greece with the Use of GIS-Geography of Settlements and Toponyms in Space and Time, *International Journal of Geomatics and Geosciences* 2 (2011), H. 2, 580-599.

2   Diese Abkürzung steht für *World Geodetic System 1984* und kennzeichnet ein einheitliches geodätisches Referenzsystem für Positionsangaben auf der Erde.

(MelnikSWGrenze in blau), je einer im Nordwesten und Norden (MelnikNWGrenze in lila bzw. MelnikNGrenze in rot), einer im Nordosten (MelnikNOGrenze in rosa) und schließlich einer im Osten der Stadt (MelnikOGrenze in grün).

Besagte fünf GPS-Tracks wurden daraufhin via *GPS TrackMaker Version 13.6* als eigene Schicht auf die georeferenzierte Karte des Jahres 1832 in *Google Earth* übertragen (*Abb. 74*). Das damit erzielte Resultat ermöglicht es, einen direkten Vergleich zwischen der Siedlungserstreckung der Stadt Melnik im ersten Drittel des 19. Jahrhunderts und im 21. Jahrhundert anzustellen. Die Verzerrung der georeferenzierten Karte verhindert einen zielführenden Vergleich im Norden, Nordwesten und Südwesten. Ihr Ausmaß wird dadurch deutlich, wenn man sich vor Augen führt, wo sich der GPS-Track (MelnikSWGrenze in blau) im Verhältnis zum Stadtplan des Jahres 1832 befindet.

Möglich ist hingegen ein Vergleich der Siedlungserstreckung im Nordosten und Osten. Ebendort kann ein nennenswerter Verlust an Bausubstanz in den nö. sowie ö. Seitentälern der Stadt Melnik konstatiert werden.

Nicht mit Gewißheit ist die Frage zu beantworten, ob die Siedlungserstreckung des ersten Drittels des 19. Jahrhunderts der spätbyzantinischen bzw. (früh-)osmanischen entspricht. Dies ist meines Erachtens wahrscheinlich, läßt sich jedoch in Ermangelung flächendeckender archäologischer Grabungen nicht eindeutig beweisen, was wiederum die Grenzen der soeben dargelegten Methode aufzeigt.

Die *Historic Landscape Characterisation* (*HLC*) der Region Melnik

Die Eingrenzung des Gebietes ("Location")[1], welches mit Hilfe der Methode der *Historic Landscape Characterisation* (*HLC*) erfaßt wurde, orientiert sich ursprünglich am Dreieck zwischen der Stadt Melnik, dem Kloster Rožen und dem Dorf Zlatolist bzw. an den drei Routen (Ökowegen), welche diese drei Punkte verbinden und mit GPS-Tracks im Jahre 2010 dokumentiert wurden (*Abb. 75*).[2] Auf dieser Grundlage wurde das Bearbeitungsgebiet an manchen Stellen gezielt ausgeweitet. Im Westen verläuft die Grenze von der Stadt Melnik entlang der Melniška reka flußaufwärts, um dann nach Nordosten zu schwenken und der Asphaltstraße zwischen Melnik und Kărlanovo zu folgen. Das Dorf Kărlanovo bildet den nördlichsten Punkt des untersuchten Gebietes. Von dort verläuft die Grenze nach Südosten entlang der Asphaltstraße zwischen Kărlanovo und dem Dorf Rožen. Die Ostgrenze des Bearbeitungsgebietes bildet die Route zwischen dem Ort / Kloster Rožen und dem Dorf Zlatolist (in türkiser Farbe in *Abb. 75*). Die West- bzw. Südwestgrenze orientiert sich zunächst an der Route zwischen Zlatolist und dem Paß Goljam Ključ (in roter Farbe in *Abb. 75*), um auf der Höhe des besagten Passes nach Westen zu schwenken, südlich der Erhebung Sveti Nikola zu verlaufen und sich mit der Melniška reka als Westgrenze zu vereinigen.

Die soeben beschriebene Eingrenzung basiert auf folgenden Überlegungen. Da dem Verfasser für die Region Melnik weder detailreiche Luftaufnahmen in hoher Auflösung noch brauchbares Kartenmaterial in großem Maßstab – mit Ausnahme des Stadtplans von Wilhelm von Chabert (s. o.) – vorliegen bzw. deren Ankauf im Falle der Verfügbarkeit auf dem freien Markt bei verschiedensten Anbietern zu kostenintensiv wäre, mußte das Bearbeitungsgebiet im Vergleich zu den britischen Fallstudien, die über beide obenerwähnten Quellen in großer

---

1 Die Entwicklung der eigenen *HLC* folgt jenen Schritten, die in der einschlägigen britischen Sekundärliteratur genannt werden (siehe dazu oben, Abschnitt I) und wie folgt lauten: "Location", "Data Sources", "Character Groups", "Secondary Features" und "Period".

2 Siehe dazu auch weiter oben, Abschnitt VIII.

Fülle verfügen (Stichwort *Ordnance Survey*[1]), stark reduziert werden. Die Reduktion des Bearbeitungsgebietes hatte auf eine Größe zu erfolgen, welche mit einem Personenkraftwagen bzw. zu Fuß problemlos bereisbar und erfaßbar ist.

Der Verfasser konnte für seine *HLC* auf folgende Quellen ("Data Sources") als Hilfsmittel zurückgreifen: den bereits erwähnten Stadtplan des Wilhelm von Chabert aus dem Jahre 1832, eine bulgarische Wanderkarte aus dem Jahre 2006[2], Satellitenbilder aus *Google Earth* und Ergebnisse eigener Surveys in den Jahren 2007 sowie 2010.

Das soeben eingegrenzte Bearbeitungsgebiet umfaßt eine Gesamtfläche von rund 11 km² (*Abb. 76*). Gemäß den Vorgaben der Methode der *HLC* wurde es in Planquadrate ("Polygons" bzw. "Geometries") eingeteilt, von denen es insgesamt 15 gibt. Diese weisen eine Seitenlänge von 1,1 km auf. Somit umfaßt ein Planquadrat eine Fläche von maximal 1,21 km². Schließlich wurden die Planquadrate von 1 bis 15 durchnumeriert, um eine eindeutige Zuweisung der jeweiligen Datensätze zu gewährleisten. Der Verfasser hat für die Bereiche "Gruppen" ("Character Groups"), "Sekundärbefund" ("Secondary Features") und "Periodisierung" ("Period") Kategorien in Anlehnung an den Charakter und die historische Entwicklung des Bearbeitungsgebietes definiert. Diese Kategorien orientieren sich an der englischen Standardterminologie, die in deutscher Sprache in runden Klammern erklärt wird, und werden mit jeweils drei Buchstaben abgekürzt:

Character Groups ("Gruppen"):

Code   Definition
REC   Recreation (Erholung: Parks, Spielplätze, Sportplätze, Naturschutzgebiete)
IND   Industrial (Industrie: Industrie- bzw. Geschäftskomplexe)
COM   Communications (Kommunikation: Autobahnen, Straßen, Eisenbahnverbindungen, Flughäfen bzw. -plätze)
MIL   Military (Militärisch: Kasernen, Militärflugplätze)
OPN   Open (Unenclosed) Land [Offenes (nicht umfriedetes) Land]
SET   Settlement (Siedlung: urbane Zonen, Städte, Dörfer)
ENC   Enclosed Land (Umfriedet: umfriedetes Land)
WOO   Woodland (Waldland)
WAT   Water (Wasser: Wasserläufe, Seen, Sümpfe)
CIV   Civic (Zivil: Spitäler, Verwaltungsgebäude, Universitätsgebäude, zivile Infrastruktur)

Secondary Features ("Sekundärbefund"):

Buildings / Gebäude bzw. Bauten:
BAT   Baths (Bad, Schwimmbad)
BRI   Bridge (Brücke)
SHO   Shop (Geschäft)
HOT   Hotel (Hotel)
CHR   Church / Religious House (Kirche)
MON   Monastery (Kloster)

---

1   Vgl. zur Geschichte des *Ordnance Survey*: Rachel Hewitt, *Map of a Nation. A Biography of the Ordnance Survey*. London 2011.
2   Karte 1:55.000, Turističeska karta, Pirin, Sofija [10]2006.

FMB   Farm Building (Landwirtschaftliches Gebäude)
TOW   Tower (Turm)
ADB   Administration Building (Verwaltungsgebäude)
RSB   Residential Building (Wohngebäude)

Water Features / Gewässer:
STR   Streams (Bach)
WEL   Well (Brunnen)
RIV   River (Fluß)
FOR   Ford (Furt)
CAN   Canal (Kanal)
SPR   Spring (Quelle)
PON   Ponds (Teich, Weiher)

Plant Cover / Bewuchs:
GAR   Garden (Garten)
SPN   Spinney (Gebüsch, Dickicht)
GRO   Grove (Hain)
PLA   Plantation (Plantage)
DEN   Abundant Tree Cover (Starke Bewaldung)

Clearings / Rodeland bzw. Lichtung   JA *oder* NEIN

Roads / Straßen:
FOT   Footpaths (Fußpfad)
FMT   Farm Track (Feldweg)
LRB   Local Road, bituminised (Lokale Straße asphaltiert)
ROM   Roman Road (Römische Straße)
BRD   Bridleway (Reitweg)

Earthworks / Erdarbeiten, -beschaffenheit u. -formationen:
MIN   Mine (Bergwerk)
ELE   Elevation (Erhebung)
FIE   Field (Feld, Acker)
DIT   Ditch (Graben)
AEX   Archaeological Excavation (Archäologische Grabung)
QUY   Quarry (Steinbruch)
DMV   Deserted Medieval Village (Wüstung)

Period ("Periodisierung"):

Modern / Modern   1901 bis jetzt
Post-Medieval / Neuzeitlich   1601 bis 1900
Medieval / Mittelalterlich   601 bis 1600
Ancient / Antik   1 n. Chr. bis 600

Basierend auf diesem Schema sind Datensätze zu den jeweiligen Planquadraten abzuleiten, die in *Tabelle 12a-12e* aufsteigend von 1 bis 15 aufgelistet werden.

Zusammenfassung

Ausgehend von der Mikroebene konnte im vorliegenden Abschnitt zunächst der Stellenwert von Stadtplänen aus vorindustrieller Zeit in der historisch-geographischen Forschung aufgezeigt werden. So selten derartige Pläne in großem Maßstab, der einzig und allein für solche Analysen geeignet ist, unter den Archivalien sind, so groß ist der Informationsgehalt, der daraus gewonnen werden kann. Abgesehen von einem ausgezeichneten Einblick in die Kontinuität von Denkmälern in der Stadt Melnik im Jahre 1832, auf die hier kein gesondertes Augenmerk gelegt wurde, erlaubt der Plan des Wilhelm von Chabert eine partielle Rekonstruktion der Erstreckung des Stadtgebietes in der Neuzeit mit einem direkten Vergleich der heutigen Grenzen des besiedelten Raumes.

Hingewiesen wurde auf die Problematik des nicht überlieferten Kartendatums, die eine Georeferenzierung des Plans und dessen Einbettung in das ihn real umgebende Gelände mittels *Google Earth* erschwert, jedoch nicht unmöglich macht. Ein Desiderat hat in Hinkunft darin zu bestehen, weitere derartige Pläne in großem Maßstab zu verschiedenen Teilen der historischen Landschaft Makedonien ausfindig zu machen und auf ähnliche Weise zwecks Gewinnung von Erfahrungswerten zu evaluieren.

Den Schwenk von der Mikro- auf die Makroebene ermöglicht die Methode der *HLC*, die bisher auf weitläufige Gebiete in Großbritannien, Thrakien und Naxos angewandt wurde. Das Erfassen des aktuellen Zustandes der Landschaft rings um Melnik in dem oben definierten Bearbeitungsgebiet und ihrer zeitlichen / historischen Tiefe wurde anhand einer eigenen *HLC* des Verfassers erprobt. Hierbei zeigt sich eine zu erwartende Schwerpunktbildung in den Orten Melnik und Rožen. Neue Erkenntnisse zu bisher unbekannten mittelalterlichen bzw. neuzeitlichen Siedlungsstrukturen im Dreieck zwischen den Orten Melnik, Rožen und Zlatolist konnten weder durch Surveys im Gelände noch durch Abgleich mit Landkarten bzw. Aufnahmen aus *Google Earth* gewonnen werden. Folglich zeigt sich eindeutig die Notwendigkeit, in Hinkunft größere Bearbeitungsgebiete zu definieren, was im vorliegenden Falle aus personellen sowie finanziellen Gründen nicht möglich war. Letzteres betrifft den gezielten Ankauf von hochauflösenden Satellitenaufnahmen und von Luftbildern, die aufgrund ihrer Kostenintensität weder für Privatpersonen noch für Forschungsprojekte in großem Maße finanzierbar sind.

Insofern scheint der Nutzen der hier angewandten *HLC* zunächst beschränkt. Allerdings brachte der Einsatz des Plans aus dem Jahre 1832 in Zusammenschau mit der bulgarischen Wanderkarte im Maßstab 1:55.000, den frei verwendbaren Satellitenbildern und den durchgeführten Surveys im Rahmen der *HLC* ein Detail zutage, das für eine solche lokal begrenzte Studie einen Teilerfolg darstellt.

Wilhelm von Chabert verzeichnet nordöstlich von Melnik auf dem *Berg Margaritis* eine Kirche *St. Constantin (Abb. 77)*, die von Paul Perdrizet[1] und Theodoros N. Vlachos[2] unter den Denkmälern der Stadt aufgelistet wird. Laut bulgarischer Wanderkarte im Maßstab 1:55.000 existiert an derselben Stelle (574 m über Normalnull) ein Toponym namens *Sveti Konstantin*, das von den Einheimischen jetzt *Sveti Kostadin* genannt wird. Gemäß dem Plan Chaberts gab es 1832 einen Steig zu dieser Kirche, der an der NO-Grenze von Melnik seinen Anfang nahm. Die im Zuge der *HLC* durchgeführten Surveys vor Ort haben gezeigt, daß besagter Steig

---

1   Paul PERDRIZET, Melnic et Rossno, *Bulletin de Correspondance Hellénique* 31 (1907), 20-37, 21.
2   VLACHOS, Die Geschichte, 59.

aufgrund landschaftlicher Veränderungen (Erosion) nicht mehr existiert und somit der Aufstieg in der kartographierten Form unmöglich ist. Des weiteren haben Surveys nördlich und nordöstlich dieser Erhebung verdeutlicht, daß sie an allen Seiten abschüssig ist und somit von keiner Seite ohne Hilfsmittel erklommen werden kann (*Abb. 78*). Auch der Zugang über die Route zwischen Melnik und dem Kloster Rožen, die am 17. Juni 2010 dokumentiert wurde (*Abb. 75* und weiter oben, Abschnitt VIII), ist nicht möglich.

Daraus leiten sich folglich zwei Aspekte ab: Erstens gibt es eine Kontinuität der Verortung der Kirche *St. Constantin* in Form des Toponyms *Sveti Konstantin* / *Sveti Kostadin*, was einen klaren Anhaltspunkt für eine gezielte archäologische Kampagne bietet. Zweitens verdeutlichen die Ergebnisse der Surveys im Rahmen der *HLC*, daß solch eine Grabung zur Analyse der zeitlichen / historischen Tiefe nur durch eine Bereitstellung und Versorgung aus der Luft im Hubschraubereinsatz möglich wäre.

X. RESULTATE UND AUSBLICK

Den Ausgangspunkt der vorliegenden Monographie bilden die Methode des Großprojektes der *Tabula Imperii Byzantini* (*TIB*) der Österreichischen Akademie der Wissenschaften und die daraus anhand des Quellenstudiums gewonnenen Lemmata zu den Toponymen der historischen Landschaft Makedonien, wie sie im Rahmen des Projektes "Makedonien, nördlicher Teil" (*TIB* 16) vorab definiert wurde.

Der Verfasser hat bewußt eine Mesoregion aus seinem umfassenden Bearbeitungsgebiet *TIB* 16 gewählt, nämlich die Flußtäler der Strumica (Strumešnica) und der Kriva Lakavica zwischen den Punkten Štip im Nordwesten und Melnik im Osten, um an ebendieser seine Gedanken einer innovativen Weiterentwicklung der historisch-geographischen Erforschung des Byzantinischen Reiches exemplarisch darzulegen bzw. zu formulieren.

Diese Weiterentwicklung wird in insgesamt neun Abschnitten umfassend erläutert. Ausgehend von der *TIB*, deren international anerkannte Tätigkeit von den Anfängen des Großprojektes bis jetzt synoptisch in Abschnitt I. geschildert wird, legt der Verfasser zunächst einen Schwerpunkt auf die Untersuchung der erwähnten Mesoregion unter dem Gesichtspunkt siedlungstheoretischer Überlegungen. Namentlich wird die von Johannes Koder in das Fach der Byzantinistik eingebrachte modifizierte "Central Place Theory" auf insgesamt vier Untereinheiten der Mesoregion angewandt (siehe Abschnitte II. bis V.), um deren räumliche Ausgestaltung bzw. Differenzierung vom 13. bis zum 16. Jahrhundert erfaßbar zu machen. Im Mittelpunkt steht die Frage nach der etwaigen Existenz zentraler Orte und der Relation dörflicher Strukturen zu ebendiesen. Die hiefür herangezogenen Quellen bilden im wesentlichen die byzantinischen und altslawischen Urkunden sowie die osmanischen Steuerregister (*Defter*). Daraus lassen sich neben Daten zur Zentralität auch jene zur Siedlungsentwicklung – wie zum Beispiel zu Wüstungsprozessen, Kolonisation und Siedlungskontinuität – herauslesen. Deutlich wird der große Informationsgehalt der verwendeten Quellen im Hinblick auf die genannten Aspekte, die in dieser umfassenden Form aus Platzgründen nicht in einen Band der *TIB* Eingang finden könnten, was wiederum den Wert dieser territorial scharf umrissenen Lokalstudie herausstreicht.[1] Weiters wird in den Abschnitten II. bis V. die Siedlungsentwicklung der einzelnen Untereinheiten rings um die in der Untersuchung ermittelten zentralen Orte Štip, Strumica, Konče und Melnik bewußt in *Excel*-Tabellen aufgeschlüsselt, weil diese in Hinkunft die Grundlage für *Geographic Information System* (*GIS*)-Datenbanken zu bilden vermögen.

Den zweiten Schwerpunkt setzt der Verfasser in der Monographie auf die Einführung rezenter (historisch-)geographischer Forschungsansätze. Abschnitt VI. betont die Bedeutung der Weidewirtschaft in der Nutzung von vermeintlichem "Niemandsland" zwischen Siedlungen, die sowohl in den schriftlichen Quellen als auch in dem toponomastischen Befund greifbar ist. Bisher ist dieser Aspekt hinsichtlich der historischen Landschaft Makedonien nicht umfassend berücksichtigt worden, sodaß eine systematische Darstellung der mittelalterlichen Weidewirtschaft bzw. Transhumanz für das Bearbeitungsgebiet von *TIB* 16 nicht vorliegt. Diese Untersuchung deutet im Rahmen der Mesoregion an, wie solch eine wissenschaftliche Erforschung in Zukunft auf einer breiteren Basis gestaltet werden könnte.[2] Die Abschnitte VII.

---

1   Dieser Ansatz wird prinzipiell in folgenden zwei Publikationen anschaulich dargelegt: Ian S. R. MLADJOV, Some Observations on the Upper Vardar and Upper Struma Valleys in the Late Middle Ages (c. 1240-c. 1380), *Bulgaria Mediaevalis* 1 (2010), 137-162; Mihailo St. POPOVIĆ, The Dynamics of Borders, Transportation Networks and Migration in the Historical Region of Macedonia (14th-16th Centuries), in: Michael BORGOLTE / Julia DÜCKER / Marcel MÜLLERBURG / Paul PREDATSCH / Bernd SCHNEIDMÜLLER (Hgg.), *Europa im Geflecht der Welt. Mittelalterliche Migrationen in globalen Bezügen.* Berlin 2012 (Europa im Mittelalter 20), 155-172.

2   In der Zwischenzeit hat der Verfasser hierzu zwei weitere Publikationen vorgelegt: Mihailo St. POPOVIĆ, Vlachen in der historischen Landschaft Mazedonien im Spätmittelalter und in der Frühen Neuzeit, in: Wolfgang HAUBRICHS / Walter POHL / Ingrid HARTL (Hgg.), Romanen und ihre Fremdbezeichnungen im Mittelalter: Walchen, Vlachen, Waliser [in Druck]; DERS., Das Kloster Hilandar und seine Weidewirtschaft in der historischen

und VIII. veranschaulichen, wie sich der Informationsgehalt mittelalterlicher schriftlicher Quellen und archäologischer Befunde zum Bearbeitungsgebiet sinnvoll durch neuzeitliche Archivalien des 19. Jahrhunderts – d. h. aus vorindustrieller Zeit, durch Surveys vor Ort, durch die Anwendung des *Global Positioning System* (*GPS*) und durch den Einsatz von "Least-Cost Path"-Modellen auf der Basis von *GIS* ergänzen bzw. bereichern läßt. Hierbei tritt deutlich hervor, daß eine wesentliche Vertiefung der Kenntnisse über den Verlauf von Verkehrswegen in einer Region durch die Einbeziehung der besagten Aspekte erzielt werden kann, was in Zukunft viel stärker in diesen speziellen Bereich der historisch-geographischen Forschung einfließen sollte. "Least-Cost Path"-Modelle eignen sich sowohl zur Reproduktion als auch zur Vorhersage von Routen und bieten die Möglichkeit, die Existenz computergestützt errechneter Wege in Zusammenarbeit mit dem Fach der Archäologie im Gelände mit gezielten Grabungen überprüfen zu lassen, was ein fächerübergreifendes Desiderat darstellt, das zwar in der einschlägigen Sekundärliteratur des öfteren eingefordert, jedoch äußerst selten realisiert wurde.[1]

Gleichzeitig ist zur Kenntnis zu nehmen, daß nicht zu jedem einzelnen Bearbeitungsgebiet im Rahmen der *TIB* das Erstellen eines "Least-Cost Path"-Modells möglich bzw. sinnvoll sein wird, weil mitunter die dafür notwendigen Vorbedingungen nicht gegeben sind. Nur durch zeitintensive Recherchen und Vorarbeiten läßt sich feststellen, ob aus der Kombination von schriftlichen Quellen, archäologischem Befund, ergänzenden neuzeitlichen Archivalien und von Surveys samt GPS-Einsatz ein Datensatz erstellt werden kann, der sich in das Rechenmodell dieser geoinformatischen Anwendung einbetten läßt. Die vorliegende Monographie führt anschaulich vor Augen, wie zeitaufwendig das Zusammenführen der erwähnten Daten ist, sodaß keine flächendeckende Anwendung denkbar erscheint, jedoch sehr wohl eine punktueller Einsatz zwecks eines besseren Verständnisses des Verlaufes von Routen in einem bestimmten Gebiet, wenn etwa sowohl die schriftlichen als auch die archäologischen Quellen in dieser Hinsicht kaum Anhaltspunkte liefern. Diesem Gedankengang folgend hat der Verfasser in Zusammenarbeit mit dem Geographen Markus Breier mittlerweile ein weiteres "Least-Cost Path"-Modell für das Tal des Flusses Strumica zwischen den Städten Štip und Petrič realisiert, um die Diskussion zur Nützlichkeit der Geoinformatik in der historisch-geographischen Erforschung des Byzantinischen Reiches zusätzlich zu stimulieren.[2]

Abschnitt IX. führt exemplarisch aus, wie ein Stadtplan des Jahres 1832 durch Georeferenzierung in eine lokale topographische Studie samt regressiver Rekonstruktion historischer Landschaften einbezogen werden kann. Hier bedarf es weiterführender Recherchen in einschlägigen Archivbeständen, um nach Möglichkeit zusätzliches unpubliziertes Kartenmaterial ausfindig zu machen und damit verbundene kartographische / geoinformatische Erfahrungswerte zu gewinnen.[3] In Fortführung dieses Ansatzes wird in naher Zukunft eine Evaluierung des

---

Landschaft Mazedonien im 14. Jahrhundert, in: ΠΕΡΙΒΟΛΟΣ – Mélanges offerts à Mme Mirjana Živojinović, membre de l'Académie [in Druck].

1 Vgl. zu dieser Methode unter anderem: Axel POSLUSCHNY, Von Nah und Fern? Methodische Aspekte zur Wegeforschung, in: Ortwin DALLY / Friederike FLESS / Rudolf HAENSCH / Felix PIRSON / Susanne SIEVERS (Hgg.), *Politische Räume in vormodernen Gesellschaften. Gestaltung – Wahrnehmung – Funktion*. Rahden 2012 (Menschen – Kulturen – Traditionen, ForschungsCluster 3, Bd. 6), 113-124.

2 Mihailo St. POPOVIĆ / Markus BREIER, Tracing Byzantine Routes – Medieval Road Networks in the Historical Region of Macedonia and Their Reconstruction by Least-Cost Paths, in: *Proceedings of the "16th International Conference on Cultural Heritage and New Technologies"*. Wien 2011, 464-475, unter <http://www.stadtarchae-ologie.at/wp-content/uploads/eBook_CHNT16_Part4.pdf>, 4.6.2014.

3 Weitere Besipiele der Georeferenzierung von Landkarten dieser Region wurden vorgelegt von: Dimitrios KAIMARIS u. a., Digital Processing of Historical Maps from Eastern Macedonia, Greece with the Use of GIS-Geography of Settlements and Toponyms in Space and Time, *International Journal of Geomatics and Geosciences* 2 (2011), H. 2, 580-599; Mihailo St. POPOVIĆ, Moving through Medieval Macedonia: Late Modern

kartographischen Wertes der Stadtpläne von *Demir hissar*, *Kavalla* und *Seres* des Wilhelm von Chabert für das Bearbeitungsgebiet "Makedonien, südlicher Teil" (*TIB* 11) angestrebt.[1]

Ein zweiter Ausblick betrifft die Weiterentwicklung der modifizierten "Central Place Theory" am Beispiel der besagten Mesoregion. Ausgehend von den GPS-Wegpunkten der anhand der schriftlichen Quellen greifbaren Siedlungen, die während der Surveys vor Ort aufgezeichnet wurden (*Abb. 79*), wird eine tiefgreifende Auswertung des Zentralitätsfaktors mittels des Theorems Königs (Graphentheorie)[2] und einschlägiger Computerprogramme (z. B. *Pajek*, **Ora*, *Graphab*) auf dem Gebiet der historisch-geographischen Netzwerkforschung in Betracht gezogen (*Abb. 80*).[3]

Somit stellt diese Monographie das verbindende Glied in einer langen Kette historisch-geographischer Forschungstätigkeit an der Österreichischen Akademie der Wissenschaften dar, indem sie von der bewährten Methode der *TIB* ausgehend durch gezielte Anwendung von Siedlungstheorien und Geoinformatik den bisherigen Weg bereichert und einen neuen in Richtung *GIS*, *GIS*-Datenbanken und verstärkter Internetpräsenz weist.[4]

Cartography, Archive Material, and Hydrographic Data Used for the Regressive Modelling of Transportation Networks. *Studia Ceranea* 2 (2012) 165-180.

1   In der Zwischenzeit ist dazu eine einschlägige Publikation erschienen: Mihailo St. POPOVIĆ / Peter SOUSTAL, Mapping 'Macedonia's Five Most Excellent Cities' – What do Byzantine Studies, Austrian Cartography from the 1830s and GIS have in Common?, in: *Proceedings of the 25th International Cartographic Conference, Paris, 3-8 July 2011*, CO-426,unter <http://icaci.org/files/documents/ICC_proceedings/ICC2011/Oral%20Presentations%20PDF/E1-History%20of%20cartography%20and%20GI%20science/CO-426.pdf>, 4.6.2014.

2   Vgl. zu diesem Ansatz folgende wegweisende Studien: Michael BATTY, Network Geography: Relations, Interactions, Scaling and Spatial Processes in GIS, *Centre for Advanced Spatial Analysis, Working Paper Series, Paper* 63 (2003), 1-23; Merrick Lex BERMAN, Boundaries or Networks in Historical GIS: Concepts of Measuring Space and Administrative Geography in Chinese History, *Historical Geography* 33 (2005), 118-133; Tom BRUGHMANS, Connecting the Dots: towards Archaeological Network Analysis, *Oxford Journal of Archaeology* 29 (2010), H. 3, 277-303; Francis W. CARTER, An Analysis of the Medieval Serbian Oecumene: A Theoretical Approach, *Geografiska Annaler, Series B, Human Geography* 51 (1969), H. 1, 39-56; Larry J. GORENFLO / Thomas L. BELL, Network Analysis and the Study of Past Regional Organization, in: Charles D. TROMBOLD (Hg.), *Ancient Road Networks and Settlement Hierarchies in the New World*. Cambridge 1991 (Nachdruck Cambridge 2011), 80-98; Gerd GRASZHOFF / Florian MITTENHUBER (Hgg.), *Untersuchungen zum Stadiasmos von Patara: Modellierung und Analyse eines antiken geographischen Streckennetzes*. Bern 2009 (Bern Studies in the History and Philosophy of Science); Forrest R. PITTS, A Graph Theoretic Approach to Historical Geography, *The Professional Geographer* 17 (1965), H. 5, 15-20; DERS., The Medieval River Trade Network of Russia Revisited, *Social Networks* 1 (1978/79), H. 3, 285-292; Johannes PREISER-KAPELLER, Networks of Border Zones: Multiplex Relations of Power, Religion and Economy in South-Eastern Europe, 1250-1453 AD, in: Mingquan ZHOU u. a. (Hgg.), *Revive the Past. Proceedings of the 39th Conference on Computer Applications and Quantitative Methods in Archaeology. Beijing, 12-16 April 2011*. Amsterdam 2012, 381-393; Monica L. SMITH, Networks, Territories, and the Cartography of Ancient States, *Annals of the Association of American Geographers* 95 (2005), H. 4, 832-849; DIES., Territories, Corridors, and Networks: A Biological Model for the Premodern State, *Complexity* 12 (2007), 28-35; Keith J. TINKLER, *An Introduction to Graph Theoretical Methods in Geography*. London 1977 (Concepts and Techniques in Modern Geography, 14); Malcolm WAGSTAFF, Network Analysis and Logistics: Applied Topology, in: John F. HALDON (Hg.), *General Issues in the Study of Medieval Logistics. Sources, Problems and Methodologies*. Leiden, Boston 2006 (History of Warfare, 36), 69-92.

3   In der Zwischenzeit hat der Verfasser eine Fallstudie auf dem Gebiet der historisch-geographischen Netzwerkforschung zu den Flußtälern der Strumica (Strumešnica) und der Kriva Lakavica auf der Basis der hier präsentierten Daten vorgelegt: Mihailo St. POPOVIĆ, Networks of Border Zones: A Case Study on the Historical Region of Macedonia in the 14th Century AD, in: Karel KRIZ / William CARTWRIGHT / Michaela KINBERGER (Hgg.), *Understanding Different Geographies*. Berlin, Heidelberg 2013 (Lecture Notes in Geoinformation and Cartography), 227-241.

4   Die wachsende Bedeutung der Verbindung von Geschichtswissenschaft und Digital Humanities manifestiert sich in zahlreichen Publikationen. Vgl. zum Beispiel: Frédéric CLAVERT / Serge NOIRET (Hgg.), *L'histoire contemporaine à l'ère numérique. Contemporary History in the Digital Age*. Bruxelles u. a. 2013; Alexander VON LÜNEN / Charles TRAVIS (Hgg.), *History and GIS. Epistemologies, Considerations and Reflections*. Dordrecht,

Resümierend ist meines Erachtens im Hinblick auf das Verhältnis der Fächer der Byzantinistik, Südosteuropaforschung und historischen Geographie zu den Digital Humanities folgendes festzustellen:

"Neglecting this vital scholarly approach of the 21st century may result in a marginalisation of Byzantine Studies in general and of the historical geography of the Byzantine Empire in particular. The more complex and difficult the ways to acquire funding become, the more user oriented and outward looking the scholarly outreach has to be in order to justify the awarded funds. An academic subject existing on the verge of scholarly events and innovations is doomed to fall into oblivion."[1]

Heidelberg, New York, London 2013.

1 Mihailo St. Popović, Are the Historical Geography of the Byzantine Empire and Digital Humanities a Contradiction *Per Se?*, *Bulgaria Mediaevalis* 3 (2012), 255-269, 263.

XI. QUELLEN- UND LITERATURVERZEICHNIS

Abkürzungen
AhOB = Allerhöchster Oberbefehl
HHStA = Haus-, Hof- und Staatsarchiv
HKR = Hofkriegsrat
KA = Kriegsarchiv
KPS = Karten- und Plansammlung
MdÄ = Ministerium des Äußern
OeStA = Österreichisches Staatsarchiv
StK = Staatskanzlei

Quellen

Unveröffentlichte Quellen aus dem Österreichischen Staatsarchiv (Wien) / Kriegsarchiv

OeStA / KA B III c 19-04, Marsch 28 und Blatt XXVI.
OeStA / KA B III c 19-04, Marsch 29 und Blatt XXVII.
OeStA / KA B III c 19-04, Marsch 30 und Blatt XXVIII.
OeStA / KA B III c 19-04, Marsch 31 und Blatt XXIX.
OeStA / KA B III c 19-04, Marsch 32 und Blatt XXX.
OeStA / KA HKR Präs 1833 1-700 Nr. 177
OeStA / KA AhOB GSt 31 Präs 1-122 (1833) Nr. 4
OeStA / KA AhOB GSt 30 Hauptreihe 1-E(nde) (1833) Nr. 465 (Aktenkonvolut)
OeStA / KA KPS KS G I b, 112 (Demirhisar / Valavišta)
OeStA / KA KPS KS G I b, 133 (Kavala)
OeStA / KA KPS KS G I b, 155 (Melenik)
OeStA / KA KPS KS G I b, 195 (Seres)

Unveröffentlichte Quellen aus dem Österreichischen Staatsarchiv (Wien) / Haus-, Hof- und Staatsarchiv

OeStA / HHStA MdÄ AR F4-50-12 (Chabert, Wilhelm; Nr. 14959)
OeStA / HHStA StK Konsulate Karton 34
OeStA / HHStA StK Notenwechsel HKR Karton 51
OeStA / HHStA StK Notenwechsel HKR Karton 251
OeStA / HHStA Ke 3-7/7, Festungen 1832, Mazedonien

Gedruckte Quellen

ALEKSIĆ, Vladimir, Povelja cara Stefana Dušana vlasteličiću Ivanku Probištitoviću, *Stari srpski arhiv* 8 (2009), 69-80
BEKKER, Immanuel (Hg.), *Georgius Cedrenus, Ioannis Scylitzae ope*. Bonn 1838-1839 (Corpus Scriptorum Historiae Byzantinae, 13-14)
BÉNOU, Lisa (Hg.), *Le codex B du monastère Saint-Jean-Prodrome (Serrès), A (XIIIe - XVe siècles)*. Paris 1998 (Textes. Documents. Études sur le monde byzantin, néohellénique et balkanique, 2)

BOJANIN, Stanoje, Povelja cara Stefana Uroša kojom potvrdjuje dar velikog vojvode Nikole Stanjevića manastiru Hilandaru, *Stari srpski arhiv* 1 (2002), 103-115

BOMPAIRE, Jacques / LEFORT, Jacques / KRAVARI, Vassiliki / GIROS, Christophe (Hgg.), *Actes de Vatopédi I. Des origines à 1329. Texte.* Paris 2001 (Archives de l'Athos, 21)

CARILE, Antonio, Partitio Terrarum Imperii Romanie, *Studi Veneziani* 7 (1965), 125-289

DANIČIĆ, Djuro (Hg.), *Životi kraljeva i arhiepiskopa srpskih napisao arhiepiskop Danilo i drugi.* Zagreb 1866

DASKALOVA, Angelina / RAJKOVA, Marija (Hgg.), *Gramoti na Bălgarskite care. Uvod. Tekstove. Rečnik. Bibliografija.* Sofija 2005

DĒMĒTRIADĒS, Basilēs, *Η Κεντρική και Δυτική Μακεδονία κατά τον Εβλιγιά Τσελεμπή.* Thessalonikē 1973 (Makedonikē Bibliothēkē, 39)

VAN DIETEN, Jan Louis, *Nikephoros Gregoras. Rhomäische Geschichte. Historia Rhomaïke. Zweiter Teil (Kapitel VIII-XI). I. Halbband.* Stuttgart 1979 (Bibliothek der griechischen Literatur, 8)

DRAGOVA, Nadežda, Nadgroben plač na kesarica Hrelьova – epigrafăt ot 1343 g. v Rilskija manastir, in: Miroljub JOKOVIĆ / Predrag MATEJIĆ (Hgg.), *5th International Hilandar Conference. Love of Learning and Devotion to God in Orthodox Monasteries. Selected Proceedings I.* Beograd, Columbus/Oh. 2006, 164-170

GJUZELEV, Vasil, *Izvori za srednovekovnata istorija na Bălgarija (VII-XV v.) v avstrijskite răkopisni sbirki i arhivi. I. Bălgarski, drugi slavjanski i vizantijski izvori.* Sofija 1994

GROZDANOVA, Elena / GRUEVSKI, Petko, Naselenieto na Petrič i Petrička kaza spored poimenen registăr ot 1665 g., *Istoričeski pregled* 38 (1982), H. 4, 114-125

GUDAS, Michaēl, Βυζαντιακά έγγραφα της εν Άθω ιεράς Μονής Βατοπεδίου, *Επετηρίς Εταιρείας Βυζαντινών Σπουδών* 4 (1927), 211-248

GUILLOU, André (Hg.), *Les Archives de Saint-Jean-Prodrome sur le mont Ménécée.* Paris 1955 (Bibliothèque Byzantine, Documents, 3)

HAFNER, Stanislaus (Hg.), *Serbisches Mittelalter. Altserbische Herrscherbiographien. Band 2: Danilo II. und sein Schüler: Die Königsbiographien.* Graz, Wien, Köln 1976 (Slavische Geschichtsschreiber, 9)

HEISENBERG, August / WIRTH, Peter (Hgg.), *Georgii Acropolitae opera. Volumen I.* Stuttgart 1978

HUNGER, Herbert / KRESTEN, Otto (Hgg.), *Das Register des Patriarchats von Konstantinopel. 1. Teil: Edition und Übersetzung der Urkunden aus den Jahren 1315-1331.* Wien 1981 (Corpus Fontium Historiae Byzantinae, 19/1)

IVANOV, Jordan, *Bălgarski starini iz Makedonija.* Sofija 1931 (Nachdruck Sofija 1970)

KRAVARI, Vassiliki (Hg.), *Actes du Pantocrator. Texte.* Paris 1991 (Archives de l'Athos, 17)

KREKIĆ, Bariša, *Dubrovnik i Levant (1280-1460).* Beograd 1956 (Srpska Akademija Nauka, Posebna izdanja 256, Vizantološki institut 4)

KURZ, Josef (Hg.), *Evangeliář Assemanův. Kodex Vatikánský 3. slovanský. Díl II Úvod, text v přepise cyrilském, poznámky textové, seznamy čtení.* Praha 1955

LAURENT, Vitalien, Un acte grec inédit du despote serbe Constantin Dragaş (sic!), *Revue des Études Byzantines* 5 (1947), 171-184

LEFORT, Jacques / OIKONOMIDÈS, Nicolas / PAPACHRYSSANTHOU, Denise / KRAVARI, Vassiliki / MÉTRÉVÉLI, Hélène (Hgg.), *Actes d'Iviron III. De 1204 à 1328. Texte.* Paris 1994 (Archives de l'Athos, 18)

LEFORT, Jacques / OIKONOMIDÈS, Nicolas / PAPACHRYSSANTHOU, Denise / KRAVARI, Vassiliki / MÉTRÉVÉLI, Hélène (Hgg.), *Actes d'Iviron IV. De 1328 au début du XVIe siècle. Texte*. Paris 1995 (Archives de l'Athos, 19)

LEFORT, Jacques / KRAVARI, Vassiliki / GIROS, Christophe / SMYRLIS, Kostis (Hgg.), *Actes de Vatopédi II. De 1330 à 1376. Texte*. Paris 2006 (Archives de l'Athos, 22)

LEMERLE, Paul (Hg.), *Actes de Kutlumus. Texte*. Paris 1988 (Archives de l'Athos, 2/2)

LEMERLE, Paul / GUILLOU, André / SVORONOS, Nicolas / PAPACHRYSSANTHOU, Denise (Hgg.), *Actes de Lavra II. De 1204 à 1328. Texte*. Paris 1977 (Archives de l'Athos, 8)

LEMERLE, Paul / DAGRON, Gilbert / ĆIRKOVIĆ, Sima (Hgg.), *Actes de Saint-Pantéléèmôn. Texte*. Paris 1982 (Archives de l'Athos, 12)

LEONE, Petrus Aloisius M. (Hg.), *Nicephori Gregorae Epistulae. Volumen II*. Bari 1982

LEONID, Archimandrit, Stara srpska pisma. Iz ruskog manastira Sv. Panteleimona u Svetoj Gori, *Glasnik Srpskog Učenog Društva* 7 (1868), 231-295

LEONID, Archimandrit, Hrisovulja Cara Stefana, data u Skoplju 1347 godine, iz crkvenog i državnog sabora, koji bijaše skupljen u to doba, a kojom se osniva episkopska stolica u manastiru Ljesnovskom, *Glasnik Srpskog Učenog Društva* 10 (1870), 287-296

MIGNE, Jean-Paul, *Patrologia Graeca tomus 126*. Paris o. J.

MIHALJČIĆ, Rade, Hrisovulja cara Uroša melničkom mitropolitu Kirilu, *Stari srpski arhiv* 2 (2003), 85-97

MIKLOSICH, Franz (Hg.), *Monumenta Serbica spectantia historiam Serbiae Bosnae Ragusii*. Wien 1858 (Nachdruck Graz 1964)

MIKLOSICH, Franz / MÜLLER, Joseph (Hgg.), *Acta et diplomata graeca medii aevi sacra et profana I*. Wien 1860

MIKLOSICH, Franz / MÜLLER, Joseph (Hgg.), *Acta et diplomata graeca medii aevi sacra et profana II*. Wien 1862

MIŠIĆ, Siniša, Hrisovulja kralja Stefana Dušana Hilandaru kojom prilaže vlastelina Rudla, *Stari srpski arhiv* 9 (2010), 75-86

MOŠIN, Vladimir / ĆIRKOVIĆ, Sima / SINDIK, Dušan (Hgg.), *Zbornik srednjovekovnih ćiriličkih povelja i pisama Srbije, Bosne i Dubrovnika. Knjiga I (1186-1321)*. Beograd 2011

MOŠIN, Vladimir / SLAVEVA, Lidija (Hgg.), Dogovorot na kral Uroš II Milutin so Karlo Valoa od 1308 godina za podelbata na Vizantiska Makedonija, in: Vladimir MOŠIN (Hg.), *Spomenici za srednovekovnata i ponovata istorija na Makedonija. Tom II*. Skopje 1977, 415-443

MOŠIN, Vladimir / SOVRE, Anton (Hgg.), *Dodatki h grškim listinam Hilandarja. Supplementa ad acta graeca Chilandarii*. Ljubljana 1948

NEDKOV, Boris, *Bălgarija i săsednite i zemi prez XII vek spored "Geografijata" na Idrisi*. Sofija 1960

NOVAKOVIĆ, Stojan (Hg.), *Zakonski spomenici srpskih država srednjega veka. Peta knjiga nagradjena iz zadužbine d-ra Nikole Krstića*. Beograd 1912

OIKONOMIDÈS, Nicolas (Hg.), *Actes de Docheiariou*. Paris 1984 (Archives de l'Athos, 13)

PAVLIKIANOV, Cyril, *The Athonite Monastery of Vatopedi from 1480 to 1600. The Philological Evidence of Twenty-Eight Unknown Post-Byzantine Documents from its Archive*. Sofia 2006 (Monumenta Slavico-Byzantina et Mediaevalia Europensia, 19)

PAVLIKIANOV, Cyril, *The Athonite Monastery of Vatopedi from 1462 to 1707. The Archive Evidence*. Sofia 2008 (Universitetska Biblioteka, 481)

PAVLIKIANOV, Kyrill, The Athonite Monastery of Vatopedi from 1485 to 1499. The Evidence of Five Unknown Post-Byzantine Documents from its Archive, *Bollettino della Badia Greca di Grottaferrata* III (2005), H. 2, 89-116

PAVLIKIANOV, Kyrill, Byzantine and Early Post-Byzantine Documentary Evidence for the City of Melenikon in the Archive of the Athonite Monastery of Vatopedi, *Starobălgarska literatura* 33-34 (2005), 494-505

PETIT, Louis, Le Monastère de Notre-Dame de Pitié en Macédoine, *Izvěstija Russkago Arheologičeskago Instituta vъ Konstantinopolě* 6 (1900), 1-153

PETIT, Louis / KORABLEV, Basile (Hgg.), *Actes de Chilandar. Première partie. Actes grecs (Actes de l'Athos)*. St. Petersbourg 1911 (Nachdruck Amsterdam 1975) (Vizantijskij vremennik, 17/1)

PETIT, Louis / KORABLEV, Basile (Hgg.), *Actes de Chilandar. Deuxième partie. Actes slaves (Actes de l'Athos)*. St. Petersbourg 1915 (Nachdruck Amsterdam 1975) (Vizantijskij vremennik, 17/1)

REGEL, Wilhelm / KURTZ, Edouard / KORABLEV, Basile (Hgg.), *Actes de Zographou (Actes de l'Athos, 4)*. St. Petersbourg 1907 (Nachdruck Amsterdam 1969) (Vizantijskij vremennik, 13/1)

REGEL, Wilhelm / KURTZ, Edouard / KORABLEV, Basile (Hgg.), *Actes de Philothée (Actes de l'Athos, 6)*. St. Petersbourg 1913 (Nachdruck Amsterdam 1975) (Vizantijskij Vremennik, 20/1)

SAKAZOV, Ivan, Novootkriti dokumenti otă kraja na XIV věkă za Bălgari otă Makedonija, prodavani kato robi, *Makedonski Pregledă* 7 (1932), H. 2-3, 1-62

ŠABANOVIĆ, Hazim (Hg.), *Evlija Čelebi. Putopis. Odlomci o jugoslovenskim zemljama*. Sarajevo 1996

SCHOPEN, Ludwig (Hg.), *Ioannis Cantacuzeni Eximperatoris Historiarum Libri IV. Volumen I*. Bonn 1828 (Corpus Scriptorum Historiae Byzantinae, 20/1)

SCHOPEN, Ludwig (Hg.), *Nicephori Gregorae Byzantina Historia. Volumen I*. Bonn 1829 (Corpus Scriptorum Historiae Byzantinae, 19/1)

SCHOPEN, Ludwig (Hg.), *Nicephori Gregorae Byzantina Historia. Volumen II*. Bonn 1830 (Corpus Scriptorum Historiae Byzantinae, 19/2)

SCHOPEN, Ludwig (Hg.), *Ioannis Cantacuzeni Eximperatoris Historiarum Libri IV. Volumen II*. Bonn 1831 (Corpus Scriptorum Historiae Byzantinae, 20/2)

SCHOPEN, Ludwig (Hg.), *Ioannis Cantacuzeni Eximperatoris Historiarum Libri IV. Volumen III*. Bonn 1832 (Corpus Scriptorum Historiae Byzantinae, 20/3)

SCHREINER, Peter, La chronique brève de 1352. Texte, traduction et commentaire. Troisième partie: de 1342 à 1348, *Orientalia Christiana Periodica* 31 (1965), H. 1, 336-373

SLAVEVA, Lidija (Hg.), Diplomatičko-pravnite spomenici za istorijata na Polog i sosednite kraevi vo XIV vek, in: Vladimir MOŠIN (Hg.), *Gramoti, zapisi i druga dokumentarna gragja za manastirite i crkvite vo Pološkata oblast i sosednite kraevi*. Skopje 1980 (Spomenici za srednovekovnata i ponovata istorija na Makedonija, 3), 430-446

SLAVEVA, Lidija / MOŠIN, Vladimir, *Srpski gramoti od Dušanovo vreme*. Prilep 1988 (Institut za istražuvanje na Staroslovenskata kultura – Prilep, Posebni izdanija 4)

SOKOLOSKI, Metodija (Hg.), *Turski dokumenti za istorijata na Makedonskiot narod. Opširni popisni defteri od XVI vek za Kjustendilskiot sandžak. Tom V/Kniga 2*. Skopje 1980

SOLOVJEV, Aleksandar V. (Hg.), *Odabrani spomenici srpskog prava (od XII do kraja XV veka)*. Beograd 1926

SOLOVJEV, Aleksandar V., Вьсi u Dušanovoj povelji g. 1355, *Prilozi za književnost, jezik, istoriju i folklor* 6 (1926), H. 2, 184-190

SOLOVJEV, Aleksandar V., Povelje cara Uroša u Hilandarskom arhivu, *Bogoslovlje. Organ Pravoslavnog Bogoslovskog Fakulteta u Beogradu* 2 (1927), 280-293

SOLOVJEV, Aleksandar, Končanski praktik, *Zbornik radova Vizantološkog instituta* 3 (1955), 83-109

SOLOVJEV, Aleksandar / MOŠIN, Vladimir (Hgg.), *Grčke povelje srpskih vladara*. Beograd 1936 (Zbornik za istoriju, jezik i književnost srpskog naroda, Treće odeljenje, Knjiga 7)

STOJANOVIĆ, Ljubomir, Srpski rodoslovi i letopisi, *Glasnik Srpskog Učenog Društva* 53 (1883), 1-160

STOJANOVSKI, Aleksandar (Hg.), *Turski dokumenti za istorijata na Makedonskiot narod. Opširen popisen defter od XV vek. Tom IV*. Skopje 1978

STOJANOVSKI, Aleksandar (Hg.), *Turski dokumenti za istorijata na Makedonskiot narod. Opširen popisen defter za Kjustendilskiot sandžak od 1570 godina. Tom V/Kniga 3.* Skopje 1982

STOJANOVSKI, Aleksandar (Hg.), *Turski dokumenti za istorijata na Makedonskiot narod. Opširen popisen defter za Kjustendilskiot sandžak od 1570 godina. Tom V/Kniga 4.* Skopje 1985

STOJANOVSKI, Aleksandar (Hg.), *Turski dokumenti za istorijata na Makedonskiot narod. Opširen popisen defter za Kjustendilskiot sandžak od 1570 godina. Tom V/Kniga 5.* Skopje 1995

STOJANOVSKI, Aleksandar (Hg.), *Turski dokumenti za istorijata na Makedonskiot narod. Opširen popisen defter za Paša sandžakot (kazite Demir Hisar, Jenidže Karasu, Gjumuldžina i Zihna) od 1569/70 godina. Tom X/Kniga 1*. Skopje 2004

TAFEL, Gottlieb Lucas Friedrich / THOMAS, Georg Martin (Hgg.), *Urkunden zur älteren Handels- und Staatsgeschichte der Republik Venedig mit besonderer Beziehung auf Byzanz und die Levante. Vom neunten bis zum Ausgang des fünfzehnten Jahrhunderts. I. Theil. (814-1205.).* Wien 1856 (Nachdruck Amsterdam 1964)

TAFEL, Gottlieb Lucas Friedrich / THOMAS, Georg Martin (Hgg.), *Urkunden zur älteren Handels- und Staatsgeschichte der Republik Venedig mit besonderer Beziehung auf Byzanz und die Levante. Vom neunten bis zum Ausgang des fünfzehnten Jahrhunderts. III. Theil. (1256-1299.).* Wien 1857 (Nachdruck Amsterdam 1964)

THURN, Hans (Hg.), *Ioannis Scylitzae Synopsis Historiarum*. Berlin, New York 1973 (Corpus Fontium Historiae Byzantinae, 5)

TOMOVIĆ, Gordana, *Morfologija ćiriličkih natpisa na Balkanu*. Beograd 1974

TOMOVIĆ, Gordana, Povelja manastira Lesnova, *Istorijski časopis* 24 (1977), 83-102

TZIOBAS, Panos D., Ἔκθεση ἐξεταστικῆς ἐπιτροπῆς Στρωμνίτσης τοῦ ἔτους 1884 γιὰ ἑπτὰ σχολεῖα τῆς ἐπαρχίας τῆς, *Ἱστορικογεωγραφικά* 11-12 (2005-2008), 79-89

VUJOŠEVIĆ, Žarko, Povelja gospodina Konstantina Dragaša Hilandaru o poklonima vojvode Dmitra (Hil. 63), *Stari srpski arhiv* 9 (2010), 111-133

WEBER, Ekkehard (Hg.), *Tabula Peutingeriana. Codex Vindobonensis 324. Vollständige Faksimile-Ausgabe im Originalformat*. Graz 1976

ŽIVOJINOVIĆ, Mirjana / KRAVARI, Vassiliki / GIROS, Christophe (Hgg.), *Actes de Chilandar I. Des origines à 1319. Texte*. Paris 1998 (Archives de l'Athos, 20)

ŽIVOJINOVIĆ, Mirjana / SUBOTIN-GOLUBOVIĆ, Tatjana, Akt gospodina Konstantina Dragaša i carice Evdokije manastiru Ivironu (13. januar, oko 1380), *Hilandarski Zbornik* 11 (2004), 287-294

Karten

Karte 1:55.000, Turističeska karta, Pirin, Sofija [10]2006
Karte 1:100.000, Beograd 1955, Blatt Strumica
Karte 1:100.000, Beograd 1958, Blatt Plačkovica
Karte 1:100.000, Beograd 1962, Blatt Štip
Karte 1:200.000, Wien 1925, Blatt Edessa
Karte 1:200.000, Wien 1940, Blatt Džumaja
Karte 1:200.000, Wien 1940, Blatt Kriva Palanka
Karte 1:200.000, Wien 1942, Blatt Saloniki (Thessaloniki)
Karte 1:375.000, International Travel Maps, Bulgaria, Vancouver/BC. 2005
Pierre M. LAPIE, Carte Générale de la Turquie d'Europe en XV Feuilles. Paris 1822
Franz VON WEISS, *Carte der Europaeischen Türkey nebst einem Theile von Kleinasien in XXI. Blaettern*. Wien 1829

Sekundärliteratur

A

ADAMS, Ian H., *Agrarian Landscape Terms: a Glossary for Historical Geography*. London 1977

ADŽIEVSKI, Kosta, Despot Aleksij Slav – samostoen feudalen vladetel vo Makedonija, *Godišen Zbornik na Filozofskiot Fakultet na Univerzitetot "Sv. Kiril i Metodij"* 3 (29) (Skopje 1977), 79-92

ADŽIEVSKI, Kosta, Stipion (Stupion) ne e Štip, *Godišen Zbornik Filozofski Fakultet na Univerzitetot - Skopje* 14 (40) (1987), 81-93

AGSTNER, Rudolf, Die Direktoren, Hörer und Hörerinnen der Orientalischen Akademie und der Konsularakademie 1754-1941, in: Oliver RATHKOLB (Hg.), *250 Jahre. Von der Orientalischen zur Diplomatischen Akademie in Wien*. Innsbruck u. a. 2004, 405-565

Österreichische Akademie der Wissenschaften (Hg.), *Österreichisches biographisches Lexikon: 1815-1950, 1. Band*. Wien 1957

Österreichische Akademie der Wissenschaften (Hg.), *Österreichisches biographisches Lexikon: 1815-1950, 2. Band*. Wien 1959

Österreichische Akademie der Wissenschaften (Hg.), *Österreichisches biographisches Lexikon: 1815-1950, 9. Band*. Wien 1988

Österreichische Akademie der Wissenschaften (Hg.), *Österreichisches biographisches Lexikon: 1815-1950, 57. Lieferung*. Wien 2004

ALEKSOVA, Blaga, *Loca Sanctorum Macedoniae. Kult na martirite vo Makedonija od IV do IX vek*. Skopje 1995

ALMER, Franz, Das k.u.k. militärgeographische Institut, *Communications in Asteroseismology* 149 (2008), 75-82

AMANTOS, Kōnstantinos I., Ιστορία του Βυζαντινού Κράτους I-II (395-1204). Athēnai 1953-1957

ANDREEV, Stefan, *Rečnik na selištni imena i nazvanija na administrativno-teritorialni edinici v Bălgarskite zemi prez XV-XIX vek*. Sofija 2002

ANGELOPULOS, Athanasios A., Βόρειος Μακεδονία. Ο Ελληνισμός της Στρωμνίτσης. Τοπογραφία - Ιστορία - Εκκλησία - Παιδεία - Εθνική και Κοινοτική Ζωή. Thessalonikē 1980

ANTONIADIS-BIBICOU, Hélène, Villages désertés en Grèce – Un bilan provisoire, in: *Villages désertés et histoire économique XIe-XVIIIe siècle*. Paris 1965 (École Pratique des Hautes Études – VIe Section, Centre de Recherches Historiques, Les Hommes et la Terre XI), 343-417

ANTROP, Marc, Why Landscapes of the Past are Important for the Future, *Landscape and Urban Planning* 70 (2005), H. 1-2, 21-34

APOSTOLSKI, Mihailo (Hg.), *Štip niz vekovite. Kniga prva*. Štip 1986

ARROYO-BISHOP, Daniel, GIS and Archaeology in France, *Archeologia e Calcolatori* 9 (1998), 31-45

ASŌNITĒS, Spyros, Πελαγονία 1259: μία νέα θεώρηση, *Byzantiaka* 11 (1991), 131-165

AUTY, Robert u. a. (Hgg.), *Lexikon des Mittelalters I-IX*. München u. a. 1980-1999

B

BABINGER, Franz, *Beiträge zur Frühgeschichte der Türkenherrschaft in Rumelien (14.-15. Jahrhundert)*. Brünn, München, Wien 1944 (Südosteuropäische Arbeiten, 34)

BACHOFEN VON ECHT, Reinhart (Hg.), *Josef Freiherr von Hammer-Purgstall: "Erinnerungen aus meinem Leben" 1774-1852*. Wien, Leipzig 1940 (Fontes rerum Austriacarum, Österreichische Geschichtsquellen, Zweite Abteilung, Diplomataria et acta, 70)

BAKIĆ, Radovan / DODEROVIĆ, Miroslav / MIJANOVIĆ, Dragica, *Naselja u prostoru*. Nikšić 2009

BALABANOV, Kosta, *Galerija na ikoni*. Štip ²1988

BALTA, Evangelia, *Les vakifs de Serrès et de sa région (XVe et XVIe s.)*. Athènes 1995 (Centre de recherches néo-helléniques de la fondation nationale de la recherche scientifique, 53)

BARCELÓ, Juan A., Visualizing What Might Be: An Introduction to Virtual Reality Techniques in Archaeology, in: Juan A. BARCELÓ / Maurizio FORTE / Donald H. SANDERS (Hgg.), *Virtual Reality in Archaeology*. Oxford 2000 (BAR International Series 843), 9-35

BARIŠIĆ, Franjo / FERJANČIĆ, Božidar (Hgg.), *Vizantijski izvori za istoriju naroda Jugoslavije VI*. Beograd 1986 (Vizantološki institut, Posebna izdanja, 18)

BARTUSIS, Mark C., Chrelja and Momčilo: Occasional Servants of Byzantium in Fourteenth Century Macedonia, *Byzantinoslavica* 41 (1980), 201-221

BARTUSIS, Mark C., 'ΕΞΑΛΕΙΜΜΑ: Escheat in Byzantium, *Dumbarton Oaks Papers* 40 (1986), 55-81

BARTUSIS, Mark, The Settlement of Serbs in Macedonia in the Era of Dušan's Conquests, in: AHRWEILER, Hélène / LAIOU, Angeliki E. (Hgg.), *Studies on the Internal Diaspora of the Byzantine Empire*. Washington/DC. 1998, 151-159

BATTY, Michael, Network Geography: Relations, Interactions, Scaling and Spatial Processes in GIS, *Centre for Advanced Spatial Analysis, Working Paper Series, Paper* 63 (2003), 1-23

BELČOVSKI, Jovan, Vtoriot brak na kralot Stefan Uroš III i izveštajot na Nikifor Grigora za patuvanjeto na vizantiskite diplomati vo Skopje vo 1326 godina, in: Vladimir MOŠIN (Hg.), *Spomenici za srednovekovnata i ponovata istorija na Makedonija. Tom II*. Skopje 1977, 521-530

BELDEDOVSKI, Zvonko, Isar, Štip – srednovekovna naselba, *Macedoniae Acta Archaeologica* 3 (1977), 195-214

BELDEDOVSKI, Zvonko, Istoriski i materijalni fragmenti od srednovekoven Štip, *Macedoniae Acta Archaeologica* 15 (1996-1997), 357-372

BELDEDOVSKI, Zvonko, Srednovekoven Štip niz istoriskite podatoci i materijalnite ostatoci, *Zavod za zaštita na spomenicite na kulturata i Naroden Muzej - Štip, Zbornik* VIII (1998), 7-19

BELDICEANU, Nicoara / BELDICEANU-STEINHERR, Irène, Colonisation et déportation dans l'État ottoman (XIVe - début XVIe siècle), in: Michel BALARD / Alain DUCELLIER (Hgg.), *Coloniser au Moyen Age*. Paris 1995, 172-185

BELKE, Klaus (Mit Beiträgen von Marcell RESTLE), *Galatien und Lykaonien*. Wien 1984 (Nachdruck Wien 2004) (Tabula Imperii Byzantini, 4)

BELKE, Klaus, *Paphlagonien und Honorias*. Wien 1996 (Tabula Imperii Byzantini, 9)

BELKE, Klaus, Roads and Travel in Macedonia and Thrace in the Middle and Late Byzantine Period, in: Ruth MACRIDES (Hg.), *Travel in the Byzantine World*. Aldershot 2002, 73-90

BELKE, Klaus, *Tabula Imperii Byzantini*. Un progetto di topografia storica e le sue prospettive per la Sicilia, *Byzantino-Sicula* IV (2002), 73-87

BELKE, Klaus / MERSICH, Norbert, *Phrygien und Pisidien*. Wien 1990 (Nachdruck Wien 2004) (Tabula Imperii Byzantini, 7)

BELLAVIA, Gino, Predicting Communication Routes, in: John F. HALDON (Hg.), *General Issues in the Study of Medieval Logistics. Sources, Problems and Methodologies*. Leiden, Boston 2006 (History of Warfare, 36), 185-198

BERGMANN, Rudolf, Quellen, Arbeitsverfahren und Fragestellungen der Wüstungsforschung, *Siedlungsforschung Archäologie-Geschichte-Geographie* 12 (1994), 35-68

BERMAN, Merrick Lex, Boundaries or Networks in Historical GIS: Concepts of Measuring Space and Administrative Geography in Chinese History, *Historical Geography* 33 (2005), 118-133

BINTLIFF, John, Going to Market in Antiquity, in: Eckart OLSHAUSEN / Holger SONNABEND (Hgg.), *Zu Wasser und zu Land. Verkehrswege in der antiken Welt*. Stuttgart 2002 (Stuttgarter Kolloquium zur historischen Geographie des Altertums, 7,1999), 209-250

BLAGOJEVIĆ, Miloš, Planine i pašnjaci u srednjovekovnoj Srbiji (XIII i XIV vek), *Istorijski glasnik* 2-3 (1966), 3-95

BLAGOJEVIĆ, Miloš, Srednjovekovni zabel, *Istorijski časopis* 14-15 (1966), 1-17

BLAGOJEVIĆ, Miloš, Strumica, in: *Lexikon des Mittelalters 8*. München, Zürich 1997, 247f

BLAGOJEVIĆ, Miloš, Zabel, in: Sima ĆIRKOVIĆ / Rade MIHALJČIĆ (Hgg.), *Leksikon srpskog srednjeg veka*. Beograd 1999, 202

BLAGOJEVIĆ, Miloš, Kefalija, in: Sima ĆIRKOVIĆ / Rade MIHALJČIĆ (Hgg.), *Leksikon srpskog srednjeg veka*. Beograd 1999, 292-295

BLAGOJEVIĆ, Miloš, Logotet, in: Sima ĆIRKOVIĆ / Rade MIHALJČIĆ (Hgg.), *Leksikon srpskog srednjeg veka*. Beograd 1999, 369-371

BLAGOJEVIĆ, Miloš, Planine, in: Sima ĆIRKOVIĆ / Rade MIHALJČIĆ (Hgg.), *Leksikon srpskog srednjeg veka*. Beograd 1999, 519f

BLAGOJEVIĆ, Miloš, Čelnik, in: Sima ĆIRKOVIĆ / Rade MIHALJČIĆ (Hgg.), *Leksikon srpskog srednjeg veka*. Beograd 1999, 812-814

BLAGOJEVIĆ, Miloš, *Državna uprava u srpskim srednjovekovnim zemljama*. Beograd ²2001

BLAGOJEVIĆ, Miloš, Sporovi oko srednjovekovnih medja, *Zbornik Matice srpske za istoriju* 71-72 (2005), 7-28

BLESKEN, Hans u. a. (Hgg.), *Deutsches Rechtswörterbuch. Wörterbuch der älteren deutschen Rechtsprache. Sechster Band (Hufenwirt bis Kanzelzehnt)*. Weimar 1961-1972

BLUM, Wilhelm, *Georgios Akropolites (1217-1282). Die Chronik*. Stuttgart 1989 (Bibliothek der griechischen Literatur, 28)

BOCEVIĆ, Mihailo, *Mazedonien. Ein wirtschaftsgeographischer Beitrag. Dissertation zur Erlangung des Grades eines Doktors der Handelswissenschaften an der Hochschule für Welthandel in Wien*. Wien 1942

BOJANIN, Stanoje, Krst u seoskom ataru: sakralna topografija i njena društvena funkcija u parohiji srednjovekovne Srbije, *Istorijski časopis* 56 (2008), 311-352

BORN, Martin, Wüstungen und Sozialbrache, *Erdkunde. Archiv für wissenschaftliche Geographie* 22 (1968), 145-151

BORN, Martin, Wüstungsschema und Wüstungsquotient, *Erdkunde. Archiv für wissenschaftliche Geographie* 26 (1972), 208-218

BOSWORTH, Clifford Edmund u. a. (Hgg.), *Encyclopédie de l'Islam. Nouvelle Édition. Tome VII, Mif-Naz*. Leiden, Paris 1993

BOŽANIĆ, Snežana, Vinogradi u pograničnom sistemu srpskog srednjovekovnog društva: ekonomski, pravni i religiozni aspekt, *Spomenica Istorijskog arhiva "Srem"* 9 (2010), 87-99

BOŽILOV, Ivan, *Familijata na Asenevci (1186-1460). Genealogija i prosopografija*. Sofija 1985

BOŽILOV, Ivan, Novi danni za manastira Sv. Bogorodica Spileotisa v Melnik, *Istoričesko bădešte* 11 (2007), H. 1-2, 138-147

BREIER, Markus, *GIS in der Numismatik – Analysemethoden in der Interpretation von Fundmünzen*. Wien 2009 (Diplomarbeit, Universität Wien), 143 Seiten

BREIER, Markus, Geographische Informationssysteme im Umfeld der Fundmünzeninterpretation, *Mitteilungen der Österreichischen Numismatischen Gesellschaft* 50 (2010), Nr. 2, 131-155

BREIER, Markus, Getting Around in the Past: Historical Road Modelling, in: Karel KRIZ / William CARTWRIGHT / Michaela KINBERGER (Hgg.), *Understanding Different Geographies*. Berlin, Heidelberg 2013 (Lecture Notes in Geoinformation and Cartography), 215-226

BRIEGLEB, Jochen, Brücken im Straßenverkehr der antiken Welt, in: Eckart OLSHAUSEN / Holger SONNABEND (Hgg.), *Zu Wasser und zu Land. Verkehrswege in der antiken Welt (Stuttgarter Kolloquium zur historischen Geographie des Altertums, 7, 1999)*. Stuttgart 2002 (Geographica Historica, 17), 105-108

BRUGHMANS, Tom, Connecting the Dots: towards Archaeological Network Analysis, *Oxford Journal of Archaeology* 29 (2010), H. 3, 277-303

BUBALO, Djordje, Otrok, in: Sima ĆIRKOVIĆ / Rade MIHALJČIĆ (Hgg.), *Leksikon srpskog srednjeg veka*. Beograd 1999, 483-485

BUBALO, Djordje, Još jednom o terminu *b'ci, Prilozi za književnost, jezik, istoriju i folklor* 70 (2004), H. 1-4, 143-154

Buckinghamshire Historic Landscape Characterisation. Project Methodology, Buckinghamshire County Council - English Heritage o. O. o. J.

C

CARTER, Francis W., An Analysis of the Medieval Serbian Oecumene: A Theoretical Approach, *Geografiska Annaler, Series B, Human Geography* 51 (1969), H. 1, 39-56

CARTER, Francis W., Urban Development in the Western Balkans 1200-1800, in: Francis W. CARTER (Hg.), *An Historical Geography of the Balkans*. London, New York, San Francisco 1977, 147-195

CHANG, Claudia, The Ethnoarchaeology of Pastoral Land Use in the Grevena Province of Greece, in: Jaqueline ROSSIGNOL / LuAnn WANDSNIDER (Hgg.), *Space, Time, and Archaeological Landscapes*. New York 1992, 65-89

CHANG, Claudia / TOURTELLOTTE, Perry A., Ethnoarchaeological Survey of Pastoral Transhumance Sites in the Grevena Region, *Journal of Field Archaeology* 20 (1993), H. 3, 249-264

CHAPMAN, Henry, *Landscape Archaeology and GIS*. Stroud 2006

CHOUQUER, Gérard (Hg.), *Les formes des paysages. 3. L'analyse des systèmes spatiaux*. Paris 1997

CHRISTALLER, Walter, *Die zentralen Orte in Süddeutschland. Eine ökonomisch-geographische Untersuchung über die Gesetzmäßigkeit der Verbreitung und Entwicklung der Siedlungen mit städtischen Funktionen*. Jena 1933 (Nachdruck Darmstadt 1968)

CHRISTALLER, Walter, *Das Grundgerüst der räumlichen Ordnung in Europa. Die Systeme der europäischen zentralen Orte*. Frankfurt/M. 1950 (Frankfurter Geographische Hefte, 24/1)

CHRISTALLER, Walter, How I Discovered the Theory of Central Places: A Report About the Origin of Central Places, in: Paul Ward ENGLISH / Robert C. MAYFIELD (Hgg.), *Man, Space and Environment*. New York 1972, 601-610

ĆIRKOVIĆ, Sima (Hg.), *Istorija srpskog naroda I. Od najstarijih vremena do Maričke bitke 1371*. Beograd 1981

ĆIRKOVIĆ, Sima, Hreljin poklon Hilandaru, *Zbornik radova Vizantološkog instituta* 21 (1982), 103-117

ĆIRKOVIĆ, Sima, Štip u XIV veku, in: Makedonska Akademija na Naukite i Umetnostite (Hg.), *Zbornik na trudovi posveteni na akademikot Mihailo Apostolski po povod 75-godišninata od životot*. Skopje 1986, 25-37

ĆIRKOVIĆ, Sima, Albanci u ogledalu južnoslovenskih izvora, in: Milutin GARAŠANIN (Hg.), *Iliri i Albanci. Serija predavanja održanih od 21. maja do 4. juna 1986. godine*. Beograd 1988 (Srpska Akademija Nauka i Umetnosti, Naučni skupovi Knjiga 39, Odeljenje istorijskih nauka Knjiga 10), 323-339

ĆIRKOVIĆ, Sima, Seobe srpskog naroda u kraljevinu Ugarsku u XIV i XV veku, in: Petar PIJANOVIĆ (Hg.), *Seobe srpskog naroda od XIV do XX veka. Zbornik radova posvećen tristagodišnjici velike seobe Srba*. Beograd 1990, 37-46

ĆIRKOVIĆ, Sima / MIHALJČIĆ, Rade (Hgg.), *Leksikon srpskog srednjeg veka*. Beograd 1999

CLARK, Jo / DARLINGTON, John / FAIRCLOUGH, Graham, *Using Historic Landscape Characterisation*. o. O. 2004, unter <http://www.heritagecouncil.ie/fileadmin/user_up-load/Planning/LCA_CPD/LCA_CPD_Sep_2011/Reports/Using_Historic_Landscape_Characterisation_English_Heritage_2004.pdf>, 4.6.2014

CLAVERT, Frédéric / NOIRET, Serge (Hgg.), *L'histoire contemporaine à l'ère numérique. Contemporary History in the Digital Age*. Bruxelles u. a. 2013

CLAXTON, J. B., Future Enhancements to GIS: Implications for Archaeological Theory, in: Gary LOCK / Zoran STANČIČ (Hgg.), *Archaeology and Geographical Information Systems*. London 1995, 335-348

ČOLEVA-DIMITROVA, Anna, Otnosno proizhoda i značenieto na njakoi selištni imena v Petričko, *Makedonski pregled* 32 (2009), H. 2, 93-104

CONOLLY, James / LAKE, Mark, *Geographic Information Systems in Archaeology*. Cambridge u. a. 2006 (Cambridge Manuals in Archaeology)

CRAMPTON, Jeremy W. / KRYGIER, John, An Introduction to Critical Cartography, *ACME: An International E-Journal for Critical Geographies* 4/1 (2006), 11-33

CROW, Jim / TURNER, Sam / VIONIS, Athanasios, Characterizing the Historic Landscapes of Naxos, *Bulletin of British Byzantine Studies* 34 (2008), 41-43

CROW, Jim / MEKTAV, D., Survey in Thrace August-September 2008, *Bulletin of British Byzantine Studies* 35 (2009), 51-55

CROW, Jim / TURNER, Sam, Silivri and the Thracian Hinterland of Istanbul: an Historic Landscape, *Anatolian Studies* 59 (2009), 167-181

CROW, Jim / TURNER, Sam / VIONIS, Athanasios K., Characterizing the Historic Landscapes of Naxos, *Journal of Mediterranean Archaeology* 24 (2011), H. 1, 111-137

CROW, Jim / TURNER, Sam / VIONIS, Athanasios, The Byzantine and Medieval Landscape of Naxos, *Hesperia* [im Druck]

ĆURČIĆ, Slobodan, The Role of Late Byzantine Thessalonike in Church Architecture in the Balkans, *Dumbarton Oaks Papers* 57 (2003), 65-84

CVETKOV, Boris Hristov, *Selištnata mreža v dolinata na Sredna Struma prez Srednovekovieto IX-XVII vek (po arheologičeski danni)*. Sofija 2002

CVETKOVSKI, Blagoje, Istoriski i stopanski razvitok na Štip od sozdavanjeto do 1919 godine, in: Josif ILKOVSKI (Hg.), *Astibo – Štip, I-XX vek*. Skopje 1964, 23-57

CVIJIĆ, Jovan (Hg.), *Osnove za geografiju i geologiju Makedonije i Stare Srbije s promatranjima u južnoj Bugarskoj, Trakiji, susednim delovima Male Azije, Tesaliji, Epiru i severnoj Arbaniji. Knjiga prva*. Beograd 1906

CVIJIĆ, Jovan, *La péninsule balkanique. Géographie humaine*. Paris 1918

D

DAINVILLE, François DE, *Le langage des géographes. Termes, signes, couleurs des cartes anciennes 1500-1800*. Paris 1964

DARVILL, Timothy / GERRARD, Christopher / STARTIN, Bill, Identifying and Protecting Historic Landscapes, *Antiquity* 67 (1993), H. 256, 563-574

DEL, André / TAVERNARI, Cinzia, Les réseaux de polygones de Thiessen. Application à la géolocalisation robuste de caravansérails décrits dans les récits anciens de voyageurs, *Géomatique Expert* 70 (Août-Septembre 2009), 97-101

DENECKE, Dietrich, Methoden und Ergebnisse der historisch-geographischen und ar-chäologischen Untersuchung und Rekonstruktion mittelalterlicher Verkehrswege, in: Herbert JANKUHN / Reinhard WENSKUS (Hgg.), *Geschichtswissenschaft und Archäologie. Untersuchungen zur Siedlungs-, Wirtschafts- und Kirchengeschichte*. Sigmaringen 1979 (Vorträge und Forschungen, 22), 433-483

DENECKE, Dietrich, *Wege der Historischen Geographie und Kulturlandschaftsforschung. Ausgewählte Beiträge*. Wiesbaden, Stuttgart 2005

DENECKE, Dietrich, Linienführung und Netzgestalt mittelalterlicher Verkehrswege – eine raumstrukturelle Perspektive, in: Rainer Christoph SCHWINGES (Hg.), *Straßen- und Verkehrswesen im hohen und späten Mittelalter*. Ostfildern 2007 (Vorträge und Forschungen, 66), 49-70

DENECKE, Dietrich, Mitteleuropäische Verkehrsachsen. Entstehung, Wandel und Verfall vom Mittelalter bis zum 18. Jahrhundert, in: Thomas SZABÓ (Hg.), *Die Welt der europäischen Straßen. Von der Antike bis in die Frühe Neuzeit*. Köln, Weimar, Wien 2009, 279-303

DENLEY, Peter / HOPKIN, Deian (Hgg.), *History and Computing*. Manchester 1987

DINIĆ, Mihailo, Relja Ohmućević. Istorija i predanje, *Zbornik radova Vizantološkog instituta* 9 (1966), 95-118

DJINDJIAN, François, GIS Usage in Worldwide Archaeology, *Archeologia e Calcolatori* 9 (1998), 19-29

ĐOKOVIĆ, Zorica, Stanovništvo istočne Makedonije u prvoj polovini XIV veka, *Zbornik radova Vizantološkog instituta* 40 (2003), 97-244

DONZEL, Emeri VAN u. a. (Hgg.), *Encyclopédie de l'Islam. Nouvelle Édition. Tome IV, Iran-Kha.* Leiden, Paris 1978

DRAGOVA, Nadežda, Starobălgarskite izvori na žitieto za petnadesette tiveriupolski măčenici ot Teofilakt Ohridski, *Studia Balcanica* 2 (1970), 105-131

DRANDAKĒS, Paulos u. a. (Hgg.), *Μεγάλη Ελληνική Εγκυκλοπαίδεια. Τόμος 21.* Athēnai 1926-1934

Δρομοδείκτης των ακολούθων οκτώ μερών. Εν Βενετία 1829.

Δρομοδείχτης της Ελλάδος. Εν Πέστη 1824

DROSZ, Kerstin, Zum Einsatz von Geoinformationssystemen in Geschichte und Archäologie, *Historical Social Research* 31 (2006), H. 3, 279-287

DUJČEV, Ivan, Melnik au Moyen Âge, *Byzantion* 38 (1968), 28-41

DURIDANOV, Ivan, *Die Hydronymie des Vardarsystems als Geschichtsquelle.* Köln, Wien 1975 (Slavistische Forschungen, 17)

E

Enciklopedija Bălgarija 1-7. Sofija 1978-1997

ENGELHARDT, Werner Wilhelm, *Johann Heinrich von Thünen als Vordenker einer sozialen Marktwirtschaft.* Marburg 2008 (Beiträge zur Geschichte der deutschsprachigen Ökonomie, 33)

ERICSSON, Ingolf, Wege, Wegbegleiter, Furten und Brücken. Straßen des Mittelalters im archäologischen Befund, in: Thomas SZABÓ (Hg.), *Die Welt der europäischen Straßen. Von der Antike bis in die Frühe Neuzeit.* Köln, Weimar, Wien 2009, 155-171

ERMISCHER, Gerhard, Mental Landscape: Landscape as Idea and Concept, *Landscape Research* 29 (2004), H. 4, 371-383

ESCH, Arnold, *Zwischen Antike und Mittelalter. Der Verfall des römischen Straßensystems in Mittelitalien und die Via Amerina. Mit Hinweisen zur Begehung im Gelände.* München 2011

F

FÁBREGA ÁLVAREZ, Pastor / PARCERO OUBIÑA, César, Proposals for an Archaeological Analysis of Pathways and Movement, *Archeologia e Calcolatori* 18 (2007), 121-140

FERJANČIĆ, Božidar, Vladarska ideologija u srpskoj diplomatici posle propasti carstva (1371), in: Ivan BOŽIĆ / Vojislav J. DJURIĆ (Hgg.), *O knezu Lazaru. Naučni skup u Kruševcu 1971.* Beograd 1975, 139-150

FILIPOVIĆ, Milenko S., Nomadski Cincari na Ograždenu, *Glasnik Geografskog Društva* 24 (1938), 59-72

FILIPOVIĆ, Milenko S., Katun u našoj istoriografiji, in: Milenko S. FILIPOVIĆ (Hg.), *Simpozijum o srednjovjekovnom katunu održan 24. i 25. novembra 1961 g.* Sarajevo 1963 (Naučno društvo SR Bosne i Hercegovine, Posebna izdanja Knjiga 2, Odjeljenje Istorijsko-filoloških nauka Knjiga 1), 9-17

FILIPOVIĆ, Milenko S., Struktura i organizacija srednjovekovnog katuna, in: Milenko S. FILIPOVIĆ (Hg.), *Simpozijum o srednjovjekovnom katunu održan 24. i 25. novembra 1961 g.* Sarajevo 1963 (Naučno društvo SR Bosne i Hercegovine, Posebna izdanja Knjiga 2, Odjeljenje Istorijsko-filoloških nauka Knjiga 1), 45-120

FINE, Jr., John V. A., *The Late Medieval Balkans. A Critical Survey from the Late Twelfth Century to the Ottoman Conquest.* Ann Arbor 1994

FODOREAN, Florin, *The Topography and the Landscape of Roman Dacia.* Oxford 2013 (BAR International Series, 2501)

FODOREAN, Florin / FODOREAN, Ioan / MOLDOVAN, Ciprian, Recreating the Landscape of the Former Roman Dacia using Modern 19th Century Cartography, Digital Data and GIS, *e-Perimetron, International web journal on sciences and technologies affined to history of cartography and maps* 8 (2013), H. 1, 37-55, unter <http://www.e-perimetron.org/Vol_8_1/Vol8_1.htm>, 4.6.2014

FORESMAN, Timothy W. (Hg.), *The History of Geographic Information Systems: Perspectives from the Pioneers.* Upper Saddle River/NJ. 1998

FORTE, Maurizio / PESCARIN, Sofia, The Virtual Museum of Landscape, *Archeologia e Calcolatori* (2007), Supplemento 1, 87-99

G

GABELIĆ, Smiljka, *Manastir Lesnovo. Istorija i slikarstvo.* Beograd 1998

GABELIĆ, Smiljka, *Manastir Konče.* Beograd 2008 (Filozofski Fakultet u Beogradu, Institut za Istoriju Umetnosti, Monografije 9)

GAFFNEY, Vince / VAN LEUSEN, P. Martijn, Postscript—GIS, Environmental Determinism and Archaeology, in: Gary LOCK / Zoran STANČIČ (Hgg.), *Archaeology and Geographical Information Systems.* London 1995, 367-382

GAFFNEY, Vince / GAFFNEY, Helen, Modelling Routes and Communications, in: Ewald KISLINGER / Johannes KODER / Andreas KÜLZER (Hgg.), *Handelsgüter und Verkehrswege. Aspekte der Warenversorgung im östlichen Mittelmeerraum (4. bis 15. Jahrhundert).* Wien 2010 (Veröffentlichungen zur Byzanzforschung, 18), 79-91

GAFFNEY, Vince / HALDON, John / THEODOROPOULOS, George / MURGATROYD, Phil, Marching across Anatolia: Medieval Logistics and Modeling the Mantzikert Campaign, *Dumbarton Oaks Papers* 65-66 (2011-2012), 209-235

GAFFNEY, Vince / MURGATROYD, Philip / CRAENEN, Bart / THEODOROPOULOS, Georgios, 'Only Individuals': Moving the Byzantine Army to Manzikert, in: Stuart DUNN / Simon MAHONY (Hgg.), *The Digital Classicist 2013.* London 2013 (Bulletin of the Institute of Classical Studies, Supplement 122), 25-43

GARDINER, Mark / RIPPON, Stephen (Hgg.), *Medieval Landscapes.* Macclesfield 2007 (Landscape History after Hoskins, Volume 2)

GARGOVA, Fani / TEETOR, Sarah / TERKL, Daniel / UNTERWEGER, Ulrike, DiFAB – A Databased Visual Archive of Byzantium and the Challenges of Indexing Historical Material Culture, in: Karel KRIZ / William CARTWRIGHT / Lorenz HURNI (Hgg.), *Mapping Different Geographies.* Berlin, Heidelberg 2010 (Lecture Notes in Geoinformation and Cartography), 201-217

GEANAKOPLOS, Deno John, Greco-Latin Relations on the Eve of the Byzantine Restoration: The Battle of Pelagonia – 1259, *Dumbarton Oaks Papers* 7 (1953), 101-141

GEANAKOPLOS, Deno John, *Emperor Michael Palaeologus and the West 1258-1282. A Study in Byzantine-Latin Relations.* Hamden/CT. 1973

GEROV, Georgi u. a., *Stenopisite na Roženskija manastir*. Sofija 1993

GIETL, Rupert / DONEUS, Michael / FERA, Martin, Cost Distance Analysis in an Alpine Environment: Comparison of Different Cost Surface Modules, in: Axel POSLUSCHNY / Karsten LAMBERS / Irmela HERZOG (Hgg.), *Layers of Perception. Proceedings of the 35th International Conference on Computer Applications and Quantitative Methods in Archaeology (CAA), Berlin, Germany, April 2-6, 2007*. Bonn 2008 (Kolloquien zur Vor- und Frühgeschichte, Volume 10), 342-350

GJORGIEV, Dragi, Naselenieto vo Strumičkata nahija (XVI-XIX vek), in: Slavica TASEVA (Hg.), *Hristijanstvoto vo kulturata i umetnosta na Strumičkata eparhija*. Strumica 2002, 115-130

GJORGIEV, Dragi, Siedlungsverhältnisse im makedonisch-albanischen Grenzgebiet im 15. und 16. Jahrhundert (nach osmanischen Quellen), *Südost-Forschungen* 65/66 (2006/2007), 117-136

GJUZELEV, Vassil u. a. (Hgg.), *Proceedings of the 22nd International Congress of Byzantine Studies. Sofia, 22-27 August 2011. Volumes I-III*. Sofia 2011

GOŁUCHOWSKI VON GOŁUCHOWO, Agenor Graf (Hg.), *Die K. und K. Konsular-Akademie von 1754 bis 1904. Festschrift zur Feier des hundertfünfzigjährigen Bestandes der Akademie und der Eröffnung ihres neuen Gebäudes*. Wien 1904

GOODCHILD, Michael F., Citizens as Voluntary Sensors: Spatial Data Infrastructure in the World of Web 2.0, *International Journal of Spatial Data Infrastructures Research* 2 (2007), 24-32

GORENFLO, Larry J. / BELL, Thomas L., Network Analysis and the Study of Past Regional Organization, in: Charles D. TROMBOLD (Hg.), *Ancient Road Networks and Settlement Hierarchies in the New World*. Cambridge 1991 (Nachdruck Cambridge 2011), 80-98

GRASZHOFF, Gerd / MITTENHUBER, Florian (Hgg.), *Untersuchungen zum Stadiasmos von Patara: Modellierung und Analyse eines antiken geographischen Streckennetzes*. Bern 2009 (Bern Studies in the History and Philosophy of Science)

GREGORY, Ian N., *A Place in History: a Guide to using GIS in Historical Research*. Oxford 2003

GREGORY, Ian N. / ELL, Paul S., *Historical GIS. Technologies, Methodologies and Scholarship*. Cambridge 2007 (Cambridge Studies in Historical Geography, 39)

GROOT, Alexander H. DE, Die levantinischen Dragomanen. Einheimische und Fremde im eigenen Land. Kultur- und Sprachgrenzen zwischen Ost und West (1453-1914), in: Wolfdietrich SCHMIED-KOWARZIK (Hg.), *Verstehen und Verständigung. Ethnologie, Xenologie, interkulturelle Philosophie*. Würzburg 2002, 110-127

GROZDANOV, Cvetan, Mesecoslov Asemanovog jevandjelja i starije zidno slikarstvo u Makedoniji, *Zbornik za likovne umetnosti* 21 (Novi Sad 1985), 13-27

GRUJIĆ, Radoslav M., Lična vlastelinstva srpskih crkvenih pretstavnika u XIV i XV veku, *Glasnik Skopskog Naučnog Društva* 13 (1934), 47-68

GRUJIĆ, Radoslav M., Zadužbina velikog vojvode Nikole Stanjevića u Konči kod Strumice, *Starinar Nova Serija* 3-4 (1952-1953), 205-211

GRUJIĆ, Radoslav M., Arheološko-istoriski objekti u Gornjem Kozjaku kod Karbinaca na Bregalnici, *Starinar Nova Serija* 3-4 (1952-1953), 212-216

GRUJIĆ, Radoslav M., Ruska vlastelinstva po Srbiji u XIV i XV veku, *Istoriski časopis* 5 (1954-1955), 53-77

H

HAAN, Friedrich Freiherr VON, Genealogische Auszüge aus den Sperr-Relationen des n.-ö. und k. k. n.-ö. Landrechtes 1762-1852, *Jahrbuch der k. k. heraldischen Gesellschaft Adler N. F.* 17 (1907), 1-129

HAARDT VON HARTENTHURN, Vincenz [sic!], Begleitworte zu den Blättern der Generalkarte 1 : 200.000, welche die Balkan-Halbinsel betreffen, *Mittheilungen des kaiserl. und königl. Militär-Geographischen Institutes* 17 (1897), 80-86

HAARDT VON HARTENTHURN, Vinzenz, *Die Tätigkeit des k. u. k. Militärgeographischen Institutes in den letzten 25 Jahren (1881 bis Ende 1905.).* Wien 1907

HAARER, Fiona K. / JEFFREYS, Elizabeth / GILLILAND, Judith (Hgg.), *Proceedings of the 21st International Congress of Byzantine Studies. London, 21-26 August, 2006. Volumes I-III Abstracts of Panel Papers and of Communications.* Aldershot 2006

HAFNER, Stanislaus, Kopitar und die slawischen Handschriften der Athosklöster, *Südost-Forschungen* 18 (1959), 89-122

HALDON, John, Roads and Communications in the Byzantine Empire: Wagons, Horses, and Supplies, in: John H. PRYOR (Hg.), *Logistics of Warfare in the Age of the Crusades. Proceedings of a Workshop held at the Centre for Medieval Studies, University of Sydney, 30 September to 4 October 2002.* Aldershot 2006, 131-158

HALDON, John, Introduction. Why Model Logistical Systems?, in: John F. HALDON (Hg.), *General Issues in the Study of Medieval Logistics: Sources, Problems and Methodologies.* Leiden, Boston 2006 (History of Warfare, 36), 1-35

Hof- und Staats-Handbuch des österreichischen Kaiserthumes. I. Theil. Wien 1844-1846

HASSIG, Ross, Roads, Routes, and Ties That Bind, in: Charles D. TROMBOLD (Hg.), *Ancient Road Networks and Settlement Hierarchies in the New World.* Cambridge 1991 (Nachdruck Cambridge 2011), 17-27

HELBING, Dirk / MOLNÁR, Péter / FARKAS, Illés J. / BOLAY, Kai, Self-Organizing Pedestrian Movement, *Environment and Planning B: Planning and Design* 28 (2001), 361-383

HERISZT, Werner, *Kartenkunde.* Wien ⁵2001 (Truppendienst-Taschenbuch, Band 9)

HERRING, Peter, *Cornwall's Historic Landscape. Presenting a Method of Historic Landscape Character Assessment.* Truro 1998

HERRING, Peter, Cornwall: How the Historic Landscape Characterisation Methodology was Developed, in: Graham FAIRCLOUGH (Hg.), *Historic Landscape Characterisation: "The State of the Art".* London 1999, 15-32

HERZIG, Heinz E., Die antiken Verkehrswege der Schweiz. Neuere Forschungen zu den römischen Straßen, in: Eckart OLSHAUSEN / Holger SONNABEND (Hgg.), *Zu Wasser und zu Land. Verkehrswege in der antiken Welt (Stuttgarter Kolloquium zur historischen Geographie des Altertums, 7, 1999).* Stuttgart 2002 (Geographica Historica, 17), 9-16

HEWITT, Rachel, *Map of a Nation. A Biography of the Ordnance Survey.* London 2011

HILD, Friedrich, Tabula Imperii Byzantini (TIB), in: *XVI. Internationaler Byzantinistenkongress, Wien, 4.-9. Oktober 1981, Akten I / Beiheft.* Wien 1981 (*Jahrbuch der Österreichischen Byzantinistik*, 31), 2.2

HILD, Friedrich, *Meilensteine, Straßen und das Verkehrsnetz der Provinz Karia.* Wien 2014 (Veröffentlichungen zur Byzanzforschung, 33)

HILD, Friedrich / HELLENKEMPER, Hansgerd, *Kilikien und Isaurien.* Wien 1990 (Nachdruck Wien 2004) (Tabula Imperii Byzantini, 5)

HILD, Friedrich / HELLENKEMPER, Hansgerd, *Lykien und Pamphylien*. Wien 2004 (Tabula Imperii Byzantini, 8)

HILD, Friedrich / RESTLE, Marcell, *Kappadokien (Kappadokia, Charsianon, Sebasteia und Lykandos)*. Wien 1981 (Nachdruck Wien 2004) (Tabula Imperii Byzantini, 2)

HINDLE, Brian Paul, *Roads, Tracks and Their Interpretation*. London 1993 (Know the Landscape)

HINDLE, Brian Paul, *Medieval Roads and Tracks*. Princes Risborough ³1998 (Shire Archaeology, 26)

HINDLE, Brian Paul, *Roads and Tracks for Historians*. Chichester 2001

HOUTSMA, Martijn Theodor u. a. (Hgg.), *E.J. Brill's First Encyclopaedia of Islam 1913-1936, Volume IV*. Leiden u. a. 1987

HOUTSMA, Martijn Theodor u. a. (Hgg.), *E.J. Brill's First Encyclopaedia of Islam 1913-1936, Volume VI*. Leiden u. a. 1987

HUNGER, Herbert, Association Internationale des Études Byzantines, *Bulletin d'information et de coordination* 3 (1966), 51-53

HUNGER, Herbert, Das Institut für Byzantinistik der Universität Wien, in: Joan Mervyn HUSSEY / Dmitri OBOLENSKY / Steven RUNCIMAN (Hgg.), *Proceedings of the XIIIth International Congress of Byzantine Studies, Oxford, 5-10 September 1966*. London, New York, Toronto 1967, 479-481

HUNGER, Herbert, Bericht über die Arbeit an der Tabula Imperii Byzantini (TIB) von 1966 bis 1971, Association Internationale des Études Byzantines, *Bulletin d'information et de coordination* 6 (1973), 82-86

HUNGER, Herbert, Neue Forschungsprojekte, in: *Actes du XVe Congrès International d'Études Byzantines, Athènes, Septembre 1976*. Athènes 1979, 111-115

HUNGER, Herbert, Bericht über die Tabula Imperii Byzantini. Entstehung – Aufbau – Fortschritte, in: *XVIIIth International Congress of Byzantine Studies. Major Papers*. Moscow 1991, 275-281

I

ILIEVSKA, Krasimira, Teodor Metohit i negoviot izveštaj za diplomatskata misija vo Srbija, in: Vladimir MOŠIN (Hg.), *Spomenici za srednovekovnata i ponovata istorija na Makedonija. Tom II*. Skopje 1977, 215-226

IVANOV, Jordan, *Sěverna Makedonija. Istoričeski izdirvanьja*. Sofija 1906

IVANOVA, Olga, *Rečnik na toponimite vo oblasta po slivot na Bregalnica*. Skopje 1996

J

JANKOVIĆ, Marija, *Episkopije i mitropolije Srpske crkve u srednjem veku*. Beograd 1985

JANSSEN, Walter, Methodische Probleme archäologischer Wüstungsforschung, *Nachrichten der Akademie der Wissenschaften in Göttingen, I. Philologisch-historische Klasse, Nr. 2* (1968), 29-56

JIREČEK, Constantin, Das christliche Element in der topographischen Nomenclatur der Balkanländer, in: *Sitzungsberichte der philosophisch-historischen Classe der Kaiserlichen Akademie der Wissenschaften*, Bd. 136, XI. Abhandlung. Wien 1897, 1-98

JONES, Richard / PAGE, Mark, *Medieval Villages in an English Landscape. Beginnings and Ends*. Macclesfield 2006

K

Kahl, Thede, *Hirten in Kontakt. Sprach- und Kulturwandel ehemaliger Wanderhirten (Albanisch, Aromunisch, Griechisch)*. Wien, Berlin 2007 (Balkanologie. Beiträge zur Sprach- und Kulturwissenschaft, 2)

Kaimaris, Dimitrios u. a., Digital Processing of Historical Maps from Eastern Macedonia, Greece with the Use of GIS-Geography of Settlements and Toponyms in Space and Time, *International Journal of Geomatics and Geosciences* 2 (2011), H. 2, 580-599

Kalić, Jovanka, Byzanz und die mittelalterlichen Städte in Serbien, in: Herbert Hunger (Hg.), *XVI. Internationaler Byzantinistenkongreß. Wien, 4.-9. Oktober 1981, Akten. II. Teil: 4. Teilband: Kurzbeiträge*. Wien 1982 (*Jahrbuch der Österreichischen Byzantinistik*, 32/4), 595-604

Kalić, Jovanka, Les migrations serbes dans les Balkans, in: *The Balkans and the Eastern Mediterranean 12th-17th Centuries. Proceedings of the International Symposium in Memory of D. A. Zakythinos, Athens, January 14th-15th 1994*. Athens 1998 (The National Hellenic Research Foundation, Institute for Byzantine Research, Byzantium Today, 2), 121-125

Karadžić, Vuk Stef. (Hg.), *Srpski rječnik istumačen njemačkijem i latinskijem riječima (Lexicon Serbico-Germanico-Latinum)*. Beograd ⁴1935

Kay, Stephen / Sly, Timothy, An Application of Cumulative Viewshed Analysis to a Medieval Archaeological Study: the Beacon System of the Isle of Wight, United Kingdom, *Archeologia e Calcolatori* 12 (2001), 167-179

Kazazaki, Zoe u. a., *Monasteries of the Via Egnatia. Cultural - Tourist guide. 2. Central and Eastern Macedonia, Thrace - Southern FYROM - Southern Bulgaria*. Heraklion 1999

Kazhdan, Alexander P. u. a. (Hgg.), *The Oxford Dictionary of Byzantium 1-3*. New York, Oxford 1991

Kazhdan, Alexander, Melnik, in: *The Oxford Dictionary of Byzantium 2*. New York, Oxford 1991, 1337

Kazhdan, Alexander, Theme, in: *The Oxford Dictionary of Byzantium 3*. New York, Oxford 1991, 2034f

Kelnhofer, Fritz, *Die topographische Bezugsgrundlage der Tabula Imperii Byzantini. Mit 12 Tabellen und 16 Abbildungen im Text*. Wien 1976 (Tabula Imperii Byzantini, Beiheft zu Band 1)

Kislinger, Ewald, Pelagonia, Battle of, in: *Encyclopedia of Greece and the Hellenic Tradition 2*. London, Chicago 2000, 1272f

Kissas, Sōtērios, Contribution to the History of Rožen Monastery near Melnik, *Cyrillomethodianum* 11 (1987; ersch. 1989), 195-213

Knauss, Jost, Furt oder Brücke. Hydrotechnische Aspekte des mykenischen Straßenbaus in der Argolis, in: Eckart Olshausen / Holger Sonnabend (Hgg.), *Zu Wasser und zu Land. Verkehrswege in der antiken Welt (Stuttgarter Kolloquium zur historischen Geographie des Altertums, 7, 1999)*. Stuttgart 2002 (Geographica Historica, 17), 323-359

Knowles, Anne Kelly (Hg.), *Past Time, Past Place: GIS for History*. Redlands/CA. 2002

Knowles, Anne Kelly (Hg.), *Placing History: how Maps, Spatial Data, and GIS are changing Historical Scholarship*. Redlands/CA. 2008

Kocevski, Stefan, *Kratovo. Dreven grad*. Skopje ³2005

Koco, Dimče u. a. (Hgg.), *Arheološka karta na Republika Makedonija. Tom I-III*. Skopje 1994-2002

KODER, Johannes, Association Internationale des Études Byzantines, *Bulletin d'information et de coordination* 8 (1976), 80f

KODER, Johannes, Überlegungen zu Konzept und Methode der "Tabula Imperii Byzantini", *Österreichische Osthefte* 20 (1978), 254-262

KODER, Johannes, *Der Lebensraum der Byzantiner. Historisch-geographischer Abriß ihres mittelalterlichen Staates im östlichen Mittelmeerraum*. Graz, Wien, Köln 1984 (Byzantinische Geschichtsschreiber, Ergänzungsband 1)

KODER, Johannes, The Urban Character of the Early Byzantine Empire: Some Reflections on a Settlement Geographical Approach to the Topic, in: *The 17th International Byzantine Congress. Major Papers, Dumbarton Oaks/Georgetown University, Washington, D.C., August 3-8, 1986*. New Rochelle/NY. 1986, 155-187

KODER, Johannes, Überlegungen zur Bevölkerungsdichte des byzantinischen Raumes in Spätmittelalter und Frühneuzeit, *Byzantinische Forschungen* 12 (1987), 291-305

KODER, Johannes, Historical Aspects of a Recession of Cultivated Land at the End of the Late Antiquity in the East Mediterranean, in: Burkhard FRENZEL (Hg.), *Evaluation of Land Surfaces Cleared from Forests in the Mediterranean Region during the Time of the Roman Empire*. Stuttgart, Jena, New York 1994 (Paläoklimaforschung / Palaeoclimate Research, 10), 157-167

KODER, Johannes, Perspektiven der Tabula Imperii Byzantini. Zu Planung, Inhalt und Methode, *Geographia antiqua* 5 (1996), 75-86

KODER, Johannes, Die Tabula Imperii Byzantini und verwandte Projekte, in: Karsten FLEDELIUS / Peter SCHREINER (Hgg.), *Byzantium. Identity, Image, Influence. XIX International Congress of Byzantine Studies. Major Papers*. Copenhagen 1996, 423-426

KODER, Johannes, Der byzantinische Siedlungsraum. Die Tabula Imperii Byzantini – Rekonstruktion der spätantiken und mittelalterlichen Siedlungsrealität in Südosteuropa und im östlichen Mittelmeerraum, in: Präsidium der Österreichischen Akademie der Wissenschaften (Hg.), *wissen:schafft. Lese-Buch*. Wien 1997, 107-110

KODER, Johannes, Για μια εκ νέου τοποθέτηση της εφαρμογής της "θεωρίας των κεντρικών τόπων": Το παράδειγμα της μεσοβυζαντινής Μακεδονίας, in: E. P. DIMITRIADIS / A. Ph. LAGOPOULOS / G. TSOTSOS (Hgg.), *Historical Geography. Roads and Crossroads of the Balkans from Antiquity to the European Union*. Thessaloniki 1998, 33-49

KODER, Johannes, Παρατηρήσεις στην οικιστική διάρθρωση της κεντρικής Μικράς Ασίας μετά τον 6ο αιώνα. Μια προσέγγιση από την οπτική γωνία της «θεωρίας των κεντρικών τόπων», in: Stelios LAMPAKES (Hg.), *Η Βυζαντινή Μικρά Ασία – Byzantine Asia Minor*. Athēna 1998, 245-265

KODER, Johannes (unter Mitarbeit von Peter SOUSTAL und Alice KODER), *Aigaion Pelagos (Die nördliche Ägäis)*. Wien 1998 (Tabula Imperii Byzantini, 10)

KODER, Johannes, Macedonians and Macedonia in Byzantine Spatial Thinking, in: John BURKE / Roger SCOTT (Hgg.), *Byzantine Macedonia. Identity, Image and History. Papers from the Melbourne Conference July 1995*. Melbourne 2000 (Byzantina Australiensia, 13), 12-28

KODER, Johannes, *Der Lebensraum der Byzantiner. Historisch-geographischer Abriß ihres mittelalterlichen Staates im östlichen Mittelmeerraum. Nachdruck mit bibliographischen Nachträgen*. Wien 2001 (Byzantinische Geschichtsschreiber, Ergänzungsband 1)

KODER, Johannes, Historical Geography, in: Le Comité d'organisation du XXᵉ Congrès international des Études byzantines (Hg.), *XXᵉ Congrès international des Études byzantines, Collège de France - Sorbonne, 19-25 août 2001. Pré-actes. I. Séances plénières*. Paris 2001, 345-350

KODER, Johannes, *Το Βυζάντιο ως χώρος. Εισαγωγή στην Ιστορική Γεωγραφία της Ανατολικής Μεσογείου στη Βυζαντινή Εποχή.* Thessalonikē 2005

KODER, Johannes, Land Use and Settlement: Theoretical Approaches, in: John F. HALDON (Hg.), *General Issues in the Study of Medieval Logistics: Sources, Problems and Methodologies*. Leiden, Boston 2006 (History of Warfare, 36), 159-183

KODER, Johanes, *Vizantijski svet. Uvod u istorijsku geografiju istočnog Mediterana tokom vizantijske epohe*. Beograd 2011

KODER, Johannes, Überlegungen zur ländlichen Siedlungsterminologie der Byzantiner, insbesondere zu *chorion, kome* und verwandten Termini, *Bulgaria Mediaevalis* 2 (2011) [= Studies in Honour of Professor Vassil Gjuzelev], 3-14

KODER, Johannes, Regional Networks in Asia Minor during the Middle Byzantine Period, Seventh-Eleventh Centuries. An Approach, in: Cécile MORRISSON (Hg.), *Trade and Markets in Byzantium*. Washington/DC. 2012 (Dumbarton Oaks Byzantine Symposia and Colloquia), 147-175

KODER, Johannes / HILD, Friedrich (Register von Peter SOUSTAL), *Hellas und Thessalia*. Wien 1976 (Nachdruck Wien 2004) (Tabula Imperii Byzantini, 1)

KOLEDAROV, Petăr / MIČEV, Nikolaj (Hgg.), *Promenite v imenata i statuta na selištata v Bălgarija 1878-1972 g.* Sofija 1973

KOMITOVA, Cvetana, Arheologičesko proučvane na obekt "Krepostna kula" v m. Ključ kraj gr. Melnik, in: *Arheologičeski otkritija i razkopki prez 2003 g.* Sofija 2004, 199f

KOSTOVA, Elena, *Medieval Melnik. From the End of the 12th to the End of the 14th Century. The Historical Vicissitudes of a Small Balkan Town*. Sofia 2013 (American Research Center in Sofia, Monograph Series I)

KOVAČEVIĆ-KOJIĆ, Desanka, Katun / Katunar, in: Sima ĆIRKOVIĆ / Rade MIHALJČIĆ (Hgg.), *Leksikon srpskog srednjeg veka*. Beograd 1999, 286f

KOVAČEVIĆ-KOJIĆ, Desanka, Podgradje, in: Sima ĆIRKOVIĆ / Rade MIHALJČIĆ (Hgg.), *Leksikon srpskog srednjeg veka*. Beograd 1999, 534f

KOVÁCS, Béla / TIMÁR, Gábor, The Austro-Hungarian Triangulations in the Balkan Peninsula (1855-1875), in: Georg GARTNER / Felix ORTAG (Hgg.), *Cartography in Central and Eastern Europe. Selected Papers of the 1st ICA Symposium on Cartography for Central and Eastern Europe*. Berlin, Heidelberg 2010 (Lecture Notes in Geoinformation and Cartography), 535-544

KRAUS, Christof Rudolf, *Kleriker im späten Byzanz. Anagnosten, Hypodiakone, Diakone und Priester 1261-1453*. Wiesbaden 2007 (Mainzer Veröffentlichungen zur Byzantinistik, 9)

KRAVARI, Vassiliki, Nouveaux documents du monastère de Philothéou, *Travaux et Mémoires* 10 (1987), 261-356

KRAVARI, Vassiliki, *Villes et villages de Macédoine occidentale*. Paris 1989

KRAVARI, Vassiliki, L'habitat rural en Macédoine occidentale (XIIIᵉ–XIVᵉ siècles), in: Klaus BELKE / Friedrich HILD / Johannes KODER / Peter SOUSTAL (Hgg.), *Byzanz als Raum. Zu Methoden und Inhalten der historischen Geographie des östlichen Mittelmeerraumes*. Wien 2000 (Veröffentlichungen der Kommission für die Tabula Imperii Byzantini, 7), 83-94

KRAWARIK, Hans, Weder Weiler noch Dörfer. Zur neuen methodischen Konzeption siedlungsgenetischer Forschung, *Mitteilungen des Instituts für Österreichische Geschichtsforschung* 110 (2002), 99-124

KRESTEN, Otto / SCHALLER, Martin, Diplomatische, chronologische und textkritische Beobachtungen zu Urkunden des Chartulars B des Ioannes Prodromos-Klosters bei Serrhai, in: Christian GASTGEBER / Otto KRESTEN (Hgg.), *Sylloge Diplomatico-Palaeographica I. Studien zur byzantinischen Diplomatik und Paläographie*. Wien 2010, 179-232

KRLEŽA, Miroslav u. a. (Hgg.), *Enciklopedija Jugoslavije 8, Srbija-Ž.* Zagreb 1971

KUBINYI, András, Einige Fragen zur Entwicklung des Städtenetzes Ungarns im 14.-15. Jahrhundert, in: Heinz STOOB (Hg.), *Die mittelalterliche Städtebildung im südöstlichen Europa*. Köln, Wien 1977 (Städteforschung, Veröffentlichungen des Instituts für vergleichende Städtegeschichte in Münster, Reihe A: Darstellungen, 4), 164-183

KÜLZER, Andreas, *Ostthrakien (Eurōpē)*. Wien 2008 (Tabula Imperii Byzantini, 12)

KÜLZER, Andreas, Möglichkeiten zur Rekonstruktion historischer Landschaften: Die Historische Geographie, in: Christian GASTGEBER / Christine GLASSNER / Kornelia HOLZNER-TOBISCH / Renate SPREITZER (Hgg.), *Fragmente. Der Umgang mit lückenhafter Quellenüberlieferung in der Mittelalterforschung*. Wien 2010, 173-184

KYRIAKIDIS, Savvas, The Nicaean Armies: Logistics, Weather and Geography, in: Fiona K. HAARER / Elizabeth JEFFREYS / Judith GILLILAND (Hgg.), *Proceedings of the 21st International Congress of Byzantine Studies. London, 21-26 August, 2006. Volume III Abstracts of Communications*. Aldershot 2006, 82f

L
LAIOU, Angeliki E. (Hg.), *The Economic History of Byzantium. From the Seventh through the Fifteenth Century. Volumes 1-3*. Washington/DC 2002 (Dumbarton Oaks Studies, 39)

LAIOU, Angeliki E. / MORRISSON, Cécile, *The Byzantine Economy*. Cambridge 2007

LASCARIS, Michel, Cinq notes à la πρόνοια de M. Ostrogorski. 1. – Qui est Dragota?, *Byzantion* 21 (1951), 265-268

LECAQUE, Patrick, Constantin Dragaš and the Principality of Velbužd during the XIVth Century, *Macedonian Studies* 8 (1991), N.S. 2, 3-25

LEFORT, Jacques, Population et peuplement en Macédoine orientale, IXᵉ-XVᵉ siècle, in: Vassiliki KRAVARI / Jacques LEFORT / Cécile MORRISSON (Hgg.), *Hommes et richesses dans l'Empire byzantin, Tome II, VIIIᵉ-XVᵉ siècle*. Paris 1991, 63-89

LEFORT, Jacques / MORRISSON, Cécile / SODINI, Jean-Pierre (Hgg.), *Les Villages dans l'Empire byzantin (IVe-XVe siècle)*. Paris 2005 (Réalités byzantines, 11)

LEUSEN, Martijn VAN, Viewshed and Cost-Surface Analysis using GIS (Cartographic Modelling in a Cell-Based GIS II), in: Juan A. BARCELÓ / Ivan BRIZ / Asunción VILA (Hgg.), *New Techniques for Old Times*. Oxford 1999 (BAR International Series, 757), 215-223

LEVAČIĆ, Johann, Die Schreibung der geographischen Namen auf der Balkan-Halbinsel, *Mittheilungen des kaiserl. und königl. Militär-Geographischen Institutes* 17 (1897), 67-74

LÉVÊQUE, Laure / RUIZ ÁRBOL, Maria / POP, Liliana (Hgg.), *Patrimoine, Images, Mémoire des paysages européens. Heritage, Images, Memory of European Landscapes*. Paris 2009

Γεωγραφικό λεξικό ελληνικών τοπωνυμίων. Τόμος 2ᵒς. Athēna 1998

LIDDELL, Henry George / SCOTT, Robert / JONES, Henry Stuart, *A Greek-English Lexicon*. Oxford 1996

Lienau, Cay / Uhlig, Harald (Hgg.), *Flur und Flurformen, Types of Field Patterns, Le finage agricole et sa structure parcellaire*. Gießen ²1978 (Materialien zur Terminologie der Agrarlandschaft, 1)

Llobera, Marcos, Understanding Movement: a Pilot Model towards the Sociology of Movement, in: Gary Lock (Hg.), *Beyond the Map. Archaeology and Spatial Technologies*. Amsterdam 2000, 65-84

Lohmann, Hans, Antike Straßen und Saumpfade in Attika und der Megaris, in: Eckart Olshausen / Holger Sonnabend (Hgg.), *Zu Wasser und zu Land. Verkehrswege in der antiken Welt (Stuttgarter Kolloquium zur historischen Geographie des Altertums, 7, 1999)*. Stuttgart 2002 (Geographica Historica, 17), 109-147

Lowry, Heath W., *The Shaping of the Ottoman Balkans, 1350-1500. The Conquest, Settlement & Infrastructural Development of Northern Greece*. Istanbul 2008

Lünen, Alexander von / Travis, Charles (Hgg.), *History and GIS. Epistemologies, Considerations and Reflections*. Dordrecht, Heidelberg, New York, London 2013

M

Macrides, Ruth, *George Akropolites. The History. Introduction, Translation and Commentary*. Oxford ²2008

Maksimović, Ljubomir, Charakter der sozial-wirtschaftlichen Struktur der spätbyzantinischen Stadt (13.-15. Jh.), in: Herbert Hunger (Hg.), *XVI. Internationaler Byzantinistenkongreß. Wien, 4.-9. Oktober 1981, Akten. I. Teil: Hauptreferate, 1. Halbband: Themengruppen 1-6*. Wien 1981 (*Jahrbuch der Österreichischen Byzantinistik*, 31/1), 149-188

Maksimović, Ljubomir, Kotanic Tornik, *Zbornik radova Vizantološkog instituta* 29-30 (1991), 183-191

Maksimović, Ljubomir, Rovine, Schlacht v., in: *Lexikon des Mittelalters 7*. München, Zürich 1995, 1064f

Maksimović, Ljubomir, War Simonis Palaiologina die fünfte Gemahlin von König Milutin?, in: Werner Seibt (Hg.), *Geschichte und Kultur der Palaiologenzeit. Referate des Internationalen Symposions zu Ehren von Herbert Hunger (Wien, 30. November bis 3. Dezember 1994)*. Wien 1996 (Veröffentlichungen der Kommission für Byzantinistik, 8), 115-120

Maksimović, Ljubomir, Makedonija u politici srednjovekovne Srbije, *Glas 404 Srpske Akademije Nauka i Umetnosti, Odeljenje istorijskih nauka knj.* 13 (2006), 29-50

Maksimović, Ljubomir / Popović, Marko, Le village en Serbie médiévale, in: Jacques Lefort / Cécile Morrisson / Jean-Pierre Sodini (Hgg.), *Les Villages dans l'Empire byzantin (IVe-XVe siècle)*. Paris 2005 (Réalités byzantines, 11), 329-349

Malamut, Elisabeth, Sur la route de Théodore Métochite en Serbie en 1299, in: *Voyages et Voyageurs au Moyen Age*. Paris 1996, 165-175

Mandic (sic!), Ljiljana / Ananijev, Jovan / Morrisson, Cécile, Un trésor d'hyperpères du XIIIe siècle trouvé à Čanakli près de Strumica (Macédoine orientale), *Revue numismatique* 6 (1994), Bd. 36, 155-169

Marinov, Tchavdar, De la « ville grecque » au musée bulgare : l'invention d'un patrimoine national à Melnik, *Revue des Études Sud-Est Européennes* 47 (2009), H. 1-4, 239-271

Marković, Vasilije, *Pravoslavno monaštvo i manastiri u srednjevekovnoj Srbiji*. Sremski Karlovci 1920 (Nachdruck Beograd 2002)

Matanov, Hristo, *Jugozapadnite bălgarski zemi prez XIV vek*. Sofija 1986

MATANOV, Hristo, Edin neizvesten dokument za Melnik ot arhiva na Svetogorskija Manastir Vatoped, in: *Svetogorska Obitel Zograf* 2 (1996), 103-108

MATANOV, Hristo, *Knjažestvoto na Dragaši. Kăm istorijata na Severoiztočna Makedonija v predosmanskata epoha*. Sofija 1997

MATANOV, Hristo, *Văznikvane i oblik na Kjustendilski sandžak prez XV-XVI vek*. Sofija 2000

MATKOVSKI, Aleksandar, Strumica i Strumičko od XIV-XIX vek, in: Aleksandar CICIMOV (Hg.), *Zbornik na trudovi*. Strumica 1989, 117-129

MATSCHKE, Klaus-Peter, Grundzüge des byzantinischen Städtewesens vom 11. bis 15. Jahrhundert, in: Klaus-Peter MATSCHKE (Hg.), *Die byzantinische Stadt im Rahmen der allgemeinen Stadtentwicklung*. Leipzig 1995, 27-74

MATSCHKE, Klaus-Peter, Selbstverständnis, Außenansicht und Erscheinungsbilder mittelalterlicher Städte im Byzantinischen Reich, in: Kurt-Ulrich JÄSCHKE / Christhard SCHRENK (Hgg.), *Was machte im Mittelalter zur Stadt? Selbstverständnis, Außensicht und Erscheinungsbilder mittelalterlicher Städte. Vorträge des gleichnamigen Symposiums vom 30. März bis 2. April 2006 in Heilbronn*. Heilbronn 2007 (Quellen und Forschungen zur Geschichte der Stadt Heilbronn, 18), 157-201

MAVROMATIS, Leonidas, *La fondation de l'empire serbe. Le kralj Milutin*. Thessaloniki 1978 (Βυζαντινά κείμενα και μελέται, 16)

MESSNER, Robert, Das Wiener Militärgeographische Institut. Ein Beitrag zur Geschichte seiner Entstehung aus dem Mailänder Militärgeographischen Institut, *Jahrbuch des Vereines für Geschichte der Stadt Wien* 23/25 (1967/1969), 206-292

MESSNER, Robert, *Das kaiserlich-königliche Militärgeographische Institut zu Mailand. L'imperiale regio Istituto Geografico Militare a Milano. 1814-1839. 25 Jahre österreichische Militärgeographie in Italien*. Wien 1986

MIAKOTINE, Hélène, Analyse de l'ouvrage de G. Ostrogorski sur la principauté serbe de Serres, *Travaux et Mémoires* 2 (1967), 569-573

MICHALAKIS, Mélétis / NICOLAS, Georges, Le cadavre exquis de la centralité: l'adieu à l'hexagone régulier, *Eratosthène-Sphragide* 1 (1986), 15-87

MIHAJLOVSKI, Robert, The Battle of Pelagonia, 1259: a New Look through the March Routes and Topography, in: Fiona K. HAARER / Elizabeth JEFFREYS / Judith GILLILAND (Hgg.), *Proceedings of the 21st International Congress of Byzantine Studies. London, 21-26 August 2006. Volume III Abstracts of Communications*. Aldershot 2006, 370f

MIHAJLOVSKI, Robert, The Battle of Pelagonia, 1259: a New Look at the March Routes and Topography, *Byzantinoslavica* 64 (2006), 275-284

MIHAJLOVSKI, Robert, The Medieval Town of Prilep, in: Geoffrey NATHAN / Lynda GARLAND (Hg.), *Basileia: Essays on Imperium and Culture in Honour of E.M. and M.J. Jeffreys*. Brisbane 2011 (Byzantina Australiensia, 17), 217-229

MIHALJČIĆ, Rade, Selišta. Prilog istoriji naselja u srednjovekovnoj srpskoj državi, *Zbornik Filozofskog Fakulteta* 9 (Beograd 1967), H. 1, 173-224

MIHALJČIĆ, Rade, *Kraj srpskog carstva*. Beograd 1975

MIHALJČIĆ, Rade, Boljar, in: Sima ĆIRKOVIĆ / Rade MIHALJČIĆ (Hgg.), *Leksikon srpskog srednjeg veka*. Beograd 1999, 56

MIHALJČIĆ, Rade, Zaselak, in: Sima ĆIRKOVIĆ / Rade MIHALJČIĆ (Hgg.), *Leksikon srpskog srednjeg veka*. Beograd 1999, 219f

MIHALJČIĆ, Rade, Kupljenica, in: Sima ĆIRKOVIĆ / Rade MIHALJČIĆ (Hgg.), *Leksikon srpskog srednjeg veka*. Beograd 1999, 346

MIHALJČIĆ, Rade, Laz, in: Sima ĆIRKOVIĆ / Rade MIHALJČIĆ (Hgg.), *Leksikon srpskog srednjeg veka*. Beograd 1999, 360f

MIHALJČIĆ, Rade, Selište, in: Sima ĆIRKOVIĆ / Rade MIHALJČIĆ (Hgg.), *Leksikon srpskog srednjeg veka*. Beograd 1999, 664f

MIHALJČIĆ, Rade, Selo, in: Sima ĆIRKOVIĆ / Rade MIHALJČIĆ (Hgg.), *Leksikon srpskog srednjeg veka*. Beograd 1999, 665f

MIHALJČIĆ, Rade / VESELINOVIĆ, Andrija / FOTIĆ, Aleksandar, Vojvoda, in: Sima ĆIRKOVIĆ / Rade MIHALJČIĆ (Hgg.), *Leksikon srpskog srednjeg veka*. Beograd 1999, 95-97

MIKLOSICH, Franz VON, *Lexicon Palaeoslovenico-Graeco-Latinum emendatum auctum*. Wien 1862-1865 (Nachdruck Aalen 1977)

MIKULČIĆ, Ivan, *Spätantike und frühbyzantinische Befestigungen in Nordmakedonien. Städte – Vici – Refugien – Kastelle*. München 2002 (Münchner Beiträge zur Vor- und Frühgeschichte, 54)

Militär-Geographie. Macedonisches Becken mit dem albanesischen Küstengebiete. Mit 7 Tafeln und 6 Beilagen. Wien 1886

Kais. Königl. Militär-Schematismus für 1874. Wien 1874

MILJKOVIKJ-PEPEK, Petar, *Kompleksot crkvi vo Vodoča. Del od proektot za konzervacija i restavracija na Vodočkiot kompleks*. Skopje 1975 (Kulturno istorisko nasledstvo vo SR Makedonija, 13)

MILJKOVIKJ-PEPEK, Petar, *Veljusa. Manastir Sv. Bogorodica Milostiva vo seloto Veljusa kraj Strumica*. Skopje 1981 (Posebni izdanija na Oddelenieto za naučna dejnost na N.N.S.G. Istorija na umetnosta so arheologija pri Filozofskiot Fakultet vo Skopje, Kniga 1)

MILLER, Konrad, *Itineraria Romana. Römische Reisewege an der Hand der Tabula Peutingeriana dargestellt. Mit 317 Kartenskizzen und Textbildern*. Stuttgart 1916 (Nachdruck Roma 1964)

MIŠIĆ, Siniša, *Unutrašnje vode i njihovo korišćenje u srednjovekovnoj Srbiji*. Beograd 1990-1992 (Istorijski glasnik, Dodatak, 1-2)

MIŠIĆ, Siniša, Brod, in: Sima ĆIRKOVIĆ / Rade MIHALJČIĆ (Hgg.), *Leksikon srpskog srednjeg veka*. Beograd 1999, 64f

MIŠIĆ, Siniša, Stas, in: Sima ĆIRKOVIĆ / Rade MIHALJČIĆ (Hgg.), *Leksikon srpskog srednjeg veka*. Beograd 1999, 702

MIŠIĆ, Siniša, Stup, stlp, in: Sima ĆIRKOVIĆ / Rade MIHALJČIĆ (Hgg.), *Leksikon srpskog srednjeg veka*. Beograd 1999, 718f

MIŠIĆ, Siniša, *Korišćenje unutrašnjih voda u srpskim zemljama srednjeg veka*. Beograd 2007

MIŠIĆ, Siniša, Crkvine i crkvišta – nemi svedoci prošlosti, *Crkvene studije* 4 (2007), H. 4, 297-302

MITEVA, Dimka, Transformaciite na ojkonimot Radoviš i negovite toponimi, in: Todor ČEPREGANOV (Hg.), *Tranziciite vo istorijata i kulturata*. Skopje 2008, 755-768

MITSIOU, Ekaterini, Versorgungsmodelle im Nikäischen Kaiserreich, in: Ewald KISLINGER / Johannes KODER / Andreas KÜLZER (Hgg.), *Handelsgüter und Verkehrswege. Aspekte der Warenversorgung im östlichen Mittelmeerraum (4. bis 15. Jahrhundert)*. Wien 2010 (Veröffentlichungen zur Byzanzforschung, 18), 223-240

MITTERAUER, Michael, Jahrmärkte in Nachfolge antiker Zentralorte, *Mitteilungen des Instituts für Österreichische Geschichtsforschung* 75 (1967), 237-321

Mittheilungen des kaiserl. königl. Militär-Geographischen Institutes 7 (1887), 22-30

Mittheilungen des kaiserl. und königl. Militär-Geographischen Institutes 22 (1902), 476-489

MLADJOV, Ian S. R., Some Observations on the Upper Vardar and Upper Struma Valleys in the Late Middle Ages (c. 1240-c. 1380), *Bulgaria Mediaevalis* 1 (2010), 137-162

MORETTI, Franco, *Kurven, Karten, Stammbäume. Abstrakte Modelle für die Literaturgeschichte.* Frankfurt/M. 2009

MPONĒS, Kōnstantinos G., *Η Στρώμνιτσα.* Thessalonikē 1961

MRGIĆ, Jelena, Transition from Late Medieval to Early Ottoman Settlement Pattern. A Case Study on Northern Bosnia, *Südost-Forschungen* 65/66 (2006/2007), 50-86

MRGIĆ, Jelena, *Severna Bosna (13-16. vek).* Beograd 2008

MRGIĆ, Jelena, Proučavanje "centralnih naselja" u istorijskoj geografiji vizantijskog carstva na Balkanu i mogućnosti primene nove metodologije, in: Bojana KRSMANOVIĆ / Ljubomir MAKSIMOVIĆ / Radivoj RADIĆ (Hgg.), *Vizantijski svet na Balkanu II.* Beograd 2012 (Srpska Akademija Nauka i Umetnosti, Posebna izdanja, Knjiga 42/2), 285-297

MURGATROYD, Philip / CRAENEN, Bart / THEODOROPOULOS, Georgios / GAFFNEY, Vincent / HALDON, John, Modelling Medieval Military Logistics: an Agent-Based Simulation of a Byzantine Army on the March, *Journal of Computational and Mathematical Organization Theory* (2011), 1-19, unter <http://link.springer.com/article/10.1007%2Fs10588-011-9103-9>, 4.6.2014.

MYRIDIS, Myron u. a., The Electronic Atlas of Greek Monasticism, in: *Proceedings of the 25th International Cartographic Conference, Paris, 3-8 July 2011*, CO-299, unter <http://icaci.org/files/documents/ICC_proceedings/ICC2011/Oral%20Presentations%20PDF/D1-National%20and%20regional%20atlases/CO-299.pdf>, 4.6.2014.

N

NAUMOV, Evgenij P., K istorii serbo-vizantijskoj granicy vo vtoroj polovine XIV v., *Vizantijskij vremennik* 25 (1964), 231-234

NAUMOV, Evgenij P., Darbenite gramoti na Dejanovikji (Kon analizata na istoriskite izvori od krajot na XIV vek), *Istorija* 20 (1984), H. 2, 219-237

NEEVE, Pieter W. DE, *Peasants in Peril. Location and Economy in Italy in the Second Century B.C.* Amsterdam 1984

NEŠEVA, Violeta, Melnik. Bogozidanijat grad, *Pametnici, restavracija, muzej* 3 (2004), 27-38

NEŠEVA, Violeta, Melnik pri car Samuil v kraja na X - načaloto na XI vek (po arheologičeski danni), in: *Vizantija, Balkanite, Evropa. Izsledvanija v čest na Prof. Vasilka Tăpkova-Zaimova.* Sofija 2006 (Studia Balcanica, 25), 605-622

NEŠEVA, Violeta, *Melnik. Bogozidanijat grad.* Sofija 2008

NEŠEVA, Violeta, Melniškijat manastir "Sv. Bogorodica Spileotisa" ("Sv. Zona") v novi dokumenti, in: *Sbornik v pamet na profesor Velizar Velkov.* Sofija 2009, 519-531

NEŠEVA, Violeta / KOMITOVA, Cvetana, Cărkvata "Sv. Paraskeva" (Sv. Petka) v Melnik, *Arheologija* 46 (2005), H. 1-4, 100-108

NEŠEVA, Violeta / KOMITOVA, Cvetana / KORKUTOVA, Zdravka, Manastir "Sv. Bogorodica Pantanasa" v gr. Melnik, terenno arheologičesko proučvane 2009 g., in: *Arheologičeski otkritija i razkopki prez 2009 g.* Sofija 2010, 581-584

NICOL, Donald M., The Date of the Battle of Pelagonia, *Byzantinische Zeitschrift* 49 (1956), 68-71

NICOLAS, Georges, Walter Christaller from "exquisite corpse" to "corpse resuscitated", *SAPIENS* 2 (2009), H. 2, unter <http://sapiens.revues.org/index843.html>, 4.6.2014

NICOLAS, Georges, The So-Called "Christallerian Model", unter <http://cyberato.pu-pm.uni-v-fcomte.fr/sites/default/files/cyberato/nicolas-georges/node-comment-parent-path/nicolas-georges_so-called-christallerian-model_234.pdf>, 4.6.2014

NIKOLOV, Georgi N., Die Lateiner in Konstantinopel und der bulgarische Despot Aleksij Slav, *Bulgaria Mediaevalis* 3 (2012), 417-429

NOVAKOVIĆ, Stojan, Selo iz dela "Narod i zemlja u staroj srpskoj državi", *Glas Srpske Kraljevske Akademije* 24 (1891), V-261 (überarbeitet und nachgedruckt durch Sima M. ĆIRKOVIĆ, Beograd 1965)

NOVAKOVIĆ, Stojan, Villes et Cités du moyen âge dans l'Europe Occidentale et dans la Péninsule Balcanique, *Archiv für slavische Philologie* 25 (1903), 321-340

O

OIKONOMIDES, Nicolas, The Medieval Via Egnatia, in: Elizabeth ZACHARIADOU (Hg.), *The Via Egnatia under Ottoman Rule (1380-1699). Halcyon Days in Crete II. A Symposium Held in Rethymnon, 9-11 January 1994.* Rethymnon 1996, 9-16

OSTROGORSKI, Georgije, *Pronija. Prilog istoriji feudalizma u Vizantiji i u južnoslovenskim zemljama.* Beograd 1951 (Srpska Akademija Nauka, Posebna izdanja 176, Vizantološki institut 1)

OSTROGORSKI, Georgije, *Serska oblast posle Dušanove smrti.* Beograd 1965 (Posebna izdanja Vizantološkog instituta, 9)

OSTROGORSKI, Georgije / BARIŠIĆ, Franjo (Hgg.), *Vizantijski izvori za istoriju naroda Jugoslavije III.* Beograd 1966 (Photomechanischer Nachdruck 2007) (Vizantološki institut, Posebna izdanja, 10)

OSTROGORSKI, Georgije / BARIŠIĆ, Franjo (Hgg.), *Vizantijski izvori za istoriju naroda Jugoslavije IV.* Beograd 1971 (Photomechanischer Nachdruck 2007) (Vizantološki institut, Posebna izdanja, 12)

P

PANDEVSKI, Manol / STOEV-TRNKATA, Gjorgji, *Strumica i Strumičko niz istorijata.* Strumica 1969

PANOV, Branko, Opštestveno-političkite priliki vo Strumičkata oblast od krajot na VI do početokot na X vek, *Glasnik Institut za Nacionalna Istorija* 5 (1961), H. 2, 201-245

PANOV, Branko, Štip i Bregalničkata oblast vo sredniot vek (VI-krajot na XII vek), *Godišen Zbornik Filozofski Fakultet na Univerzitetot - Skopje* 8 (34) (1982), 39-86

PANOV, Branko, Strumica i strumičkata oblast vo sredniot vek (VI-XI vek), in: Dimče KOCO u. a. (Hgg.), *Akta Veljusa. Simpozium "Veljusa" po povod 900-godini na manastirskata crkva Bogorodica Milostiva (Eleusa) vo seloto Veljusa.* Skopje 1984, 45-72

PANOV, Mitko, Raseleni naselbi i starost na denešnite sela vo Krivolakavičkata kotlina, *Zbornik na Štipskiot Naroden Muzej* 2 (1960-61), 109-120

PANOV, Mitko, Radoviš. Antropogeografska ispituvanja, *Godišen Zbornik Filozofski Fakultet* 9 (12) (Skopje 1956), 116-193

PANOV, Mitko, *Radoviš i Radoviško.* Radoviš 1984

PAPADĒMĒTRIU-DUKAS, Nikolaos D., Νέες πηγές της ιστορίας του Αγίου Όρους (Μέσα 15^{ου} -τέλη 16^{ου} αι.). Από το αρχείο της Ι. Μεγίστης Μονής Βατοπαιδίου, *Γρηγόριος ο Παλαμάς* 84 (2001), Η. 789, 509-580

PAPADĒMĒTRIU-DUKAS, Nikos D., *Αγιορειτικοί Θεσμοί 843-1912/13.* Athēna, Komotēnē 2002 (Forschungen zur byzantinischen Rechtsgeschichte, Athener Reihe, 13)

PAPANGELOS, Iōakeim Ath., Η ιστορία της περιοχής της Ορμύλιας, in: *Ορμύλια. Πατριαρχικόν και Σταυροπηγιακόν Ιερόν Κοινόβιον Ευαγγελισμού της Θεοτόκου Μετόχιον Ιεράς Μονής Σίμωνος Πέτρας Αγίου Όρους*. Athēnai 2003, 49-67

PAPAZOGLOU, Fanoula, *Les villes de Macédoine à l'époque romaine*. Athènes 1988 (Bulletin de Correspondance Hellénique, Supplément 16)

PAVLOV, Zoran (Hg.), *Ottoman Monuments*. Skopje 2009 (Macedonian Cultural Heritage)

PECERE, Barbara, *Viewshed* e *Cost Surface Analyses* per uno studio dei sistemi insediativi antichi: il caso della Daunia tra X e VI sec. A.C., *Archeologia e Calcolatori* 17 (2006), 177-213

PEEV, Kosta, Pogled vrz značenjeto i obrazuvanjeto na mikrotoponimite od Veljusa, in: Dimče KOCO u. a. (Hgg.), *Akta Veljusa. Simpozium "Veljusa" po povod 900-godini na manastirskata crkva Bogorodica Milostiva (Eleusa) vo seloto Veljusa*. Skopje 1984, 201-208

PENNAS, Petros Th., Συμβολή εις την ιστορίαν του Μελενίκου, *Σερραϊκά Χρονικά* 2 (1957), 67-125

PENNAS, Petros Th., Συμβολή εις την ιστορίαν του Μελενίκου, *Σερραϊκά Χρονικά* 5 (1969), 89-128

PENNAS, Petros Th., Το Κοινόν Μελενίκου και το σύστημα διοικήσεώς του, *Σερραϊκά Χρονικά* 15 (2004), 305-345

PERDRIZET, Paul, Melnic et Rossno, *Bulletin de Correspondance Hellénique* 31 (1907), 20-37

PEROL, Céline, Cheminement médiéval : l'homme, l'historien et la route, in: Jean-Luc FRAY / Céline PEROL (Hgg.), *L'historien en quête d'espaces*. Clermont-Ferrand 2004, 91-107

PEROL, Céline, Comment penser la route?, in: Bernard DOMPNIER (Hg.), *Faire la route IIIᵉ-XXᵉ siècle*. Clermont-Ferrand 2007 (Siècles, Cahiers du Centre d'Histoire "Espaces et Cultures", 25), 3-14

PEROL, Céline, Les réseaux routiers de la France médiévale. Ambitions et limites d'un champ d'investigation historique, in: Thomas SZABÓ (Hg.), *Die Welt der europäischen Straßen. Von der Antike bis in die Frühe Neuzeit*. Köln, Weimar, Wien 2009, 69-84

PETKOVIĆ, Vladimir R., *Pregled crkvenih spomenika kroz povesnicu srpskog naroda*. Beograd 1950 (Srpska Akademija Nauka, Posebna izdanja 157, Odeljenje društvenih nauka, Nova serija 4)

PETRINSKI, Ivan, 837-1395 g., Srednostrumskijat ukrepen rajon: elementi na sistemata, in: *Pirinskijat kraj ot drevnostta do dnes*. Blagoevgrad 2003 (Izvestija, Istoričeski Muzej – Blagoevgrad, III), 50-58

PETRINSKI, Ivan, Graničnata krepost *Vrab-. Kăm văprosa za văznikvaneto na Bălgarskite srednovekovni gradove prez XII-XIV v., *Izvestija na Istoričeski Muzej Kjustendil* 14 (2006), 37-55

PETROV, Petăr, Selo Katunci – vladenie na manastira «Sv. Bogorodica Spileotisa», in: Violeta NEŠEVA (Hg.), *Melnik. Manastir «Sv. Bogorodica Spileotisa», Tom 2*. Sofija 1994, 110-113

PETROVSKI, Boban, Prilog kon prašanjeto za pagjanjeto na Štip pod srpska vlast vo prvata decenija na XIV vek, *Godišen Zbornik Filozofski Fakultet na Univerzitetot "Sv. Kiril i Metodij" - Skopje* 26 (52) (1999), 141-153

PETROVSKI, Boban, Naseleni mesta vo Štipskata oblast vo XIV vek, *Istorija* 38 (2002), H. 1-2, 19-30

PETROVSKI, Boban, Kategorii zavisno naselenie i razvoj na stopanstvoto vo Štipskata oblast vo XIV-ot vek, *Godišen Zbornik Filozofski Fakultet na Univerzitetot "Sv. Kiril i Metodij" - Skopje* 56 (2003), 57-73

PETROVSKI, Boban, Vistinskata percepcija za Makedonija kaj Al-Idrizi (slučajot so Bulugu, Malasuva, Zagurija), in: Metodija MANOJLOVSKI u. a. (Hgg.), *60 godini Institut za istorija. Zbornik na trudovi od Megjunarodna naučna konferencija "Makedonija i sosedite", Skopje 08-09.12.2006*. Skopje 2010, 225-234

PHURTUNAS, Geōrgios / PHURTUNA, Eudokia, Μελένικο. Η πορεία του ανά τους αιώνες. Sidērokastro 2002

PITTS, Forrest R., A Graph Theoretic Approach to Historical Geography, *The Professional Geographer* 17 (1965), H. 5, 15-20

PITTS, Forrest R., The Medieval River Trade Network of Russia Revisited, *Social Networks* 1 (1978/79), H. 3, 285-292

PLJAKOV, Zdravko St., Za demografskija oblik na Bălgarskija grad prez XV - sredata na XVII v., *Istoričeski pregled* 24 (1968), H. 5, 29-47

PLJAKOV, Zdravko St., Die Stadt Sandanski und das Gebiet von Melnik und Sandanski im Mittelalter, *ByzantinoBulgarica* 4 (1973), 175-201

PLOUTOGLOU, Nopi u. a., Franz von Weiss' Maps of SE Europe (1821, 1829) Issued in Two Crucial Dates Associated with the Establishment of the Modern Greek State in Early 19th Century: A Digital Comparative Approach, *e-Perimetron, International web journal on sciences and technologies affined to history of cartography and maps* 6 (2011), H. 1, 29-38, unter <http://www.e-perimetron.org/Vol_6_1/Ploutoglou_Boutoura_Livieratos_Pazarli.pdf>, 4.6.2014

PONSTINGL, Michael, "Der Soldat benötigt sowohl Pläne als auch Karten." Fotografische Einsätze im k. (u.) k. Militärgeographischen Institut zu Wien. Teil I/Teil II, *Fotogeschichte. Beiträge zur Geschichte und Ästhetik der Fotografie* 81 (2001), 39-56 und 83 (2002), 53-82

POPOVIĆ, Marko, Les forteresses dans les régions des conflits byzantino-serbes au XIVe siècle, in: *Byzantium and Serbia in the 14th Century*. Athens 1996 (International Symposium, 3), 67-87

POPOVIĆ, Mihailo, Did Dragōtas Conquer Melnik in 1255?, *Glasnik Institut za Nacionalna Istorija* 51 (2007), H. 1, 15-24

POPOVIĆ, Mihailo, Zur Topographie des spätbyzantinischen Melnik, *Jahrbuch der Österreichischen Byzantinistik* 58 (2008), 107-119

POPOVIĆ, Mihailo, Neue Überlegungen zu der alten Metropolitankirche Sveti Nikola in Melnik als Ergänzung zur Forschung des Vladimir Petković, in: Mihailo POPOVIĆ / Johannes PREISER-KAPELLER (Hgg.), *Junge Römer – Neue Griechen. Eine byzantinische Melange aus Wien. Beiträge von Absolventinnen und Absolventen des Instituts für Byzantinistik und Neogräzistik der Universität Wien, in Dankbarkeit gewidmet ihren Lehrern Wolfram Hörandner, Johannes Koder, Otto Kresten und Werner Seibt als Festgabe zum 65. Geburtstag*. Wien 2008, 179-185

POPOVIĆ, Mihailo, Continuity and Change of Byzantine and Old Slavonic Toponyms in the Valley of the River Strumica (FYROM), in: Peter JORDAN / Hubert BERGMANN / Catherine CHEETHAM / Isolde HAUSNER (Hgg.), *Geographical Names as a Part of the Cultural Heritage*. Wien 2009 (Wiener Schriften zur Geographie und Kartographie, 18), 173-175

Popović, Mihailo St., The Project *Tabula Imperii Byzantini (TIB)* of the Austrian Academy of Sciences, *Ostkirchliche Studien* 58 (2009), H. 2, 267-272

Popović, Mihailo St., Siedlungsstrukturen im Wandel: Das Tal der Strumica bzw. Strumešnica in spätbyzantinischer und osmanischer Zeit (1259-1600), *Südost-Forschungen* 68 (2009), 1-62

Popović, Mihailo St., Altstraßenforschung am Beispiel des Tales der Strumica bzw. Strumešnica in spätbyzantinischer Zeit (1259-1375/76), in: Miša Rakocija (Hg.), *Niš i Vizantija. Osmi naučni skup, Niš, 3-5. jun 2009. Zbornik radova VIII.* Niš 2010, 417-432

Popović, Mihailo St., Die Siedlungsstruktur der Region Melnik in spätbyzantinischer und osmanischer Zeit, *Zbornik radova Vizantološkog instituta* 47 (2010), 247-276

Popović, Mihailo, Mapping Byzantium – The Project "Macedonia, Northern Part" in the Series Tabula Imperii Byzantini (TIB) of the Austrian Academy of Sciences, in: Karel Kriz / William Cartwright / Lorenz Hurni (Hgg.), *Mapping Different Geographies.* Berlin, Heidelberg 2010 (Lecture Notes in Geoinformation and Cartography), 219-234

Popović, Mihailo St., *Mara Branković. Eine Frau zwischen dem christlichen und dem islamischen Kulturkreis im 15. Jahrhundert.* Mainz, Ruhpolding 2010 (Peleus, Studien zur Archäologie und Geschichte Griechenlands und Zyperns, 45)

Popović, Mihailo St., Das Flußtal der Kriva Lakavica in spätbyzantinischer und osmanischer Zeit (1259-1600): Das Verhältnis des Ortes Konče zum Siedlungsnetz der Städte Štip und Strumica, *Revue des Études Byzantines* 69 (2011), 159-184

Popović, Mihailo St., The Dynamics of Borders, Transportation Networks and Migration in the Historical Region of Macedonia (14th-16th Centuries), in: Michael Borgolte / Julia Dücker / Marcel Müllerburg / Paul Predatsch / Bernd Schneidmüller (Hgg.), *Europa im Geflecht der Welt. Mittelalterliche Migrationen in globalen Bezügen.* Berlin 2012 (Europa im Mittelalter 20), 155-172

Popović, Mihailo St., Are the Historical Geography of the Byzantine Empire and Digital Humanities a Contradiction *Per Se?*, *Bulgaria Mediaevalis* 3 (2012), 255-269

Popović, Mihailo St., Moving through Medieval Macedonia: Late Modern Cartography, Archive Material, and Hydrographic Data Used for the Regressive Modelling of Transportation Networks. *Studia Ceranea* 2 (2012) 165-180

Popović, Mihailo St., Networks of Border Zones: A Case Study on the Historical Region of Macedonia in the 14th Century AD, in: Karel Kriz / William Cartwright / Michaela Kinberger (Hgg.), *Understanding Different Geographies.* Berlin, Heidelberg 2013 (Lecture Notes in Geoinformation and Cartography), 227-241

Popović, Mihailo St., Vlachen in der historischen Landschaft Mazedonien im Spätmittelalter und in der Frühen Neuzeit, in: Wolfgang Haubrichs / Walter Pohl / Ingrid Hartl (Hgg.), *Romanen und ihre Fremdbezeichnungen im Mittelalter: Walchen, Vlachen, Waliser* [in Druck]

Popović, Mihailo St., Das Kloster Hilandar und seine Weidewirtschaft in der historischen Landschaft Mazedonien im 14. Jahrhundert, in: *ΠΕΡΙΒΟΛΟΣ – Mélanges offerts à Mme Mirjana Živojinović, membre de l'Académie* [in Druck]

Popović, Mihailo St. / Breier, Markus, Tracing Byzantine Routes – Medieval Road Networks in the Historical Region of Macedonia and Their Reconstruction by Least-Cost Paths, in: *Proceedings of the "16th International Conference on Cultural Heritage and New Technologies".* Wien 2011, 464-475, unter <http://www.stadtarchaeologie.at/wp-content/uploads/eBook_CHNT16_Part4.pdf>, 4.6.2014

POPOVIĆ, Mihailo St. / JUBANSKI, Juilson J., On the Function of "Least-Cost Path" Calculations within the Project *Tabula Imperii Byzantini* (*TIB*) of the Austrian Academy of Sciences: a Case Study on the Route Melnik-Zlatolist (Bulgaria), *Anzeiger der philosophisch-historischen Klasse der Österreichischen Akademie der Wissenschaften*, 145. Jahrgang / 2. Halbband (2010), 55-87

POPOVIĆ, Mihailo St. / ŞANDRIC, Bogdan, Transfer of (Historical) Geographic Knowledge Then and Now. From Static Data to User Oriented Visualization, *e-Perimetron, International web journal on sciences and technologies affined to history of cartography and maps* 7 (2012), H. 2, 50-61, unter <http://www.e-perimetron.org/Vol_7_2/Popovic_Sandric.pdf>, 4.6.2014

POPOVIĆ, Mihailo St. / SOUSTAL, Peter, Mapping 'Macedonia's Five Most Excellent Cities' – What do Byzantine Studies, Austrian Cartography from the 1830s and GIS have in Common?, in: *Proceedings of the 25th International Cartographic Conference, Paris, 3-8 July 2011*, CO-426, unter <http://icaci.org/files/documents/ICC_proceedings/ICC2011/Oral%20Presentations%20PDF/E1-History%20of%20cartography%20and%20GI%20science/CO-426.pdf>, 4.6.2014

POPOVIĆ, Mihailo / SOUSTAL, Peter, Historical Geography, in: *Byzantium without Borders. 22nd International Congress of Byzantine Studies – Sofia, 22-27 August 2011*, unter < http://www.propylaeum.de/fileadmin/upload/Soustal-Popovic.pdf>, 4.6.2014

POPOVIĆ, Vasilj, *Meternihova politika na Bliskom istoku*. Beograd 1931

POSLUSCHNY, Axel, Von Nah und Fern? Methodische Aspekte zur Wegeforschung, in: Ortwin DALLY / Friederike FLESS / Rudolf HAENSCH / Felix PIRSON / Susanne SIEVERS (Hgg.), *Politische Räume in vormodernen Gesellschaften. Gestaltung – Wahrnehmung – Funktion*. Rahden 2012 (Menschen – Kulturen – Traditionen, ForschungsCluster 3, Bd. 6), 113-124

PRAKASH, Satya, Neogeography: Goodbye to GIS?, *GIS Development* February 2008, 70f, unter <http://www.douban.com/note/140578423/>, 4.6.2014

PRAŠKOV, Ljuben / BAKALOVA, Elka / BOJADŽIEV, Stefan, *Manastirite v Bălgarija*. Sofija 1992

PREISER-KAPELLER, Johannes, *Der Episkopat im späten Byzanz. Ein Verzeichnis der Metropoliten und Bischöfe des Patriarchats von Konstantinopel in der Zeit von 1204 bis 1453*. Saarbrücken 2008

PREISER-KAPELLER, Johannes, Networks of Border Zones: Multiplex Relations of Power, Religion and Economy in South-Eastern Europe, 1250-1453 AD, in: Mingquan ZHOU u. a. (Hgg.), *Revive the Past. Proceedings of the 39th Conference on Computer Applications and Quantitative Methods in Archaeology. Beijing, 12-16 April 2011*. Amsterdam 2012, 381-393

PREISER-KAPELLER, Johannes / MITSIOU, Ekaterini, Hierarchies and Fractals: Ecclesiastical Revenues as Indicator for the Distribution of Relative Demographic and Economic Potential within the Cities and Regions of the Late Byzantine Empire in the Early 14th Century, *Byzantina Symmeikta* 20 (2010), 245-308, unter < http://www.byzsym.org/index.php/bz/article/view/993/937>, 4.6.2014

PRINZING, Günter, *Die Bedeutung Bulgariens und Serbiens in den Jahren 1204 – 1219 im Zusammenhang mit der Entstehung und Entwicklung der byzantinischen Teilstaaten nach der Einnahme Konstantinopels infolge des 4. Kreuzzuges*. München 1972 (Miscellanea Byzantina Monacensia, 12)

PRINZING, Günter, Melnik, in: *Lexikon des Mittelalters 6*. München, Zürich 1993, 501

PRINZING, Günter, Elissos (Lezha) oder Kroai (Kruja)? Zu Anna Komnenes problematischer
    Beschreibung der mittelalbanischen Küstenregion zwischen Elissos und Dyrrachion
    (Durrës) um 1107, in: Klaus BELKE / Ewald KISLINGER / Andreas KÜLZER / Maria A.
    STASSINOPOULOU (Hgg.), *Byzantina Mediterranea. Festschrift für Johannes Koder
    zum 65. Geburtstag*. Wien, Köln, Weimar 2007, 503-515
PURKOVIĆ, Miodrag Al., *Popis crkava u staroj srpskoj državi*. Skoplje 1938 (Biblioteka
    hrišćanskog dela, Knjiga 8)
PURKOVIĆ, Miodrag Al., Popis sela u srednjevekovnoj Srbiji, *Godišnjak Skopskog Filozofskog
    Fakulteta* 4 (1939/40), H. 2, 53-160
PURKOVIĆ, Miodrag, Odredjivanje medja, *Etnologija* 1 (Skoplje 1940), H. 2, 65-84

R

RADIĆ, Radivoje, Oblasni gospodari u Vizantiji krajem XII i u prvim decenijama XIII veka,
    Zbornik radova Vizantološkog instituta 24-25 (1986), 151-289
RAPP, Claudia, The Christianization of the Idea of the *Polis* in Early Byzantium, in: Iliya ILIEV
    (Hg.), *Proceedings of the 22nd International Congress of Byzantine Studies. Volume
    I, Plenary Papers. Sofia, 22-27 August 2011*. Sofia 2011, 263-284
RASOLKOSKA-NIKOLOVSKA, Zagorka, Crkvata Sv. Gjorgji vo Goren Kozjak vo svetlinata na
    novite ispituvanja, in: Haralampie POLENAKOVIKJ (Hg.), *Simpozium 1100-godišnina
    od smrtta na Kiril Solunski. Kniga 1, 23-25 maj 1969, Skopje – Štip*. Skopje 1970, 219-
    226
RASOLKOSKA-NIKOLOVSKA, Zagorka, Ubikacija na crkvata Sveta Petka na Bregalnica spored
    povelbata na car Dušan od 1355 godina, *Istorija* 9 (1973), H. 2, 248-254
*Reichsgesetzblatt für die im Reichsrathe vertretenen Königreiche und Länder, VI. Stück,
    Ausgegeben und versendet am 2. März 1872: 16. Gesetz vom 23. Juli 1871, womit eine
    neue Maß- und Gewichtsordnung festgestellt wird*, 29-34
RILL, Gerhard, Zur Geschichte der österreichischen Konsulargerichtsbarkeit in Bosnien,
    Mitteilungen des Österreichischen Staatsarchivs 30 (1977), 153-190
RISTIĆ, Milovan, *Strumica. Geografsko-istoriska rasprava*. Beograd 1925
ROCHONTZĒS, Phreiderikos, Η αναβίωση του Ελληνισμού και η παρακμή της Φραγκοκρατίας.
    Μάχη της Καστοριάς (1259 μ.Χ.), *Makedonika* 22 (1982), 340-355
RÜCKERT, Peter, Quantifizierende Methoden in der Wüstungsforschung, *Siedlungsforschung
    Archäologie-Geschichte-Geographie* 12 (1994), 167-183
RUSSELL, Josiah C., Late Medieval Balkan and Asia Minor Population, *Journal of Economic
    and Social History of the Orient* 3 (1960), 265-274

S

SADNIK, Linda / AITZETMÜLLER, Rudolf, *Handwörterbuch zu den altkirchenslavischen Texten.
    Unveränderter Nachdruck der Ausgabe von 1955*. Heidelberg 1989
SAUER, Manfred, Zur Reform der österreichischen Levante-Konsulate im Vormärz,
    Mitteilungen des Österreichischen Staatsarchivs 27 (1974), 195-237
SAUERWEIN, Friedrich, Das Siedlungsbild der Peloponnes um das Jahr 1700. Mit einer Karte
    und einem Ortsverzeichnis, *Erdkunde. Archiv für wissenschaftliche Geographie* 23
    (1969), 237-244
SAUERWEIN, Friedrich, Historisch-geographische Methoden zur Wüstungsforschung in
    Griechenland. Ihre Realisierung am Beispiel von Ost-Lokris, *Orbis Terrarum* 1 (1995),
    91-108

SAUERWEIN, Friedrich, Wüstung, in: Holger SONNABEND (Hg.), *Mensch und Landschaft in der Antike. Lexikon der Historischen Geographie. Mit 112 Abbildungen.* Stuttgart, Weimar 2006, 621-623

SCHÄTZL, Ludwig, *Wirtschaftsgeographie 1. Theorie. Mit 44 Abbildungen.* Paderborn u. a. ⁹2003

ŠAŠEL, Jaroslav u. a. (Hgg.), *Union Académique Internationale. Tabula Imperii Romani, Naissus Dyrrhachion-Scupi-Serdica-Thessalonike. D'après la carte internationale du monde au 1 : 1.000.000, K 34 Sofia.* Ljubljana 1976

ŠEDIVÝ, Miroslav, Metternich a Turecko, *Historický obzor* 15 (2004), H. 9-10, 194-206

ŠEDIVÝ, Miroslav, Austria and the Near East: Metternich's Foreign Policy during the Second Mehmed 'Alī Crisis, 1839-41, *Archiv orientální* 74 (2006), H. 1, 1-36

ŠEDIVÝ, Miroslav, Metternich and Mohammed Ali's Independence 1833-1838, *Prague Papers on the History of International Relations* 2007, 83-101

ŠEDIVÝ, Miroslav, Metternich and the French Expedition to Algeria (1830), *Oriental Archive* 76 (2008), H. 1, 15-37

ŠEDIVÝ, Miroslav, Damašská aféra roku 1840, *Nový Orient* 64 (2009), H. 1, 14-19

ŠEDIVÝ, Miroslav, Kníže Metternich a Orient, *Nový Orient* 64 (2009), H. 4, 27-30

ŠEDIVÝ, Miroslav, Metternich, islám a osmanské reformní hnutí, in: Ivo BUDIL / Miroslav ŠEDIVÝ (Hgg.), *Metternich a jeho doba.* Plzeň 2010, 25-31

ŠEDIVÝ, Miroslav, Metternich and the Syrian Question: 1840-1841, *Austrian History Yearbook* 41 (2010), 88-116

Hof- und Staats-Schematismus des österreichischen Kaiserthums. I. Theil. Wien 1821-1841

Hof- und Staats-Schematismus des österreichischen Kaiserthumes. I. Theil. Wien 1842-1843

ŠKRIVANIĆ, Gavro A., Mreža puteva prema Svetostefanskoj (1313-1318), Gračaničkoj (1321), Dečanskoj (1330) i Svetoarhandjelovskoj (1348-1352) povelji, *Istoriski časopis* 5 (1954-1955), 387-397

ŠKRIVANIĆ, Gavro A., O južnim i jugoistočnim granicama srpske države za vreme cara Dušana i posle njegove smrti, *Istorijski časopis* 11 (1960), 1-15

ŠKRIVANIĆ, Gavro, *Putevi u srednjovekovnoj Srbiji.* Beograd 1974

SCHLUMBERGER, Gustave, Note sur une mission de MM. Perdrizet et Chesnay en Macédoine, dans le cours de l'été de 1901, *Comptes-rendus des séances de l'Académie des Inscriptions et Belles-Lettres* 46 (1902), H. 1, 33-37

SCHMELLER, Johann Andreas, *Bayerisches Wörterbuch. Sammlung von Wörtern und Ausdrücken. Vier Theile, I 3.* München ²1872

ŠMILAUER, Vladimír, *Handbuch der slawischen Toponomastik.* Praha 1970

SCHMITT, Oliver Jens, *Levantiner. Lebenswelten und Identitäten einer ethnokonfessionellen Gruppe im osmanischen Reich im "langen 19. Jahrhundert".* München 2005 (Südosteuropäische Arbeiten, 122)

SCHREINER, Peter, Die Gesandtschaftsreise des Nikephoros Gregoras nach Serbien (1326/27), *Zbornik radova Vizantološkog instituta* 38 (1999/2000), 331-341

SEYMOUR, Susanne, Historical Geographies of Landscape, in: Brian GRAHAM / Catherine NASH (Hgg.), *Modern Historical Geographies.* Harlow 2000, 193-217

SIEGER, Robert, Selbständige Kleinverkehrsnetze, in: Pavle VUJEVIĆ (Hg.), *Zbornik radova posvećen Jovanu Cvijiću povodom tridesetpetogodišnjice naučnog rada od prijatelja i saradnika.* Beograd 1924, 27-38

SIEMANN, Wolfram, *Metternich. Staatsmann zwischen Restauration und Moderne.* München 2010 (Beck'sche Reihe Wissen, 2484)

SINDIK, Dušan I., Srpska srednjovekovna akta u manastiru Hilandaru, *Hilandarski zbornik* 10 (1998), 9-134

ŚLIWA, Joachim / DOMARADZKI, Mieczysław (Hgg.), *The Lower Strumešnica Valley in Prehistoric, Ancient and Early Medieval Times*. Kraków 1983

SMITH, Monica L., Networks, Territories, and the Cartography of Ancient States, *Annals of the Association of American Geographers* 95 (2005), H. 4, 832-849

SMITH, Monica L., Territories, Corridors, and Networks: A Biological Model for the Premodern State, *Complexity* 12 (2007), 28-35

SOKOLOSKI, Metodija, Štip i Štipsko vo tekot na XVI vek, *Istorija* 10 (1974), H. 2, 124-152

SOKOLOSKI, Metodija, Strumičkata nahija vo XVI vek, in: Dimče KOCO u. a. (Hgg.), *Akta Veljusa. Simpozium "Veljusa" po povod 900-godini na manastirskata crkva Bogorodica Milostiva (Eleusa) vo seloto Veljusa*. Skopje 1984, 175-184

SOUSTAL, Peter (unter Mitwirkung von Johannes KODER), *Nikopolis und Kephallēnia*. Wien 1981 (Nachdruck Wien 2004) (Tabula Imperii Byzantini, 3)

SOUSTAL, Peter, *Thrakien (Thrakē, Rodopē und Haimimontos)*. Wien 1991 (Nachdruck Wien 2004) (Tabula Imperii Byzantini, 6)

SOUSTAL, Peter, Überlegungen zur Rolle der Toponyme in der historischen Geographie, in: Klaus BELKE / Friedrich HILD / Johannes KODER / Peter SOUSTAL (Hgg.), *Byzanz als Raum. Zu Methoden und Inhalten der historischen Geographie des östlichen Mittelmeerraumes*. Wien 2000 (Veröffentlichungen der Kommission für die Tabula Imperii Byzantini, 7), 209-221

SOUSTAL, Peter, *Makedonien, südlicher Teil*. Wien (Tabula Imperii Byzantini, 11) [in Vorbereitung]

STAMATELATOS, Michaēl / BAMBA-STAMATELATU, Phōteinē, *Επίτομο γεωγραφικό λεξικό της Ελλάδος*. Athēna 2001

STANČIČ, Zoran, GIS in Eastern Europe: Nothing New in the East?, *Archeologia e Calcolatori* 9 (1998), 237-249

STANKOVIĆ, Vlada, Srpska i svetska vizantologija u 21. veku, ili o stalnom preispitivanju ustaljenih mišljenja, in: Bojana KRSMANOVIĆ / Ljubomir MAKSIMOVIĆ / Radivoj RADIĆ (Hgg.), *Vizantijski svet na Balkanu II.* Beograd 2012 (Srpska Akademija Nauka i Umetnosti, Posebna izdanja, Knjiga 42/2), 647-651

STANKOVSKA, Ljubica, Srednovekovniot toponimski model vo Strumičko, in: Dimče KOCO u. a. (Hgg.), *Akta Veljusa. Simpozium "Veljusa" po povod 900-godini na manastirskata crkva Bogorodica Milostiva (Eleusa) vo seloto Veljusa*. Skopje 1984, 141-146

STANKOVSKA, Ljubica, *Makedonska ojkonimija. Kniga prva*. Skopje 1995

STANKOVSKA, Ljubica, *Makedonska ojkonimija*. Kniga vtora. Skopje 1997

STANKOVSKA, Ljubica, *Toponimite so sufiksot -ica vo Makedonija*. Skopje, Prilep 2001

STANKOVSKA, Ljubica, *Sufiksite -jъ, -ьjъ, -ъ vo Makedonskata toponimija*. Prilep 2002

STANOJEVIĆ, Stanoje (Hg.), *Narodna enciklopedija srpsko-hrvatsko-slovenačka, II. Knjiga I-M*. Zagreb 1925-1929

STEFOSKA, Irena, Dva imena jednog grada: Strumica – Τιβεριούπολις, *Zbornik radova Vizantološkog instituta* 45 (2008), 77-87

STEUERWALD, Karl, *Türkisch-Deutsches Wörterbuch*. Wiesbaden, İstanbul 1972

STOIANOVICH, Traian, A Route Type: the Via Egnatia under Ottoman Rule, in: Elizabeth ZACHARIADOU (Hg.), *The Via Egnatia under Ottoman Rule (1380-1699). Halcyon Days in Crete II. A Symposium Held in Rethymnon, 9-11 January 1994*. Rethymnon 1996, 203-216

STOJANČEVIĆ, Vladimir, *Južnoslovenski narodi u Osmanskom carstvu od Jedrenskog mira 1829. do Pariskog kongresa 1856. godine*. Beograd 1971

STOJANOV, Georgi, Naprečna krepostna stena iztočno ot cărkva "Sv. Nikola" – etap ot krepostnoto stroitelstvo na Melnik XIII-XIV vek, *Prinosi kăm bălgarskata arheologija* 1 (1992), 158-163

STOJANOVSKI, Aleksandar, Nekolku novi podatoci za Strumičkite manastiri vo XVI vek, in: Dimče KOCO u. a. (Hgg.), *Akta Veljusa. Simpozium "Veljusa" po povod 900-godini na manastirskata crkva Bogorodica Milostiva (Eleusa) vo seloto Veljusa*. Skopje 1984, 185-188

STOJANOVSKI, Aleksandar, Gradot Strumica vo XVI vek, in: Aleksandar CICIMOV (Hg.), *Zbornik na trudovi*. Strumica 1989, 131-145 [= Aleksandar STOJANOVSKI, *Makedonija pod turskata vlast (statii i drugi prilozi)*. Skopje 2006, 63-77]

STOJANOVSKI, Aleksandar, Zaveštanieto na Evrenos-beg vo nahijata Konče, in: *Makedonija pod turskata vlast (statii i drugi prilozi)*. Skopje 2006, 19-25

STOJANOVSKI, Aleksandar / GJORGIEV, Dragi, *Naselbi i naselenie vo Makedonija – XV i XVI vek*. Skopje 2001

STOJMILOV, Aleksandar, Grundzüge der Raumstruktur der Republik Makedonien, in: Walter LUKAN / Peter JORDAN (Hgg.), *Makedonien. Geographie – Ethnische Struktur – Geschichte – Sprache und Kultur – Politik – Wirtschaft – Recht*. Wien 1998 (Österreichische Osthefte, Jahrgang 40, Heft 1/2), 9-37

STRÄSSLE, Paul Meinrad, *Krieg und Kriegführung in Byzanz. Die Kriege Kaiser Basileios' II. gegen die Bulgaren (976-1019)*. Köln, Weimar, Wien 2006

SUI, Daniel / ELWOOD, Sarah / GOODCHILD, Michael (Hgg.), *Crowdsourcing Geographic Knowledge. Volunteered Geographic Information (VGI) in Theory and Practice*. Dordrecht 2013

SUNDHAUSSEN, Holm, Die Wiederentdeckung des Raums: Über Nutzen und Nachteil von Geschichtsregionen, in: Konrad CLEWING / Oliver Jens SCHMITT (Hgg.), *Südosteuropa. Von vormoderner Vielfalt und nationalstaatlicher Vereinheitlichung. Festschrift für Edgar Hösch*. München 2005 (Südosteuropäische Arbeiten, 127), 13-33

SWOBODA, Wincenty, Strumica, in: *Słownik starożytności słowiańskich 5*. Wrocław, Warszawa, Kraków 1975, 440f

SZABÓ, Thomas, Der Übergang von der Antike zum Mittelalter am Beispiel des Straßennetzes, in: Uta LINDGREN (Hg.), *Europäische Technik im Mittelalter 800 bis 1400. Tradition und Innovation. Ein Handbuch*. Berlin 1996, 25-43

T

TALBOT, Alice-Mary, Pelagonia, Battle of, in: *The Oxford Dictionary of Byzantium 3*. New York, Oxford 1991, 1619f

TALEVSKI, Jove Dimitrija, *Voena Topografija*. Bitola 1999

TAPEINOS, Eleutherios Gr., Περί της επισκοπής Φερεμών, *Εκκλησιαστική Αλήθεια* 3 (1883), H. 23, 344-346

Genealogisches Taschenbuch der Adeligen Häuser, 17. Band. Brünn 1892

TASEVA, Lora, *Bălgarska toponimija ot grăcki i srăbski srednovekovni dokumenti*. Sofia 1998

TAVERNARI, Cinzia, Les routes du Bilād al-Šām au bas Moyen Âge, *L'émoi de l'histoire* 32 (2010), 85-114

TAVERNARI, Cinzia, *Caravansérails et réseaux routiers du Bilād al-Šām (fin XIIe siècle-début XVIe siècle)*. (unpublizierte Dissertation) Paris 2011

TESTA, Marie DE / GAUTIER, Antoine, *Drogmans et diplomates européens auprès de la Porte ottomane*. Istanbul 2003 (Analecta Isisiana, 71)

TEYSSOT, Josiane, La rue médiévale : un espace nommé et délimité, in: Jean-Luc FRAY / Céline PEROL (Hgg.), *L'historien en quête d'espaces*. Clermont-Ferrand 2004, 317-328

THÜNEN, Johann Heinrich VON, *Der isolirte Staat in Beziehung auf Landwirthschaft und Nationalökonomie*. Berlin ³1875 (Nachdruck Darmstadt 1966)

TILLEY, Christopher, *A Phenomenology of Landscape. Places, Paths and Monuments*. Oxford, Providence/Ri. 1994

TINKLER, Keith J., *An Introduction to Graph Theoretical Methods in Geography*. London 1977 (Concepts and Techniques in Modern Geography, 14)

TISCHLER, Ulrike, *Die habsburgische Politik gegenüber den Serben und Montenegrinern 1791-1822. Förderung oder Vereinnahmung?* München 2000 (Südosteuropäische Arbeiten, 108)

TISCHLER-HOFER, Ulrike, Unsere Steine, Eure Steine… Kulturpolitik, Wissenschaft und Forschung zwischen Kuppeln, Korn und Kanonen. Der Sonderfall Westthrakien (Nordostgriechenland), in: Ulrike TISCHLER-HOFER / Renate ZEDINGER (Hgg.), *Kuppeln, Korn, Kanonen. Unerkannte und unbekannte Spuren in Südosteuropa von der Aufklärung bis in die Gegenwart*. Innsbruck, Wien, Bozen 2010, 19-56

TIVČEV, Petăr, Sur les cités byzantines aux XIe-XIIe siècles, *ByzantinoBulgarica* 1 (1962), 145-182

TODOROVA, Elisaveta, River Trade in the Balkans during the Middle Ages, *Études balkaniques* 20 (1984), H. 4, 38-50

TODT, Klaus-Peter, Pelagonia, Schlacht v. (1259), in: *Lexikon des Mittelalters 6*. München, Zürich 1993, 1861f

TOMOSKI, Tomo, Ispravki i dopolnenija na nekoi karti od srednovekovnata istorija na Makedonija, *Godišen Zbornik Filozofski Fakultet na Univerzitetot - Skopje* 7 (1954), 111-122

TOMOSKI, Tomo, Morozviždska episkopija, in: Cvetan GROZDANOV / Kosta ADŽIEVSKI / Aleksandar STOJANOVSKI (Hgg.), *Makedonija niz vekovite. Gradovi – tvrdini – komunikacii*. Skopje 1999, 169-194

TOMOSKI, Tomo, Srednovekovni gradovi vo Makedonija megju rekite Vardar, Bregalnica i Lakavica, in: Cvetan GROZDANOV / Kosta ADŽIEVSKI / Aleksandar STOJANOVSKI (Hgg.), *Makedonija niz vekovite. Gradovi – tvrdini – komunikacii*. Skopje 1999, 195-224

TOMOSKI, Tomo, Štip vo periodot od XII-XIV vek, in: Cvetan GROZDANOV / Kosta ADŽIEVSKI / Aleksandar STOJANOVSKI (Hgg.), *Makedonija niz vekovite. Gradovi – tvrdini – komunikacii*. Skopje 1999, 383-397

TOMOSKI, Tomo, Zapisi za Vlasite vo Makedonija vo sredniot vek (Od krajot na VI do krajot na XIV vek), in: Cvetan GROZDANOV / Kosta ADŽIEVSKI / Aleksandar STOJANOVSKI (Hgg.), *Makedonija niz vekovite. Gradovi – tvrdini – komunikacii*. Skopje 1999, 419-438

TOMOSKI, Tomo, Katunsko stočarenje po planinite na Makedonija vo sredniot vek, in: Cvetan GROZDANOV / Kosta ADŽIEVSKI / Aleksandar STOJANOVSKI (Hgg.), *Makedonija niz vekovite. Gradovi – tvrdini – komunikacii*. Skopje 1999, 449-462

TOMOVIĆ, Gordana, Ko je bio despot Tornik iz zapisa gramatika Nestora, *Zbornik radova Vizantološkog instituta* 41 (2004), 257-269

TRAPP, Erich (Hg.), *Lexikon zur byzantinischen Gräzität besonders des 9.-12. Jahrhunderts, 1.-6. Faszikel.* Wien 2001-2007 (Veröffentlichungen der Kommission für Byzantinistik bzw. Veröffentlichungen zur Byzanzforschung, VI/1-6)

TRAPP, Erich (Hg.), *Prosopographisches Lexikon der Palaiologenzeit, Fasz. 1-12.* Wien 1976-1996

TRIFUNOSKI, Jovan F., Geografske karakteristike srednjovekovnih katuna, in: Milenko S. FILIPOVIĆ (Hg.), *Simpozijum o srednjovjekovnom katunu održan 24. i 25. novembra 1961 g.* Sarajevo 1963 (Naučno društvo SR Bosne i Hercegovine, Posebna izdanja Knjiga 2, Odjeljenje Istorijsko-filoloških nauka Knjiga 1), 19-43

TRIFUNOSKI, Jovan F., Današnji vlaški katuni u Makedoniji, in: Milenko S. FILIPOVIĆ (Hg.), *Simpozijum o srednjovjekovnom katunu održan 24. i 25. novembra 1961 g.* Sarajevo 1963 (Naučno društvo SR Bosne i Hercegovine, Posebna izdanja Knjiga 2, Odjeljenje Istorijsko-filoloških nauka Knjiga 1), 171-202

TRIFUNOSKI, Jovan F., Srednjevekovna Veljusa, *Glasnik Srpskog Geografskog Društva* 55 (1975), H. 1, 115-120

TRIFUNOSKI, Jovan F., Srednjevekovna Konča, *Glasnik Srpskog Geografskog Društva* 55 (1975), H. 2, 89-93

TRIFUNOSKI, Jovan F., Raseljena sela u Strumičkoj kotlini, *Glasnik Srpskog Geografskog Društva* 56 (1976), H. 2, 71-78

TRUNTE, Nikolaos H., *Ein praktisches Lehrbuch des Kirchenslavischen in 35 Lektionen. Zugleich eine Einführung in die slavische Philologie. Band 1: Altkirchenslavisch.* München [4]1997 (Slavistische Beiträge, 264)

Turkey. Official Standard Names Approved by the United States Board on Geographic Names. Washington/DC. 1960 (Gazetteer, No. 46)

TURNER, Sam, *Making a Christian Landscape: the Countryside in Early Medieval Cornwall, Devon and Wessex.* Exeter 2006

TURNER, Sam, Historic Landscape Characterisation: a Landscape Archaeology for Research, Management and Planning, *Landscape Research* 31 (2006), H. 4, 385-398

TURNER, Sam / CROW, Jim, Unlocking Historic Landscapes in the Eastern Mediterranean: Two Pilot Studies Using Historic Landscape Characterisation, *Antiquity* 84 (2010), H. 323, 216-229

U

URSINUS, Michael, An Ottoman Census Register for the Area of Serres of 859 H. (1454-1455)? A Reconsideration of the Date of Composition of Tahrir Defteri TT 3, *Südost-Forschungen* 45 (1986), 25-36

V

VĂLEV, Petăr, Geologo-geografski obzor na rajona na Melnik, in: Sonja GEORGIEVA / Violeta NEŠEVA (Hgg.), *Melnik. Gradăt v podnožieto na Slavova krepost, Tom 1.* Sofija 1989, 14-17

VEIKOU, Myrto, "Rural Towns" and "In-Between" or "Third" Spaces Settlement Patterns in Byzantine *Epirus* (7th-11th Centuries) from an Interdisciplinary Approach, *Archeologia Medievale* 36 (2009), 43-54

VEIKOU, Myrto, Urban or Rural? Theoretical Remarks on the Settlement Patterns in Byzantine *Epirus* (7th-11th Centuries), *Byzantinische Zeitschrift* 103 (2010), 171-193

VEIKOU, Myrto, *Byzantine Epirus: a Topography of Transformation. Settlements of the Seventh-Twelfth Centuries in Southern Epirus and Aetoloacarnania, Greece*. Leiden 2012 (The Medieval Mediterranean, 95)

VERHAGEN, Jacobus Wilhelmus Hermanus Philippus / POSLUSCHNY, Axel / DANIELISOVÁ, Alžběta (Hgg.), *Go Your Own Least Cost Path. Spatial Technology and Archaeological Interpretation. Proceedings of the GIS Session at EAA 2009, Riva del Garda*. Oxford 2011 (BAR International Series, 2284)

VERMEULEN, Frank, Understanding Lines in the Roman Landscape: A Study of Ancient Roads and Field Systems Based on GIS Technology, in: Mark W. MEHRER / Konnie L. WESCOTT (Hgg.), *GIS and Archaeological Site Location Modeling*. Boca Raton, London, New York 2006, 291-316

VLACHOS, Theodoros N., *Die Geschichte der byzantinischen Stadt Melenikon*. Thessaloniki 1969 (Hetaireia Makedonikōn Spudōn, Hidryma Meletōn Chersonēsu tu Haimu, 112)

VRANIĆ-BIJELIĆ, Žaklina, Straža, in: Sima ĆIRKOVIĆ / Rade MIHALJČIĆ (Hgg.), *Leksikon srpskog srednjeg veka*. Beograd 1999, 714f

W

WAGSTAFF, Malcolm, Network Analysis and Logistics: Applied Topology, in: John F. HALDON (Hg.), *General Issues in the Study of Medieval Logistics. Sources, Problems and Methodologies*. Leiden, Boston 2006 (History of Warfare, 36), 69-92

WAWRUSCHKA, Celine, *Frühmittelalterliche Siedlungsstrukturen in Niederösterreich*. Wien 2009 (Mitteilungen der Prähistorischen Kommission, 68)

WENDEL, Michael, *Karasura III. Untersuchungen zur Geschichte und Kultur des alten Thrakien. Die Verkehrsanbindung in frühbyzantinischer Zeit (4.-8. Jh. n. Chr.)*. Langenweißbach 2005 (Schriften des Zentrums für Archäologie und Kulturgeschichte des Schwarzmeerraumes, 6)

WESCOTT, Konnie L. / BRANDON, R. Joe, *Practical Applications of GIS for Archaeologists. A Predictive Modeling Toolkit*. London 2000

WHEATLEY, David / GILLINGS, Mark, *Spatial Technology and Archaeology. The Archaeological Applications of GIS*. London 2002

WILLIAMSON, Tom, Understanding Enclosure, *Landscapes* 1 (2000), H. 1, 56-79

WILLIAMSON, Tom, *Shaping Medieval Landscapes: Settlement, Society, Environment*. Macclesfield 2003

WIRTH, Peter, Von der Schlacht von Pelagonia bis zur Wiedereroberung Konstantinopels, *Byzantinische Zeitschrift* 55 (1962), 30-37

WNĘK, Konrad, Systemy GIS w badaniach historycznych, *Prace Historyczne* 137 (2010), 153-171

WURZBACH, Constant VON, *Biographisches Lexikon des Kaiserthums Oesterreich. Siebenter Theil: Habsburg-Hartlieb*. Wien 1861 (Nachdruck Bad Feilnbach 2001)

WURZBACH, Constant VON, *Biographisches Lexikon des Kaiserthums Oesterreich. Sechzehnter Theil: Londonio – Marlow*. Wien 1867 (Nachdruck Bad Feilnbach 2001)

Y

YANG, Chaowei u. a. (Hgg.), *Advanced Geoinformation Science*. Boca Raton/FL. 2011

Z

Zakon za teritorijalnata organizacija na lokalnata samouprava vo Republika Makedonija, *Služben vesnik na Republika Makedonija* 60/Nr. 55 (16.8.2004), 1-13

ZEWEDIN, August, *Geländekunde*. Wien [4]1991 (Truppendienst-Taschenbuch, Band 5)

ŽIVOJINOVIĆ, Dragić M., Regesta grčkih povelja srpskih vladara, *Mešovita gradja / Miscellanea* N. S. 27 (2006), 57-99

ŽIVOJINOVIĆ, Mirjana, Settlements with Marketplace Status, *Zbornik radova Vizantološkog instituta* 24-25 (1986), 407-412

ŽIVOJINOVIĆ, Mirjana, Le conflit entre Chilandar et Saint-Pantéléèmôn au sujet du village de Breznica, *Byzantinoslavica* 56 (1995), 237-244

ŽIVOJINOVIĆ, Mirjana, La frontière serbobyzantine dans les premières décennies du XIVe siècle, in: *Byzantium and Serbia in the 14th Century*. Athens 1996 (International Symposium, 3), 57-66

ŽIVOJINOVIĆ, Mirjana, Estates of the Monastery of Hilandar in the Middle Ages, in: Gojko SUBOTIĆ (Hg.), *Hilandar Monastery*. Belgrade 1998, 71-90

ŽIVOJINOVIĆ, Mirjana, L'irrigation des terres en Serbie médiévale, *Zbornik radova Vizantološkog instituta* 39 (2001/2002), 183-196

ŽIVOJINOVIĆ, Mirjana, Dragaši i Sveta Gora, *Zbornik radova Vizantološkog instituta* 43 (2006), 41-57

ŽIVOJINOVIĆ, Mirjana, Strumički metoh Hilandara, *Zbornik radova Vizantološkog instituta* 45 (2008), 205-221

Adressen im Internet (in der Reihenfolge der Erwähnung im Fließtext)

Union Académique Internationale, Projects / Tabula Imperii Romani (TIR), unter <http://www.uai-iua.org/cgi?usr=w7qyasztm8&lg=en&pag=1145&tab=195-&rec=6&frm=0&par=secorig1114&id=5328&flux=54768438>, 4.6.2014

Abteilung für Byzanzforschung der ÖAW, unter <http://www.oeaw.ac.at/byzanz/>, 4.6.2014

Institut für Mittelalterforschung der ÖAW, unter <http://www.oeaw.ac.at/imafo/>, 4.6.2014

Pleiades, unter <http://pleiades.stoa.org/>, 4.6.2014

The Digital Atlas of Roman and Medieval Civilization (DARMC), unter <http://darmc.harvard.edu/icb/icb.do>, 4.6.2014

ORBIS: The Stanford Geospatial Network Model of the Roman World, unter <http://orbis.stanford.edu/>, 4.6.2014

HESTIA: the Herodotus Encoded Space-Text-Imaging Archive, unter <http://www.open.ac.uk/Arts/hestia/>, 4.6.2014

Pelagios: Enable Linked Ancient Geodata In Open Systems, unter <http://pelagios-project.blogspot.co.uk/>, 4.6.2014

Mapping the Jewish Communities of the Byzantine Empire, unter <http://www.mjcb.eu/>, 4.6.2014

Omnes Viae: Römischer Routenplaner, unter <http://omnesviae.org/>, 4.6.2014

Itinéraires romains en France, unter <http://itineraires-romains-en-france.pagesperso-orange.fr/default.htm>, 4.6.2014

Digital Atlas of the Roman Empire, unter <http://francia.ahlfeldt.se/imperium.php>, 4.6.2014

Digitales Forschungsarchiv Byzanz (DIFAB), unter <http://difab.univie.ac.at/difab/>, 4.6.2014

CartoMundi – Valorisation en ligne du patrimoine cartographique, unter <http://www.cartomundi.fr/site/>, 4.6.2014

GeoNames, unter <http://www.geonames.org/>, 4.6.2014

Geographic Resources Analysis Support System (GRASS) GIS, unter <http://grass.osgeo.org/>, 4.6.2014

QuoVadis, unter <http://www.quovadis-gps.de/>, 4.6.2014

GeoCommons, unter <http://geocommons.com/>, 4.6.2014

Links zu über *GeoCommons* frei zugänglichen Datensätzen

KML (Keyhole Markup Language) Layer der in den schriftlichen Quellen greifbaren und während der Surveys vor Ort aufgezeichneten Siedlungen (Mihailo St. Popović), unter <http://geocommons.com/search?model=&query=PeleusBand6101>, 4.6.2014

KML Layer des "Least-Cost Path" zwischen Melnik und Zlatolist (in gelb) (Juilson J. Jubanski), unter <http://geocommons.com/search?model=&query=PeleusBand6102>, 4.6.2014

Abbildungsnachweis

Abb. 1 Überblickskarte des Großprojektes *Tabula Imperii Byzantini* der ÖAW (Stand Februar 2014); Gestaltung: Mihailo St. Popović

Abb. 2 Die Distanzen zwischen CMT+IMT und SMT in dem mittelalterlichen Byzantinischen Reich (KODER, Land Use, 176, Fig. 11)

Abb. 3 Die zentralen Orte Makedoniens und deren Einzugsgebiete in mittelbyzantinischer Zeit (KODER, Για μια εκ νέου τοποθέτηση, 45, Πίνακας 8)

Abb. 4 Die drei Schritte von der traditionellen historischen Geographie des Byzantinischen Reiches zu den *Digital Humanities*; Gestaltung: Mihailo St. Popović

Abb. 5 Die Lage des Flußtales der Strumica; © 2014 Google, © 2014 Data SIO, NOAA, U.S. Navy, NGA, GEBCO, Image Landsat; KML (Keyhole Markup Language) Layer von *GeoCommons* und Mihailo St. Popović

Abb. 6 Der Fluß Strumica sw. des Ortes Turnovo (2010); Bildarchiv der Tabula Imperii Byzantini / Abteilung Byzanzforschung der Österreichischen Akademie der Wissenschaften, Mihailo St. Popović (TIB 16)

Abb. 7 Das Strumičko Pole von Westen (2010); Bildarchiv der Tabula Imperii Byzantini / Abteilung Byzanzforschung der Österreichischen Akademie der Wissenschaften, Mihailo St. Popović (TIB 16)

Abb. 8 Der Feldzug Theodōros' II. Laskaris in der historischen Landschaft Makedonien (1255); Kartengrundlage: Elisabeth Charlotte Beer; Gestaltung: Mihailo St. Popović

Abb. 9 Die Erhebung *Carevi Kuli* von Südwesten (2007); Bildarchiv der Tabula Imperii Byzantini / Abteilung Byzanzforschung der Österreichischen Akademie der Wissenschaften, Mihailo St. Popović (TIB 16)

Abb. 10 Die Siedlungen im Tal der Strumica / Strumešnica (1152 / 1259-1395); Mihailo St. Popović

Abb. 11 Die durchschnittliche räumliche Ausdehnung der Dörfer im Tal der Strumica / Strumešnica; Mihailo St. Popović

Abb. 12 Schematische Übersicht der Fluren und Wüstungen im Tal der Strumica / Strumešnica; Kartengrundlage: Elisabeth Charlotte Beer; Gestaltung: Mihailo St. Popović

Abb. 13 Das Flußtal der Kriva Lakavica und angrenzende Gebiete; Mihailo St. Popović

Abb. 14 Die Kirche des Heiligen Stefan in Konče von Südosten (2010); Bildarchiv der Tabula Imperii Byzantini / Abteilung Byzanzforschung der Österreichischen Akademie der Wissenschaften, Mihailo St. Popović (TIB 16)

Abb. 15 Die Erhebung *Treskavačka čuka* von Südosten (2010); Bildarchiv der Tabula Imperii Byzantini / Abteilung Byzanzforschung der Österreichischen Akademie der Wissen-

Abb. 34 Die "Transportzonen" und Punkte im Tal der Strumica / Strumešnica; Mihailo St. Popović

Abb. 35a Schraffe des *Marsches 28* von Štip nach Radoviš (Blatt XXVI.), 1. Hälfte; OeStA / KA B III c 19-04, Blatt XXVI.

Abb. 35b Schraffe des *Marsches 28* von Štip nach Radoviš (Blatt XXVI.), 2. Hälfte; OeStA / KA B III c 19-04, Blatt XXVI.

Abb. 36a Schraffe des *Marsches 29* von Radoviš nach Novo Selo (Blatt XXVII.), 1. Hälfte; OeStA / KA B III c 19-04, Blatt XXVII.

Abb. 36b Schraffe des *Marsches 29* von Radoviš nach Novo Selo (Blatt XXVII.), 2. Hälfte; OeStA / KA B III c 19-04, Blatt XXVII.

Abb. 37a Schraffe des *Marsches 30* von Novo Selo bis Petrič (Blatt XXVIII.), 1. Hälfte; OeStA / KA B III c 19-04, Blatt XXVIII.

Abb. 37b Schraffe des *Marsches 30* von Novo Selo bis Petrič (Blatt XXVIII.), 2. Hälfte; OeStA / KA B III c 19-04, Blatt XXVIII.

Abb. 38a Schraffe des *Marsches 31* von Petrič bis Melnik (Blatt XXIX.), 1. Hälfte; OeStA / KA B III c 19-04, Blatt XXIX.

Abb. 38b Schraffe des *Marsches 31* von Petrič bis Melnik (Blatt XXIX.), 2. Hälfte; OeStA / KA B III c 19-04, Blatt XXIX.

Abb. 39 Modell des "basilikos dromos" zwischen Štip und Petrič; Markus Breier und Mihailo St. Popović

Abb. 40 Die Stadt Melnik und ihre Umgebung; Mihailo St. Popović

Abb. 41 Die von Vanja Miluševa angefertigte Skizze der Route zwischen Melnik und Zlatolist (14. Juni 2007)

Abb. 42 Das Haus des Kordopulov von Südwesten (2007); Bildarchiv der Tabula Imperii Byzantini / Abteilung Byzanzforschung der Österreichischen Akademie der Wissenschaften, Mihailo St. Popović (TIB 16)

Abb. 43 Die Kirche *Sveta Petka* (*Sveta Paraskeva*) von Südosten (2010); Bildarchiv der Tabula Imperii Byzantini / Abteilung Byzanzforschung der Österreichischen Akademie der Wissenschaften, Mihailo St. Popović (TIB 16)

Abb. 44 Die GPS-Wegpunkte und der GPS-Track zwischen Melnik und Zlatolist (2007 / 2010); © 2010 Google, © 2010 Tele Atlas, Image © 2010 DigitalGlobe, © 2010 Basarsoft; KML (Keyhole Markup Language) Layer von Mihailo St. Popović

Abb. 45 Die Kirche *Sveta Petka* im Vordergrund (1), das Haus des Kordopulov im Hintergrund rechts (2), das Kloster Theotokos Spēlaiōtissa im Hintergrund links (3) (2007); Bildarchiv der Tabula Imperii Byzantini / Abteilung Byzanzforschung der Österreichischen Akademie der Wissenschaften, Mihailo St. Popović (TIB 16)

Abb. 46 Die Kirche *Sveta Petka*, Fundamente des Vorgängerbaus des 6. Jahrhunderts (?) (2007); Bildarchiv der Tabula Imperii Byzantini / Abteilung Byzanzforschung der Österreichischen Akademie der Wissenschaften, Mihailo St. Popović (TIB 16)

Abb. 47 Der dichte Bewuchs auf dem N-Abhang der Route zwischen Melnik und dem Paß Goljam Ključ (2010); Bildarchiv der Tabula Imperii Byzantini / Abteilung Byzanzforschung der Österreichischen Akademie der Wissenschaften, Mihailo St. Popović (TIB 16)

Abb. 48 Blick vom N-Abhang in Richtung Melnik, die Kirche *Sveta Petka* im Vordergrund (1), das Haus des Kordopulov im Hintergrund (2) (2010); Bildarchiv der Tabula Imperii Byzantini / Abteilung Byzanzforschung der Österreichischen Akademie der Wissenschaften, Mihailo St. Popović (TIB 16)

Google, © 2010 Tele Atlas, © 2010 Europa Technologies, Image © 2010 DigitalGlobe, © 2010 Basarsoft; KML Layer von Juilson J. Jubanski

Abb. 66 Der "Least-Cost Path" zwischen dem Paß Goljam Ključ und Zlatolist (in gelb); © 2009 Google, © 2010 Tele Atlas, Image © 2010 DigitalGlobe, © 2010 Basarsoft; KML Layer von Juilson J. Jubanski

Abb. 67 Der Unterschied zwischen der real existierenden Route (in türkis) und dem errechneten "Least-Cost Path" (in gelb) auf dem N-Abhang; © 2009 Google, © 2010 Tele Atlas, © 2010 Europa Technologies, Image © 2010 DigitalGlobe, © 2010 Basarsoft; KML Layer von Juilson J. Jubanski

Abb. 68 Der Unterschied zwischen der real existierenden Route (in türkis) und dem errechneten "Least-Cost Path" (in gelb) auf dem S-Abhang; © 2009 Google, © 2010 Tele Atlas, Image © 2010 DigitalGlobe, © 2010 Basarsoft; KML Layer von Juilson J. Jubanski

Abb. 69 Die Lage der Städte Thessalonikē, Sidērokastron, Kabala, Serrai und Melnik; Mihailo St. Popović

Abb. 70 Der Stadtplan von *Melenik* (Melnik) des Wilhelm von Chabert (1832); OeStA / HHStA Ke 3-7/7, Festungen 1832, Mazedonien

Abb. 71 Die Zuweisung der Punkte *P1* bis *P4*; OeStA / HHStA Ke 3-7/7, Festungen 1832, Mazedonien; Inhalt: Mihailo St. Popović

Abb. 72 Die Einbettung des georeferenzierten Stadtplans in *Google Earth*; OeStA / HHStA Ke 3-7/7, Festungen 1832, Mazedonien bzw. © 2010 Google, © 2010 Tele Atlas, Image © 2010 DigitalGlobe, © 2010 Basarsoft; Inhalt: Mihailo St. Popović

Abb. 73a Der georeferenzierte Stadtplan samt GPS-Wegpunkten; OeStA / HHStA Ke 3-7/7, Festungen 1832, Mazedonien bzw. © 2010 Google, © 2010 Tele Atlas, Image © 2010 DigitalGlobe, © 2010 Basarsoft; Inhalt: Mihailo St. Popović

Abb. 73b Detail des georeferenzierten Stadtplans samt GPS-Wegpunkten; OeStA / HHStA Ke 3-7/7, Festungen 1832, Mazedonien bzw. © 2010 Google, Image © 2010 DigitalGlobe, © 2010 Basarsoft; Inhalt: Mihailo St. Popović

Abb. 74 Die Siedlungserstreckung der Stadt Melnik im ersten Drittel des 19. Jahrhunderts und im 21. Jahrhundert (GPS-Tracks durch rote Kreise hervorgehoben); OeStA / HHStA Ke 3-7/7, Festungen 1832, Mazedonien bzw. © 2010 Google, Image © 2010 DigitalGlobe, © 2010 Basarsoft; Inhalt: Mihailo St. Popović

Abb. 75 Das Bearbeitungsgebiet der *Historic Landscape Characterisation* (*HLC*) der Region Melnik; © 2010 Google, © 2010 Tele Atlas, Image © 2010 DigitalGlobe, Image © 2010 GeoEye; KML Layer von Mihailo St. Popović

Abb. 76 Die Planquadrate der *HLC* im Bearbeitungsgebiet; Mihailo St. Popović

Abb. 77 Die Kirche *St. Constantin* auf dem *Berg Margaritis* nach Wilhelm von Chabert (1832); OeStA / HHStA Ke 3-7/7, Festungen 1832, Mazedonien

Abb. 78 Blick auf das Tal von Melnik von Südwesten, die Erhebung *Sveti Nikola* (1), die Erhebung *Sveti Konstantin* (2); Bildarchiv der Tabula Imperii Byzantini / Abteilung Byzanzforschung der Österreichischen Akademie der Wissenschaften, Mihailo St. Popović (TIB 16)

Abb. 79 Die im Flußtal der Strumica bzw. der Kriva Lakavica aufgezeichneten GPS-Wegpunkte; © 2011 Google, © 2011 Cnes/Spot Image, © 2011 Tele Atlas; KML Layer von Mihailo St. Popović

Abb. 80 Das historisch-geographische Netzwerk aus *Abb. 79* übertragen in *GeoCommons*; KML (Keyhole Markup Language) Layer von Mihailo St. Popović und *GeoCommons*

Tabelle 1 bis 12 Mihailo St. Popović basierend auf *Microsoft Excel*

XII. PERSONENREGISTER

PELEUS

Studien zur Archäologie und Geschichte Griechenlands und Zyperns
hrsg. von Heinz A. Richter und Reinhard Stupperich

The Straits of Hell. The Chronicle of a Salonikan Jew in the Nazi Extermination Camps Auschwitz, Mauthausen, Melk, Ebensee (2005) 120 pages, 8°, hard cover, ISBN 3-933925-70 € 30, 21.50

Vol. 31 **Sevgül Uludağ**
Cyprus: The Untold Stories (2005) 120 pages, 8°, hard cover, ISBN 3-933925-72-X, € 21.50

Vol. 32 **Makarios Drousiotis**
Cyprus 1974: Greek Coup and Turkish Invasion (2006) 274 pages, 61 illustrations, 8°, hard cover, ISBN 3-933925-76-2, 38 €

Vol. 33 **Alexander Jossifidis**
Die Slawophonen Griechen Makedoniens (2006) 290 Seiten, 8°, geb., ISBN 3-933925-73-8, € 38,00

Vol. 34 **Sozos-Christos Theodoulou**
Bases militaires en droit international: le cas de Chypre (2006) 146 pages, 8°, hard cover, ISBN 3-933925-83-5, € 28,00

Vol. 35 **Heinz A. Richter**
Geschichte der Insel Zypern 1950-1959 (2006) 665 Seiten mit über 100 Abbildungen, 32 Phototafeln und einer herausnehmbaren farbigen Faltkarte (41x34 cm), 8°, geb. ISBN 3-933925-79-7, € 49,00

Vol. 36 **Ina M. Minner**
Ewig ein Fremder im fremden Lande. Luwig Ross (1806-1859) und Griechenland. Biographie (2006) 436 Seiten mit 73 Abbildungen, 8°, geb., ISBN 3-933925-82-7, € 42,50

Vol. 37 **Heinz A. Richter**
Geschichte der Insel Zypern 1959-1965 (2007) 644 Seiten mit über 100 Abbildungen sowie und eine herausnehmbare Faltkarte (41x34 cm), 8°, geb. ISBN 3-938646-12-5, € 49,00

Vol. 38 **Tim Potier**
A functional Cyprus settlement: the constitutional dimension (2007) 765 pages, 8°, hard cover ISBN 3-938646-20-9, € 49,00

Vol. 39 **Vaios Kalogrias**
Makedonien 1941-1944: Okkupation, Widerstand und Kollaboration (2008) 383 Seiten Text, 1 Karte, 4 Tafeln, 8°, geb., ISBN 978-3-938646-25-0 , 42 €

Vol. 40 **Maria Xagorari-Gleißner**
Meter Theon. Die Göttermutter bei den Griechen (2008) 175 Seiten 14 Tafeln. 8°, geb., hard cover, ISBN 978-3-938646-26-7 , € 32

Vol. 41 **HeinzRichter**
Geschichte der Insel Zypern 1965-1977 (2009) zusammen 808 Seiten, über 110 Abbildungen, 8 sw Karten, 8°, geb., ISBN 978-3-938646-33-5 , € 65

Band 42 **Wolfgang Decker**
Die Wiederbelebung der Olympischen Spiele (2008) 200 Seiten Text, 43 Abbildungen, 8°, geb., ISBN 978-3-938646-36-6, € 30

Band 43 **Glafkos Clerides**
Negotiating for Cyprus 1993-2003 (2008) 192 pages, 39 b/w photos, 8°, hard cover, ISBN 978-3-938646-37-3, € 30

Band 44 **Alfons Kitzinger**
Διχως σπαθια και βολια. Josef Schwind: Bilder aus Griechenland 1942 – 1944 (2009) 140 Seiten, 160 schwarz/weiss Fotos, 8°, geb., ISBN 978-3-938646-41-0, € 32.-

Band 45 **Mihailo St. Popovic**

Mara Brankovic: Eine Frau zwischen dem christlichen und dem islamischen Kulturkreis im 15. Jahrh. (2010) 238 Seiten, 15 Abbildungen, 5 Karten, 8°, geb., ISBN 978-3-938646-49-6, € 32.-

Band 46 **Hans-Martin Kirchner**
Friedrich Thiersch. Ein liberaler Kulturpolitiker und Philhellene in Bayern (2010) 289 Seiten, 5 Abbildungen, 8°, geb., ISBN 978-3-938646-50-2, € 35.-

Band 47 **Mustafa Bulba**
Geometrische Keramik Kariens
(2010) 222 Seiten Text, 55 Tafeln mit 370 Abbildungen, 8°, geb., ISBN 978-3-938646-42-7, € 35.-

Band 48 **Lucie Bonato et Maryse Emery**
Louis Dumesnil de Maricourt. Un consul pour la France (1805-1865) Naples, Messine, Séville, Stettin, Port Maurice Newcastle, Moscou, Larnaca
(2010) 308 pages, 10 pictures, 8°, hard cover, ISBN 978-3-938646-51-9, € 35.-

Band 49 **Heinz A. Richter**
Kurze Geschichte des modernen Zypern 1878-2009
(2010) 272 Seiten Text, über 100 Fotos auf 56 Tafeln, 1 Faltkarte, 8°, geb., ISBN 978-3-938646-53-3, € 35.-

Band 50 **Heinz A. Richter**
A Concise History of Modern Cyprus 1878-2009
(2010) 232 text pages, over 100 photos on 56 plates, 1 folded map, 8°, hard cover, ISBN 978-3-938646-53-3, € 35.-

Band 51 **Maria Deoudi**
Die thrakische Jägerin. Römische Steindenkmäler aus Macedonia und Thracia
(2010) 165 Seiten Text, 36 Tafeln, 8°, geb., ISBN 978-3-938646-54-0, € 35.-

Band 52 **Gerhard Weber**
Hellmuth Felmy. Stationen einer militärischen Karriere
(2010) 332 Seiten Text, 8 Tafeln, 8°, hard cover, ISBN 978-3-447-06299-2, € 45.-

Band 53 **G. R. Wright**
Cypriot Connections: An Archaeological Chronicle
(2010) 214 pages text, 13 plates and 122 pictures in Text, A4, hard cover, ISBN 978-3-447-06301-2, . € 39.90

Band 54 **Heinz A. Richter**
Operation Merkur. Die Eroberung der Insel Kreta im Mai 1941(2011) 320 Seiten Text, 80 Tafeln, 22 Karten, 1 Faltkarte, 8°, geb., ISBN 978-3-447-06423-1, € 49.-

Band 55 **John Sakkas,**
Britain and the Greek Civil War 1944-1949 (2013) 17x24, 150 pages, 10 plates with photos, hard cover, ISBN 978-3-447--06718-8 , € 30.-

Band 56 **Alexander Papageorgiou-Venetas,**
In Focus: Athens. Im Brennpunkt: Athen (2012)232 S. 147 Abbildungen, Format A4, geb., ISBN 3-447-06721-8 EAN: 978-3-447-06721-8, € 44,00

Band 57 **Ekrem Akurgal,**
Erinnerungen eines Archäologen (2013) 224 Seiten, gebunden, 32 Seiten Textabbildungen, 30 Seiten Zusatztafeln, ISBN 3-447-06875-2 EAN: 9783447068758, ca. € 35

Band 58 **Thorsten Kruse,**
Bonn - Nikosia - Ostberlin. Innerdeutsche Fehden auf fremdem Boden 1960-1972 (2013)17x24, 400 Seiten, 67 Fotos auf 32 Tafeln, hard cover, ISBN 978-3-447-06766-9 EAN: 9783447067669, € 49.-

Band 59 **Heinz A. Richter,**

Griechenland 1940-1950. Die Zeit der Bürgerkriege (2012) 17x24, ca. 550 Seiten, 20 Karten, 1 herausnehmbare Faltkarte, 150 Fotos auf 64 Tafeln, hard cover, € 49.-, ISBN 978-3-447-06704-1 EAN: 9783447067041,

Band 60 **Heinz A. Richter,**
Griechenland 1950-1974. Zwischen Demokratie und Diktatur (2013) 600 Seiten, 125 Fotos, Hardcover, gebunden, € 49, ISBN 978-3-447-06908-3

Band 61 **Mihailo Popovic,**
Historische Geographie und Digital Humanities. Eine Fallstudie zum spätbyzantinischen und osmanischen Makedonien (2013) ca. 300 Seiten, 33 Abbildungen, 44 Karten, 8°, hard cover, ISBN 978-3-938646-49-6, € 32.-

Band 63 **Harald Gilbert,**
Das besetzte Kreta 1941-1945 (Herbst 2014) ca. 500 Seiten, 40 Abbildungen, 8 Landkarten Hardcover, gebunden, € 49, ISBN 978-3-447-10186-8

Band 64 **Harry Cliadakis**
Fascism in Greece (Herbst 2014) ca. 300 pages, ca. 40 photos, ca. € 32, hard cover, ISBN 978-3-447-10188-2

Band 65 **Heinz A. Richter**
Krieg im Südosten I, Gallipoli 1915 (2014) 340 Seiten, 120 Fotos, 17 Karten, 1 Faltkarte, gebunden, € 42, ISBN 978-3-447-10118-9

Band 65,2
Krieg im Südosten II, Makedonien 1915-1918 (Herbst 2014) ca. 240 Seiten, ca. 120 Fotos, 5 Karten, gebunden, € 39, ISBN 978-3-447-10249-0

Bezugsquelle: Rutzen-Verlag, Am Zellerberg 21, 83 324 Ruhpolding
Fax: 08663 88 33 89; E-Mail: franz-rutzen@t-online.de